Von Bernd Arlt, 7.5.14

Friedrich Stelzner

*Lebenswellen,
Lebenswogen
eines Chirurgen*

Friedrich Stelzner
Lebenswellen, Lebenswogen eines Chirurgen

BIOGRAPHIEN

ⓔⓒⓞmed Umweltinformation
Dieses Buch wurde auf chlor- und säurefrei gebleichtem Papier gedruckt. Unsere Verlagsprodukte bestehen aus umweltfreundlichen und ressourcenschonenden Materialien. Wir sind bemüht, die Umweltfreundlichkeit unserer Werke im Sinne wenig belastender Herstellverfahren der Ausgangsmaterialien sowie Verwendung ressourcenschonender Rohstoffe und einer umweltverträglichen Entsorgung ständig zu optimieren. Dabei sind wir bestrebt, die Qualität beizubehalten bzw. zu verbessern.
Schreiben Sie uns, wenn Sie hierzu Anregungen oder Fragen haben.

Die Deutsche Bibliothek – CIP-Einheitsaufnahme

Stelzner, Friedrich:
Lebenswellen, Lebenswogen eines Chirurgen / Friedrich Stelzner. – Landsberg/Lech : ecomed, 1998
   (ecomed-Biographien)
   ISBN 3-609-51630-5

Lebenswellen, Lebenswogen eines Chirurgen
© 1998 ecomed verlagsgesellschaft AG & Co., KG
Rudolf-Diesel-Straße 3, 86899 Landsberg/Lech
Telefon 08191/125-0, Telefax 08191/125-292, Internet: http://www.ecomed.de
Alle Rechte, insbesondere das Recht der Vervielfältigung und Verbreitung sowie der Übersetzung vorbehalten. Kein Teil des Werkes darf in irgendeiner Form (durch Fotokopie, Mikrofilm oder ein anderes Verfahren) ohne schriftliche Genehmigung des Verlages reproduziert oder unter Verwendung elektronischer Systeme gespeichert, verarbeitet, vervielfältigt oder verbreitet werden.
Satz: abc Media-Services, Buchloe
Druck: Himmer, Augsburg
Printed in Germany: 510630/998105
ISBN 3-609-51630-5

Inhalt

1. Einleitung 7
2. Herkunft und Jugend 11
3. Unsere Gesellschaft in Böhmen von 1921–1945 24
4. Meine Schulzeit 34
5. Kriegsjahre 1939–1945 53
   1939 53
   1940 53
   1941 60
   1942 65
   1943 83
   1944 90
   1945 96
6. Erlangen (1945–1955) 107
7. Hamburg (1955–1970) 163
8. Frankfurt am Main (1971–1976) 238
9. Bonn (ab 1977) 261
10. Symbolische Chirurgie 326
    Einige Beispiele für eine symbolische Chirurgie 329
    Symbolische Eingriffe an den Bauchorganen bei Bauchweh 329
    Beispiele für symbolische Chirurgie, die nicht sinnlos,
    aber überflüssig sind 333
    Symbolische Verhaltensweisen im Umfeld des Chirurgen 334
11. Itinerarium durch 150 Jahre Deutsche
    Chirurgenkongresse 348
12. Heute und Damals 362
13. Der Wandel des Altersbegriffs und was
    damit zusammenhängt 383
14. Literatur: Allgemeines Schrifttumsverzeichnis 390
15. Personenregister 395

1. Kapitel
Einleitung

In dem eindrucksvollen Buch von Jared Diamond „Guns, Germs and Steel" ist der Versuch gemacht worden, die Frage zu beantworten, was uns Menschen von allen Lebewesen, seit es solche auf der Erde gibt, auszeichnet. Diamond, ein Physiologe in den USA, hat vor allem die sehr umfangreichen Erkenntnisse der Paläontologie, verquickt mit der historischen Überlieferung von 13 000 Jahren, als Erkenntnisquelle für seine Überlegungen herangezogen. Dabei tauchten neue, unerwartete Fragen auf, die einer Antwort harren.

So stellt Diamond fest, daß der Mensch vor 100 000 Jahren somatisch dem heutigen homo sapiens recens vollkommen gleicht, aber wann begann er zu sprechen und zu schreiben, während er seßhaft wurde?

Trotz der Ähnlichkeiten mit uns zu 99,9 % fehlte diesen früheren, uns so ähnlichen Menschen die Kreativität. Wir ähneln den beiden Schimpansenarten noch zu 98,4 %, somatisch sind wir die dritte Schimpansenart. Der Unterschied beträgt nur 1,6 %, aber selbst das ist noch übertrieben. Da manche Differenzen für Verhaltensunterschiede bedeutungslos sind, wie z.B. das Myoglobin, verbleiben nur 0,1 % für die Menschwerdung.

Vor etwa 38 000 Jahren haben diese nur uns eigenen 0,1 % des genetischen Materials „den großen Sprung nach vorne" ausgelöst und uns die zweite, die kreative Botschaft zur Verfügung gestellt. Seit dieser Zeit gibt es neben der allen Lebewesen gemeinsamen genetischen Botschaft auch diese kreative Botschaft. Sie begann in Westeuropa und damit begannen die folgenden fünf Erscheinungen unseres Erfindergeistes.

1. Wir unterrichten uns untereinander mit Sprache und Schrift.
2. Wir wissen nicht nur über die Gegenwart, sondern auch über die Vergangenheit Bescheid und planen für die Zukunft.

1. Kapitel

3. Wir entwickeln Werkzeuge unglaublicher Kompliziertheit und haben das Müllproblem.
4. Wir haben die Kunst erfunden.
5. Wir nützen unseren Einfallsreichtum, um uns gegenseitig planmäßig umzubringen, wir haben den Krieg erfunden.

Die Schrift der Gene ist allen Lebewesen eigen. Sie beginnt automatisch und sichert ihre Existenz. Die Sprache und Schrift des Menschen sind etwas Neues, spontan entstanden bedingen sie die fortwährende Erinnerung. Sie laufen sozusagen als zweite Nachrichtenquelle neben der ersten gleichsinnig her.

Sie laufen also parallel mit dem schöpferischen Effekt und sie befähigen uns, daß der Redner und Schreiber die gleichzeitig Existierenden unterrichtet und für sich Sorge trägt, und so nimmt er von Fall zu Fall unter Umständen einen enormen eventuell schicksalhaften Einfluß auf die ganze Menschheit und alles Existierende.

Diese Verbreiterung unserer Ergebnisse und Erfahrungen von der Vergangenheit in die Zukunft und während der Gegenwart, also auch quer zur Zeitachse, ist nur dem Menschen eigen.

Der Einzelmensch unterliegt dem natürlichen Kreislauf des Lebens und dazu gehört, daß er unentrinnbar zu Tode kommt. Was bleibt, kann dann durch die Schrift, heute auch durch die konservierte Sprache, noch sehr lange Bestand haben und nachfolgende Generationen beeinflussen.

Die Paläontologie hat den Nachweis geführt, daß die Entwicklung der Variabilität von Formen und Funktionen eigentlich kein Ende kennt, aber niemals ist es geschehen, daß bei dem Aussterben der Arten, das zwangsläufig wie das Entstehen zum Schicksal des Lebens gehört, die Natur einen Organismus sozusagen wiederholt. Niemals wiederholt in den Äonen des Daseins die Natur auch nur eine einzige Form, wenn sie einmal zugrunde gegangen ist. Warum die Natur manche Lebewesen in relativ kurzen Zeiträumen entwickelt, während andere Millionen Jahre an der Entwicklung nicht teilnehmen, wir wissen es nicht. Diskutieren wir heute in der Sprache eines James Joyce über die Evolution, statt uns sprachlos

Einleitung

auf dieser Erde zu bewegen wie alle anderen Lebewesen, so hängt das vermutlich mit dieser höchstens 0,1 % nachweisbaren Abweichung unserer DNA zusammen. Wir sollten nicht vergessen, daß 90 % unserer DNA nichtcodierter Schrott ist. Wir waren vor 100 000 Jahren vor der Entwicklung unserer Kreativität somatisch, auch was unser Großhirn betrifft, vollkommen entwickelt, aber eben doch wieder nicht. Der winzige, aber entscheidende Schritt muß in der Vervollkommnung unserer Sprachwerkzeuge bestanden haben.

Die nachfolgenden Überlegungen spielen sich in einem viel, viel bescheideneren Rahmen ab. Sie entspringen aber auch der Fähigkeit, von der Vergangenheit zur Gegenwart in die Zukunft zu schauen und zu beobachten, was in der Gegenwart sich in bezug auf den Berichterstatter ereignete in Reflexionen auf seine Welt, die natürlich nur ein ganz winziger Teil der Welt ist.

Ist der Autor, wie ich, im achten Lebensjahrzehnt, so hat er den Vorteil, je nach seiner Erlebensfähigkeit, sehr viel erlebt zu haben. Leider ist ganz physiologisch das Erinnerungsvermögen, vor allem das Kurzzeitgedächtnis, im Alter eingeschränkt, aber das viel besser arbeitende Erinnerungsvermögen des Kindes und des jungen Menschen kann einfach die Masse der Erinnerung des alten noch nicht zur Verfügung haben. Eins aber ist dem ganzen Lebenslauf des Menschen eigen: Während sich seine genetische Sprache als sehr zuverlässig in der Weitergabe einer Nachricht erweist, aber auch sie kann sich natürlich einmal ändern, unterliegt unsere zweite parallele Weitergabe einer Kenntnis oder Botschaft gar nicht selten der Täuschung. Fanconi sagt: Gewöhnung, Suggestion und Verallgemeinerung schaffen eine nur scheinbare Wahrheit. Grobe Irrtümer sind vermutlich nur in der Wissenschaft von großer Bedeutung, im Alltag sind sie mehr oder weniger belanglos, ja sie bestätigen trotzdem durchaus einen gewissen Trend und rahmen damit ganz eindrücklich Tatsächliches. Sie hängen oft mit unserer ganz persönlichen Vorstellungskraft zusammen und grenzen an die Phantasie, die wie so viele Eigenschaften ganz unterschiedlich in dem einzelnen Menschen ausgebildet ist. Unbegründet ist aber die Phantasie wohl nie. Dazu kommt noch, daß

1. Kapitel

manches in der eigenen Erlebenswelt aus zweiter Hand stammt und zwar nicht nur in der Jugend, sondern durch das ganze Leben hindurch. In der Rückschau hatte ich da großes Glück. Mein väterlicher Großvater war am 18.02.1847 geboren und reichte mit seiner Erinnerung bis in das 18. Jahrhundert zurück. Er wurde 88 Jahre alt, er ist erst am 31.03.1935 gestorben, zu einer Zeit, wo meine Aufnahmefähigkeit schon sehr gut entwickelt gewesen ist. Er persönlich hatte ein sehr gutes Erinnerungsvermögen, das er gerne darstellte, und er war auch über einen sehr großen Zeitraum über die Historie in der k.u.k-Monarchie sehr gut unterrichtet. Mein Vater, am 11. Juni 1882 geboren, und am 25. Juli 1957, also im 76. Lebensjahr verstorben, hatte diese Fähigkeit geerbt, genützt und wahrscheinlich an mich, seinen Sohn, weitergegeben. Ich hatte dann viel mehr als meine Vorfahren während meines ganzen beruflichen Lebens schon in meiner Lehrzeit die Möglichkeit, mit Persönlichkeiten zusammenzutreffen, die unsere Welt nachhaltig geprägt haben oder begabt gewesen sind, aber erfolglos blieben. Ich habe auch von diesen Erfolglosen viel gelernt.

2. Kapitel
Herkunft und Jugend

Am 04. November 1921 wurde ich in Oberlohma, in der Villa Florenz, Haus Nr. 79, geboren. Oberlohma war ein Dorf ganz nahe an dem Kurort Franzensbad in Westböhmen. Meine Eltern gehörten der unteren Mittelklasse an. Sie waren ganz nach Franzensbad orientiert, und mein Vater war auch in Franzensbad am Bahnhof angestellt. Ein Begriff prägte sich, solange ich denken kann, damals in meiner Kindheit ein. Er hieß: „sparen"!

Mein Vater, Georg Stelzner (11.06.1882–25.07.1957), stammte aus Pilsen, das war damals fast noch eine deutsche Stadt. Er war Eisenbahninspektor. Zuerst war er an einer Privatbahn in Westböhmen, der Buštehrader Bahn tätig; damals existierte noch die k.u.k.-österreichische-Monarchie. 1918 wurde diese Privatbahn von der eben gegründeten Tschechoslowakei übernommen und dieser „Československá dráha" (tschechoslowakische Eisenbahn) diente mein Vater bis 1938. Nach dem Anschluß des Sudetenlandes an das Deutsche Reich wurde er als Bahnoberinspektor von der Deutschen Reichsbahn übernommen. 1945 – die Amerikaner hatten damals nicht nur Bayern, sondern auch ganz Böhmen besetzt – gelang meinem Vater das Kunststück, mit seiner Frau und einem Teil des Hausrates nach Unterfarrnbach nahe Nürnberg ausgesiedelt zu werden. 1945 wurde mein Vater pensioniert, er war damals 63 Jahre alt. Schweigsam wie er war, konnte ich nur ahnen, daß seine berufliche Lebensbahn eher einen Abstieg bedeutete. Sein Lebensplan ging nicht in Erfüllung. Vermutlich hatte er nach der Matura (Abitur) an der Realschule in Pilsen die Absicht, die technische Universität in Brünn zu besuchen. Aus finanziellen Gründen war das aber unmöglich. Mein Großvater, Matthias Stelzner, (18.02.1847–31.03.1935) stammte aus Langendörflas bei Tachau aus einer Häuslerfamilie und brachte es am Bürgerlichen Brauhaus in Pilsen zu einem mittleren Angestelltenrang; er schied als „Oberbiersieder" aus. Er besuchte aber bis in sein hohes Alter noch

2. Kapitel

täglich seine Arbeitsstätte. Ich sehe ihn noch mit seinem Umhang (Pelerine) und Stock die Treppen des gotischen Hauses, wo meine Großeltern in Pilsen wohnten, früh gehen und mittags zurückkommen. Das Haus aus dem Mittelalter hatte meterdicke Wände, kleine Fenster, kein elektrisches Licht und keine Wasserleitung. Es war im Sommer kühl und im Winter warm. Solange meine Großeltern lebten, meine Großmutter, Anna Stelzner, geb. am 24.10.1856, gestorben am 13.02.1938, wurde in diesem Haus abends eine Petroleumlampe angezündet, und in die Schlafräume nahm man eine zweite kleinere oder auch eine dritte mit. Das Haus war an einen Stadtmauerrest gebaut und überragte viele Gründerjahrhäuser in der Umgebung. Es lag dem heute noch erhaltenen riesigen Hauptzufahrtstor des weltberühmten Bürgerlichen Brauhauses mit den zwei erzgegossenen grünen Gittertoren gegenüber. Dort wird der Pilsner Urquell, das Prazdroj gebraut – bis heute. Das gotische Wohnhaus wurde nach dem Tod meiner Großeltern abgerissen. Pilsen war nach dem Ersten Weltkrieg langsam eine überwiegend tschechische Stadt geworden. Mit meines Vaters Freund aus der Volksschulzeit, einem Uhrmacher, er hieß Karel Benda, er hatte sein Geschäft gegenüber dem großelterlichen Wohnhaus, habe ich die ersten nationalen Gegensätze in Pilsen erlebt. So war in mancher tschechischen Wohnung im nur selten benützten sogenannten guten Zimmer, dem Wohnzimmer, die tschechisch gedruckte Proklamation des Kaisers Franz Josef I. von 1861 eingerahmt angebracht. Darin versprach der Kaiser, sich zum König von Böhmen krönen zu lassen, wie seine Vorfahren. Er hat dieses Versprechen nie eingelöst.

Am 06. April 1861 eröffnete Graf Forgasch den Böhmischen Landtag in tschechischer Sprache. Am 11. April 1861 beantragte im Landtag der Kardinal Fürst Schwarzenberg, an den Kaiser Franz Josef die Bitte zu richten, sich zum König von Böhmen krönen zu lassen. Zwei Tage später standen deutsche und tschechische Abgeordnete in der Wiener Hofburg. Der Kaiser sagte auf tschechisch: „Ich werde mich in Prag zum König von Böhmen krönen lassen und ich bin überzeugt, daß dieser heilige Akt ein neues, unzerreißbares Band des Vertrauens und der Treue knüpfen wird zwischen dem Throne und dem Königreiche Böhmen."

Herkunft und Jugend

Franz Josef hatte Angst um das Königreich Böhmen, denn seit er sich in Budapest krönen ließ, hieß es nicht mehr k.k.-Monarchie, sondern k.u.k.-Monarchie, Ungarn war so ein recht eigenständiges Königreich und machte dem Kaiser Schwierigkeiten. Die Tschechen nahmen es „dem bösen alten Mann" sehr übel, daß er sich nicht krönen ließ, zumal sein Onkel, der abgedankte Kaiser Ferdinand I (in Böhmen Ferdinand V), bis zu seinem Tod in Prag lebte und als gekrönter König von Böhmen – naše král – das heißt unser König, betitelt wurde.

Hie und da zeigte mir mein Vater in düsteren Hinterhöfen hochaufragender Zinshäuser in Pilsen eine mit einem Holzzaun eingefriedete, ca. ein Quadratmeter große Ecke, wo zwei Häuserwände aneinanderstießen. Dieser Grund gehörte dem Besitzer des Braurechtes, das mit einem Bodenbesitz verknüpft war. Das waren sehr oft Deutsche, die den übrigen Grund und Boden an die Tschechen verkauft hatten, die sich aber ihre Anteile an dem weltberühmten und immer noch florierenden Bürgerlichen Brauhaus so weiterhin sichern wollten.

Mein Großvater war ein erfinderischer Kopf; unter anderem geht auf ihn die Sirupgewinnung im Brauhaus zurück. Er erfand dafür eine Destillierschnecke. Sein Rat war im Brauhaus auch nach seiner Pensionierung immer gefragt und er genoß das sehr. Meinem Vater riet er zu erstklassiger Zweisprachigkeit – tschechisch war die Staatssprache – und das befolgte dieser mit großer Hingabe. Das hatte zur Folge, daß mein Vater deutsch wie tschechisch vollkommen beherrschte. Ja, ich kann mich erinnern, daß umfangreiche Sprachwerke dieser schwierigen Materie in unserem Bücherschrank bis in meines Vaters Alter regelmäßig konsultiert wurden.

Ich besitze noch manche bescheidenen Besitztümer, vor allem Bücher aus unserer Zeit in der Tschechoslowakischen Republik.

Da mein Vater auf dem Bahnhof in Franzensbad nicht beim Verkehr beschäftigt war, sondern in der Güterabteilung, trug er nie eine Uniform. Er war 1920 nach Franzensbad gekommen und wurde seither nicht mehr versetzt. Zuvor war er, nicht verheiratet, beim Verkehr gewesen und hatte sehr oft seinen Arbeitsort gewechselt. Er war in ganz Westböhmen beschäftigt gewesen.

2. Kapitel

Mein Vater, der als Beamter der Československá dráha einen Ausweis zur ermäßigten Fahrt in der ersten Wagenklasse hatte, dieser war in violettem Leder eingefaßt und mit einer Goldschrift versehen, zeigte mir auf unseren vielen Fahrten mit ermäßigten „Regiefahrkarten" oft auf den Bahnhöfen in Böhmen, welche schöne Uniform er eigentlich hätte tragen können. Das Tuch war schwarz, verdeckte Knopfleiste am Rock, Goldknöpfe zweireihig am schwarzen Mantel. Am hohen Stehkragen zwei braun-rote Samtspiegel von einem gestickten matt goldenen, mit stilisierten Blättern gewirkten Band umfaßt und im vorderen Drittel ein gestickter goldener Stern. Das war die Uniform eines tschechischen Bahninspektors. Die schwarze Schirmmütze glich der französischer Offiziere, denn die ČSR war eher nach Frankreich ausgerichtet. Diese Mütze verzierte über dem flachen matten Lackschirm ein gewirktes goldenes Band. Die gleiche Mützenform tragen heute noch die französischen Offiziere und Polizisten. In Strakonice, einem Eisenbahnknotenpunkt zwischen Pilsen und Prag, zeigte mir mein Vater vom Waggonfenster aus einen Beamten mit drei Goldsternen im Samtspiegel, das war der höchste Rang, für ihn, wie er mir sagte, als „Nichthochschüler" unerreichbar. Wir, die Familie durfte nur in der zweiten Klasse „ermäßigt" fahren. Damals gab es noch eine dritte Klasse mit Holzbänken.

Einmal im Jahr bestand die Möglichkeit, so verbilligt das Deutsche Reich und Österreich zu besuchen. So lernte ich manche Großstadt kennen; wir waren in Berlin, Hamburg, Wien, Leipzig und Dresden sowie in Helgoland. Die größten Eindrücke sind mir von der wunderschönen Stadt Dresden im Gedächtnis geblieben. Die hochaufragende Frauenkirche in dem Häusergewirr der Altstadt und in der Gemäldesammlung die Sixtinische Madonna und ein sehr großes Gemälde von Courbet „die Steinklopfer." Es ist beim Untergang Dresdens im Zweiten Weltkrieg verbrannt. Vieles aus dieser Zeit, z.B. Prag, erscheint nur noch schemenhaft vor meinem geistigen Auge.

Den Franzensbader Bahnhof berührten drei Bahnlinien. Eine tschechische endete hier von Tirschnitz kommend. Eine bayerische und sächsische gingen nach Eger. Die sächsische kam von Plauen und die bayerische von Asch. Der Franzensbader Bahnhof war staatlich zweigeteilt, deutsch und tschechoslowakisch. Den Verkehr regelte die Deutsche Reichsbahn, deren Uniform auch in der Tschechoslowakei dort mit tschechoslowakischen Deutschen präsent war. Der tschechische Vorstand (Přednosta) hatte sein Dienstzimmer auf dem Perron des einzigen überdachten Bahnsteigs im Bahnhofsgebäude und eine Dienstwohnung im gleichen Gebäude im ersten Stock. Der Vorstand hieß František Chot, ein freundlicher, kluger Tscheche mit einem sehr starken Akzent, wenn er Deutsch sprach. Er beneidete meinen Vater, der akzentfrei tschechisch sprechen konnte. Auf den nicht seltenen Spaziergängen der Familien erinnere ich mich vorneweg an die zwei eifrig tschechisch diskutierenden Männer und weit dahinter die zwei nur des Deutschen mächtigen Ehefrauen. Ein stadtbekannter Witzbold, der Stadtinspektor Dienst, lüftete, an den Männern vorbeigehend, den Hut mit einem lauten „Ich habe die Ehre." Bei den Frauen die gleiche Geste mit einem schallenden „Má úcta." Das waren die Grußformeln der Honoratioren im alten Österreich bei den Tschechen und den Deutschen. Mit diesem tschechischen Vorstand erlebten wir auch Schlittenfahrten in die Dorfgasthäuser zum Abendessen, z.B. nach Rossenreuth. Das waren unsere harmlosen Vergnügungen neben dem Kinobesuch oder dem Theaterbesuch am Wochenende. Im Winter war ein Theaterbesuch allerdings nur in Eger möglich, der nächsten größeren Stadt.

Mein Vater, der etwas abseits des Bahnhofsgebäudes in einem sehr ärmlichen Büro der Güterabfertigung seinen Dienstgeschäften nachging, war der Vertreter des Vorstandes Chot. War dieser im Urlaub, bezog mein Vater dessen Dienstzimmer. Mit meinem Vater, dem Bahninspektor, zusammen arbeiteten zwei Obersekretäre bzw. Oberrevidenten. Der eine hieß Wazka, der andere Sedlak. Solange wir zur Tschechoslowakei gehörten, machte Herr Sedlak auf das a seines Namens, der Bauer bedeutet, einen Strich (á = langes a). Im Deutschen Reich, nach dem Anschluß, er war ja Deutscher, ließ er den Strich weg. Ein harmloses Beispiel schlauer Anpassung, das mir im Leben noch oft begegnete.

Solange ich denken kann, spielte der unüberbrückbare Gegensatz zwischen Tschechen und Deutschen in unserem Leben eine große Rolle. Die Tschechen hatten den Siegermächten des Ersten Weltkrieges vorgetäuscht, die ca. drei Millionen Deutschen in Böhmen siedelten weit verstreut – eine unwichtige Minderheit. Selbst die slowakischen Brüder wurden schlecht behandelt; so verweigerten die Tschechen ihnen beispielsweise eine slowakische Universität in Preßburg (Bratislava). Die Beteuerung der Staatsgründer 1918/19 in Paris, sie würden eine Art schweizerischen Vielvölkerstaat gründen, war eine reine Utopie.

Aus den Erzählungen meines Vaters aus seiner Tätigkeit auf dem Bahnhof in Weipert, noch vor dem Ersten Weltkrieg, ist mir eine Begebenheit in Erinnerung, die als vorgegebener Schicksalslauf eines Menschen sich jederzeit wiederholen kann.

Weipert, eine Kleinstadt hoch im Erzgebirge gelegen, hatte ein unwirtliches Klima. Im Winter war sie monatelang tief eingeschneit und dämmerte dann ereignislos vor sich hin. Um die Weihnachtszeit aber wurde es lebendig. Da kam Jahr für Jahr ein hochgewachsener Priesteramtskandidat nach Hause. Er stammte aus einem nahegelegenen Dorf, Neugeschrei. Dieser Alumne des Wiener Priesterseminars wurde allenthalben bewundert. Er hatte in jedem Zeugnis die besten Noten „eminenter". Er stammte von armen Häuslersleuten ab. Der Priesteramtskandidat bekam eine Unterstützung von der Schwester eines reichen Posamentenfabrikanten[1] in Weipert, und er versuchte, zuerst in das Priesterseminar in Prag einzutreten. Auf sein Ansuchen bekam er nicht einmal eine Antwort. Dieser Priester, den auch mein Vater bewunderte, und mit dem er am Stammtisch manchmal einige Worte wechselte, wurde erst Theologieordinarius in Wien, dann Minister und später der Kardinal Theodor Innitzer. Lebenslang erinnerte er sich seines Heimatdorfes. Dessen Wappen zierte auch sein Bischofswappen. Gehe ich heute in Wien an der in den Domplatz hineinragenden gotischen Kapelle des bischöflichen Palais vorbei, so sehe ich über dem Tor ein in Kupfer getriebenes Wappenschild. Es zeigt eine gestürzte Tanne, die einen Goldschatz freigibt. Das ist das Wappen

---

[1] gewebter Zierat der Gründerzeit (Bänder, Borten, Quasten, Kordeln, Beschläge usw.)

von Neugeschrei, dem Geburtsort Innitzers im Erzgebirge in Böhmen. Pietätvoll haben die Nachfolger Innitzers König und Groer dieses Wappen belassen. Ob sie wissen, was es bedeutet? Diese Geschichte beweist: Höchste Begabung findet zuallermeist ihren Weg.

Mein Vater war ein sehr gewissenhafter Beamter. Undenkbar, daß er leichtfertig den Dienst versäumt hätte. In seiner Freizeit beschäftigte er sich mit Biologie. Seit dem Ersten Weltkrieg war er ein regelmäßiger Leser des „Kosmos", der sich in unserer sehr kleinen Zwei-Zimmer-Wohnung zu großen Stößen stapelte und dann auf dem Speicher untergebracht wurde. In den 20er Jahren wurde ein wunderschöner, sehr großer Bücherschrank angeschafft, der auch bald gefüllt war. Meine Tante, Anna Stelzner (geb. 03.01.1890, gest. 28.08.1975), war in Pilsen die Leiterin der Deutschen Buchhandlung Baier, in der Nähe des wunderschönen großen Marktplatzes. Sie schickte uns bis 1933 „Die Woche". Das war eine berühmte Illustrierte aus dem Deutschen Reich mit einer weltberühmten Titelvignette, einer Jugendstilsieben. Wir bekamen immer die Restexemplare. Natürlich wußten wir von Ullstein, den jüdischen Verlagsinhabern. Als nach 1933 „Die Woche" nicht mehr erschien, bedauerten wir das alle. Nur, niemand fand Worte für den Beginn der Judenverfolgung, die bald auch in Böhmen beginnen sollte. Ich werde noch oft auf diese beklagenswerten, traurigen und unfaßlichen Umstände zurückkommen. Durch diese Schwester meines Vaters kamen viele Buchneuerscheinungen, aber auch die Klassiker, zu uns. Diese Exemplare hatten im Schaufenster gelegen und waren meist ausgeblichen, und wir bekamen sie mit einem Preisnachlaß. Viele besitze ich heute noch und wenn ich die ausgeblichenen Leinenbände sehe, überwältigt mich die Erinnerung. Meine Tante Anna wies uns auch darauf hin, als beim Tod ihres Vaters, meines geliebten Großvaters, die Wohnung und der Speicher aufgeräumt wurden und sich alte Theologiewerke fanden, daß in unserer Familie auch Priester gewesen waren. Das mußte aber sehr sehr lange zurückliegen. In unserer erhaltenen Ahnentafel väterlicherseits und mütterlicherseits gab es nur Dienstleistende und keine Herren.

2. Kapitel

In der Nähe der Buchhandlung Baier in einer Seitengasse, die auch am Markplatz mündete, war die einzige deutsche katholische Kirche, die kleine barocke St.-Anna-Kirche. Sie wurde von meiner Großmutter und den zwei Tanten Anna und Marie eifrig besucht. Ging ich von dieser kleinen Kirche mit dem rotbedachten Zwiebelturm und den mariatheresiengelben Mauern auf den großen Markplatz, so stand ich vor dem fast 100 Meter hohen Turm der gotischen Stadtkirche, einer Hallenkirche großer Schönheit. Nie konnte ich erfahren, wann sie eigentlich tschechisch wurde, vermutlich nach der Schlacht am Weißen Berge (1621). Ebenso eindrucksvoll war das schöne Renaissance-Rathaus gegenüber der Kirche mit den Scrafitto-verzierten Wänden. Es sieht aus wie ein Haus in Graubünden.

Meine Mutter, Helene Stelzner, geb. am 10.01.1895 in Schlada und gestorben am 03.01.1966 in Beiersdorf, stammte aus Franzensbad. Ihr Vater, Johann Brandner, geb. am 25.05.1850 und gestorben am 18. Dezember 1917, war ursprünglich Schuhmacher und meine mütterliche Großmutter, Marie Brandner, geb. am 20.08.1870, gestorben am 10.02.1928, war Angestellte in dem sehr luxuriösen Kaiserbad in Franzensbad. Diese mütterlichen Großeltern brachten es zu erheblichem Wohlstand. Sie erbauten ein wunderschönes großes Haus mit herrschaftlichen Wohnungen. Es ist in dem Stadtplan von 1913 als Villa Brandner verewigt. Nach dem Tod dieses Großvaters hat meine Großmutter am Ende des Ersten Weltkrieges dieses Haus in der Inflation mit Totalvermögensverlust verkauft. Dieses Thema war seither in der Familie tabu. Wir – unsere kleine Familie – machten immer einen weiten Bogen um dieses herrliche Gebäude, wenn wir von unserer kleinen Wohnung in Oberlohma zum Bahnhof gingen, denn es lag am Wege. Schon damals dachte ich mir, bei uns sei die Ungeschicklichkeit zu Hause.

Solange meine kränkelnde Großmutter Brandner noch lebte, sie hatte eine perniciöse Anämie (die heilende Lebertherapie, obschon 1921 entdeckt, hatte sich bis zu unserem gravitätischen, biederen Hausarzt Dr. Sandner noch nicht herumgesprochen) wohnten meine Eltern in einem Neubau, Oberlohma 79, der dem Wagnermeister Adam Bartl gehörte und „Villa Florenz" hieß. In der Rückschau bin ich heute noch der Bewunderung voll, wie dieser angesehene, damals schon gegen 80 Jahre alte Handwerker so ein herrliches Haus an der Straße Franzensbad, Oberlohma, bauen konnte. Die Straße war damals in meiner Kindheit noch ungeteert, es gab keine Kanalisation, man versank im Frühjahr und im Herbst im Morast und in den strengen Wintern im Schnee. Das Haus, im zweiten Renaissancestil erbaut, war aufwendig ausgestattet. Ich erinnere mich noch des Turmes an einer Ecke mit halbrunden Doppelfenstern, mit ihren Messinggriffen und grünem Anstrich, der das Holz imitierte. Eine solche halbrunde Glasscheibe zu ersetzen, erforderte Maßarbeit. Die abgeschlossene Herrschaftswohnung im ersten Stockwerk war durch aufwendige Türen mit riesigen Glasfüllungen, die mit spiegelndem goldenen Zierat bemalt waren, gegen das Treppenhaus mit den Granittreppen von mehreren einfacheren Wohnungen abgeteilt. Ich habe nachher nie mehr eine so solide Handwerksarbeit in einem Privathaus gesehen. Aber, es gab keine Wasserleitung, kein Bad, kein Wasserklosett, keine elektrische Gang- und Treppenbeleuchtung, die eingeschaltet worden wäre in diesem Gebäude. Alle Mietparteien, auch wir, die die Herrschaftswohnung innehatten, ließen sich das gefallen und mehr noch: Als meine mütterliche Großmutter gestorben war, erhob ein Sohn des Hausbesitzers, der als Geometer von Klattau kommend, sich in Oberlohma selbständig machte, Anspruch auf unsere sehr schöne große Vier-Zimmer-Wohnung. Da starb der mit uns in der gleichen Etage wohnende Oberlehrer im Ruhestand Kastl. Seine Tochter Hilde und die Witwe zogen aus, und so übernahmen meine Eltern deren winzige Wohnung, die neben unserer früheren großen am gleichen Gang lag. Vom Gang kam man in eine kleine Küche, dort spielte sich der Alltag ab. Von dieser Küche ging es rechts in das sogenannte „schwarze Zimmer", ein Salon, der lange nur an hohen Feiertagen betreten wurde und links in das Schlafzimmer, wo lange Zeit mein Kinderbett stand. Merkwürdig, meine Eltern ließen sich diesen Abstieg kaum anmerken. Da lebte unsere kleine Familie acht Jahre, bis 1939. Dann erst zogen wir am 25.05.1939 nach Franzensbad um, in die Frerichsstraße.

2. Kapitel

Älter geworden, machte ich mir dann jeden Abend mein Bett im Salon auf einer wunderschönen Art-Deco-Couch mit viereckigen Polstern und einem Ripsstoffüberzug, der von Paul Klee hätte stammen können. Das Schöne war jetzt der herrliche große Bücherschrank. Er stand mir Tag und Nacht zur Verfügung.

Zum Jahreswechsel wurden wir vom Přednosta Chot am Nachmittag regelmäßig zum Kaffee eingeladen. Chot hatte schon in den 20er Jahren ein Philips-Radio. Das war ein ziegelförmiger, schwarzer Kasten und daneben stand ein Lautsprecher. Am Dach des Bahnhofs pendelte eine große Antenne, sie bestand aus zwei meterlangen Drähten, die an ihren Enden von zwei Querhölzern gehalten wurden. Dort hörten wir z. B. die damals vom Präsidenten der Republik, Tomaš Garrigue Masaryk, gehaltene deutsche Neujahrsansprache. Masaryk, in Wien habilitiert, und lange Zeit österreichischer Reichstagsabgeordneter, sprach akzentfrei deutsch, und wie mein Vater heraushörte, nicht ganz mühelos tschechisch, er war gebürtiger Slowake. Der Masaryk 1934 als Staatspräsident nachfolgende Dr. Beneš radebrechte deutsch, aber sprach fließend und elegant tschechisch.

Im Egerland sprach nur eine ganz kleine Volksgruppe tschechisch. Als Beneš 1936 nach Franzensbad kam, bemühten sich einige Honorationen der Stadt Franzensbad, das Ehepaar Beneš tschechisch anzusprechen. Ich höre noch, wie Frau Hanna Benešova zur allgemeinen Erheiterung dem tschechischen, jüdischen Arzt Pohorezký zurief: „Wir können doch alle deutsch" und ich sehe noch den sehr kleinen Dr. Edward Beneš, säuerlich lächelnd, neben seiner schönen, klugen Frau stehen.

Unsere Umgangssprache war der Egerländer Dialekt, den ich heute noch sprechen kann und der mit meiner Generation aussterben wird, obwohl er in Waldsassen, an der Grenze zur Oberpfalz, noch sehr ähnlich überlebt.

Schon als kleiner Junge merkte ich, die Tschechen sind die Herren. Sie hatten es verstanden, selbst die nur wenige Jahre zurückliegende Vergangenheit der k.u.k-Monarchie vollständig auszulöschen und merkwürdig, selbst der deutsche Bevölkerungsanteil – über drei Millionen Sudetendeutsche – verleugneten ihre

Herkunft und Jugend

Geschichte. Da gab es z.B. den Verein gedienter Soldaten – auch bei uns. Sie hatten eine ganz unauffällige Uniform. Das Tragen von Kriegsdekorationen war verboten. Im Volke war manchmal der frühere Rang beim österreichischen Militär mit dem Namen in Verbindung geblieben. Es gab z.B. den Feldwebel Wenig, den Major Grillmaier, den Rittmeister Anders und den Oberst Zelený, bei dem meine Mutter Beschließerin gewesen ist – aber sonst erinnerte kein Wort, kein Emblem, kein Bild an die österreichische Monarchie und sehr lange auch nicht an das Deutsche Reich.

Natürlich wurden auch alle Straßennamen 1919 geändert. Aus der Kaiserstraße wurde die Goethestraße, aus der Isabellenpromenade, benannt nach einer Erzherzogin, die Salzquellpromenade. Ein Haus „Habsburg" hieß dann „Burg." Das Restwort klebte dann anklagend an der rechten Ecke über der Toreinfahrt. Der Name Stephanie, das war der Name der Kronprinzessin, wurde ebenso getilgt wie der Name Ferdinand, der des von Franz-Josef I 1848 abgelösten Kaisers. Im Volksmund waren natürlich diese Namen alle immer gegenwärtig.

Nur meine Großtante, Eva Dietl, ließ in ihrem Glasschrank die weiße Biskuitporzellanbüste des Kaisers Franz-Josef ganz vorne stehen. Die bei ihr logierenden tschechischen Bahnangestellten stellten die Büste, während sie nebenan frühstückten, immer ganz nach hinten, was die Tante oft erst nach Wochen bemerkte, um sie unter entsetzlichen Verwünschungen auf die Tschechen wieder nach vorne zu stellen. Harmlos, aber beweisend war das alles. Grenzen waren damals eiserne Vorhänge. Bei jeder Veranstaltung, selbst bei einer Prozession der katholischen Kirche war ein Vertreter des tschechischen Staates in einer sehr schönen grünen Uniform mit goldenem Zierat dabei. Diese Leute sprachen meist sehr gut deutsch, aber wie mir mein Vater sagte, die jüngste Vergangenheit war bei den Gesprächen nie existent. Zum ersten Mal wurde mir klar, daß die Menschen in aussichtslosen Lagen in der Regel alles mit sich geschehen lassen. Sie schweigen, sie werden „willige Helfer." Sie verdrängen auch das größte Unrecht. Streit bleibt oft nur auf ganz wenige beschränkt. Ein Beispiel: 1882 hat der Kaiser Franz-Josef, der es immer allen seinen Völkern „recht machen" wollte, verfügt: die am 07. April 1348 von dem Luxemburger Karl IV gegründete lateinische, dann deutsche Universität, die älteste diesseits der Alpen, wird geteilt. Jetzt gab es eine deutsche und eine tschechische Karl-Ferdinand-Universität. Beide sollten ihren Ursprung auf Karl IV, den deutschen Kaiser, und auf Ferdinand III, den Habsburger, den Neubegründer der Universität 1654 zurückführen. Die Deutschen (Österreicher) behielten das gotische Wappensiegel der Universität mit dem vor dem Heiligen Wenzel knienden Karl IV und die zum Teil bis in die Gotik zurückreichenden Insignien.

Zu diesen Insignien (Hüttisch) gehörte die Gründungsurkunde, das eben genannte Originalsiegel aus dem Jahre 1348, das Rektorenzepter und die Zepter der theologischen, philosophischen, juristischen und medizinischen Fakultät. Das vergoldete Zepter des Rektors war das älteste: An der Spitze ein Kruzifix auf einer Kugel, diese wohl aus der zweiten Hälfte des 16. Jahrhunderts, das Kruzifix möglicherweise älter. Es war das Symbol: Alles beginnt mit Gott.

Die Zepter der vier Fakultäten stammten aus der zweiten Hälfte des 17. Jahrhunderts und waren aus Silber. Das theologische hatte als Knauf den Adler des Evangelisten Johannes, Zeichen des emporfliegenden Geistes, ganz an der Spitze eine Sonne, die Gottesweisheit.

Die Philosophen markierte ein Zepter mit zwei sich kreuzenden Ringen, in deren Mitte eine Erdkugel schwebte. Ganz oben steht der Mond, denn die Philosophie ist ein Abglanz der Theologie.

Der juristische Stab trägt am oberen Ende Kaiserkrone und Reichsapfel, durchstoßen von Zepter und Schwert, also Machtsymbolen.

Bei den Medizinern sitzt am Zepterende ein Pelikan zwischen sich kreuzenden Ringen, der seine Jungen mit seinem Blut ernährt als Zeichen größter Aufopferung (aus dem Neuen Testament). Auf den Ringen steht der Erzengel Raphael, der einen Wal umarmt. Raphael ist im alten Testament mit der Heilung von Krankheiten verbunden.

Die Tschechen waren mit der Teilung der Universität unzufrieden. Ab dem 09.02.1920 gab es dann nur eine tschechische Karls-

Herkunft und Jugend

Universität. Der deutsche Teil der Universität hieß: Deutsche Universität in Prag, das stand auf allen Promotions- und Ernennungsurkunden. 1934 kam es zum Insignienstreit, und am 26.11.1934 wurden die alten Wahrzeichen von den Deutschen an die Tschechen übergeben. Lediglich das erst 1882 angefertigte Zepter der naturwissenschaftlichen Fakultät verblieb bei den Deutschen. Der Anlaß von 1934 sah vor, daß die Deutschen die Insigien leihweise benützen durften. Die Deutschen fügten sich; sie liehen sich die Insignien nicht aus und redeten, was in keiner Weise zutreffend war, von ihrer alten Karls-Universität.

Die Deutschen ließen dann 1937 durch den Goldschmied Grünfeld in Prag neue Insignien anfertigen. Sie waren aus vergoldetem Silber. Das Rektorscepter trug an der Spitze fünf Figuren, die fünf Fakultäten, die eine Kugel mit einem Kreuz trugen.

Bei den Theologen waren auf einem Stab die vier Evangelisten in sich kreuzenden Ringen angeordnet mit einem Kreuz an der Spitze.

Die Philosophen erfreuten sich an einem die Erde umfassenden Strahlenkranz, dem eine Säule aufsitzt.

Bei den Medizinern steht der Erzengel Raphael auf einer Aesculapschlange auf dem Stabende.

Bei den Juristen steht die Justitia mit der Augenbinde angetan auf einem doppelten Lorbeerkranz oben.

Die Naturwissenschaftler wählten die Erdkugel mit den Himmelskörpern und mit einem fallenden Kometen zum Symbol.

1938 kam Hitler und im August 1939 kreierten die Deutschen wieder ihre Karls-Universität und bekamen auch die alten Insignien. Die tschechische Universität wurde 1939 geschlossen, angeblich nur für drei Jahre. Sie wurde aber von den Deutschen nie wieder eröffnet. 1945 wurde die deutsche Karls-Universität geschlossen und die tschechische wieder eröffnet und wieder zur Karls-Universität. Inzwischen waren und blieben alle Insignien, die alten und die neuen, Scepter und Fakultätssymbole, vom Erdboden verschwunden. Warum, so fragt man sich heute, konnte eigentlich diese Universität wie 1882 gleichberechtigt in der Tschechoslowakei nicht geteilt bleiben? Dieses etwas ausführlichere Beispiel ist eines von unzähligen des ewigen Streites.

3. Kapitel
Unsere Gesellschaft in Böhmen von 1921–1945

Mit erwachendem Bewußtsein merkte ich, daß die in unserem deutschen Randgebiet der Tschechoslowakei lebenden Gesellschaftsgruppen immer unter sich blieben. So gehörte es zu den großen Ausnahmen, daß eine Heirat zwischen den Gruppen zustande kam. Manch einem Mädchen oder Jungen konnte dieser Sprung schon gelingen. Gelang er, so verleugneten die Erfolgreichen in der Regel ihre Herkunft und ihre Familie für immer – sie schämten sich.

Die unsichtbaren, aber doch sehr spürbaren Grenzen zwischen den Gesellschaftsschichten waren unüberbrückbar.

An der Spitze der Hierarchie standen die tschechischen Akademiker. Sie besetzten in unseren deutschen Gebieten häufig Führungspositionen. Auffallend waren die tschechischen Offiziere in ihren prachtvollen Uniformen. Gelb-grüner Stoff, Tellermütze; ein General – sehr selten zu sehen – mit den goldenen Lindenblättern am Kragen war eine sehr auffallende Erscheinung. Alle diese Offiziere kamen aus der k.u.k-Armee, sprachen fließend deutsch und waren über ihre jüngste Vergangenheit sehr schweigsam. Demütigend fand ich als kleiner Junge schon, daß alle Rekruten, deutsche wie tschechische, zu Beginn ihrer Dienstzeit kahlgeschoren wurden. So konnten wir sie in jedem Frühjahr scharenweise in der Stadt Eger, in der eine große Garnison stationiert war, sehen.

Alle diese tschechischen Akademiker waren die Herren. Auch die tschechische Bevölkerungsgruppe hatte natürlich eine Mittel- und Arbeiterklasse, von der merkten die Deutschen nichts. Das waren nur wenige Menschen. Manchmal erkannte man sie an einem winzigen Ordensbändchen im Knopfloch; das waren Legionäre, die im Ersten Weltkrieg als österreichische Soldaten meist zu den Russen übergelaufen waren. Berüchtigt war das Prager 21. Infanterieregiment, das geschlossen die Seite wechselte. Bemerkt

Unsere Gesellschaft in Böhmen von 1921–1945

wurde von den Deutschen die Einrichtung tschechischer Schulen, selbst in so kleinen Orten wie Franzensbad mit 3000 Einwohnern. Bei uns wurde z.b. eine sehr schöne große Villa dafür gekauft und mit einer weithin sichtbaren Aufschrift mit metergroßen weißen Buchstaben Škola = Schule gekennzeichnet. Die Aufforderung, deutsche Kinder in diese Prachtbauten zu schicken, fand aber kein Gehör.

Die zweite Gesellschaftsschicht waren die deutschen Akademiker: Juristen, Ärzte, Architekten, Bankiers, Priester, Unternehmer, Studienprofessoren, Redakteure usw.. Die wenigen Großgrundbesitzer, manchmal von niederem Adel, fielen nicht auf, denn das Adelsprädikat war in der Tschechoslowakei verboten. Auch diese Gesellschaftsschicht blieb völlig unter sich. Obwohl sich in den Schulen die Gesellschaftsklassen vermischten, hatten die Eltern von uns Kindern keinen merklichen Verkehr untereinander.

Diese Isolierung galt auch für die Mittelklasse der kleinen Beamten und Angestellten, der Kleingewerbetreibenden und Kaufleute sowie Handwerker, Bauern, zu der auch wir gehörten. Bei ihnen fiel mir die stabilitas loci besonders auf. Diese Leute saßen generationenlang in einem Dorf oder in einer Stadt. Ein Besuch einer größeren Stadt, z.B. Eger mit 30000 Einwohnern, das war das Ereignis des Jahres.

Nichts anderes kann ich über die Arbeiter, die es in großer Zahl gab, und deren ärmliches Äußere ich nie vergessen werde, berichten. Neben mir in der Volksschule und im Gymnasium saßen sichtbar arme Mitschüler!

Die Juden waren eine weitere, völlig in sich abgeschlossene Gesellschaft, die wie die Tschechen und die Deutschen in sich wieder in eine Ober-, Mittel- und Unterschicht unterteilt waren. Im Gegensatz zu den Deutschen und Tschechen waren die allermeisten der wenigen Juden im Egerland in der Oberschicht zu finden. Wir hatten ob deren großer Begabung, Tüchtigkeit und Erfolg Respekt vor ihnen. Neid kam in meiner unteren Mittelklasse gar nicht auf, so weit war der Wohlstand der oberen Schichten von uns entfernt. Mit den jüdischen Kindern kamen wir nur in der Schule in engere Berührung, die dort mit wenigen Ausnahmen immer zu den Besten gehörten. Niemals kam es zwischen den Eltern von Juden und Nichtjuden zu einem gesellschaftlichen Verkehr. Auch gesellschaftliche Veranstaltungen in der Mittelschule, bei mir z.B. im Gymnasium die Tanzstunde, wurden von Juden nicht besucht. Ich kann mich auch nicht entsinnen, daß in der auserlesenen Schar der Gymnasiasten, die aktiv an der Hausbühne in einer Laienspielgruppe unseres tüchtigen Deutschprofessors teilnahmen, je ein jüdischer Mitschüler mitgewirkt hätte. Einen offenen Antisemitismus, vor allem in einer Kleinstadt wie Franzensbad, habe ich nie bemerkt. In jeder Stadt gab es Synagogen, die bestehenden sind fast alle erst im 19. Jahrhundert erbaut worden. Diese Gebäude waren auffallend. Zu den Feiertagen wurden sie sehr gut besucht. Schon als Junge fiel mir auf, daß die Juden eben unter sich bleiben wollten. Sie waren das „auserwählte Volk", und sie missionierten nicht. Bei uns Katholiken gab es immer Missionsmonate mit täglichen Predigten und ich sehe noch die kitschige Sammelbüchse mit dem nickenden Negerköpfchen, wenn eine Münze hineingeworfen wurde für die Mission. Das war schon recht merkwürdig; es war ein fundamentaler Gegensatz.

In meiner Heimatstadt waren die Juden fast ausschließlich Badeärzte, nur ausnahmsweise praktizierten sie das ganze Jahr über wie MU Dr. Jakob Eckstein. Er war als Bahnarzt unser Hausarzt, ein kenntnisreicher gütiger Mediziner. Er war kinderlos verheiratet und hatte ein Mädchen, hellblond und blauäugig, adoptiert. Was wird wohl aus dieser Familie geworden sein? Das habe ich mir oft gedacht. 1931 waren in Franzensbad von 52 Ärzten 19 Juden, das sind 37%. Alle habe ich sie gekannt. Sie hießen:

Adler, Emil
Beermann, Armin
Beermann, Ernst
Eckstein, Jakob
Heller, Johann-Robert
Hirsch, Egon
Hirth-Hirsch, Fritz

Unsere Gesellschaft in Böhmen von 1921–1945

Kiesler, Carl-Heinrich
Krämer, Martin
Kraus, Alfred
Lemberger, Viktor
Löbel, Josef
Lustig, Alfred
Ornstein, Jaroslav
Pohoretzý, Anton
Spiegel, Erwin
Steinsberg, Leopold
Stern, Nelly
Wassermann, Max
Wassermann, Siegmund

1938 war Dr. Adler verstorben, über Lemberger und Ornstein ist mir nichts mehr bekannt geworden. Es kam für Dr. Steinsberg, der praktizierte dann später nicht mehr, eine jüdische Ärztin, Frau Dr. Haas-Kronengold.

Manche dieser Ärzte hatten in Franzensbad sehr schöne Hotels bzw. Kurhäuser über Generationen in Familienbesitz. So Dr. Alfred Kraus, mit dessen Sohn Erwin ich sehr gut bekannt war und der eine Klasse über mir das Gymnasium besuchte – er war immer Vorzugsschüler. Dr. Kraus besaß das Hotel Bristol – ein Vier-Sterne-Hotel würden wir heute sagen. Herr Dr. Erwin Spiegel war Besitzer des Hotels Spiegel in der Parkstraße mit koscherer Küche. Die sehr schöne Pension „Schloß Windsor" besaß Dr. Emil Adler, mit dessen Tochter Hanna ich die Volksschule besuchte. Ein großes Kurhaus verwaltete Dr. Steinsberg.

Während der Sommermonate kamen zu den jüdischen Ärzten noch jüdische Geschäftsleute nach Franzensbad, meist von Wien. Von dem im Hotel Berliner Hof praktizierenden Dr. Josef Löbel besitze ich aus dem Jahre 1928 noch ein sehr lesenswertes Buch für Patienten mit dem Titel: „Haben Sie keine Angst." Schade, daß es nicht mehr aufgelegt wird. Es gilt Wort für Wort heute noch. In die Volksschule in Franzensbad ging mit mir noch der Sohn des Rabbiners Dr. Spitzer, Harry Spitzer; außerdem Fräulein Fettmann, die Tochter des jüdischen Kantors. Ein Lebensmittelgeschäft in der Ferdinandstraße betrieb Herr Eckstein. Alles besonders freundliche Mitbürger. Im Sommer, während der Kurzeit, öffneten in der früheren Kaiserstraße, in der ČSR Goethestraße genannt, Herr Zwergbaum aus Wien ein englisches Modegeschäft. So etwas Vornehmes war anderswo nicht zu sehen. Mein Vater kaufte sich dort einen „ewig haltenden" „Havelockmantel" mit grellschwarzgelben Hornknöpfen, wegen derer er oft gehänselt wurde. Der Antihabsburger, der alldeutsche Reichsrat Schönerer sagte: Schwarz ist die Hölle und Gelb ist der Schein, Schwarz-Gelb wollen wir nicht sein. Schwarz-Gelb waren die Farben des österreichischen Kaiserhauses. Gegenüber hatte Frau Kwasniewsky aus Galizien ihr Galanteriewarengeschäft mit besonders schönen Elfenbeinschnitzereien. An der Ecke dieser Kaiserstraße, dem Kurpark gegenüber, war das große Strickwarengeschäft des Herrn Beck, der viel bestaunte und sehr teure Kamelhaarprodukte anbot. In der Kirchenstraße war die koschere Speisegaststätte Leon Zwilling, Vater meines Freundes Max Zwilling. Weiter unten, an der Kolonnade, war das Strickwarengeschäft von Frau Haas, mit dessen Söhnen, der ältere Gabriel Haas in Kanada lebend, nur noch eine kurze Verbindung bestand. Nichts ist für uns von allen denen geblieben, nur meine Erinnerung.

1938 nach dem „Anschluß" waren über Nacht alle Juden verschwunden. Es verschwanden auch die Tschechen, aber die kamen nach einigen Wochen wieder und holten ihren Hausrat ab. Das äußerste, was ich an Schadenfreude den Tschechen gegenüber hörte, war, daß einige törichte Hausfrauen sangen: Muss i denn, muss i denn zum Städtele hinaus. Den Tschechen wurde 1938 kein Haar gekrümmt. Die Juden aber kamen nicht wieder, sie flohen in das Protektorat – vorerst, aber davon später.

Niemand fragte, wo die Juden denn geblieben seien. Das ist heute unbegreiflich, sie lebten ja mit uns über Generationen, besser: neben uns. Ich erinnere mich noch: als Hitler, von Asch kommend, nach Prag fuhr, machte er in Franzensbad halt und bekam ein Glas Franzensquelle. Ich habe ihn von ganz nahe gesehen. Er war sehr gepflegt, zu meiner Überraschung hatte er einen dunkelblonden Schnurrbart und dunkelblonde Haare und durchdringende blaue Augen. Er hatte einen österreichischen Akzent und war sehr leutselig. Neben mir stand der jüdische Arzt Dr. Martin Krämer. Dieser wurde von einem mir als harmloser Turnbruder bekannten Ordner der Sudetendeutschen Partei vor dem Eintreffen Hitlers beiseite geführt, was er willig geschehen ließ. Seinen traurigen Blick werde ich nicht vergessen.

Was geschah mit dem Privatbesitz dieser jüdischen Vertriebenen? Darüber gab es in unseren Kreisen nur vage Andeutungen. Er wurde an Bedürftige verteilt, hieß es. Waren das wirklich Bedürftige? Dafür ein Beispiel: Eine meiner tüchtigen Großtanten, Eva Dietl, kaufte 1938 von dem o.g. jüdischen Arzt Dr. Martin Krämer dessen Wohnhaus in der Frerichsstraße 59. Dr. Krämer lag todkrank in einem Prager Krankenhaus, seine Kinder, Sohn und Tochter, waren schon lange nach England emigriert. So viel ich weiß, wurde dieses Haus mit einem regulären Kaufvertrag übereignet. Darauf war meine Großtante sehr stolz – sie habe sich nicht „bereichert." Ich war nach dem Kauf mit meinen Eltern in der wunderschönen Arztwohnung, wo noch alle Möbel standen. Mir fiel damals der herrliche Mahagonischreibtisch des Arztes auf, ein museales Stück aus den zwanziger Jahren: Schleiflack, keine Beschläge, Holzgriffe, die in jede Schubladenvorderfläche fugenlos eingesetzt waren. Da erschien ein unbescholtener Bürger, Herr F., ein Amtswalter der Henleinpartei und ließ nach kurzer Rücksprache mit meiner Großtante den Schreibtisch für sich abtransportieren. Wir selbst zogen dort am 25.05.1939 ein, Frerichsstraße 59, da war aber diese Wohnung ausgeräumt. So war ich selbst Zeuge, wie die Juden von meinen Mitbürgern bestohlen wurden. Von Leuten, die in normalen Zeiten sicher alle streng die 10 Gebote Gottes gehalten haben und die vorher und nachher eifrige Besucher der katholischen Gottesdienste waren.

Vor mir liegt ein Ausschnitt der Egerer Zeitung (vom November 1939), den mein Vater sehr gut aufgehoben hatte. Da sind „mit Genehmigung des Regierungspräsidenten in Karlsbad" alle „Arisierungen" dokumentiert – sicher durch unsere unbescholtenen Notare. Da wurde z.B. aus dem Haus Nr. 180, das man dem Juden

3. Kapitel

Dr. Steinsberg abgenommen hatte, die „Villa Wahnfried." Sie gehörte jetzt Herrn Scherff aus Neutitschein, den ich nie kannte. Das Haus Nr. 153 „Uhland" wurde von Ella Seelig, mit deren Tochter ich in die Volksschule ging, an Herrn Alois Grillmaier, einem ehemaligen k.u.k.-Major, überschrieben, der sich geweigert hatte, der tschechischen Armee beizutreten und es als österreichischer Patriot sicher in der Tschechoslowakei nicht leicht hatte, den Tschechen nicht für die Armee zur Verfügung zu stehen.

Während der Sommerzeit, der Saison, lebte in Franzensbad noch eine zweite völlig abgesonderte Volksgruppe, das waren die orthodoxen Juden aus Galizien. Ich sehe sie noch in den Kuranlagen mit dem knöchellangen schwarzen Mantel, dem Kaftan, und dem breitrandigen schwarzen Hut über dem schwarzen Käppchen. Sie hatten Vollbärte und Schläfenlocken, sogenannte Peiges. Ihre kleinen Söhne trugen schwarze Käppchen auf dem geschorenen Kopf. Die verheirateten Frauen trugen auf ihren geschorenen Köpfen die Scheitel (Garber). Das war eine Perücke, die man als solche erkannte, es waren manchmal Haarteile aus Stoff und Seide. Wie im Islam sollte das Haar der Frau verborgen bleiben. Manche unserer orthodoxen jüdischen Frauen trugen dagegen hervorragend gearbeitete Echthaar-Perücken auf ihrem geschorenen Kopf, um sich ihrer christlichen Umwelt anzugleichen. Mein Freund Hans Lippert, sein Vater hatte einen großen Frisiersalon, erzählte mir, daß bei ihnen eine Friseuse, die ich noch kannte, diese Kunst des Perückenknüpfens und die der Pflege hervorragend beherrschte und deshalb vorübergehend sommersüber eingestellt worden war. Mein Schulfreund Hans Lippert, der Sohn des Friseurs, war Halbjude. Er überdauerte das Dritte Reich unter vielen Drangsalen, wie er mir nach 1945 erzählte. Er hatte dann in München großen Erfolg in seinem Friseurberuf. In seinen Erzählungen kam das unglaubliche Unrecht der lebensbedrohenden Demütigungen immer wieder zum Ausdruck; allerdings auch die sporadische Hilfe Einzelner, die ihm das Überleben ermöglichten. Leider ist er vor drei Jahren verstorben. An meinen Heimatort erinnert mich auch mein anderer Schulfreund jüdischen Glaubens, Max Zwilling. Er war der Sohn eines aus Galizien nur im Sommer bei uns arbeiten-

Unsere Gesellschaft in Böhmen von 1921–1945

den Restaurateurs. Alle seine Angehörigen sind umgekommen. Er allein hat überlebt. Er wurde ein erfolgreicher Geschäftsmann und lebt heute in Frankfurt am Main. Erst kürzlich hat er mir wieder versichert, er sei niemals von irgendeinem Verband der Vertriebenen aufgefordert worden, an einem Treffen oder an einer Versammlung teilzunehmen. Den Grund kann man nach der Lektüre dieser Erinnerungen leicht finden. Es ist das schlechte Gewissen und die Nachlässigkeit.

Diese ganz für sich lebenden Juden trafen sich immer in einem großen Gasthaus in Schlada, einem Dorf, eigentlich einem Vorort von Franzensbad, an der Straße nach Eger. Man erkannte dieses Hotel Bombach an seiner hebräischen Aufschrift – grün auf weißem Grund. Am Freitagabend war dort alles hell erleuchtet und man hörte die Gesänge zum Sabbatanfang. 1938 verschwanden Volk und Haus.

Juden trat man doch mit großer Zurückhaltung gegenüber. In meiner Familie gab es einen k.u.k.-Oberleutnant, Hans Dietl. Er hatte als Kadett 1914 die große goldene Tapferkeitsmedaille errungen, die höchste, sehr seltene Auszeichnung in der k.u.k.-Armee für Mannschaften. Er war also ein Held und wurde in unserer Kleinstadt sehr gefeiert. Im Laufe des Ersten Weltkrieges verlobte er sich mit einer Jüdin, Lilli Werber aus Lemberg (Galizien). Mein Vater war von dieser schönen, klugen Frau sehr begeistert. Dietl's Familie, Katholiken, waren aber außer sich. Das Schicksal löste das Problem. Dieser hochbegabte Mann ist 1918 am Isonzo gefallen. Der Volltreffer einer Granate löschte dieses Leben aus. Es gibt kein Grab. Nach seinem Tod hat Frau Werber die Familie noch einmal besucht. Dann haben wir nichts mehr von ihr gehört. Inzwischen ist ein halbes Jahrhundert vergangen. Die Sudetendeutschen, auch die Arisierer, haben allen Besitz verloren. Dicke Bücher sind inzwischen über die Vertreibung, über die verlorene Heimat, über unsere untergegangene Kultur verfaßt worden, Heimatmuseen in der BRD entstanden; von Juden dieser Gegend und ihrem Schicksal wird man dort nirgendwo irgend etwas lesen, nicht einmal eine Andeutung. Es ist unglaublich, daß in diesen an sich verdienstvollen Werken unter den religiösen

Angelegenheiten nur Katholiken und Protestanten Erwähnung finden. Das war nicht nur das schlechte Gewissen, das war auch diese völlige Gleichgültigkeit am jüdischen Schicksal (am Schicksal des Nächsten überhaupt). Ich habe den Eindruck, das ist heute doch etwas anders geworden.

Natürlich mußte man in Franzensbad auch bei der „Reichskristallnacht" mitmachen. 1897 hatten alle Bürger durch Spenden an der Ecke Hönnl-Carlstraße ein sehr eindrucksvolles großes Kaiser-Franz-Josef-Jubiläumshospital für arme Israeliten gebaut (in diesem Jahr hatte der Kaiser sein 50jähriges Regierungsjubiläum). Es gereichte, so heißt es in alten Prospekten, „dem Kurort zur Zierde." Ich besitze noch sehr schöne Bilder, sogar einen Lageplan dieses Hospitals. Dieser Bau war sehr aufwendig im maurischen Stil mit drei kuppelgekrönten Türmen um eine große doppelstöckige Synagoge herumgebaut. Das Bethaus war vor 1897 einfach in einem neuromanischen Stil von 1873–1874 errichtet worden. Es hatte im Inneren auf gußeisernen Säulen eine Empore (für die Frauen), der neue Anbau war ein gewaltiges Eckgebäude, das sich in einer riesigen zweigeschossigen Apsis der Straßenkreuzung zuwandte. Dort ragten die drei Türme, der mittlere oktogonal, hoch in den Himmel auf, geziert mit den Davidsternen. Das bunte Mauerwerk, die buntglasierten Ziegeldächer, die byzantinischen Kuppeln und Arkaden, die mehrreihigen Bogenfriese und die dicken Stuckarabesken vermittelten einen orientalischen Eindruck. Das Hospital wurde bald aufgelöst, und in den Räumen wohnte dann der schon genannte Rabbiner Dr. Spitzer. 1938 zündete Herr K. die Synagoge an, er war bei der Freiwilligen Feuerwehr beschäftigt. Ich sehe ihn noch lachend auf der Zugleiter stehen, denn die Herren Feuerwehrer waren alle da, nur löschten sie nicht. An der Spitze sah ich den Kommandanten, Herrn Schneidermeister Sch., und auch die Ehrenvorsitzenden, die nur repräsentierten und deshalb keine Helme, sondern nur Ledermützen aufhatten, waren zur Stelle, Dr. med. C. H. und ein gütiger Oberlehrer W. R. aus Oberlohma.

Der Brandstifter bespritzte die Hauswand des nebenan untergebrachten Heimatmuseums. Nie werde ich die beiden auf dem

brennenden Gebäude lange stehengebliebenen, schwarz-marmornen Gesetzestafeln vergessen. Die linke hatte die römischen Ziffern I, II und III und die rechte IV bis XII. Mein Vater sagte mir, das wird zu Recht einmal sehr schlimm ausgehen, und so geschah es.
Nicht lange nach diesem Vandalismus sah ich eher zufällig, denn nirgends konnte man das erfahren oder gar lesen, daß neben dem „Goldfischteich" in Franzensbad, unweit der katholischen Kirche, das im Stadtpark stehende Esperanto-Denkmal zertrümmert worden war. Ludwig Zamenhof, ein jüdischer Augenarzt aus Warschau, hatte diese Weltsprache erfunden. Sein Pseudonym war Dr. Esperanto (der Hoffende). Dieses eindrucksvolle Denkmal im Jugendstil hatte 1914 Karl Wilfert d.J. in diesem wunderschönen Park geschaffen. Bis in acht Metern Höhe ragten über einen Sechsecksockel sechs männliche und weibliche Hermen aus kannelierten Halbrundsäulen auf, die sich in einem Kranzreigen um eine bekrönende Weltkugel aufgestellt hatten. Erinnere ich mich richtig, so trug das Denkmal vorne ein viereckiges Bronzerelief des Dr. Zamenhof. Verschämt heißt es später: Das Denkmal ist nicht erhalten. Es wurde nie mit einer Silbe erwähnt, daß es von den Nationalsozialisten zerschlagen worden war. Ich sehe noch den aus den Trümmern herausragenden gemauerten Ziegelkern aus der geborstenen Weltkugel ragen.

4. Kapitel
Meine Schulzeit

Meine ganze Schulzeit hat in meiner Persönlichkeit tiefe und nachhaltige Spuren hinterlassen. Aus einer intakten, harmonischen, mich behütenden Familie heraus lernte ich jetzt die rauhe Wirklichkeit kennen.

Meine energische Mutter wehrte sich erfolgreich, mich in die für mich zuständige Volksschule in dem Dorfe Oberlohma zu schikken. Bei dieser Gelegenheit erfuhr ich, wie sie auch meine Taufe in Franzensbad erzwungen hat. Gegen eine Belohnung mußte damals der Messner der Pfarrkirche von Franzensbad Heinl das Matrikelbuch der Pfarrkirche St. Jakob von Oberlohma an meinem Tauftag in die Kirche nach Franzensbad tragen. Ich wurde dann vom Franzensbader Pfarrer Friedrich Kindermann getauft. Er unterzeichnete den Taufschein in dem Buch aus Oberlohma mit Pfarrer in Vertretung und das Buch wurde dann wieder zurückgebracht.

Ich wurde in Franzensbad eingeschult, und zwar – da im November geboren – vor der Vollendung des sechsten Lebensjahres. Schon in der ersten Volksschulklasse hatte ich ein Schlüsselerlebnis, es war für mich nicht ruhmvoll.

In der ersten Religionsstunde bei dem schon genannten Pfarrer Kindermann begann dieser mit der Erschaffung der Welt. Er fragte uns Kinder, welche Tiere denn der liebe Gott erschaffen hätte. Da gab es ein eifriges Melden mit der hochgestreckten Hand und bald waren viele Tiere aufgezählt. Da meinte ich, dazu müßte ich doch etwas besonderes beitragen. Die Tiere und Pflanzen, das war doch meine Stärke. Was hat mir der Vater nicht alles aus dem Kosmos vorgelesen und beim Spaziergang gezeigt. Ich nannte nun dem Herrn Pfarrer den Rollmops. Diese Nennung ging in dem munteren Treiben meiner Mitschüler völlig unter. Nur, der Herr Pfarrer erzählte das abends am Stammtisch meinem Vater. Dieser klärte mich über meinen Irrtum auf. Ist es nicht eigentümlich, daß ich heute noch im Zeitalter der Molekularbiologie und des genetischen

Codes mit der damit eng zusammenhängenden vergleichenden Anatomie meine Forschung mit ausgefallenen Tieren betreibe?

Etwa in der Mitte der Volksschulzeit hatte ich, die Lehrer wechselten wegen einer Krankheit des für uns zuständigen Klassenlehrers mehrfach, einen Tiefpunkt. Ich machte meine Aufgaben nicht, kam zu spät zum Unterricht, aber eigenartigerweise kümmerte sich niemand um mich und ich kam sofort wieder ins Gleichgewicht, als nach der Gesundung des Lehrers Zirlik wieder ein regelmäßiger Unterricht einsetzte. In dieser Zeit des eigentlich nicht bemerkten Versagens schwärzte mich ein Mitschüler namens Unterstab immer an, er war sehr eifrig, etwas töricht, er wurde später ein hoher Führer in der Hitlerjugend. Unterstab war ein treuer Gefolgsmann des Führers und, uns völlig unverständlich, ein lauter Antisemit. Merkwürdig, das Anschwärzen hatte gar keine Folgen, vermutlich ging es in der allgemeinen Unordnung, die unseren Unterricht begleitete, unter. In der Volksschule lernte ich neben uninteressierten Lehrern, wie z.B. Zirlik, auch sadistische kennen. Da gab es z.B. das ältliche Fräulein Gmach, das frühmorgens von auswärts in die Schule kam und sich nach einem ihr im Klassenzimmer servierten Frühstück noch etwas in einer Bank schlafen legte. Einmal betrat ich als erster das noch halbdunkle Klassenzimmer und störte sie unbeabsichtigt. Da zwang sie mich, ihren Kaffeerest auszutrinken. Ich höre noch ihr meckerndes Lachen. Oder Josef Dietrich. Der kannte alle Methoden der schmerzhaften Züchtigung. Schlagen mit einem Holzlineal auf die Rückseiten der Finger an den beiden ihm auf Aufforderung hingestreckten Händen. Geschlagen wurden allerdings nie Kinder der Honoratioren. Auch mich ließ er in Ruhe, denn er saß mit meinem Vater am Stammtisch. Sehr verehrt wurde in den letzten Jahren die Lehrerin Maximiliane Wiesent, eine gerechte, gütige, gescheite Frau, für die ich wohl deshalb voreingenommen war, weil mein Zeugnis bei ihr immer „lauter Einser" zierte. Von der Politik und dem tschechischen Chauvinismus merkten wir in der Volksschule nichts. Einmal hatte der oben genannte Lehrer Dietrich die Idee, mit den nach einer Allgemeinen Wahl übriggebliebenen Wahlzetteln in unserer Klasse eine Wahl mit den Schülern nachzu-

4. Kapitel

ahmen. Fast nur Rechtsparteien wurden gewählt, die Sozialdemokraten, Kommunisten und andere vor den Tschechen dienernde Vereinigungen fielen durch. Das Triumphgeschrei nach der Verkündung des „Wahlsieges", in das auch unsere Juden einstimmten, bereitete späteres Unheil, von uns natürlich unbemerkt, vor.

Den Anforderungen einer Volksschule genügte ich ohne Schwierigkeiten. Immer gehörte ich zum besten Drittel der Klasse. Ich war am Wissen sehr interessiert. Mit einem sehr guten Übergangszeugnis ging ich 1931 mit meinem Vater zur Aufnahmeprüfung an das Deutsche Humanistische Staatsgymnasium in Eger. Diese Schule hatte eine jahrhundertalte Tradition, und die sah man ihr an. Es war seit Menschengedenken „die Lateinschule." Das Haus mit den meterdicken Mauern am Rande des Kirchplatzes, neben der gotischen Erzdekanalkirche, stand an einem steilen Hang. Diese Schule wird bereits 1300 urkundlich am gleichen Platz erwähnt. 1641 wurde sie sechs-, 1849 sieben- und 1850 achtklassig. Immer wurde damals gejammert, welch unglaublich veraltetes, vernachlässigtes und überfülltes Gebäude dieses Gymnasium sei. Ein geplanter Neubau kam nie zustande. So kamen nach dem Anschluß an das Dritte Reich 1938 eines Tages einige NSDAP-Inspektoren in ihren braunen Uniformen und erklärten, ein Neubau sei völlig unnötig. Stattdessen strich man das Gymnasium neu an und wandelte die große Kapelle im 1. Stock in zwei Klassenzimmer um. Der Altar und die kirchlichen Geräte verschwanden. Seither schwieg das Glöcklein im Dachreiter unseres Gymnasiums auf ewig. Niemand hat sich zu dieser Auflösung der über 100 Jahre alten Kapelle geäußert. Wie so oft regierte die „schweigende Mehrheit." Merkwürdigerweise wurde ab sofort nicht mehr über die totale Unzulänglichkeit des Gymnasiums gelästert.

So drängelte ich mich mit meinem Vater in die uralten, schäbigen Bänke eines riesigen Klassenzimmers, dessen Wände den Anstrich schon länger hinter sich gelassen hatten. Es roch nach dem Öl des dunklen, knarrenden Bretterfußbodens, mit dem dieser „eingelassen" war. Jetzt kam ein Professor zu den Wartenden, unterhielt sich mit jedem der Ansuchenden einen kurzen Augenblick. Professor, so

Meine Schulzeit

hießen damals die Studienräte in der ČSR, wie in der Monarchie vorher. Zu mir kam Herr Professor Kollick und fragte mich, ob 1931 ein Schaltjahr sei, was ich nicht wußte. Einige andere Belanglosigkeiten schien ich aber gewußt zu haben, denn ich wurde aufgenommen. Die Deutschen waren bestrebt, möglichst viele Kinder in ihre Mittelschulen zu schicken. Meine erste Klasse, wie bei uns die unterste hieß, bevölkerten 60 Schüler. Darunter war eine einzige Schülerin, Suse Ergert. Sie war die Tochter des mächtigen Chefredakteurs der „Egerer Zeitung", Dr. Ergert. Ich sehe diesen vierschrötigen großen Mann mit der randlosen Brille und den vielen Schmissen im Gesicht wie gestern vor mir.

Alle anderen Mädchen in Eger mußten in das Lyzeum gehen und kamen erst Jahre später zu uns ins Gymnasium, das also bei meinem Beginn eine reine Jungenschule war. Niemand störte sich an Suse Ergert. Sie war hübsch, ruhig, klug und leise und saß in der zweiten Reihe immer neben Erich Seemann, der deshalb Susemann hieß. Sie war protestantisch bei uns weit überwiegenden Katholiken. Mosaisch, wie es hieß, waren: Hans Ernst Bergmann aus Eger, Johann Lippert, mein Freund aus Franzensbad, der bald ausschied, und Erich Terner aus Haslau, später Eva Stroß aus Liebautal. Es gab keinerlei Gegensätze zwischen den Religionen und kein Professor zeigte bis 1938 auch nur die leiseste Andeutung eines Antisemitismus. Acht Jahre ging ich in Eger zur Schule, eine anstrengende Zeit, da ich Fahrschüler war.

Ich mußte um 6 Uhr aufstehen, der Personenzug ging um 7 Uhr oder um 7.30 Uhr. Der Unterricht begann um 8 Uhr und endete um 13 Uhr. Manchmal war nachmittags Turnen. Die Wahlfächer Kurzschrift und Englisch mußten auch am Nachmittag erledigt werden. Gewöhnlich kam ich gegen 14 Uhr nach Hause und war todmüde. Nach dem Essen schlief ich und dann machte ich meine Hausaufgaben. Mußte ich über Mittag bleiben, holte ich mir in einer billigen Garküche am unteren Ende des Kirchplatzes ein schlechtes Mittagessen. Diese dünne, graue, säuerliche Suppe bleibt mir in ewiger Erinnerung. Dann war ich erst gegen 18 Uhr wieder in Oberlohma. Wortlos habe ich diese schwere Zeit ertragen, aber ich war nicht glücklich.

4. Kapitel

Am Ende des ersten Schuljahres im Gymnasium, also Ende Juni 1932, erlebte ich eine große Enttäuschung. Am letzten Schultag bekamen wir unsere Zeugnisse. Meine Eltern erwarteten mich am Bahnhof in Franzensbad. Zu ihrem Gram mußten sie jedoch feststellen, daß ich nicht Vorzugsschüler war. Mein Vater war es immer gewesen und auch meine Mutter hatte Zeugnisse mit „lauter Einsern". Mir „fehlte" ein Einser.

Ich war acht Jahre lang nie Vorzugsschüler. Meine Eltern holten mich auch nie mehr am letzten Schultag ab. Traurig ging ich dann vom Bahnhof zwischen den erfreuten, wartenden Eltern meiner Schulkameraden allein meinen Weg nach Hause – sieben lange Jahre.

Was war ein Vorzugsschüler? Wie so vieles wurde auch dieser von der Schulordnung der k.u.k.-Monarchie übernommen. Um Vorzugsschüler zu sein, brauchte man eine bestimmte Kombination von Einsern und Zweiern, dann wurde man im Jahresbericht fett gedruckt. Allerdings durfte es nur eine bestimmte Anzahl an Vorzugsschülern geben, und darunter mußten natürlich alle Schüler sein, deren Väter in der Anstalt tätig waren. Auch die Sprößlinge einiger Honoratioren waren auffällig oft „fett gedruckt". Der Begriff Vorzugsschüler bekam somit eine ganz andere Bedeutung. War die Quote der Vorzugsschüler erreicht, so mußten Schüler, die aus weniger priviligierten Kreisen stammten, darunter leiden. Auch mir fehlten immer die notwendigen Einser bei lauter Zweiern. Daß allerdings das System der „fetten" Vorzugsschüler vorwiegend durch Manipulation entstand, merkten wir damals nicht, und geredet wurde darüber nur hinter vorgehaltener Hand.

Die tschechoslowakische Politik spielte im Staatsgymnasium in Eger eine große Rolle. Liest man die Jahresberichte, verfaßt von dem Direktor Lizalek, nach, so sind neben der Feier des Gründungstages der Republik am 28. Oktober 1918 jeder politische Freundschaftspakt mit der ČSR, die Feier jedes harmlosen tschechischen Dichters in diesen Jahresberichten vermerkt. Immer wurden Festreden von irgendeinem Professor gehalten, der sonst irgendein Fach unterrichtete, nur nicht Geschichte. Oft sind das die jüngsten Lehrkräfte gewesen, die so absonderliche Gegenstände

Meine Schulzeit

wie Turnen unterrichteten, und die z.B. am 28. Mai 1937 eine Festrede zum 53. Geburtstag des Staatspräsidenten Dr. Eduard Beneš halten mußten. Wir versammelten uns dazu immer in der großen Hauskapelle, in der die Altarwand mit einem Vorhang verdeckt war. Zwischen Blattpflanzen (das ist immer in den Jahresberichten vermerkt) musizierte Herr Musikdirektor Josef Schelz, manchmal als Solist, ein auf seiner Geige kratzender Schüler. Einfachere politische Ereignisse, wie der jugoslawische Gegenseitigkeitsvertrag, wurde von den Klassenvorständen gewürdigt, also ohne Blattpflanzen und ohne den Herrn Musikdirektor, aber auch das ist vermerkt.

Ich habe zwar bei solchen Gelegenheiten etwas über den tschechischen Dichter Mahar oder 1937 über Pablo Neruda gehört, aber niemals bei einer dieser Feiern hat irgend jemand auch nur ein Wort über einen deutschen Kulturträger verloren. Die damals schon weltberühmten Namen Karl Kraus, Kafka, Werfel, Rilke habe ich nie gehört. Auch die deutsch-tschechische Kulturzeitschrift WITIKO war keiner Erwähnung wert.

An der Spitze des Deutschen Staatsgymnasiums stand als Leiter: Zdenko Bernhard Lizalek. Noch kurz vor dem Ende der Tschechoslowakei 1938 höre ich ihn bei einer dieser vermaledeiten Feiern zwischen Blattpflanzen mit seiner Fistelstimme trompetend wörtlich: „Wir schwören unserem Staatspräsidenten Dr. Eduard Beneš unverbriechliche (phonetisch) Treie." Wenige Tage später war Dr. Beneš in London, er hatte, wie er vorher drohend sagte, einen Plan. Das war ein Aeroplan. Und unser Leiter hieß von Stunde an Bernhard Lizalek. Mit dem Untergang der Tschechoslowakei ist sein Vorname Zdenko verlorengegangen. Dieser Leiter unterrichtete didaktisch anerkennenswert Geographie und Geschichte. Er erzählte Jahr für Jahr das gleiche, so daß selbst einige seiner Witze und sprachlichen Torheiten, von Klasse zu Klasse weitergegeben, zur großen Freude sicher erwartet werden konnten. Zum Beispiel Andrea Doria, ein alter Greis, aber mit dem Feiergeust eines Jinglings (phonetisch). Keiner dieser Geschichtsprofessoren: Lizalek, Felkel, Dr. Heinrich, Dr. Pohl, Dr. Doppler und Bartsch hatten eine Silbe über die k.u.k.-Monarchie verlauten lassen, deren Bürger

4. Kapitel

sie vor wenigen Jahren alle gewesen waren. Der tschechische Staat begann für uns in grauer Vorzeit mit Libuša, über die Przemisliden entwickelte er sich, die Schlacht am Marchfeld und die Schlacht am Weißen Berg 1621 wurden erwähnt, bruchlos bis zum jeweiligen Staatsfeiertag seit 1918 zwischen Blattpflanzen und einer Festrede eines Professors. Es folgte dann das Absingen der Nationalhymne „Kde domov můj", damit waren wir entlassen. Ich habe die Worte Habsburg, Franz Josef I., Erster Weltkrieg nie in diesem Gymnasium gehört. Das war die Anordnung des Herrenvolkes und sie wurde pünktlich und widerspruchslos befolgt. Zu Hause hatten wir alle Bücher über das versunkene Österreich mit ähnlichen Geschichtsfälschungen. Ein Beispiel: Der Erzherzog Karl, Bruder Kaiser Franz I., hatte Napoleon in der Schlacht bei Aspern erstmalig „in offener Feldschlacht" besiegt. Dieser Sieg nahm in dem Geschichtsbuch meines Vaters über eine Seite ein. Ganz unten auf dieser Seite, im Kleindruck, fast als Fußnote, standen einige Zeilen über die am nächsten Tag stattgehabte Schlacht bei Wagram. Da besiegte Napoleon den Erzherzog Karl. Diese Schlacht entschied den ganzen Feldzug, führte zum Frieden von Schönbrunn, Österreich verlor große Gebiete. Nicht viel später gab Franz I. Napoleon seine Tochter Marie Louise zur Frau und der vorgenannte Erzherzog Karl war bei der Hochzeit in contumatiam der Vertreter Napoleons. Helden und Charaktere sind eine ganz seltene Erscheinung. Das ist auch heute noch so. Die Vergeßlichkeit deckt solche Entwicklungen zu, aber manchmal erinnert sich jemand und überlebt lange genug und macht sich bemerkbar.

Eine wichtige Stellung nahm der Klassenvorstand in unserem Gymnasium ein. Er begleitete seine Schützlinge vom Eintritt bis zur Matura, wie die Reifeprüfung in Böhmen hieß (Abitur). Für mich war das Anton Krauß. Ein fast zwerghaft kleiner Mann. Er unterrichtete Deutsch. Er war sehr kenntnisreich. Er ging seiner Wissenschaft auf den Grund. Er bereiste Skandinavien und brachte die Abschriften von Runeninschriften mit. Er bestaunte den von Gustav Adolf in Prag gestohlenen Codex argenteus des Bischofs Wulfila in Schweden. Ich bedaure heute noch, daß ich so wenig interessiert gewesen bin. Krauß hatte seine erklärten Lieblinge, die er auch duzte. Er war schon etwas kleinlich, so wurde jeder fehlende Beistrich (Komma) als *grober* Fehler geahndet. Ich hatte sofort den Eindruck, daß da manchmal große Willkür in diesem Codex über die Kommatas herrschte, aber wir mußten uns fügen. Einmal schrieb ich, wir hatten ja immer nur eine Stunde Zeit, über das Thema: „Im Menschen ein Tier, im Tier ein Mensch", ein ganzes, von der Schule geliefertes Schreibheft voll und ich mußte mich eilen, denn mir floß das Herz über. Normalerweise genügt ein solches Heft reichlich für alle Schularbeiten im Jahr, aber mein Heft war ausgeschrieben. Ich bekam das Heft mit einer „zwei" zurück, ich hatte einige Kommatas vergessen, und dazu wortlos ein neues Heft. Damals kam mir dieses Verhalten schnöde vor, aber heute meine ich, Krauß war überfordert von dem Wortschwall, dem er da in meinem Heft begegnete. Ich muß aber seine Güte und Gerechtigkeit anerkennen. So hat er mir wohl, von mir damals unbemerkt, bei meinen Scharmützeln mit einem anderen Professor beigestanden. Er war aber, wie alle diese Professoren, immer ganz hoch erhaben und nicht in der Lage zu einer Aussprache unter vier Augen. Er konnte einfach einen Schüler weder beraten noch ihm helfen. Wir waren uns alle selbst überlassen, wir hörten nur Globalvorträge, die auch genau im Jahresbericht vermerkt waren. Zum Beispiel: „Wie halte ich mich gesund", „zum Weltspartag", „über das Rote Kreuz und den Frieden", „gegen Alkohol und Nikotin." An den Antialkoholvortrag des gescheiten Dr. Vinzenz Brehm, unseres Biologielehrers, erinnere ich mich noch genau. Er konnte nicht umhin zu betonen, daß im Erwachsenenalter mäßiger, er betonte mäßiger, Alkoholgenuß nicht eigentlich schädlich sein dürfte, und er lachte dazu und wir alle lachten mit ihm.

Unser Deutschlehrer Krauß war einer der ganz seltenen Idealisten. Was hat er sich, der Junggeselle, für Mühe mit seiner sogenannten Hausbühne gegeben. Mit dieser Laienspielschar meisterte er gewaltige Themen, z.B. Faust I und Faust II (!), Götz von Berlichingen, die Räuber von Maria Kulm oder von Hauptmann: Der Bogen des Odysseus 1937. Dabei beschäftigte er seine Lieblinge, Männlein und Weiblein, dazu als Statisten und Bühnenarbeiter alle gutmütigen Wasserträger, die er mit sicherem Blick als Untertanen erkannte. Mich als Zuschauer ermahnte er immer, nicht zu lachen. Denn ich war immer recht munter und natürlich für so eine Aufführung nicht ganz ungefährlich. Dem Direktor Lizalek war diese Hausbühne ein Dorn im Auge, sie paßte nicht in seine tschechoslowakischen Feierstunden und auch nicht in seine Jahresberichte mit den Blattpflanzen. So verschwieg er die Existenz dieser Hausbühne, denn hier wurde ja, bis auf ein einziges Mal, Deutsch gefeiert, nur der Bogen des Odysseus 1937, der erschien im Jahresbericht.

Von der ersten Stunde an fesselte mich die Naturgeschichte, wie bei uns die Biologie hieß, und der sie vortragende Professor Dr. Vincenz Brehm. Er war ungewöhnlich kenntnisreich, von unserem Mitschüler Emil Renz auf seinem Schulweg aufgelesene Pflanzen wurden schlagartig erkannt. Das Pflanzenbestimmen in der Biologiestunde nach dem „Schwaighofer" war ein Vergnügen, die Bestimmung von Kristallen ein großer Schrecken. Die Modelle in einem schwarzen Kasten, der das „Totenkastel" hieß, waren für die meisten Schüler völlig unbestimmbar. Darauf erfolgte der Eintrag 'ungenügend' – deshalb „Totenkastel." Das trug er aber dann am Jahresende nie nach. Nur Stelzner konnte das alles – selbst den Deltoidikositetraeder erkannte er. Ich hatte in Biologie immer eine eins und Brehm prüfte mich schon lange nicht mehr. Bald war ich sein Adjutant, der die Sammlungsstücke zum Unterricht trug und wieder zurück. Unter vier Augen sagte er mir, vom lieben Gott seien die Menschen eben in verschiedenen Schichten der Gescheitheit angesiedelt. Kaum jemand könne die Schicht wechseln. Deshalb habe er sich schon lange angewöhnt, Stunde für Stunde ein Diktat vom Schönschreiber Oskar Haas an die Tafel schreiben zu lassen – eben für die unterste Schicht. Waren zwei Tafeln „voll", war die Stunde zu Ende. Diktierend ging er, lange im eleganten knielangen Gehrock, überlegen lächelnd und herrlich formulierend, vor den Bänken hin und her und genoß das Staunen der Klasse ob solcher Weisheit. Einmal vertrat er den erkrankten harmlosen Mathematiklehrer, der zum Unterricht immer noch ein Buch mit dem habsburgischen Doppeladler benutzte. Lustig jubelte er, er habe kein Buch, aber wir wollen doch einmal die Entfernung Erde – Sonne – Mond berechnen und die Gravitationskräfte dazu. $4 \pi^2$ mr : t^2, es war schon zum Staunen.

Meine Schulzeit

Dieser leise Mann hatte auch eine ganz natürliche Autorität. Er war zerstreut, auf einen Gruß antwortete er einmal: „67," das ganze Gymnasium lachte und er am meisten. Er schrieb zwei Lehrbücher: Botanik und Zoologie für die tschechoslowakischen Mittelschulen. Ihr Verlust ist für mich bis heute sehr schmerzlich. Ich sehe noch die Farbbilder vor mir. Die Euphorbia pulcherrima und den Cytisus adami. Den Bazillus Bütschlii, das mit bloßem Auge sichtbare Bakterium, „das durch den Darm des Schaben wackelt."

Dr. Vincenz Brehm war am 01. Januar 1879 in Duppau bei Karlsbad geboren. Er stammte aus einer alten Egerer Familie, sein Großvater war Ehrenbürger der Stadt gewesen. Er besuchte das Gymnasium in Eger, wo er später unterrichten sollte. Er inskribierte, wie man damals sagte, in Innsbruck und arbeitete an der biologischen Station in Triest. Einige Jahre vor dem Ersten Weltkrieg kam er als Lehrer für Naturwisssenschaften, Mathematik und Physik an seine erste und einzige Wirkungsstätte, an das Gymnasium in Eger, wo auch ihn ich erlebte. Nach seiner Pensionierung im 60. Lebensjahr arbeitete er wissenschaftlich an der biologischen Station der Stadt Wien, am Lunzer See. Er war ein Spezialist für Kleinlebewesen, um die er lebenslang, auch in seiner Egerer Zeit, wissenschaftlich bemüht war. 25 tragen seinen Namen. Sehr zurückhaltend, blitzte im Unterricht manchmal etwas von seinem Wissen über die Spezialflora unseres Moorgebietes auf, wo es fleischfressende Pflanzen gibt (z. B. Drosera rotundifolia). Als Verfasser vieler Schriftwerke, als Mitglied der Deutschen Akademie der Wissenschaften in Prag, der internationalen Vereinigung für Süßwasserforschung, wird sein Name für immer lebendig bleiben. Am 4. Mai 1970 ist er in Lunz am See (bei Mariazell) verstorben.

Dieser Lehrer hatte auf mich den größten Einfluß. Ich beschloß, Arzt und Chirurg zu werden, Forschungsschwerpunkt: Anatomie.

Die allermeisten der 28 Professoren sind mir zwar in Erinnerung geblieben, aber nur wenige waren noch herausragend. Einer davon war der ganz junge Religionslehrer, ein Jesuit, der den von uns sehr anerkannten tschechischen Pfarrer, Dr. Julius Hevera, der 1938 in die Tschechoslowakei zurückging, ablöste. Ich sehe diesen jungen Mann noch vor mir, er war Theologe und Philosoph, ein ganz

4. Kapitel

überragender Pädagoge. Er hieß Friedrich und man nannte ihn ob seiner Gelehrsamkeit und seiner Würde den „Uhu." Zu Beginn meiner Schulzeit wurde Religion auf dem Zeugnis als erstes Fach aufgeführt. Im Dritten Reich stand es am Schluß und war Wahlfach geworden. Niemand störte sich daran.

Einen dritten hervorragenden Lehrer muß ich nennen, das war Dr. Vincenz Springer. Hauptamtlich war er an der Realschule in Eger tätig und zwar für das Fach Englisch. Unobligat unterrichtete er diese Sprache am Nachmittag auch an unserem Gymnasium. An diesem, seinen Unterricht hatte ich immer und mit großer Begeisterung teilgenommen. Er konnte alles wie selbstverständlich darstellen. Gefürchtet war er ob seines kaustischen Witzes, er war von seinem Fach, nein von ganz England, ganz angetan. Er erschien im Gymnasium entweder im Lodenmantel, braunen Anzug und Jägerhut „wie zur Moorhuhnjagd" (er war kein Jäger) oder mit Bowler, weißem Schal, gestreiften Hosen und schwarzem Rock und Weste, wie ein member of parliament. Ich erinnere mich noch genau, wie er 1937 zur Krönung Georg's VI. eine englische Illustrierte mitbrachte. Die Schrift auf der Titelseite war silbern und himmelblau eingerahmt. Feierlich zelebrierte er daraus vorlesend den Krönungsakt in der Westminster Abbey. Er war dem Empire verfallen, viel später sollte es mir genauso gehen. So etwas haben wir in unserer kleinen Welt sonst nie erlebt.

Dr. Vincenz Springer war am 10. März 1886 in Böhmisch Krummau geboren. Er studierte in Prag, wurde Mittelschulprofessor für Deutsch und Englisch. Er unterrichtete in Triest, Fiume, Wiener Neustadt, Karlsbad und zuletzt in Eger. Er war verheiratet und hatte zwei Töchter, die ich sehr gut kannte. Er ist schon am 26. März 1938, nur 52 Jahre alt, an einer Lungenentzündung verstorben.

Sehr freundlich war zu mir der Mathematikprofessor Josef Kollick, auch als ich vorübergehend in Latein Schwierigkeiten hatte. In meinem Abgangszeugnis schrieb er eine Charakteristik, wie das vorgeschrieben war:

„Lebhaft, heiter, besonders interessiert an Naturwissenschaften."

Einmal hörte ich ihn sagen: „Der Stelzner hat eine Zukunft."
Nur ein einziges Mal, in der dritten Klasse 1934, ich war 13 Jahre alt, genügte ich den Anforderungen in Latein nicht. Mein Lateinprofessor hieß Dr. Georg Pfortner. Meine Leistungen werden schon ungenügend gewesen sein, aber dieser Lehrer half mir auch nicht. Niemals kam er auf die Idee, mit mir ein Gespräch zu führen. Da schienen sich aber andere Professoren für mich einzusetzen; Kollick und vor allem der gütige Griechischprofessor, Dr. Bruno Bischof. Ich sah ihn einmal, nachdem ich wieder eine laute Auseinandersetzung mit Herrn Dr. Pfortner gehabt hatte, in der Pause um 10.00 Uhr wie üblich beim Rundgang auf dem Kirchenplatz auf Pfortner mächtig einreden und meine „Spione" berichteten, es sei um mein Schicksal gegangen. Am Schuljahresende mußte ich eine Versetzungsprüfung absolvieren. Das war ein Rettungsanker bei einem einzigen ungenügend. Ich fiel durch. Da bekam ich vor dem Anfang des nächsten Schuljahres noch eine „Reparatur" zugesprochen. Das war die allerletzte Prüfung. Diese absolvierte ich unter Aufsicht eines anderen Professors, Alfred Grimm. Ich bestand sie glänzend. Natürlich hatte ich in den acht Ferienwochen Latein gelernt, aber daß ich unter einem anderen Lehrer so ein vorzüglicher Lateiner gewesen sein soll, das hätte ich nicht gedacht.

So blieb ich also nicht „sitzen", rückte auf, und Herr Dr. Pfortner ließ mich, und offenbar ich auch ihn, in Frieden. Pfortner, das muß man sagen, war ein guter Lehrer.

Wenige Jahre später, ich war 1945 gerade Assistenzarzt an der Chirurgischen Universitätsklinik Erlangen geworden, besuchte mich Herr Dr. Pfortner mit der Bitte um einen 'Persilschein'. Den habe ich ihm unverzüglich ausgestellt, überzeugt, er sei auch einer der Verführten gewesen. Ich wußte, daß sein einziger Sohn Heribert „der Burle", ein Jahr jünger als ich und einer meiner Freunde, im Krieg gefallen war.

Wie schon des öfteren erwähnt, aber immer sonst im Schrifttum der Vertriebenen verschwiegen, hatten uns 1938 unsere Juden von einem auf den anderen Tag verlassen. Niemand hat nach ihnen gefragt, nicht einmal, als der Unterricht wieder begann.

4. Kapitel

Wie total uninteressiert Lehrer und Schüler an „ihren" jüdischen Mitbürgern waren, zeigt das Schicksal der Synagogen in Eger. 1870 wurde in der Opitzstraße begonnen, eine große Synagoge zu bauen (s. Strödel Abb. 240). Bis zum Erdgeschoß war der Bau schon gediehen. Da machte eine böswillige Entweihung diesen eindrucksvollen Bau als Synagoge unbrauchbar. Wie, das ist nirgends (?) vermerkt. Da entschloß sich die Stadt Eger, den Torso als Turnhalle weiterbauen zu lassen. Wir, die Gymnasiasten, erinnern uns alle dieses eindrucksvollen Baues mit dem riesigen Rundbogen, flankiert von vier Säulen zur Straße hin. An den Seiten waren 34 (!) Fenster angebracht. In diese merkwürdige Turnhalle gingen wir acht Jahre, niemand verwies auf ihre Geschichte. Heute ist das Gebäude, wie ich gelesen habe, abgerissen.

Erst 1892 wurde in Eger eine sehr viel größere und sehr schöne Synagoge Ecke Gschierstraße / Ringstraße erbaut. Schon am 9. November 1938 wurde sie in der Reichskristallnacht zerstört (Abb. 227–229 Tietz-Strödel).

Wir hatten 1937 drei jüdische Lehrer am Gymnasium: Isidor Sud war als Rabbiner israelitischer Hilfslehrer, dann Dr. Josef Doppler, ein erst kurze Zeit eingestellter anderer Hilfslehrer, er unterrichtete neuere Geschichte und seit Jahrzehnten hatten wir auch Viktor Freud. Er unterrichtete Deutsch und hieß „Der Knabe" (nach seiner Diktion des Goethe-Gedichtes: Sah' ein Knab ein Röslein stehn). In meine Klasse kam er nur aushilfsweise, als Professor Anton Krauß einmal längere Zeit krank gewesen war. Freud war einer der eindrucksvollsten Germanisten, die ich je gehört hatte. Von ihm erzählten die Schüler, bei denen er regelmäßig unterrichtete, immer nur mit großer Ehrfurcht. Ich sehe ihn noch vor mir, wie er schleppenden Schrittes langsam und würdevoll seiner Arbeitsstätte zustrebte oder nach Hause ging. Beide Professoren verschwanden, wie alle Juden, 1938 plötzlich, aber von Viktor Freud berichtete das Schicksal 1952 auf erschütternde Weise.

In diesem Jahr erschien im Manesse-Verlag von Max Brod das Buch „Beinahe ein Vorzugsschüler" (Roman eines unauffälligen Menschen). Brod, dessen Weltruhm mit der Entdeckung Franz Kafkas zusammenhängt, versucht in diesem Roman im Stil Kafkas das Schicksal unseres Viktor Freud zu entwickeln. Er benutzt kein Pseudonym für seinen Helden, nein, wir lesen den Namen unseres alten verehrten Deutschlehrers. Danach war Freud von großer Güte und tiefer Weisheit, ein Mensch, den lebenslang das Unglück verfolgte. In der Schule, die er eine Zeit lang mit Brod in Prag besuchte, war er immer beinahe ein Vorzugsschüler. Verwickelt in einen politischen Skandal der k.u.k.-Monarchie wurde er der Schule verwiesen – so heißt es in dem Roman – und kam dann, nachdem sich seine höheren Pläne zerschlagen hatten, als Direktor an das Gymnasium zu Eger. Direktor, das ist von Brod erfunden, aber nur dieses. 1938 floh Freud in die Resttschechei nach Prag und traf Brod wieder. Brod war immer Primus, also Vorzugsschüler und natürlich bekam Brod ganz selbstverständlich eines der wenigen englischen Visa nach Palästina (er lebte seitdem dort und dieser Roman ist auch dort verfaßt). Freud gelang es nicht, zu entkommen. Brod schreibt:

„Im Herbst 1938 besetzte Hitler das Sudetenland. Grade in Eger begann der Höllenspuk. Vikmath (das war der Spitzname von Viktor Freud) war rechtzeitig evakuiert worden. Nun ging er in Prag herum, ohne Posten. Die tschechische Regierung, die ihn ein halbes Leben lang für ihre Zwecke mißbraucht hatte, zeigte nicht übel Lust, ihn nach Eger zurückzuschicken – ihn und analogerweise die anderen Juden aus den Randgebieten, die flüchtend in Prag zusammenströmten, das doch als ihre Hauptstadt zu betrachten auch sie gelehrt worden waren. Aber plötzlich waren sie Fremde, waren in das deutsche Gebiet „abzuschieben", also in den sicheren Tod. Ein Teil der tschechischen Rechtspresse verlangte es. Wir hatten unsere Mühe mit Interventionen für die Unglücklichen. Die Behörden, die damals ihren menschlichen Kern doch noch einigermaßen unversehrt bewahrt hatten, brachten schließlich Verständnis auf.

Indes ging Freud nicht etwa müßig, auch nicht nervös, nicht etwa als gehetztes Wild herum. Ein Kreis sammelte sich um ihn; in einer Privatwohnung fanden regelmäßig Vorträge der Freunde, Diskussionen statt. Hier hörte ich ihn zum letztenmal. Er sprach anläßlich eines Festtags über „Frieden und Krieg." Er sprach auch englisch, wie immer ein wenig trocken, einzelnes hob er sorgfältig heraus, wobei er sich langsam im

4. Kapitel

Halbkreis umblickte wie von einem Katheder aus und lächelnd, mit sachten Bewegungen sich die Hände rieb. Er sprach auch fließend hebräisch. Wieder staunte ich, wie weit er mir voraus war, um wieviel gründlicher als ich. Im deutschen Teil des Vortrags ging er dann wieder seinen geliebten philologischen Pfad „Frieden – im Deutschen kommt das Wort von „einfrieden", sich und sein Eigentum absondern, ein einzelner sein; im Hebräischen hängt das Wort schalom mit schalem zusammen, was wieder etwas mit Ganzheit, Gemeinschaft und ebenso wie das stammverwandte arabische 'Islam' mit Vollkommenheit zu tun hat."

Für die Palästinaeinwanderung der vielen Tausende, ja Zehntausende von Prager Zionisten hatte die großmütige englische Regierung damals genau zehn Einwanderungserlaubnisscheine oder Zertifikate bereitgestellt, nicht mehr und nicht weniger. Sie hätten eigentlich alle retten können; sie wußte, daß die Deutschen sich zum Einmarsch in Prag rüsteten, wußte, daß jeder Jude, der zurückblieb, verloren war – sie machte auch einige schwache Rettungsansätze und brachte noch manch einzelnen in letzter Minute in Sicherheit –, im ganzen aber zog sie es vor, den überwiegenden Rest der jahrhundertealten Gemeinde Prag an Hitlers Schlachtmesser zu liefern. – Für die Juden aus dem Sudetengebiet gab es eine größere Anzahl von Zertifikaten. Aber ein Gestrüpp von Bedingungen, Quoten, Altersgrenzen, Kapitalbesitz usw. umgab das Rettungstor. Vikmath war einer der Zahlreichen, die sich in diesem Gestrüpp verfingen. Er genügte den Bedingungen nicht. Er mußte bleiben. Hätte es einer mehr verdient als er, den Boden des Heiligen Landes zu betreten? – Mir aber spielte das gnädige Geschick eines der für Prager bestimmten zehn Zertifikate zu.

Ich habe dann noch einiges über Vikmath in Erfahrung gebracht. Wie der Großteil der böhmischen Juden kam er nach Theresienstadt. Die erschütternde Einförmigkeit, mit der in dieser Stadt alle die so verschiedenartigen Schicksale, die Lebensabschlüsse ehrwürdiger Mütter, sorgenvoller Väter, die Kapitel begabter und mißratener Kinder, unglücklicher, an den seltsamsten Diffizilitäten leidender Ehen und die biederer Durchschnittler, die Lose kaum erwachter Künstler, die mit ihren ersten Problemen rangen, und die abgelebter oder rüpelhaft unbekümmerter Geschäftsleute mit ihren dicken Brillantkrawattennadeln, die Schicksale von Weltweisen und Toren, Verbrechern und liebreich erglühenden Menschenfreunden: die Einförmigkeit, mit der alle diese Lebensläufe in denselben Topf gepreßt wurden, wird noch in fernsten Zeiten in ihrem Grauen nicht auszuschöpfen sein. Man hält das Ganze einfach nicht für möglich. Deshalb kann man es sich im einzelnen nicht vorstellen. So vielartiger Stoff – und alles paßt in die gleiche Form, nimmt den gleichen Ausgang: Auschwitz. Auschwitz und Asche. In alle Winde. Der Akt ist skartiert. Einer wie der andere, alle denselben Weg des Einstampfens. Kein Grab. Keine Spur. Es geht. Man muß nur die Stirn haben, es zu probieren. Es scheint unmöglich – aber siehe da, es geht ganz leicht! Niemand in der Welt hat ernstlich daran gedacht, es zu verhindern. In alle Winde – Asche und Staub. Und vergessen hat man es auch schon.

In Theresienstadt leitete Vikmath zum letztenmal einen Zirkel. Er veranstaltete in der „Magdeburger Kaserne" einen Zyklus, in dem täglich eine Stunde lang die schönsten Kapitel aus seinem verehrten Livius gelesen und interpretiert wurden. Eine kleine Menscheninsel freute sich an den streng methodischen Lateinstudien; man schöpfte Würde und Erhebung aus dieser Arbeit. Hinter der Kaserne, wenige Meter entfernt, dampften die Lokomotiven, die die Züge regelmäßig nach Auschwitz brachten – vorn ging die Lektüre unerschütterlich weiter. Man glaubt es nicht. Aber zwei, die es überlebt haben, haben mir die Kunde gebracht. – Auch von Freuds Abschied haben sie erzählt. „Es kann mir nicht viel geschehen – ich habe meine Bibel und Goethes Gedichte in der Tasche. Dann trat er die Reise an."

Freud ist nicht zurückgekommen. Brod hat überlebt. Ich, Stelzner, bin einer der letzten der Generation, die das alles noch erfahren hat und dem das Schicksal die Feder führt, damit so ein Mann nie vergessen wird.

Im Dritten Reich war ich Zivilist von Oktober 1938 bis Oktober 1939, dann wurde ich zum Wehrdienst eingezogen. Der Zweite Weltkrieg hatte begonnen. Da ich als Privatmann finanziell mir ein Medizinstudium nicht leisten konnte, riet mir in einer Sprechstunde der Regimentsarzt bei der 46. Infanteriedivision in Eger, die bei der Besetzung des Sudetenlandes vom 1. bis 10. Oktober 1938 dort garnisoniert war, ich solle mich als aktiver Militärarzt verpflichten.

Das war ein schwerer Entschluß, denn ich wollte die Hochschullaufbahn einschlagen. Mein Vater riet mir zu. Er meinte, wäre ich

4. Kapitel

tüchtig, würde ich schon an der Universität landen. So unterschrieb ich schon zu Beginn des Jahres 1939 (Frist 01.01. bis 31.03.1939), bevor der Krieg begonnen hatte, und verpflichtete mich, aktiver Sanitätsoffizier zu werden. Ich unterschrieb nicht zuletzt deshalb, weil das Wehrgesetz galt, wonach es den aktiven Soldaten verboten war, einer Partei oder einer ihrer Gliederungen anzugehören. Davon hörte man damals nichts Gutes, ohne etwas Genaueres erfahren zu können.

Nachdem der Krieg begonnen hatte, wurde ich, offenbar hatte man es eilig, mit einem Abgangszeugnis, das mir die Reife bescheinigte, im Oktober 1939 zum Infanterieersatzbataillon Nr. 186 nach Ansbach eingezogen.

Wir waren ein armseliges Bataillon. Unsere Uniformen stammten für uns magere Rekruten, ich war gerade 18 Jahre alt, noch aus der Reichswehrzeit. Schäbig, abgetragen, nur das Hakenkreuzemblem war neu und das steife Lederkoppel mit dem mattmetallenen Schloß mit der Prägung „Gott mit uns." An ihm hing ein pfundschweres Seitengewehr, 35 cm lang. Wir bekamen ein Paar genagelte Halbstiefel und ein Paar derbe, genagelte Schnürschuhe. Dazu mußten grünbraune Wickelgamaschen angelegt werden, die aus den Beständen der untergegangenen tschechoslowakischen Armee stammten. Die derben, grauen Wollsocken waren oft zerrissen und konnten dann durch die sehr bequemen weißen Trikotfußlappen ersetzt werden. Gegen den einbrechenden Winter schützte ein grauer, dünner Wollpullover. Als Ohrenschutz benutzten wir eine Art abgeschnittenen Strumpf, der oben offen war, aus grüner Wolle. Ewig zerrissene bzw. reparierte Handschuhe gab es auch. Ich gehörte zur Vierten Kompanie, einer Maschinengewehrkompanie, deren Fahrzeuge mit Pferden bespannt waren. Die Offiziere, uralte Männlein, die alle den Ersten Weltkrieg mitgemacht hatten, wurden kaum bemerkt. Ihnen fiel das Reiten schwer. Wir, die Gemeinen, marschierten und sangen welterobernde Lieder. Der dürftige Eindruck erstreckt sich auch auf die ganze Bewaffnung. So hatten wir neben dem modernen luftgekühlten Maschinengewehr auch solche aus dem Ersten Weltkrieg mit einem wassergekühlten Lauf. Sie waren auf einem getrennt zu tragenden Gestell, dem „Schlitten"

Meine Schulzeit

montiert. Er war so schwer, daß so ein Schwächling wie ich ihn gar nicht tragen konnte. Bei den Übungen und bei dem Scharfschießen mußte ich die Hülsen oder beim Übungsschießen auch blinde Patronen aufsammeln. Ich war ein Schütze „Hülsensack."

Im Gegensatz zu unserer kläglichen Ausrüstung war der Betrieb in einer solchen Infanterieeinheit sehr gut organisiert. Hier lernte man die Ordnung schätzen, vor allem die Pünktlichkeit. Die Offiziere waren von uns Mannschaften sehr weit weg. Die Unteroffiziere dagegen kümmerten sich um uns intensiv. Wir wurden von ihnen unmerklich unterschiedlich behandelt. Niemand wurde schikaniert. Irgendwie kamen mir diese aktiven Unteroffiziere, im Gegensatz zu den Reserveoffizieren, sehr gut ausgesucht vor. Sie verstanden ihr Handwerk. Der Hauptfeldwebel Gallenmüller oder der Oberfeldwebel Geiger oder der Feldwebel Günther mit seiner weitschallenden, hellen Kommandostimme, das waren Fachleute. Wie so oft im Leben gewinnt der Ansehen, der sein Handwerk eben besser kann als andere. Wir, bei den bespannten Einheiten, hatten immer wieder einmal Schwierigkeiten mit störrischen Pferden. Mit ihnen wurden auch die bei ihnen eingeteilten „Bauernkutscher" nicht fertig. Ein oder zwei Feldwebel aber waren in der Lage, solche Teufel zu bändigen. Sehr eindrucksvoll, wie elegant ein Fachmann auf so ein widerstrebendes Pferd aufsaß oder wie er in der Schmiede beim Beschlagen durch einen Knebel über des Pferdes Oberlippe sich das Tier gefügig machte. Staunend habe ich mir das alles angesehen, so gut ich konnte mitgemacht und nie vergessen, ich wollte an der Universität Medizin studieren.

Sofort nach meinem Dienstantritt in Ansbach in der Hindenburg-Kaserne kaufte ich mir zwei Anatomiebücher. Eines für Laien, eins für Medizinstudenten. Ich lernte eifrig abends und an den Feiertagen. Abwechslung gab es wenig. Auf der „Stube" mit 20 Betten gab es einen Volksempfänger. Vor mir liegt mein Nachturlaubsbuch der Vierten Infanterie Ersatzkompanie 186 vom 18. Dezember 1939. Es endet am 25. August 1940. Bis dahin hatte ich siebenmal nachgesucht, den Zapfenstreich zu überschreiten. Was waren wir für bescheidene Leute!

4. Kapitel

Die Rekonstruktion meiner ganzen Dienstzeit im Zweiten Weltkrieg von 1939 bis 1945 war anhand meiner erhaltenen Feldpostbriefe einfach.

5. Kapitel
Kriegsjahre 1939–1945

1939

Am 02.12.1939 bin ich in der Hindenburg-Kaserne eingetroffen. Wir kamen bei der Vierten Kompanie zu einer Nachrichtenabteilung. Diese Hindenburg-Kaserne war früher als die der Ansbach-Dragoner, 1860, gebaut. Auf dem Zimmer schlief ich mit 17 Leuten.

1940

Am 28.01.1940 sagte mir der Bataillonskommandeur, dem ich als einziger Aktivoffiziersanwärter vorgestellt wurde, ich könne bald zum Medizinstudium abreisen.
 Am 22.02.1940 bekam ich zwei Fahrkarten und eine neue Uniform. Ich mußte mich um 10.00 Uhr in Nürnberg beim Generalkommando XIII AK in der Fürtherstraße beim Generalarzt melden. Das war der Wehrkreisarzt. Der Generalarzt war ein sehr netter Mann, der mir sagte, was ich für ein Glück hätte, man brauchte Ärzte und ich könnte im Oktober mit dem Studium beginnen. Nach Ansbach zurückgekehrt, mußte ich meine neue Uniform wieder abgeben, auf mich wartete schon meine schäbige. Im März bekam ich die Nachricht, daß meine Mitschüler im Gymnasium ihre Matura (Abitur) glücklich hinter sich gebracht hätten. Die Ordnung beim Militär gefiel mir sehr gut. Ich wurde Hilfsausbilder. Was mir an Muskelkraft fehlte, habe ich mit großem Vergnügen durch Schlauheit ausgeglichen. Bald gehörte ich zur Stammannschaft des Bataillons. Im März 1940 hatte ich eine schwere Grippe und lag mit einigen anderen im Krankenrevier. Da half mir ein sehr netter Sanitätsunteroffizier, ein Priesteramtskandidat. Man konnte so gut mit ihm reden. Nach einer Woche war ich fieberfrei. Dann wurde ich acht Tage in den Urlaub geschickt und fuhr nach Franzensbad nach Hause. Am 29.04.1940

5. Kapitel

wurde ich ärztlich untersucht, ich war wieder gesund, ich wog 63,5 kg. Ich fand in meinen Briefen auch einen Speisezettel. Wir hatten ein hervorragendes, reichliches Essen.

Am 07.05.1940 hatte ich mir von meinem Wehrsold 119 RM erspart.

Am 01.06.1940 wurde ich in Ansbach zum Oberschützen befördert.

Den Sieg über Frankreich merkten wir an den Entlassungen in den Marschbataillonen. Um den 01. Juli herum waren wir auf dem Truppenübungsplatz Hammelburg bei Würzburg. Der Regimentskommandeur hieß Kühlwein. Ich staunte, wie dieser Oberst ein Infanterieregiment in einem Manöver führen konnte.

Am 20. Juli 1940 war ich dienstlich in Nürnberg am Generalkommando. Dort erfuhr ich, daß ich unter 20 Bewerbern als vierter rangierte und zum Studium zugelassen wurde. Also endlich einmal Vorzugsschüler! Am 22.09.1940 teilte man mir mit, daß ich am 01.09.1940 in Berlin bei der Militärärztlichen Akademie mein Medizinstudium beginnen könne.

Bei diesem zweiten Besuch in Nürnberg war ich zum erstenmal im Germanischen Nationalmuseum. Ich war sehr beeindruckt und begeistert. Diese Begeisterung sollte lebenslang anhalten. Als Angehöriger einer deutschen Minderheit aus einem entlegenen Randgebiet eines Großreiches sah ich zum ersten Mal, in welche Höhen sich seit Jahrhunderten die Kultur der Deutschen emporgeschwungen hatte. In dieser grandiosen Sammlung waren auch die viel bescheideneren Gegenstände aller Volksdeutschen der Randgebiete mit aufgenommen, die nach der großen Völkerwanderung, der ich ja vor kurzem auch unterworfen war, sonst vom Erdboden verschwunden wären.

Am 10. September 1940 traf ich in der Militärärztlichen Akademie in Berlin, Scharnhorststraße 35, ein. Ich wurde dem Jahrgang 1940 A zugeteilt. In ihm sollte ich bis zum Schluß des Krieges, also fünf Jahre, verbleiben.

Bis zum Vorlesungsbeginn bin ich in der Riesenstadt Berlin herumgewandert. Sie war noch völlig unversehrt. Ich bestaunte die ungeheure Universität dort. Vor allem beeindruckten mich die Standbilder berühmter Professoren, die in den Grünanlagen um das Gebäude aufgestellt waren. Diese Demonstration von Wissen als Macht kam in allen diesen Bauwerken zu einem unauslöschlichen Ausdruck.

Das Gebäude der Militärärztlichen Akademie war ein imposantes Gebäude. In der Berliner 'Medizinischen Wochenschrift' 1912 ist es genau beschrieben. So ist es auch zu meiner Zeit 1940 noch erhalten gewesen. Ich erinnere mich noch des imposanten Treppenhauses beim Eingang von der Scharnhorststraße her. In einem Vestibül im ersten Stock waren Säulen vor den Treppenläufen. Auf einem Kapitäl waren in einer Wappenkartusche goldene Bienen (Zeichen des Fleißes). Auf einer anderen der Spruch: Dic cur hic, sage, warum bist Du hier? In dieses Hauptgebäude kamen wir nur zum Unterricht, zum Essen, in die Bibliothek.

Untergebracht waren wir im danebengelegenen sogenannten Invalidenhaus, erbaut unter Friedrich dem Großen. Der Mittelbau hatte einen bescheidenen Giebel, auf ihm sah man den schräg himmelwärts aufliegenden schwarzen Preußenadler und den Spruch: Laeso et invicto militi. Dem verwundeten und unbesiegten Soldaten. Sofort kam mir der Gedanke: seit 100 Jahren, seit der Radezkyschlacht bei Novara, hatten meine Vorfahren in der k. u. k.-Monarchie und auch ich jetzt bei den Preußen nie einer Armee angehört, die nicht besiegt worden wäre. Neben dem Invalidenhaus war der Invalidenfriedhof, auf dem berühmte Soldaten lagen. Zu meiner Zeit wurde dort der vor Warschau gefallene Generaloberst von Fritsch beigesetzt. Er war von Hitler schmählich behandelt worden, aber er hatte es sich gefallen lassen und seine Kameraden hatten geschwiegen. Oft ging ich auf diesen Friedhof und vor mir erstand die preußische Geschichte. Scharnhorst lag hier, der Generaloberst Hans von Seeckt, der Schöpfer der Reichswehr. Hier ließen später auch die Nationalsozialisten ihre führenden Männer begraben, z.B. Reinhard Heydrich.

Heute ist das Gebäude der Akademie, im Krieg war es unzerstört geblieben, nicht wiederzuerkennen. In der DDR war es unter anderem auch eine Art Oberstes Gericht. Damals wurde es so pietätlos innen umgebaut, daß ich bei einem Besuch 1997 viele dieser herrlichen Räume nur als Torsos wiederfand. Durch einen Bombentreffer fehlt jetzt der Mittelbau des Invalidenhauses. Der Invalidenfriedhof ist heute eine grüne Rasenfläche mit ganz vereinzelten Gräbern, z.B. Scharnhorst und Seeckt – ein sehr traurig stimmender Anblick.

Am 15. September 1940 begannen die Vorlesungen. Zu meiner Freude lagen alle Institute ganz in der Nähe der Scharnhorststraße und konnten zu Fuß erreicht werden. Endlich merkte ich, daß uns gegenüber die Charité, dieses weltberühmte, sehr große Krankenhaus angesiedelt war, das die meisten Universitätskliniken beherbergte. Alle Gebäude waren in sehr großen Dimensionen errichtet und stammten aus der Mitte des vorigen Jahrhunderts. Sie waren altersgeschwärzte Ziegelbauten, häufig rot, selten gelb. Sie demonstrierten Macht und Herrlichkeit des Kaiserreiches. Auch hier scharten sich Denkmäler vergangener Zelibritäten um die Institute und Kliniken, deren Namen ich mir erst einmal einprägen mußte, um dann in den umfangreichen Bibliotheken von ihren Verdiensten und Leistungen zu erfahren.

Ein Denkmal beim Haupteingang der Charité fiel mir sofort auf. Es ist die Büste von Friedrich Althoff. Das war der allmächtige Ministerialdirektor des Preußischen Kultusministeriums der Wilhelminischen Zeit. Er war der einzige Verwaltungsmann, der zwischen den Leuchten der Wissenschaft so verewigt wurde. Sie steht heute noch, offenbar alle Zeiten überdauernd, an der gleichen Stelle. Langsam erfuhr ich, dieser geniale Organisator war ein Vater der Weltgeltung deutscher Wissenschaft auf allen Gebieten. Ich werde noch oft auf ihn zurückkommen.

Unser ganzes Leben drehte sich nun um das Studium. Fast möchte ich sagen, wir waren zufällig beim Militär. Am 01. Juli, zum Gefreiten befördert, gab es wieder etwas mehr Wehrsold. Die Gebühren waren kaum der Rede wert. Bücher schenkte uns die Akademie. Ich besitze die meisten heute noch. Schon am 14.09.1940 wurden wir durch Handschlag vom Rektor der Universität, dem Philosophen Professor Hoppe, auf die Ordnung der Hochschule verpflichtet. Diese Versammlung fand im Hauptgebäude statt und Hoppe hielt eine Rede über die Wissenschaft. Nur ein kurzer Hinweis über „den uns aufgezwungenen Krieg" ist mir noch in Erinnerung. Ich hörte keine Silbe von Politik. Es waren fast nur Soldaten als Studenten erschienen und ganz wenige Studentinnen.

Mit großer Hingabe widmete ich mich dem Studium der Medizin. Ich war beeindruckt von dem Niveau des Wissens, das diese Berliner Professoren vermittelten. Nur mein alter Biologielehrer Brehm kam ihnen gleich. Wieder war es die Morphologie, die Anatomie, die mich in den Bann schlug. Der damalige Ordinarius für Anatomie, Friedrich Stieve, war ein hervorragender Lehrer und sehr eitel. In einem schwarzen, glänzenden Gehrock dozierte er, unterbrochen vom Beifall seiner 600 Hörer, die mit Platzkarten Einlaß bekommen hatten. Wir genossen diese Magistralvorlesungen und lernten auch leicht und viel. Später habe ich erst erfahren, daß Stieve wegen seiner Nähe zur inhumanen Medizin auch sehr kritisiert wurde. Davon ahnten wir damals nichts. Wir haben aber in Vorlesungen kein Wort vom weltumspannenden Medizinwissen gehört. Interessiert hörte ich den Zoologen Feuerborn, vor allem hatte es mir das unerschöpfliche Zoologische Museum, der Militärärztlichen Akademie gegenüberliegend, angetan. Dort konnte man sich ungestört lange aufhalten. Glücklicherweise hat es den Krieg unversehrt überstanden. Uns wurde nun überall suggeriert, Deutschland sei der Nabel der Welt. Dagegen war man als 19-Jähriger machtlos.

Auffällig war die Eile, in der wir studieren mußten. So hatte man Trimester eingeführt und die Ferien verkürzt. Meine Kenntnisse in den alten Sprachen kamen mir sehr zustatten. Da mir das Lernen sehr leicht fiel, hatte ich auch Zeit, in Philosophievorlesungen zu gehen. So hörte ich damals Nicolai Hartmann. Sein Hörsaal lag hinter dem Universitätshauptgebäude in einem unscheinbaren Haus, vor dem die Bronzebüste des großen Hegel stand. Hartmann verstand es, einem die Philosophie nahezubringen, er sprach über die Schichtenordnung der Welt. Wir waren die ergriffenen Zuhörer.

Während dieser Zeit ging ich auch auf die Besuchergalerie des neuen Anbaus der Chirurgischen Universitätsklinik in der Charité.

5. Kapitel

Durch große schräge Fenster sah ich Sauerbruch operieren. Am Eingang zur abgedunkelten Besuchergalerie hing das Operationsprogramm. Diese scheinbar mühelosen Operationen beindruckten mich außerordentlich. Hier wurde, umgeben von willigen Gehilfen, von einem Meister mit der Hand nach der Krankheit gegriffen. Daher rührt mein Entschluß – ich werde Chirurg an einer Universität.
Viel später merkte ich natürlich, daß dieser eindrucksvolle Operateur, dem der zu Operierende immer hingeschoben wurde, manchmal war schon der Bauch oder der Thorax eröffnet, schon sehr lange nichts zum Fortschritt der Chirurgie beigetragen hatte. Sauerbruch erledigte mit wenigen Handgriffen die Hauptsache, dann wurde der Behandelte in dem riesigen Operationssal in eine Ecke gefahren und die Helfer verschlosssen die Körperhöhlen. Ich erinnere mich noch genau, wie Sauberbruch einen Lungenunterlappen exstirpierte. Er schlang um die Wurzel des Lappens, die er etwas freilegte, einen roten Gummischlauch, schnürte ihn fest zu und vernähte den Knoten. Dann wurde der Thorax geschlossen. (Später wurde der abgestorbene Lappen entfernt und evtl. eine Thorakoplastik angelegt). Wie ich erst nach dem Krieg erfuhr, war das Ausland schon sehr viel weiter (s.S. 193). Davon ahnten wir nichts und erfuhren auch später in den klinischen Vorlesungen keine Silbe darüber, was vor allem im anglo-amerikanischen Ausland inzwischen entwickelt worden war. Das waren ja unsere Feinde.
Am 26. September 1940 wurden wir im Hof der Militärischen Akademie dem Kommandeur, dem Generalarzt Hamann, vorgestellt. Er war uralt und ich wunderte mich, welch greisenhafte Offiziere es gab. Wir mußten nach Nennung des Namens den Beruf des Vaters sagen, dann drückte er uns die Hand. Mir fiel auf, daß er mit manchem Fahnenjunker, so hießen wir damals, einige Worte wechselte, wie z.B. mit dem Sohn des Generalarztes im AK I in Königsberg, Zimmer. Als er „mein Vater, Oberinspektor der Reichsbahn" hörte, ging er schnell weiter. Ich entschloß mich, durch Fleiß und Anstrengung diesen Nachteil der Herkunft auszugleichen. Schon damals merkte ich, was mir lag: die Morphologie.

Kriegsjahre 1939–1945

Im Oktober 1940 nahmen die englischen Luftangriffe in Berlin zu. Unter der Hand erfuhren wir, daß die Engländer Balsaholzflugzeuge einsetzten, die, da sie sehr leicht waren, so hoch flogen, daß sie für unsere Flugabwehr unerreichbar waren. Diese „Moskitos" trugen keine Sprengbomben. Sie waren die Pfadfinder. Ich sehe sie noch am blauen Himmel und dachte mir, das ist doch wieder ein Beispiel der Überlegenheit der Engländer.

Am 01.11.1940 wurde ich zum Fahnenjunker-Unteroffizier befördert. Ich bekam 86 RM Gehalt und alle 10 Tage 14 RM Wehrsold.

Gegen Ende des Jahres mußten wir in Berlin in der Militärärztlichen Akademie eine Tanzstunde besuchen. Ich erinnere mich an den herrlichen dunkelbraunen, mit Eiche getäfelten Saal mit den überlebensgroßen Ölbildern der Heeressanitätsinspekteure an der einen Seite. Der erste war Goerke, noch aus der Zeit Friedrich des Großen, und der letzte pensionierte, der Generaloberstabsarzt Waldmann. Vor ihm amtete der Generaloberstabsarzt Franz, der bei uns immer noch Vorlesungen über die Kriegschirurgie hielt. Sein immer wieder aufgelegtes Lehrbuch nahm vom Ausland keine Notiz.

Am 30.11.1940 wurden wir vom Heeressanitätsinspekteur, dem Generaloberstabsarzt Prof. Dr. Siegfried Handloser, begrüßt. Er hatte den singulären, höchsten Rang inne. Vier Generalärzte waren mit ihm anwesend. Er hielt eine martialische Ansprache, und wir bekamen eine große Urkunde. Dabei dachte ich mir, was ist das für eine verkehrte Welt. Sich gegenseitig umbringen, möglichst wieder gesund machen, um sich wieder umzubringen.

Am 04. Dezember 1940 ging ich in meiner Ausgangsuniform in die Staatsoper Unter den Linden. Man gab „Rigoletto" mit den Sängern Faßbender und Maria Cebotari. Die Karte kostete 4 RM 80, worüber ich sehr stöhnte, dabei war sie noch ermäßigt. Ich sehe noch die glänzende Gesellschaft damals in Berlin. Die Offiziere in Gala und die Herren im Frack, die Damen im langen Abendkleid.

Mein erstes Trimester war beendet. Ich habe mich exmatrikuliert und fuhr in den Weihnachtsurlaub nach Franzensbad. Am 06. Januar 1941 gingen wir zum Weiterstudium an die Universität Würzburg.

5. Kapitel

1941

Am 04.01.41 traf ich nach 18stündiger Bahnfahrt, wir waren auf der Strecke bei Waldsassen eingeschneit und mußten im Dritte-Klasse-Abteil übernachten, in Würzburg ein. Diese Nacht werde ich nicht vergessen. Die Lokomotive fuhr weiter nach Wiesau, um Verstärkung zu holen. Solange war es in den Wägen eiskalt geworden, aber der Mensch erträgt wortlos vieles. Dabei hatte der Krieg erst angefangen und das Chaos zeigte sich gerade. Ich fand über die Vermittlung meiner Dienststelle, die in einem Frauenkloster in der Köllikerstraße in Würzburg untergebracht war, ein Zimmer (Schiestelgasse 40, bei Dressler) für 30 RM mit Frühstück. Bei 38 RM Wohnungsgeld. Acht RM zahlte ich für Licht und Heizung. Leider mußte ich, da Frau Dressler keine Kohlen bekam, in ein Studentenhaus in die Jahnstraße 1 in das Zimmer 19 umziehen. Hier zahlte ich mit Frühstück 27 RM 50. Es gab sogar eine Dampfheizung.

Am 10.01.1941 begannen die Vorlesungen. Außer in Chemie bei Prof. Fischer hatten sie bei weitem nicht das Niveau wie in Berlin.

Rückwirkend zum 01.01.1941 wurde ich zum Feldwebel befördert und bekam nun wieder ein etwas höheres Gehalt. Nun mußte ich mir auch einen Degen kaufen, den ich spazierentrug. Oft dachte ich, wie kann man im Krieg so ein hinderliches Instrument, nur um der Tradition zu genügen, herumschleppen? Zufällig traf ich meinen alten Hauptfeldwebel Gallenmüller aus Ansbach, mit dem ich dann den Nachmittag über im Ratskeller saß. Er freute sich über meine Fortschritte. Sehr, sehr vorsichtig erwähnte er, daß er düster in die Zukunft sehe. Ich habe ihn nie wiedergesehen.

In Würzburg galt wieder der Anatomie mein Hauptaugenmerk. In den übrigen Fächern Physik und Chemie erledigte ich meine Prüfungen pflichtschuldig, aber die Morphologie immer mit großer Freude.

Am 14.02.41 bestand ich eine Zwischenprüfung. Ich hatte von sieben Fächern sechs Einser, in Physik eine zwei. Der Physiker hieß Harms. Er saß in dem Institut, wo Röntgen 1895 „die nach ihm benannten Strahlen" gefunden hatte. Darauf war er sehr stolz, obwohl er doch wirklich nichts mit dieser Entdeckung zu tun

Kriegsjahre 1939–1945

hatte. Diesen Stolz auf einen Vorgänger habe ich immer wieder erlebt. Er ehrte aber immer mehr den Geehrten, als den Ehrenden. In Würzburg gewöhnte ich mir an, den Kontakt mit dem Dienstpersonal, hier des Anatomischen Institutes, zu suchen, wo ich mich wisssenschaftlich zu Hause fühlte. So kam ich mit dem Oberpräparator Rack und dem Präparator Pfeiffer oft und lange in dem Anatomieinstitut in der Köllickerstraße ins Gespräch. Diese klugen, originellen Leute überspannen mit ihrem Wissen oft mehrere Generationen von Professoren und hatten somit die Möglichkeit des Vergleiches. In der Anatomie gab es auch eine sehr nette, junge Sekretärin, Frau Schiffmacher. Sie trug Trauer, ihr Mann war in Frankreich gefallen. Sie war nur einige Monate verheiratet gewesen. Welch einen Schmerz befällt einen solchen Menschen, sie war untröstlich. Das erstemal kam mir hier das ganze Unglück eines Krieges so hautnah zum Bewußtsein.

Der Anatomieordinarius in Würzburg war Curt Elze (1885 – 1972). Er hielt eine sehr gute Vorlesung. Allerdings war das eine reine Fachschule. Elze war ein großer Lehrbuchverfasser und ein großer Herausgeber, allerdings von Forschung war bei ihm nie die Rede. Bei ihm sollte ich später meine ersten wissenschaftlichen Untersuchungen durchführen; aus eigenem Entschluß, und Elze ließ mich nicht nur gewähren, er half mir außerordentlich. An seinem Institut waren aber auch Forscher wie der Anatom Blechschmidt (1904–1992), später Ordinarius in Göttingen. Er war ein weltberühmter Embryologe. Er bekämpfte Haeckel, den er einen Fälscher nannte. Er sagte, man dürfe nie zeichnen, was man sehen will, und das warf er ihm vor. Haeckels biogenetisches Grundgesetz sei die Frucht sträflicher Simplifikation. Wie wir heute wissen, hatte Blechschmidt recht. Haeckel aber blieb lange der Abgott eines Zeitalters. Mein Besuch viel später in seiner Villa „Medusa" in Jena bestätigte mir die Unsterblichkeit von Mythen. Auch Blechschmidt war mir sehr freundlich gesonnen, und ich blieb lebenslang mit ihm in Verbindung. Jahrzehnte später, ich hatte schon mein drittes Ordinariat hinter mir und schrieb gerade meine Überlegungen über die Bedeutung der Fascien bzw. des Bindegewebes nieder, fragte ich bei dem Nachfolger Blechschmidt's in Göttingen an, ob denn in dessen berühmter Embryonen- und

5. Kapitel

Modellsammlung auch eine Auskunft über die Entwicklung der Hüllfascien (Grenzlamellen) zu bekommen sei. Ich hatte die Wichtigkeit dieser Strukturen erkannt. Dieser antwortete umgehend: die Reise zu ihm könne ich mir sparen. Blechschmidt habe sich nur für die Form des Parenchyms interessiert, das Mesenchym, das Bindegewebe wurde als störend entfernt. Das erinnerte mich an die kritischen Aussprüche des Oberpräparators Rack in Würzburg. Der sagte, ja wir müssen immer die Eimer mit den Bindegewebsresten aus den Präpariersälen Abend für Abend entfernen und nur der Herr Professor Hans Petersen, der Vorgänger von Elze, sagte, gerade das Bindegewebe sei zum Leben und zum Lebenbleiben außerordentlich wichtig – aber es ist eben nicht so „schön" wie ein bindegewebsloses Muskelpräparat.

Damit tauchte zum erstenmal der Name eines Anatomen auf, den ein tragisches Geschick um alle seine Früchte, seine genialen Überlegungen brachte, er hatte eine schließlich tödliche Formalinallergie. Das Personal damals in Würzburg schwärmte von Petersen, die Professoren aber waren über ihn schweigsam. Erst als er während des Krieges verstorben war, widmete ihm Elze viel später einen Nachruf, der dieses Mannes würdig war.

Ich hatte damals sofort in der Bibliothek des Instituts nach Petersen gesucht. Was ich gefunden hatte, war imponierend. Petersen's Leben fällt in eine Zeit, wo sich die Anatomie der Biologie zuwandte. Er war promovierter Zoologe, erst danach Dr. med. Er ging zu Braus nach Heidelberg, dessen Lehrbuch diese neue funktionelle Anatomie berücksichtigte. Petersen habilitierte sich in Heidelberg, er hatte ein sehr umfangreiches Wissen. Er war Philosoph, Zoologe, Botaniker, Chemiker, Mathematiker und Physiker. Er konnte sich um einen geknickten Grashalm ebenso erschöpfend äußern, wie über einen Knochen eines Fledermausflügels. Er war einsam und „eine Würde und Höhe entfernte die Vertraulichkeit." Alle seine Arbeiten gehen von Beobachtungen der lebenden Natur aus und führen zur Anatomie, aber dann zum Leben hin. Kein Wunder, daß er sich der vergleichenden Anatomie annahm. Petersen machte einen heute vergessenen interessanten Versuch: Versenkt man ein Stück embryonalen Knochens durch ein Loch in der Netzhaut in den

Kriegsjahre 1939–1945

Glaskörper des Auges einer Froschlarve, wird aus dem Loch eine Pupille und dahinter entsteht eine Linse, obwohl beides in diesem Auge schon vorhanden war. „Sinnlosigkeit und Notwendigkeit stehen in einem tiefen inneren Zusammenhang" folgert Petersen. Dieser gedankenreiche Mann, durch seine schwerste Allergie seit 1939 pensioniert, wurde nur 61 Jahre alt. Welche Gedanken versanken mit ihm auf immer. Wie muß er Aufmerksamkeit erregt haben, daß man mir noch in Würzburg begeistert von ihm erzählte. Er ist einer jener Unglücklichen, die ich in meinem Leben getroffen habe und die trotzdem, wenn auch nur auf eine Minorität, eine große Ausstrahlung hatten.

Der dritte Anatom war Heinz von Hayek, ein Österreicher, später Ordinarius in Wien. Er beschäftigte sich schon damals mit der Anatomie der Lunge, ein Thema, das in der Nachkriegszeit eine große Bedeutung bekommen sollte.

Natürlich haben wir uns in dem damals unzerstörten Würzburg alle Schönheiten angeschaut. Die Residenz, den Dom und die Neumünster-Kirche, wo in der Krypta drei herrliche Büsten von den drei Frankenheiligen standen, von Riemenschneider, die bei dem großen Luftangriff später verbrannt sind.

Am 02. März 1941 war das zweite Trimester zu Ende und wir erfuhren, daß wir bis zum Physikum, der ärztlichen Vorprüfung, in Würzburg verbleiben würden. In meiner Freizeit war ich oft im Anatomischen Institut. Alles war dort gähnend leer. Ich bekam sogar vom Chefprofessor Elze ein Zimmer zugewiesen, wo ich, wenn ich mir nicht Bücher holte, viel mikroskopische oder für die Anatomievorlesung auch makroskopische Präparate herrichtete. Unser Jahrgangsstabsarzt Dr. Brendel, ein netter, pflichtbewußter Offizier, fragte mich einmal, woher ich eigentlich mein „großes Wissen" hätte. Die Antwort bin ich ihm, sicher unter Lachen, schuldig geblieben.

Von meinem Vater bekam ich während des ganzen Krieges den „Kosmos" zugeschickt, den ich immer mit großem Interesse gelesen habe. In den Kurzferien wurden wir auch manchmal ins Standortlazarett geschickt und machten Pflegedienst.

Inzwischen war das zweite Trimester zu Ende gegangen und das neue begann am 05. Mai 1941. Es dauerte bis Mitte Juli. Ich

5. Kapitel

arbeitete die meiste Freizeit in der Anatomie und stellte nach wie vor Präparate her. Da ich allein war, kam ich mit den drei Anatomieherren immer häufiger in Kontakt. Vor allem war ich ja eine ganz billige Arbeitskraft. Bei dieser Gelegenheit konnte ich die mühseligen Untersuchungen von Dozent Dr. Blechschmidt über die Architektur des Zahnschmelzes mittätig verfolgen. Sehr eindrucksvoll war es, wie man diesem spröden Material beikommen konnte; so habe ich beim Dünnschleifen der Zähne geholfen. Aus den Dünnschliffen wurde dann ein dreidimensionales Modell der Schmelzprismen erstellt. Ich lernte im wechselseitigen Gespräch diese und viele andere anatomische Probleme kennen. Im Juni hatte unser Stabsarzt Dr. Brendel die Idee, den Professor Schenk für uns, seinen Jahrgang zu kunstgeschichtlichen Vorlesungen zu engagieren. Dieser auch körperlich große Kunsthistoriker hielt seine wahre Identität erfolgreich verborgen. Es war ein Graf Schenk von Stauffenberg. Bei ihm haben wir nicht nur Vorlesungen über die Geschichte Würzburgs gehört, sondern wir machten Ausflüge in Parks, Schlösser, Kirchen und Dörfer der Umgebung. Im Hofgarten trafen wir oft den altersgebeugten Würzburger Bischof Ehrenfried im Talar oder langen Mantel und mit dem großen schwarzen Filzhut mit einer grün-weißen Kordel. Die zeigte den niedersten episkopalen Rang an.

Professor Schenk und der Bischof begrüßten sich, redeten über das Wetter und trennten sich wieder. Diese Exkursionen eröffneten mir eine neue Welt. Ich begriff den Spruch: „Unter dem Krummstab ist gut leben." Der Professor Schenk hatte auch eine Kuratorstelle im Mainfränkischen Museum inne, das damals gegenüber dem alten Bahnhof und nahe beim Theater ein sehr schönes großes Haus belegte. Unter der Unzahl von Gegenständen fiel uns im Erdgeschoß der Einbau einer vollständigen hölzernen Synagoge auf, die Professor Schenk auf die Frage unseres Stabsarztes Brendel aus einem nahegelegenen Würzburger Dorf hierher hatte übertragen lassen. Denn, so äußerte er weiter, Juden gäbe es ja kaum mehr. Wieder wurde nicht nachgefragt, niemand griff dieses Thema auf.

Am 18. Juli 1941 war auch unser drittes Trimester zu Ende. Danach wurde ich in den Ferien in ein Lazarett meines Heimatortes Franzensbad geschickt.

Kriegsjahre 1939–1945

Dazwischen fuhr ich im Urlaub nach München und Innsbruck. In München schaute ich mir die sehr schöne Sammlung des sehr imposanten Anatomischen Institutes an. Diese anatomische Sammlung war in einem riesigen Bau in schönstem Jugendstil untergebracht, in großen Räumen und mit einer herrlichen Einrichtung. Ich zog aber keinen großen Nutzen daraus, denn schon damals fiel mir auf, daß man in einer solchen Sammlung nichts über das so wichtige Bindegewebe erfahren konnte, mit dem ich mich ein Leben lang beschäftigen sollte.

Meine Lazarettzeit in den Ferien im Hotel „Schweizer Haus" in der Morgenzeile in Franzensbad war nicht fruchtbar. Begreiflicherweise hatten es weder die leicht verwundeten Patienten noch die Ärzte eilig. Diese uralten Reserve-Militärärzte, die alle noch im Kaiserlichen Heer in Österreich tätig gewesen waren, erzählten aus der Vergangenheit und ließen sich von dem Siegesjubel aus dem Radio in keiner Weise betören.

Am 31.10.1941 war ich wieder in Würzburg, das vierte Trimester hatte begonnen. Durch Heirat der Tochter meiner Hausleute war ich gezwungen, mir eine neue Unterkunft zu suchen. Ich nächtigte zuerst in der Infanteriekaserne und kam mit einem Oberfeldwebel ins Gespräch, der nicht viel später für meine erste wissenschaftliche Arbeit eine entscheidende Bedeutung bekommen sollte. Ich zog dann nach dem Sanderring 4, zum Friseur Hilpert. Der hatte aber nur ein Kinderbett für mich, und so zog ich weiter in die Brombacherstraße 13 zum städtischen Gärtner Henning. Dort schlief ich allerdings auch nur auf dem Sofa und mußte mir jede Nacht zwei Stühle an das Fußende stellen, damit das Bett lang genug war. Aber, bei diesem Ehepaar war es sehr viel bequemer, als bei dem Friseur mit seinem Kinderbett.

1942

Eifrig bereitete ich mich auf meine ärztliche Vorprüfung vor. Der Anatom Elze empfahl mir dazu, in meinem Zimmer im Anatomischen Institut zu bleiben und nicht zu den Kollegen in die großen Säle zu den Mikroskopen zu gehen, ich würde dort „tot" gefragt.

5. Kapitel

Dafür war ich Elze sehr dankbar. In einem Brief nach Hause schrieb ich damals"… ich muß eben doch auf manches verzichten, um das Beste zu leisten." Mein Vorprüfungszeugnis trägt das Datum 14.02.1942. Ich hatte in Anatomie, Physiologie, physiologischer Chemie, Zoologie und Botanik sehr gut und in Physik gut. Gesamturteil: sehr gut. Der Vorsitzende der ärztlichen Vorprüfungen hieß Professor Dankwart Ackermann. Er war der Entdecker des Histamins. Er war von erstaunlicher Duldsamkeit. Einmal, so soll er am Stammtisch lachend erzählt haben, saß er mit einer Prüfungsgruppe um den Tisch herum. Er fragte den neben ihm sitzenden Kandidaten, wieviel Kohlenstoffatome denn ein Zucker hätte. Das wußte dieser nicht, aber plötzlich merkte Ackermann, daß ihm offenbar einer der gegenübersitzenden Prüflinge sechsmal kräftig auf den Fuß trat. Er quittierte das schweigend.

Der uns prüfende Physiologe Wöhlisch war auch kein Spielverderber. Er liebte im Examen Ausflüge in die Physik. In Würzburg gab es nur zwei längere Straßenbahnlinien, die die ganze Stadt durchquerten. Wöhlisch fragte, mit welchem Strom fährt denn unsere Straßenbahn? Mit Wechselstrom oder mit Gleichstrom? Der Kandidat antwortete: Mit Wechselstrom. Wöhlisch: „Da müßte sie doch immer hin- und herfahren." Der Prüfling indigniert: „Das tut sie auch."

Die unbestechliche Ordnung bei der Militärärztlichen Akademie wurde zur Verpflichtung. Eine Wiederholungsprüfung war erlaubt. War sie erfolglos, oder versagte ein Kandidat in mehreren Fächern, mußte er unwiderruflich zur Truppe und bei uns ausscheiden. So wurden mehrere meiner Kollegen gemaßregelt.

Mit dem Examen war meine Tätigkeit in Würzburg vorerst abgeschlossen, und wir bekamen die Nachricht, daß das nächste Trimester Ende April in Berlin zu absolvieren sei.

Nach meinem Physikum (ärztliche Vorprüfung) begann ich in Würzburg meine erste wissenschaftliche Untersuchung. Sie hatte den Titel: Der Fuß im Stand und Marsch. Ich kam auf die Idee, die wechselnde Belastung des Fußes mit einer ganz einfachen Methode zu untersuchen. Ich schnitt mir eine Einlagesohle aus Linoleum, das mir Prof. Elze bereitwillig aus dem Küchenfußboden seiner

Kriegsjahre 1939–1945

Dienstwohnung im Anatomischen Institut in der Köllikerstraße zur Verfügung stellte. In der Werkstatt der Anatomie ließ ich mir vom Oberpräparator Rack mit einem „Eisenbohrer" Löcher in diese Sohle hineinstanzen. Darauf legte ich eine gleichgeformte, 5 mm dünn ausgewalzte Plastilinplatte und steckte beides in einen Militärschuh, von dem ich mir eine etwas größere Nummer, als ich sie brauchte, besorgte. Ging man mit dieser Vorrichtung 100 m, zog danach die Plastilinplatte von der Linoleumsohle, so hatte man anhand der unterschiedlich hoch durch die Löcher der Linoleumplatte eingedrückten Plastilinsäulchen einen sehr guten Eindruck, wie der Fuß „im Marsch" belastet wird. Deutlich war damit abgebildet, daß die Hauptbelastung an der Außenseite der Ferse begann, über den seitlichen Fußrand ablief, um am Fußinnenrand über dem Köpfchen des stärksten Mittelfußknochens I zu enden. Das Fußgewölbe zeigte keine Belastungsspuren. Diese halbradförmige Bewegung eines normalen Fußes war mit dieser ganz einfachen Methode sehr gut festgehalten. Die gleiche Untersuchung machte ich dann im Standortarrest bei einigen Insassen, dann in der Infanteriekaserne bei einigen gerade eingetroffenen Rekruten. Alle hatten nach einer Probestrecke „normale" Belastungsmuster – wie oben geschildert. Nach einem 30 km langen Übungsmarsch wartete ich mit meiner Plastilinlinoleumsohle schon in der Kaserne auf die Zurückkehrenden. Nach der Probestrecke stellte ich dann fest, daß fast alle Untersuchten jetzt ihre Hauptbelastungszone schon über dem Köpfchenende des schwachen Mittelfußknochens II entwickelt hatten. Auch das Fußgewölbe war jetzt eingesunken. Mit anderen Worten, die Ermüdung der Haltemuskulatur des ungeübten Fußes bei diesen Rekruten führte zu einer Fehlbelastung. Diese ist die Ursache der Marschfraktur. Sie ist ein Ermüdungsbruch, der vor allem unterhalb des Köpfchens des zweiten Mittelfußknochens auftritt. Nach wenigen Stunden war dieser von mir entdeckte vorübergehende Plattfuß – wie ich dann bei einem nochmaligen Probemarsch feststellen konnte – verschwunden. Ich bat dann noch den Neurologen Schaltenbrand, mir zu gestatten, Parkinson-Kranke auf gleiche Art zu untersuchen. Sie haben bekanntlich einen „automatenhaften" Gang. Ich stellte fest, daß

5. Kapitel

ihr Gang nur aus Flexion und Extension, also Beugung und Streckung, zusammengesetzt ist und daß die Rotation, die Verdrehung, fehlt. Ihnen ermangelt danach, wie ich definierte, die persönliche Mitbewegung.

Alle lobten diese Untersuchung. Die Arbeit wurde von Elze zum Druck angenommen. Er übernahm die Ergebnisse auch in das von ihm lebenslang redigierte Lehrbuch: „Braus-Elze", und dort konnte man jahrzehntelang eine Abbildung dieses Belastungsmusters sehen.

Zum Abschluß meiner Untersuchungen durfte ich bis zum 01. Mai in Würzburg bleiben und fuhr später als meine Kollegen nach einem kurzen Urlaub zurück nach Berlin.

1945 promovierte ich mit dieser Arbeit über den Fuß „summa cum laude." Der angewandten Morphologie sollte ich lebenslang verbunden bleiben.

Am 27.02.1942 hörte ich einen packenden Vortrag des Physiologen Prof. W. Hess aus Zürich. Im Rahmen der naturwissenschaftlichen Gesellschaft war es eine gute Idee, dort einen Mann einzuladen, der als origineller Geist einen Höhepunkt medizinischer Forschung repräsentierte.

W. R. Hess (1881–1973); Neurophysiologe in Zürich und Bonn, Ordinarius für Physiologie in Zürich. Experimentelle Verhaltensforschung, Auswirkungen auf die Hirnchirurgie und Psychopharmakologie. Methode lokalisierter Reizung verschiedener Hirnbezirke. Koordinationssteuerungszentrum im Zwischenhirn entdeckt. 1949 Nobelpreis mit E. Moniz, Coimbra (Portugal).

In dieser Zeit hörte ich in Würzburg noch einen Vortrag, der dem von Hess ebenbürtig war. Der Vorsitzende hatte den Zoologen Prof. Karl von Frisch, damals in München, eingeladen. Der sprach über das Thema von einem Schreckstoff bei verwundeten Elritzen. In seinem Urlaubsort in Aussee machte Frisch die Entdeckung, daß diese im Schwarm schwimmenden Fische schlagartig die Flucht ergreifen, wenn ein Fisch, durch einen Raubfisch erbeutet, auch nur etwas Blut in das Wasser verliert. Frisch konnte diesen

Schreckstoff aus der Haut der Elritzen isolieren und durch Einstreuen der Substanz in den See über einen Fischschwarm diesen in panische Flucht schlagen. Frisch war auch der Entdecker der Bienensprache, die er durch ingeniöse Versuche – meist während seines Urlaubs – enträtselte. Im hohen Alter bekam er mit Timbergen und K. Lorenz den Nobelpreis.

Nach diesen Vorträgen fand ich meinen schon lange gehegten Eindruck bestätigt, das allermeiste, was uns in Würzburg vorgetragen wurde, war einfach Fachwissen. Probleme wurden zu oft ausgespart. Höchstens zehrte man noch aus der großen Zeit um die Mitte des 19. Jahrhunderts.

In Berlin hatte ich dann mein erstes klinisches Semester, das fünfte erlebt. Durch meine anatomische Arbeit empfohlen, bekam ich gleich einen Arbeitsplatz bei dem Pathologen des Städtischen Krankenhauses „Robert Koch", Professor Rix. Ich arbeitete dort im Sektionssaal, wie ich das wünschte, vom 01. Mai bis 09. Juli 1942. Rix war ein trockener Gelehrter. Er war freundlich, er kam als Extraordinarius aus Marburg. Ich habe ihn nach dem Krieg als Leiter des Pathologischen Institutes der Städtischen Krankenanstalten in Nürnberg wiedergetroffen. Dieser konnte sich allerdings mit dem Ordinarius der Pathologie an der Charité, Robert Rössle, nicht messen. Hier sprach ein würdiger Nachfolger Virchows, und wir hörten nicht nur Tatsachen, sondern endlich einmal auch die Probleme. Merkwürdig erschien mir allerdings auch in Berlin 1942 diese nationale Wissenschaft, als ob es das Ausland überhaupt nicht gäbe. Bei den Demonstrationen in der Pathologie freundete ich mich mit Rössles Oberpräparator Dubisch an. Wegen des Krieges war er über das Pensionsalter hinaus tätig und damals sicher weit über 70 Jahre alt. Er war ein kenntnisreicher Mann, der mit seiner Erinnerung bis zur Virchow zurückreichte, den er als junger Mann noch kennengelernt hatte. Virchow starb 1902. Er war eine unerschöpfliche Quelle nicht nur fachlich, sondern auch der Fakultätspolitik. Er erzählte mir unter anderem ein Beispiel, wie an Universitäten schon damals geniale Mitarbeiter oft verkannt werden konnten. Das hat sich bis heute nicht geändert. Wir können das nur so erklären, daß neue Gedankengänge, und seien sie noch so eindeutig, von den Zeitgenossen nicht nachvollzogen werden und vielleicht auch nicht richtig gewertet werden können. Nicht immer ist es Neid oder Bosheit – das gibt es auch – nein, es ist einfach Unvermögen, gepaart mit Uninteressiertheit.

Ende des Jahrhunderts kam, so berichtet Dubisch, der Würzburger Internist Gerhardt als Nachfolger Frerichs an die Charité. Große Lobeshymnen wurden auf ihn gesungen. Auch der Hinweis fehlte nicht, Berlin habe ja schon einmal einen sehr guten Griff nach Würzburg getan. Denn Anfang des 19. Jahrhunderts war der Internist Lukas Schönlein von Würzburg nach Berlin gewechselt und tatsächlich zu einer Zierde der Fakultät geworden (Entdecker des ersten lebenden Krankheitserregers, des Favus-Pilzes). Natürlich war es völlig töricht zu schließen, auch Gerhard müsse zwangsläufig deshalb eine geistige Größe sein. Der gleiche Fehler wird oft bei der Bewertung von Schulen begangen, als ob z.B. bei Sauerbruch nicht auch Schlummerköpfe überlebt hätten.

Gerhard kam mit seinem Oberarzt Friedrich Müller – später Friedrich von Müller (s. S. 72) – in die Charité und besichtigte die Frerich'sche Klinik. Im Keller entdeckten nun die Besucher einen Assistenten, der merkwürdige Versuche vornahm. Er beschäftigte sich mit den damals gerade entdeckten Anilinfarbstoffen, aber auch andere Farbstoffe hatten es ihm angetan. Gerhard fragte ihn, was er denn gerade untersuche. Er sagte, er spritze Methylenblau in einen Regenwurm. „Ja, warum machen Sie das denn?" fragte der erstaunte Gerhard. „Nun, dann schneide ich das Tier auf", sagte der Befragte, „und wasche es aus. Ich sehe dann elektiv gefärbt das Strickleiternervensystem des Wurms und diese elektive Färbung lebenden Gewebes, dem gilt mein Hauptaugenmerk." Auf dem Kanonenofen des kleinen Kellerraumes lagen viele Objektträger mit roter Farbe beschickt, hier färbte der junge Mann Blut und Bakterien, wie er erläuterte, und erhitzte dann die Objektträger, um die Farbe in schlecht färbbare Keime (Tuberkelbazillus!) einzubrennen. Nachdem Gerhard seine Besichtigung beendet hatte, war er sich im Gespräch mit Müller einig. Nach Annahme des Rufes wird dieser merkwürdige Kauz sofort entlassen, und so geschah es. Das war bis in meine Zeit noch sehr leicht möglich. Generationen könnten von dieser Willkür erzählen.

Dieser Entlassene war Paul Ehrlich. Er hatte aber einen großen Gönner, den allmächtigen Ministerialdirektor am Preußischen Kultusministerium, Friedrich Althoff. Er verschaffte Ehrlich vorübergehend eine Stelle bei Robert Koch, wo er weiterforschen konnte. Dann überredete er die Witwe des verstorbenen Bankiers Speier in Frankfurt am Main, Ehrlich nicht aus dem Auge verlierend, ein Forschungsinstitut einzurichten. Dies geschah und dort entdeckte Ehrlich nach vielen anderen Großtaten, unter anderem der Eosinophilie der Leukozyten, der Färbung des dafür als renitent bekannten Tuberkelbazillus, das Salvarsan, das erste chemotherapeutische Heilmittel für die Syphilis. Seine Idee, an den Farbstoff ein Bakteriengift zu koppeln, hier Arsen, führte zur Entwicklung der Chemotherapie. Dubisch sagte mir, ebenso sprichwörtlich wie Ehrlich's Gelehrsamkeit sei seine Zerstreutheit gewesen.

Nach der überaus gründlichen Biographie von Sachse über den mächtigen und erfolgreichen Ministerialdirektor Friedrich Althoff (1839–1908) schreibt Ehrlich am 27. Juli 1907 an Althoff (S. 235): „Ich persönlich verdanke Ihnen meine ganze Karriere und die Möglichkeit, meine Ideen nutzbringend auszugestalten. Als Assistent herumgeschubst (!), in die engsten Verhältnisse eingezwängt (im Keller!) – von der Universität absolut ignoriert –, kam ich mir ziemlich unnütz vor. Ich habe nie einen Ruf an die kleinste Stelle erhalten und galt als Mensch ohne Fach, d.h. vollkommen unverwertbar..."

In den Lebenserinnerungen des Friedrich von Müller liest sich diese Episode mit Ehrlich anders. Nachdem Gerhardt und Müller entschlossen waren, nach Berlin zu wechseln, sagte Gerhardt – laut Müller – (S. 68): „Ich glaube, Ihnen eine Freude zu bereiten, wenn ich Ihnen erzähle, daß Paul Ehrlich, den Sie so sehr bewundern, sich entschlossen hat, an meine Klinik überzutreten." Nun steht aber fest, daß Ehrlich damals die Charité nach seiner Habilitation verlassen hatte.

Diese Merkwürdigkeit, einen Irrtum zu verdrängen, ja ihn noch für sich zu beschönigen, findet sich nicht selten.

Noch ein anderes Beispiel bei Müller; da heißt es (S. 69): „Ich mußte auf Nebenverdienste mein Augenmerk richten ... da ...

5. Kapitel

empfahl mir Gerhardt, ein kleines Taschenbuch für die Untersuchungsmethoden (in der Inneren Medizin) herauszugeben. Tatsächlich kam die Koalition Seifert-Müller zustande, so hieß das Buch damals. Seifert (1853–1933) war ein älterer Assistent Gerhardts in Würzburg. Sein Sohn Ernst Seifert, den ich sehr gut kannte, (1887–1969) schreibt dazu: Mein Vater Otto Seifert gab mit F. Müller ein diagnostisches Taschenbuch heraus, das bis zu Otto Seiferts Entpflichtung 1919 auf Wunsch seines Freundes dann umbenannt worden war. Erst jetzt hieß es Müller-Seifert.

Otto Seifert war als Hals-Nasen-Ohren-Extraordinarius nach dem Wechsel Gerhardts nach Berlin in Würzburg geblieben. Das Buch erreichte hohe Auflagen (1962 die 68.!).

In dieser Zeit lernte ich im Pathologischen Institut der Charité auch einen jungen Angestellten kennen, der mit Herrn Dubisch Aufgaben im Sektionssaal bei den Demonstrationen und den Vorlesungen wahrgenommen hat. Herr Fritz Graeber wurde nach dem Kriege Mitarbeiter von Herrn Prof. Dr. Gerhard Domagk in der Forschungsabteilung der Bayer-Werke in Leverkusen und nach dem Medizinstudium ein angesehener Hals-Nasen-Ohren-Arzt in München.

Mit Herrn Dr. Graeber bin ich bis heute in Verbindung geblieben und habe erlebt, mit welcher Anteilnahme und Opferbereitschaft er sich für Prof. Gerhard Domagk eingesetzt hat. Domagk war der Entdecker der Sulfonamide. Es wurde ihm im Dritten Reich verboten, den Nobelpreis entgegenzunehmen. Die Medizinische Fakultät in Münster, der er als außerplanmäßiger Professor angehörte, kümmerte sich nicht weiter um ihn. Erst nach dem Ende des Zweiten Weltkrieges, der Geldpreis in Stockholm war inzwischen verfallen, erweiterte Domagk seine Forschungsvorhaben und fand wirkungsvolle Medikamente gegen die Tuberkulose. Erst jetzt wurde Domagk in Münster persönlicher Ordinarius. Er ist bald verstorben und wieder in Vergessenheit geraten. Erst zu seinem 100. Geburtstag fand auf Initiative von Herrn Dr. Graeber, der den ganzen umfangreichen wissenschaftlichen Nachlaß von Domagk erworben hatte, eine Würdigung dieses bedeutenden Mannes statt. Institute wurden nach ihm benannt, und so ist dieser große Mann der Vergessenheit entrissen worden. Wir müssen solchen Idealisten, wie Herrn Dr. Graeber, sehr dankbar sein, wenn sie diese Mühsal des immer wieder Erinnerns auf sich nehmen.

Von den Vorlesungen in Berlin war ich sehr begeistert. Der Kinderkliniker Bessau, der Dermatologe Frieboes, der Hals-Nasen-Ohren-Ordinarius von Eicken, der Ophthalmologe Löhlein, die Gynäkologen Stoeckel und Wagner waren ganz hervorragende Persönlichkeiten, die auch immer wieder Probleme ansprachen. [Kenne ich noch] Den Internisten Gustav von Bergmann aber hatte ich sehr bald durchschaut. Die große Karriere – Altona, Marburg, Frankfurt, Charité Berlin, später München – verdankte er seinem umwerfenden Charme und seiner betörenden Rednergabe. Seine Theorien über die spastische Ursache des Magengeschwürs z.B. und viele andere von ihm funktional erklärten Krankheiten waren doch reine Hirngespinste. Wirksame Medikamente standen ihm, wie überhaupt der damaligen Inneren Medizin, noch nicht im Übermaß zur Verfügung. Bergmann hatte aber einen Oberarzt, Tadea, der beschäftigte sich mit einer magischen Substanz, den Nebennierenrindenhormonen. Er hatte eine Vermutung und konnte sehr spannend von den Corticoiden sprechen. Das Cortison war ja in Deutschland noch nicht entdeckt. In der Schweiz und in Amerika war man da schon weiter. Tadea war ein Mann nach meiner Vorstellung. Leider ist er bei einem Bombenangriff umgekommen. Wie oft habe ich es schon erlebt, daß einem Hochbegabten das Schicksal nicht gnädig war.

Der Chirurg Sauerbruch, den ich ja schon während meiner Vorklinikszeit operieren gesehen hatte, hielt eine glänzende Vorlesung. Von ihm hatte man sofort den Eindruck, er sieht Probleme und versucht sie zu lösen. Viele Einzelheiten seines Kollegs Chirurgie sind mir im Gedächtnis geblieben; so genau im Gedächtnis geblieben, daß ich sie später in meine Vorlesungen übernommen habe. Auch hier suchte ich die Bekanntschaft seines Operationspflegers Kratzert und seiner Oberschwester Maria in der Poliklinik. So durfte ich im Notdienst oft „Haken halten." Die Darstellung seiner Unterdruckkammer im Kolleg, die es erst ermöglichte, die Thoraxorgane – besonders die Lunge – operativ

5. Kapitel

s. Grenzflieger

zu behandeln, war ein Meisterstück. Er sagte, als ihm von Mikulicz, seinem Lehrer, in Breslau die Aufgabe gestellt wurde, eine transthorakale Methode zu ersinnen, um die Speiseröhre operativ angehen zu können, da dachte er, er müßte den Pleuraspalt eben so groß machen, daß ein ganzer Operationssaal hineinpaßt, und dann setzte er diese Kammer unter Unterdruck. Die Methode wurde, kaum von ihm entdeckt, schon 1904 überholt, aber das sagte er uns nicht.

1959 bin ich der Geschichte der Druckdifferenzmethode, wie er sie selbst dann nannte, einmal nachgegangen (s. S. 177). Danach hat der letzte bedeutende operativ tätige Internist, Ludolf Brauer, in der gleichen Zeitschrift, in dem gleichen Jahr, ohne Kenntnis der Sauerbruch'schen Arbeiten, also 1904, die Idee seiner Überdruckmaske bekanntgegeben. Er steckte als Erster den Kopf des Patienten in einen Kasten und ließ gegen den dort erzeugten Überdruck anatmen. Mikulicz schrieb dazu einen Kommentar mit dem Tenor, die Zukunft werde zeigen, welches Verfahren in die Praxis übernommen würde. Trotzdem hörte ich von Sauerbruch selbst noch 1943 von dem Abenteuer seiner Unterdruckkammer, Brauer wurde nicht erwähnt.

Der Korpsgeist der Sauerbruchschüler war so groß, daß von ihnen niemals Sauerbruchs Arbeit gleichzeitig mit der von Brauer zitiert wurde, sondern eine aus dem gleichen Jahr (1904) im Zentralblatt für Chirurgie 31, Seite 146.

Genauso eindrücklich schildert Ferdinand Sauerbruch, „fernando furioso", die Entwicklung seiner „willkürlich bewegbaren künstlichen Hand." Er erzählte: Als ich 1918 noch in Zürich mit dem Pferdewagen in das Lazarett in Singen fuhr, beobachtete ich, neben dem Kutscher sitzend, wie die zwei Pferde nebeneinander, an einem Querholm angespannt, getrennt durch die Deichsel sich bei einer Kurve gegenseitig „auswogen." Genau diesen Querbalken baute ich in meinen künstlichen Arm ein. Die mit Haut ausgekleideten Muskelkanäle in den Extensoren (Streckern) und Flexoren (Beugern) waren über dort steckende Elfenbeinstifte an diesem Querbalken verankert. Zog der Flexor, teilte er das über den Querbalken dem Extensor mit, der dann reflektorisch erschlaffte.

Kriegsjahre 1939–1945

So war es möglich, daß ein Sauerbrucharmträger hart und weich mit seiner Holzhand tasten konnte. Sauerbruch war auch propagandistisch enorm begabt. Ich erinnere mich noch, er hatte einen Hausmeister in der Charité, der auch den Aufzug zu seiner Privatstation bediente und der hatte zwei dieser Sauerbrucharme. Diese geniale Überlegung unterlag aber in der Praxis dem „Krukenbergarm." Er bestand aus einer Zange, die durch die Spaltung der beiden Unterarmknochen Elle und Speiche gebildet wurde. Der „Krukenbergarm" war unschön. Aber diese Zange hatte den Vorteil, daß sie alle Empfindungsqualitäten, die in der natürlichen Unterarmhaut verankert sind, vermitteln konnte.

Zum Nationalsozialismus hatte Sauerbruch ein ambivalentes Verhältnis. Er genoß alle Ehren, er war Generalarzt und trug im Kolleg sehr stolz die Uniform mit den roten Hosenstreifen. Er war preußischer Staatsrat, er bekam mit August Bier die höchste Auszeichnung für Wissenschaft, die Hitler vergeben konnte, den Adlerschild des Deutschen Reiches. Den hatte Hitler geschaffen, nachdem er Deutschen verboten hatte, den Nobelpreis entgegenzunehmen, den z.B. Carl von Ossietzky, der Redakteur der einflußreichen „Weltbühne" in der Weimarer Zeit, entgegengenommen hatte, und der galt damals als Hochverräter.[1] Über die Auszeichnung der beiden Berliner Chirurgen wunderten wir uns, denn – wenn überhaupt – so lag ihre wissenschaftliche Leistung ja schon sehr lange zurück, aber den Nimbus konnte man beiden nicht absprechen. Dieser Nimbus war bei Sauerbruch mit einer großen Autorität verbunden. Er operierte mit großer Geschicklichkeit, oft ohne Gummihandschuhe, ohne Mütze und nur mit einem kleinen Mundschutz versehen. Alles um ihn herum war vermummt bis an die Augen und mit Gummihandschuhen armiert. Heerscharen von Assistenten standen abrufbereit herum. Mindestens zwei Operationsschwestern reichten ihm zu. Eine prüfte immer jeden abgeschnittenen Faden, indem sie ihn spannte, damit er nicht reiße. Wie wir heute wissen, hat seine Autorität die Entwicklung der Chirur-

---
[1] Betroffen waren Domagk und Butenandt

5. Kapitel

gie in Deutschland erheblich aufgehalten. Aber das war er nicht allein, alle deutschen Chirurgen hatten von 1933–1945 keine Verbindung zum Ausland. Nach dem Zweiten Weltkrieg merkten wir, wie weit wir ins Hintertreffen geraten waren. 1985 erschien ein kritischer Artikel über Sauerbruch aus der Sicht des Medizinhistorikers (Tutzke) von der Humboldt-Universität aus der DDR. Sicher ist diese sehr gründliche Untersuchung parteiisch, aber im Prinzip kommt sie zu einem richtigen Urteil. So hat Sauerbruch die von Kuhn 1902 und 1910 in einem Buch in allen Einzelheiten publizierte Intubationsnarkose, aber auch die inzwischen im Ausland abgeschlossene Entwicklung der Technik der Lungenresektion zeit seines Lebens nicht anerkannt. Er lehnte z. B. die Intubationsnarkose als „schlechtes Verfahren" ab. Diese Ablehnung ging auch noch in die sechste Auflage des „Bier-Braun-Kümmel" 1933 ein, einer Standardoperationslehre, die für viele Chirurgengenerationen maßgebend gewesen ist, und selbst 1940 (Bd 3/3) hatte sich diese seine Meinung nicht geändert.

Eines Tages (nach einem Brief am 14.12.1944) kam Sauerbruch ins Kolleg. Uns fiel auf, daß mit uns Studenten fast die ganze Medizinische Fakultät auf den Hörsaalbänken Platz genommen hatte. Sauerbruch verkündete: „Ich habe vor einigen Wochen Max Planck an einer Hernie operiert." Statt irgendeiner Dankesbezeugung habe ich ihm vorgeschlagen, er soll uns doch lieber ein Kolleg halten über die Grenzen der exakten Wissenschaft, und dazu wären jetzt auch seine Fakultätskollegen eingeladen worden.

Der mit ihm in den Hörsaal gekommene 88jährige Planck war, zwar vom Alter gebeugt, noch sehr lebhaft. Er hatte nur einen kurzen Augenblick eine Schwierigkeit, seinen Stock unterzubringen, und den hängte er dann an die Dampfheizung. Dann ging er schnell zum Rednerpult, schlug ein Buch auf und improvisierte eine glänzende Rede über die neue Dimension „hinter dem Atom", die er schon 1900 erschlossen hatte. Glauben Sie nur nicht, sagte er, daß mich die Leute damals verstanden hätten, dabei ist doch die Formel $\varepsilon = \lambda \cdot \nu$ so einfach. Selbst 1918 war man sich in Stockholm noch nicht einig, ob diese Theorie auszeichnungswürdig sei. Sie hat die Welt bewegt.

Kriegsjahre 1939–1945

1942 war Berlin schon vom Krieg gezeichnet. Alles war vernagelt und die riesige Aufmarschstraße, die Ost-West-Achse mit Netzen getarnt, was tatsächlich gar nichts nützte. Die Museen waren jetzt ausgeräumt und geschlossen. Nur das Zeughaus, dieser herrliche Schlüterbau, war offen und völlig dem jetzigen Krieg gewidmet. Es gab nur Siege, auch wenn sie noch gar nicht errungen waren. Göring trug schon das Großkreuz des Eisernen Kreuzes, wurde Reichsmarschall und war doch schon ein großer Versager. Wir sahen damals nur Feindflugzeuge und keine deutschen Maschinen über Berlin. Merkwürdig, niemand redete darüber. In immerwährender Erinnerung ist mir die schöne Gedenkstätte in der Neuen Wache von Schinkel Unter den Linden als Ehrenmal für die Gefallenen. Der schmucklose, einfache, dunkle Raum, nur durch eine runde Öffnung in der Decke beleuchtet, darunter auf einem schwarzen Marmorblock ein riesiger silberner Eichenkranz. An der Rückwand zwei hohe Pylonen mit einer Flamme. Von dieser von Tessenow geschaffenen Lösung waren wir ergriffen. Über die heutige Lösung habe auch ich Kritik geübt, aber nachdem ich im Winter die verschneite Käthe-Kollwitz-Skulptur gesehen hatte, in dem dunklen Raum, war ich auch von dieser Lösung beeindruckt.

Ich war nicht nur zum Studieren in Berlin, ich war damals wieder in der Staatsoper, erlebte die „Salome" von Richard Strauß und den „Barbier von Sevilla" und „La Traviata." Auch den Film „Rembrandt" mit Ewald Balser habe ich mir angesehen. In den Olympiabauten sah ich eine Deutsche Fußballmeisterschaft und war sehr beeindruckt. Berlin war eben die Reichshauptstadt.

Am 14.06.1942 sah ich den Trauerzug des ermordeten Heydrich. Ich erinnere mich noch, wie in der ersten Reihe, quer über die Straße weg, hinter dem Sarg Heydrichs auf einer Geschützlafette alle Großen des Reiches einherschritten. Heydrich (1904–1942) wurde auf dem Invalidenfriedhof beerdigt. Hitler hatte schon in der Reichskanzlei von Heydrich in einem Staatsakt Abschied genommen. In der Mitte dieser ersten Reihe schritt der Staatssekretär Ernst von Weizsäcker in der auffallenden Uniform des Auswärtigen Amtes mit den weißen Aufschlägen auf seinem Mantel.

5. Kapitel

Damals wußte ich noch nichts von den Verstrickungen dieses Mitgliedes einer außergewöhnlichen Familie, die schon drei Staaten an höchster Stelle dienten. Ernst Freiherr von Weizsäcker war der Sohn eines bedeutenden Juristen, der über den Ersten Weltkrieg hinaus dem König Wilhelm von Württemberg diente. Ernst von Weizsäcker wurde in Nürnberg zu einer Freiheitsstrafe verurteilt, weil er unter anderem die Auschwitztransporte abgezeichnet hatte (Kempner).

Am 22.06.1942 wurde ich an die Ostfront nach Rußland abkommandiert, Ziel Bryansk. In Dresden hatte ich, von Wanzen gestört, übernachtet. Was war Dresden für eine schöne Stadt. Am Abend, natürlich alles im Dunkeln, ragte das Schloß, die Oper und die riesige Frauenkirche in den Himmel, das war Weltarchitektur. Bis nach Bryansk fuhr ich mit dem Zug in der dritten Klasse fünf Tage. Ich konnte die Weite Rußlands gar nicht fassen. Natürlich hütete ich mich zu sagen, diesen Krieg können die Deutschen gar nicht gewinnen. Viele Hunde sind des Hasen Tod. Die Eisenbahn fuhr durch ein Moorgebiet, wie in meiner Heimat Franzensbad. Die Lokomotive schob immer einige beladene Lastwaggons vor sich her, um Mienen zur Explosion zu bringen, die Partisanen gelegt hatten. Alle paar Kilometer sahen wir ein Blockhaus mit einem bewaffneten Streckenwärter der Eisenbahn. Diese Leute konnte man nur bewundern. Mir fielen die vielen blonden und blauäugigen Russen auf, keine Spur wie auf diesen törichten Fotos, die uns ganze andere Typen zeigten. Dann bin ich noch einen Tag mit dem Pferdewagen in dieser unendlichen Ebene auf einer Rollbahn (ungepflasterte Straße) weitergeschlichen, bis ich meine Dienststelle erreichte. Sechs Tage war ich unterwegs, ich war Hilfsarzt bei der vorrückenden Infanterie. An dem gerissenen Vieh, das ich sah, merkte ich, daß es hier Wölfe gab. Wir bewegten uns in dem Dreieck Smolensk, Bryansk und Orel. Längere Zeit grub sich das Regiment an dem Flüsschen Suscha ein. Unsere Verwundetensammelstelle war in einem Bauernhaus des Dörfchens Dolgaja. Wir hatten sehr unter Ungeziefer zu leiden. Wanzen, Flöhe und Kleiderläuse. Immer, wenn ich aus dem Ärmel meiner Jacke eine Laus herauskriechen sah, dachte ich, hoffentlich ist sie nicht mit

Kriegsjahre 1939–1945

der Fleckfieberrickettsie infiziert. Tag für Tag kamen in unser Krankenrevier Patienten mit Fieber und einer Konjunktivitis. Jeder wußte die Diagnose: Typhus exanthematicus – Fleckfieber. Nur über 50jährige waren geimpft, bei uns der Apotheker. Alle anderen mußten eben Glück haben, denn das Fleckfieber forderte seine Opfer. Völlig unzureichend war das „Russla Läusepuder", es beeindruckte das Ungeziefer nicht. Von den Krankheiten war im Gegensatz zu den Verwundungen kaum die Rede. Die Propaganda war so geschickt, daß nichts an die Öffentlichkeit in Deutschland gedrungen ist. Die Ursache mancher Krankheiten war auch unbekannt, z.B. die der Hepatitis epidemica (s. S. 82). Die Ruhr war genauso allgegenwärtig und die heute ausgestorbene Diphtherie. Immer wieder entdeckten wir eine Lungentuberkulose, einen Scharlach und viele Soldaten hatten eine entsetzliche Furunkulose als Folge der mangelnden Hygiene. Diese Krankheiten waren an der Tagesordnung. Oft dachte ich mir, was haben diese Soldaten alles ausgehalten. Wochenlang immer die gleiche, dann total verschmutzte Unterwäsche. Sicher, war man in Stellung, wurde es besser. Da wuschen die Dorfbewohner auch einmal die Wäsche, wenn wir die Seife mitlieferten.

Als ich am Ziel angekommen war, grub sich die Infanterie gerade ein. Ich bekam 25 RM Sold und 10 RM Frontzulage (14.08.1942). Die letztere alle 11 Tage.

Am 15.08.1942 schrieb mir mein Vater, daß meine Mutter an Typhus erkrankt sei und ins Krankenhaus nach Eger gebracht worden war. Dort ist sie fünf Wochen geblieben, hat aber diese Infektionskrankheit komplikationslos überstanden. Eine Typhusquelle wurde nie gefunden.

Bei meiner Einheit war ich der einzige Arzt. Verwundete schickte ich weiter, nachdem ich sie verbunden hatte. Trotz des Stellungskrieges gab es weiter rückwärts hie und da Vergnügungen, wie z.B. das Offiziersreiten nach der Regimentsmusik (25.08.1942).

Dazwischen begleitete ich riskante Spähtruppunternehmungen in der Nacht. Ich bin immer freiwillig hinterhermarschiert, weil ich keine Familie hatte. Eigentlich merkt man gar nicht, daß man in Lebensgefahr ist, dann bekommt man aber doch Angst, aber man

5. Kapitel

zeigt sie nicht. Uns beschossen Kaukasier, das gegenüberliegende Regiment hatte gewechselt. Bald sollte ich eindeutige Beispiele unserer Unterlegenheit erleben (28.08.1942). Nacht für Nacht kamen über unsere Stellungen ganz langsam fliegende russische Flugzeuge – wir nannten sie „Nähmaschinen" – und warfen seelenruhig Bomben ab. Niemand hat sie gestört. Wir hatten weder einen Scheinwerfer noch Abwehrwaffen. Wir konnten uns nur verkriechen. Alle haben das wortlos über sich ergehen lassen. Die Verwundeten wurden weggeschickt, die Toten begraben – das war alles. Unser Regiment setzte sich dann wieder in Bewegung und wir wurden einer Panzerarmee unterstellt. Zum ersten Mal erlebte ich eine „Stalinorgel." Sie schoß 40 Granaten in Sekundenabstand in unsere Reihen (25.09.1942). Durch das Gefecht bekamen wir nur unregelmäßig zu essen. Lagen wir dann einmal im Graben fest, kamen nachts die Essensträger mit einem Eintopf in Warmhaltekanistern. Beim Anstellen, dem sogenannten Essenfassen, gab es manchmal Tote und Verwundete. Einmal hatte der Koch Zucker mit Salz verwechselt und die ganze Mahlzeit war ungenießbar. Ein Koch hatte eben auch Angst, wie alle hier. Nur ganz wenige aber zeigten sie. Am 10.09.1942, um 4 Uhr früh, begann mit einem gewaltigen Feuer aus hunderten von Geschützen ein russischer Angriff. Gleichzeitig lief von uns ein Spähtruppunternehmen. Der Angriff wurde abgewehrt, aber im Niemandsland blieb ein Verwundeter liegen und der schrie. Ein Sanitäter kroch zu ihm und verband ihn. Da wurde auch dieser getroffen – Oberschenkelschußbruch. Jetzt schrien beide. Inzwischen war es Tag geworden. Jetzt setzte ich meinen Stahlhelm auf und rannte im Graben los. In 80 m Entfernung waren russische Scharfschützen, die auch den Sanitäter getroffen hatten. In der Nähe der Verwundeten aber war der Graben flach und ich mußte robben. Ich bekam gewaltiges Gewehrfeuer und trotzdem kroch ich aus dem Graben heraus und zog mich, Grasbüschel fassend, zu den Verwundeten hin. Erst packte ich den einen am Kragen und zog ihn in eine Mulde, dann den viel mehr jammernden Sanitäter. Der erste Blessierte, ein rothaariger, mir gut Bekannter, hatte einen Bauchschuß und war schon im Schock. Dem Sanitäter mit dem Oberschenkelschußbruch ging es etwas besser. Beide verband ich mit ihren und meinen Verbandpäckchen aus meiner Rocktasche, der Sanitäter hatte ja schon zum Verbinden angefangen. Ich blieb dann zehn Minuten mit beiden in der Mulde liegen, dann zog ich beide hinter mir her und wir rutschten auf unseren Graben zu. Wir waren noch drei Meter entfernt, da rief ich, man solle mir in den Graben hineinhelfen oder mir eine Zeltplane zuwerfen, damit ich die Blessierten, erst den einen und dann den anderen, darauf weiterziehen kann, um sie besser abzuschleppen. Immer noch zwitscherten die Kugeln über uns. Alle hatten Angst, niemand half uns. Endlich rief jemand, jetzt seien Tragen im Graben. Dann erst kamen mir doch zwei Leute zu Hilfe. Wir zogen die laut schreienden Verwundeten in den Graben, legten sie auf die Tragen, die man nicht aufspannen konnte und schleppten die Leute, wie in Hängematten, in Sicherheit. In eine solche Situation kam ich noch häufiger. Danach hat mich der Kommandeur, ein Major, gelobt. Ein Artilleriebeobachter hatte meine Unternehmungen gesehen und gemeldet. Am 08. Oktober 1942, unterschrieben von Frost, Generalmajor und Divisionskommandeur, wurde dem Feldunterarzt Stelzner vom Zweiten Bataillon des Infanterieregiments 511 das Eiserne Kreuz zweiter Klasse verliehen und, da ich schon in Berlin war, an die Militärärztliche Akademie in die Scharnhorststraße geschickt.

Ich war vom 01.08.1942 bis 31.10.1942 an der Front. In dem Zeugnis des mir vorgesetzten Oberarztes Dr. Guntermann aus Münster lese ich auch von den vielen Krankheiten, mit denen wir zu tun hatten. Ruhr, Fleckfieber, Diphtherie, Pneumonie und Fünf-Tage-Fieber. Im Gegensatz zu den Kampfhandlungen, ich betonte es schon einmal, hat niemand darüber gesprochen und die Propaganda war so raffiniert, daß alle diese Krankheiten eine Geheimsache blieben. Neben der Ruhr, die nicht überzeugend mit Sulfonamiden geheilt werden konnte, gab es periodisch auftretend, vermutlich von den riesigen Gefangenenlagern übertragen, die Cholera. Ich hatte den Eindruck, die unterschied sich von der Ruhr in unserer Praxis damals nur, daß die Erkrankten unter den entsetzlichen Durchfällen oft schlagartig reihenweise starben. Die so einfachen Infusionen von Flüssigkeiten in die Vene waren

5. Kapitel

damals bei uns in diesem Zusammenhang, aber auch zur Bekämpfung des Wundschockes, unbekannt.

Am Oktoberanfang mußte ich mit meiner Kompanie zu einer Typhusauffrischungsimpfung antreten. Ich sehe noch den Herrn Oberarzt mit einer großen Spritze mit Serum und daneben zwei (sterilisierte) Tabletts. Auf dem einen lagen 100 Injektionsnadeln, eine wurde auf die Spritze gesetzt, dann wurde 1 ccm Serum unter die Brusthaut gespritzt und die gebrauchte Nadel auf das andere Tablett geworfen. Jetzt wurde eine neue Nadel auf die 20 ccm Serum enthaltende Spritze aufgesetzt und wieder geimpft. Damals wußte man noch nicht, daß bei jedem Abziehen einer Nadel von der Spritze, die sich beim Herausziehen aus dem Impfling mit einem kleinen Tröpfchen Serum des Geimpften beladen hatte, dieses aus dem Körper aufgeschlürfte Serum in die Spritze einzog. So waren die Serumspritzen alle infiziert und wir bekamen alle die Hepatitis epidemica. Diese Gelbsucht war also durch die Ärzte epidemisch geworden. Ich wurde an der Front nicht lange nach dieser Impfung dyspeptisch und sehr müde. Man brachte mich dann in ein Feldlazarett in Smolensk, dann nach Warschau weiter und später zurück am 01.10.42 nach Plauen in das Teillazarett Mayburg in der Windmühlenstraße, wo ich meine Hepatitis Gott sei Dank vollständig ausheilen konnte. Die Kranken- und Verwundetentransporte dauerten Tage und Wochen. Partisanenüberfälle, Gleissprengungen, Luftangriffe, das alles habe ich allerdings ikterisch und deshalb etwas apathisch mit einem quälenden Meteorismus (Blähbauch) mitgemacht. In meinem Weihnachtsurlaub hatte sich mein Vater bei Glatteis eine subcapitale Humerusfraktur (Oberarmkopfbruch) durch einen Sturz zugezogen. Er wollte mir von einem Bauern ein Hähnchen besorgen. Ich ging damals mit ihm ins Egerer Krankenhaus. Ein Röntgenbild zeigte die Abduktionsfraktur, nichts wurde eingerichtet. Abduktionsschiene, nach Wochen leichte Übungen, Heilung, kaum Bewegungseinschränkungen. Was hätte man heute alles mit ihm operativ unternommen, wohl kaum mit einem besseren Erfolg.

Nach einem Erholungsurlaub wurde ich am 02.12.1942 zum Weiterstudium nach Würzburg zurückgeschickt. Zum ersten Mal in meinem Leben wohnte ich bei einer reichen Familie. Großkaufleute in der Semmelstraße 25 (II). Die Wohnung in einem Barockhaus hatte acht Zimmer. Es war nur noch eine sehr nette Hausangestellte da. Die Herrschaften lebten auf dem Lande. Das war ein schönes Patrizierhaus mit großen Räumen, es war fast ausgeräumt in der berechtigten Furcht vor Luftangriffen. Die Dampfheizung funktionierte, ich war wieder gesund und leistungsfähig, und so fühlte ich mich wohl, nur der Hunger nagte an uns.

1943

In die Anatomie in Würzburg kam ich jetzt nur noch selten. Meine Arbeit lag gedruckt vor. Von Hayek, der Anatom, erzählte mir von seiner Entdeckung der Kurzschlußanastomosen in der Lunge. Ich war den ganzen Tag in den Universitätskliniken im Luitpold-Krankenhaus.

Der Internist Erich Grafe (1880–1958) war dort eine große Persönlichkeit. Sein Vortrag war trocken, aber seine Herzensgüte überwältigend. Das war wirklich ein großer Arzt. Er stammte aus einer Gelehrtenfamilie, war in Bonn zur Schule gegangen und begann seine wissenschaftliche Laufbahn bei L. Krehl in Heidelberg. Wir merkten als Studenten, daß an seiner Klinik erfolgreich wissenschaftlich gearbeitet wurde. Grafe war ein Stoffwechselspezialist und ein Diabetes-Fachmann. Von dieser Forschung erlebten wir auch etwas im Kolleg. Auch Grafe war ein deutscher Kliniker, der, wie alle anderen Ordinarien, im Dritten Reich keine Verbindung zum Ausland hatte und damit gingen auch an ihm die Fortschritte dort vorbei. Ich werde nie vergessen, wie er eines Tages einen Kranken mit einer Blausucht, bedingt durch einen angeborenen Herzfehler, vorstellte. Er legte uns überaus sorgfältig dar, daß niemand bei Lebenden je einen solchen Herzfehler enträtseln könne. Er bedauerte diese Kranken, dann kam der nächste Patient. Heute wissen wir, daß der Herzkatheter schon 1929 im Schrifttum[1] Niederschlag gefunden hatte. 1943 hatte Löffler ausführlich

---

[1] Literatur: Stelzner (1989)

seine Anwendung bei Lebenden auf dem Deutschen Chirurgenkongreß in Dresden demonstriert. Zur gleichen Zeit, als ich Grafe hörte, hatte Cournand in Kanada die so folgenreiche Anwendung des Herzkatheters am Menschen begonnen. Niemand hat das damals in Würzburg auch nur geahnt.

In Würzburg habe ich zum ersten Mal Juden mit einem gelben Stern am Mantel gesehen. Wie ich schon oft bemerkt hatte, niemand hat sich über diese unglaubliche Demütigung dieser Bedauernswerten auch nur mit einem Wort geäußert. Auch im Kameradenkreise wurde darüber nicht gesprochen.

In den Trimesterferien vom 01.04. bis 29.04.1943 meldete ich mich zu einer Famulatur in der Pathologie des Städtischen Krankenhauses in Karlsbad im Sudetenland. Nominell war dort das Reservelazarett III untergebracht. Der Vorstand war der Privatdozent Küdlich aus Prag. Ich habe dort das bestätigt gefunden, was ich schon gelernt hatte. Kudlich war recht einsilbig, ich kam mit ihm kaum ins Gespräch, und er gehörte zu den Menschen, denen eine Diskussion lästig war. Immer wieder bin ich auf solche Ärzte getroffen, und ich mußte einsehen lernen, daß man die Menschen nicht ändern kann. Deshalb genießt man die Ausnahmen umso mehr.

Zum nächsten Trimester bin ich am 30.04.1943 an der Universität Gießen eingetroffen. Ich hatte Glück, ich wohnte bei dem Direktor der Universitätskinderklinik, Professor Dr. Walter Keller, unter dem Dach in einem wunderschönen Gründerjahrehaus, Wilhelmstraße 7, mit Fachwerk. Von der Kleinheit der Stadt und der nahe meiner Wohnung liegenden Kliniken war ich ganz überrascht.

Am 21.05.1943 wurde ich vom Rektor Brüggemann, dem HNO-Ordinarius, immatrikuliert. Das war auch der Kompaniechef der Studentenkompanie und ich hörte seine Vorlesung.

Der Pathologe Georg Herzog gestattete mir, in seinem Institut zu arbeiten. Mein Versuch, in der Variabilität der Kernkörperchen etwas über das Karzinom zu erfahren, führte zu keinem Ergebnis. Damals hat mir Herzog einen wichtigen Ratschlag gegeben. Kommt man in einer wissenschaftlichen Frage nicht zum Ziel, so soll man sie vorerst aufgeben. Nur nichts zu erzwingen versuchen. Es kann sein, daß die Zeit noch nicht reif ist, man darf um Gottes willen nichts zurechtbiegen. Man legt einfach das Problem weg. Dieses Problem liegt heute noch ungelöst bei meinen Unterlagen.

Eine freundliche Bibliothekarin des Instituts gab mir vertraulich die Biographie des jüdischen Pathologen Lubarsch, der 1932 verstorben war. Ich habe sie mit großem Interesse gelesen. Nach dieser Lektüre war ich auf den dornenvollen Weg einer akademischen Karriere wohl vorbereitet. Das Buch kann heute noch jedem Hochschullehrer oder dem, der das werden will, empfohlen werden. Zufällig habe ich in Bonn diese Biographie sogar kaufen können. Mein Exemplar ist gespickt mit antisemitischen Bleistiftrandnotizen, und das in der Weimarer Zeit! Noch sehr oft sollte ich diesen verdeckten Antisemitismus erleben. Ich ahnte natürlich damals nicht, welche unglaubliche Entwicklung er schon eingeschlagen hatte.

In Gießen war ein für mein Leben großes Ereignis die Vorlesung einer Lektorin, Fräulein Behagel, mit dem Titel: „Übungen im Gebrauch der freien Rede." Wir waren nur sechs Teilnehmer, vielleicht lernten wir deshalb etwas fürs Leben. Fräulein Behagel ließ uns erstmal über ein beliebiges Thema fünf Minuten frei reden. Das war sehr lang. Dann setzte sie uns auseinander, daß man niemals einen bewunderten Redner imitieren solle, nur weil er einem imponiert. Man müsse seinen eigenen Stil finden und der sei einem von der Natur vorgegeben. Es gäbe Leute, die könnten pathetisch werden und die Zuhörer sehr erschüttern. Andere hätten mit dem gleichen Versuch nur einen Lacherfolg. Mit der Stimme sei es wie mit einer Stradivari-Geige. Die Untertöne seien es, die sie so unvergleichlich und eindrucksvoll macht. Selbst Sprachfehler und Dialektfärbungen spielten für den Erfolg einer Rede keine Rolle. Fräulein Behagel brachte nach dieser ersten Prüfung in die Vorlesungen immer Bücher mit, in denen der für den einzelnen Hörer von ihr herausgesuchte Text mit einem Lesezeichen markiert war. Diesen Text mußten wir zu Hause laut vorlesen und in der nächsten Vorlesung vortragen. Dann wurde der Vortrag besprochen, verbessert und geübt. Schon damals ahnte ich, wie recht Fräulein Behagel hatte. Wir alle kennen Redner, von denen wir keinen Satz mitnehmen können, andere prägen sich uns fürs Leben ein. Inzwischen hatte man versucht, das Klangphänomen einer Stradivari-Geige zu analysieren. Die Deutsche Forschungsgemeinschaft hatte ein solches Programm finanziert. Ergebnis: Der Unterschied zwischen den Geigen liegt in den Untertönen, aber deren Grund, er muß ja im Material liegen, blieb unerkennbar, bis heute bleibt er geheimnisvoll. Wie wir heute wissen, war Hitler ein beispielloses Rednerphänomen. Er verfügte über eine außergewöhnliche Modulationsfähigkeit seiner Sprechweise. So war er, was exakt meßbar ist, stets in der Lage, die Töne, die sich aus den rhythmischen Hervorhebungen ergeben, zwischen 200 und 30 Hertz auszusprechen, obwohl seine normale Tonlage zwischen 170 und 160 Hertz lag. Seine Töne schwankten in Erregung zwischen 140 bis maximal 335 Hertz, was einen Tonumfang unter d bis über f entspricht. Bei unbetonten Silben war ein Tonabfall bis unter 60 Hertz feststellbar. So hatte seine Sprechmethodik einen sehr seltenen Tonumfang von ca. 2 Oktaven. Er konnte ohne Registerwechsel vom Baritonbereich über den Tenor bis in den Falsettbereich vordringen. Er war ein Naturphänomen (Maser). In dieser Betrachtung fand sich alles bestätigt, was uns Fräulein Behagel gelehrt hatte.

Der Pathologe Georg Herzog schickte mich in Gießen in die Tuberkuloseheilstätte Seltersberg. Dort mußte ich, der cand. med., mehrmals in der Woche die Obduktionen vornehmen und dann die Protokolle im Institut abgeben. Es herrschte großer Personalmangel. In der Heilstätte Seltersberg starben die Tuberkulosekranken, die meist aus Frankfurt am Main kamen. Sie waren oft jahrzehntelang mit ihrer Schwindsucht in einem erträglichen Gleichgewicht geblieben. Das sah man an diesen zirrhotischen Lungen sehr deutlich. Jetzt kam der Krieg; Hunger und Sorge, Verlust der Wohnstätte, der Angehörigen, die Luftangriffe; jetzt traten die exsudativen Veränderungen, die Nekrosen, die Verkäsungen auf. Riesige Hohlgeschwüre habe ich gesehen, sogenannte Kavernen. Dieser akuten Entwicklung sind die Patienten erlegen. Später in meinen Vorlesungen über den Infekt bin ich oft auf dieses Erlebnis zurückgekommen.

Der Chirurg Bernhard in Gießen hielt eine didaktisch sehr gute Vorlesung. Bei ihm sah ich einen Tetanuskranken, der seine Gott sei Dank überstandene Infektion nach der Entfernung eines Granatsplitters entwickelte. Er hatte keine vorsorgliche Immunisierungsinjektion erhalten. Ich wußte von der oligodynamischen Hemmwirkung der Metalle auf die Vermehrungsintensität von Infektionserregern. Ich habe damals bei dem Hygieniker Haag Versuche mit Granatsplittern und deren Hemmung auf das Bakterienwachstum in Kulturen in Petrischalen ausprobiert. Für mich war Gießen ein anregendes Semester. Mein sehr freundlicher Hauswirt, der Pädiater Keller, nahm mich oft zu Abendvorträgen von Professor Hermann Glockner mit. Das war ein wortgewaltiger Germanist. Dort bewunderte ich beim Thema „Roman" rhetorisch alles, und auch hier fand ich bestätigt, was uns Fräulein Behagel gelehrt hatte.

Am 31. Juli 1943 war das Trimester in Gießen zu Ende. Ich famulierte dann acht Wochen in dem Reservelazarett Franzensbad im Hotel Imperial bei dem Stabsarzt Dr. Kammel aus Asch und zwar vom 01.08.1943 bis 30.10.1943 als Hilfsarzt. Zu tun hatten wir nicht viel, es gab ja bei uns nur Leichtverwundete. Ich hatte aber desto mehr Gelegenheit, die uns von der Militärärztlichen Akademie in reichem Maß kostenlos zur Verfügung gestellten Lehrbücher zu studieren.

Am 30. Oktober setzten wir unser Studium weiter in München fort. Ich bekam ein Zimmer in der alten Bayerischen Kriegsschule, Marsplatz 1. Hier habe ich zum ersten Mal in einem Vortrag von dem Historiker Karl Alexander von Müller etwas über das Durchhalten gehört. München war damals schon von Fliegerangriffen gezeichnet, und häufig fuhren auch die Straßenbahnen nicht mehr. Ich war immer wieder erstaunt, wie selbstverständlich die Menschen diese Behinderungen auf sich nahmen. Hitler oder irgendeine andere Parteigröße kamen nie in ein zerstörte Stadt.

In München versuchte ich wieder in der Anatomie ein Betätigungsfeld zu finden, aber der Anatom Clara hatte keine Stelle für mich. Heute weiß ich, daß er ein bewunderungswürdiger Mann war, der als praktischer Arzt nebenbei wichtige anatomische Untersuchungen vorgenommen hatte. Seine Entwicklungsgeschichte und sein Anatomiebuch über das Nervensystem sind mir heute noch wohlvertraut.

Für mich persönlich war der Psychiater Oswald Bumke (1877–1950) als Lehrer und Arzt sehr beeindruckend. Mein Vater litt einmal an einer quälenden Schlaflosigkeit. Ich schlug ihm vor: „melde Dich doch bei dem Geheimrat Bumke und sage, Dein Sohn sitze in seinem Kolleg." Mein Vater ging zu Bumke und berichtete: Dieser sei der erste Arzt gewesen, der ihn angehört habe. Er vermittelte den Eindruck, gerade für ihn hätte er unbegrenzte Zeit. Er erklärte meinem Vater den Teufelskreis der Schlaflosigkeit. Er gab ihm ein sehr starkes Schlafmittel. Nach ca. 14 Tagen, so erklärte er weiter, kommen Sie wieder in Ihren Rhythmus. So geschah es und meines Vaters Beschwerden waren verschwunden. Honorar: 20 RM.

Im Kolleg war Bumke souverän. Ich sehe ihn noch, den kleinen Mann in einem dunkelgrauen Maßanzug mit weißem Einstecktuch den Hörsaal betreten und hinter einem leeren Tisch einen „Thronsessel" einnehmen. Er hielt ein glänzendes Kolleg, er war den Kranken sehr zugetan. Von der Therapie sprach er nicht und oft habe ich gedacht, es muß doch sehr bedrückend sein, in der Psychiatrie – damals – nicht helfen zu können.

Erst später erfuhr ich, daß selbst so kluge Leute ihre jüngste Vergangenheit völlig verdrängen. Hie und da kam Oswald Bumke, ein berühmter Sachverständiger für die Gerichte, auf seinen Bruder Erwin Bumke zu sprechen. Der war Reichsgerichtspräsident und traditionell Vorsitzender des Dritten Senats am Reichsgericht in Leipzig. Er war der höchste Richter Deutschlands. Der Psychiater Oswald Bumke offenbart sich in seiner Biographie, die er, aus dem Amt 1945 entlassen, geschrieben hatte, kaum. Er wurde wegen dieser Biographie aus der Schweiz in Basel schwer angegriffen mit dem Vorwurf, er habe auch zur Vernichtung angeblich unwerten Lebens beigetragen. In dieser seiner Biographie sagt er von seinem Bruder Erwin: „... keiner könne ihm, Oswald Bumke, weismachen, daß Erwin irgend jemandem etwas Böses zugefügt habe." Das ist eine unglaubliche Verdrehung der Tatsachen. Erwin Bumke, ein hochqualifizierter Jurist, der, wie man es aus einer sehr ausführlichen Biographie erfährt (Kolbe), nie die besten Noten vorweisen konnte, aber sehr geschickt war, wurde im Kaiserreich und in der Weimarer Republik rasch befördert und 1929 Reichsgerichtspräsident. Er bezog im Reichsgericht Leipzig, wo er den Juden Dr. Simons ablöste, eine schloßähnliche Wohnung mit Zimmerfluchten und einem Festsaal, die ich noch, zwar teilzerstört, anläßlich mehrerer Besuche im dort eingerichteten Kunstmuseum gesehen habe. Damals war in einigen Zimmern das Personal des Museums untergebracht. Erwin Bumke war ein willfähriger Parteigänger Hitlers, der von diesem über das Pensionierungsalter bis 1945 im Amt durch einen Sondererlaß gehalten worden ist. Alle entsetzlichen Entscheidungen, von der Meldung, „sein" Reichsgericht sei judenfrei, bis zu den Serien von Todesurteilen, besonders, als sich Hitler das letzte Wort vorbehielt, falls sein Urteil „nicht dem gesunden Volksempfinden entsprach", hat er mitgetragen. Alle Urteile, selbst auf internationalen Kongressen zur Unfruchtbarmachung, hat Erwin Bumke präzisiert. Dabei wurde er als preußischer Beamter von der Partei schlecht behandelt, bekam schlechte Plätze bei Veranstaltungen oder zu einem runden Geburtstag nur die Goethe-Medaille und nicht den Adlerschild usw. 1945 hat er Selbstmord begangen. Auch davon schreibt sein Bruder nichts. Nur, er habe ihn 1933 „einmal kommen lassen", um sich mit ihm zu beraten. Denn Erwin Bumke war im Zweifel, ob er weiter im Amt bleiben solle, da ihn die Maßnahmen der neuen Herren so bedrückten. Aber der Justizminister Gürtner habe ihn beschworen zu bleiben, damit das Schlimmste verhütet werde (Kolbe). Man fragt sich da, was hätte denn noch schlimmer kommen können? Bumkes Stellvertreter ist 1939 zurückgetreten, Bumke aber ist geblieben. Er hat große Schuld auf sich geladen.

Ein eindrucksvoller Lehrer damals in München war der Pathologe Max Borst, der einer der wenigen Ordinarien war, der auch einmal ein Problem ansprach. So berichtete er von dem mit dem Nobelpreis ausgezeichneten dänischen Pathologen Fiebiger, der in

Kopenhagen die Welt aufhorchen ließ. Dieser erkannte, daß eine Nematode, also ein Wurm, die Spiroptera neoplastica, die in der Muskulatur des Schaben periplaneta orientalis bei den Ratten, die die Schaben auf den Getreidespeichern auffraßen, ein Karzinom im Vormagen der Nager entwickeln ließ. Mit den Münchener Ratten war das aber nicht möglich. Warum, das konnte Borst nicht beantworten. Dieses unterschiedliche Verhalten von Versuchstieren ist für den einen mit einem glücklichen, wichtigen Ergebnis, für den anderen aber mit einem Mißerfolg verbunden. Mit den „österreichischen" Fröschen bekam der Pharmakologe Loewi den Nobelpreis (Nachweis eines den Herzschlag beeinflußenden Hormons), mit den „amerikanischen" Fröschen, mit denen Loewi aus Graz nach seiner Flucht vor den Nationalsozialisten zusammengekommen war, so sagt er, wäre das nicht so einfach möglich gewesen.

1944

Das Pathologische Institut in München steht heute noch. Es war für mich immer ein Beispiel, daß ein Bauwerk auch ein Denkmal sein kann. Ich sehe noch über den Kapitellen der riesigen Säulen die in Stein gemeißelten Köpfe von Morgangni, Bichat, Laenec, Lister usw., endend mit Virchow. Einmal wurden wir als Zuhörer in die Aula zu einer Sitzung der Bayrischen Akademie der Wissenschaften in das Universitätshauptgebäude in der Ludwigstraße befohlen. Die Mitglieder im Frack, ich sehe noch den großgewachsenen Komponisten Richard Strauß. Goebbels hielt eine Rede zur Reinerhaltung der deutschen Sprache. Brillant, aber einseitig, keineswegs überzeugend – wir hatten den Krieg schon verloren.

Am 16.01.1944 vermerkte ich, die Luftangriffe haben nachgelassen. Es gab ja eigentlich kaum noch etwas zum Zerstören und am 24.01.1944 habe ich angesucht, in der Frauenklinik in Eger zu famulieren, was bewilligt wurde.

Am 25.01.1944 wurde ich ärztlich untersucht und es wurde festgestellt, ich sei unterernährt. So bekam ich für 12 Wochen Zusatzlebensmittelkarten (6000 g Fleisch, 60 Eier, viel Butter und an die 20 l Milch).

Kriegsjahre 1939–1945

Vom 14.03.1944 bis 17.04.1944 famulierte ich an der Gynäkologischen Abteilung der Städtischen Krankenanstalten in Eger. Sie wurde von dem Primarius Dr. Hans Dworszchak geleitet. Unter welch' erbarmungswürdigen Umständen wurde hier den Frauen geholfen. Der Zugang zu dieser tatsächlich in einem Hinterhof eines großen Kinos (Apollo) eingerichteten Behausung konnte von der Bahnhofsstraße her nur durch eine Passage, in der das Kino lag, erreicht werden. Mir fiel auf, daß die tüchtige Operationsschwester, eine Ordensfrau (Kreuzschwester), immer dann vom Instrumentiertisch abtrat, wenn der Herr Primarius eine Schwangerschaftsunterbrechung oder eine Sterilisation vornahm – wortlos auf beiden Seiten. Es gab also immer wieder Helden, aber sie sind vergessen.

Inzwischen wurde eine noch in Würzburg von mir vorgenommene Arbeit „Femurtorsion und Becken" publiziert. Diese hat als ersten Autor von Hayek, obwohl er überhaupt nichts dazu beigetragen hatte. Das erste Mal habe ich hier die Machtlosigkeit eines jungen Assistenten zu spüren bekommen.

Am 08.04.1944 bin ich wieder in Berlin in der Militärärztlichen Akademie eingetroffen, um hier mein Medizinstudium zu beenden.

Ab dem 30.04.1944 erlebten wir die schwersten Luftangriffe, die wir fast jede Nacht, im Keller sitzend, je überstanden hatten. Das Gebäude der Akademie wurde nicht ein einziges Mal getroffen. Sonst sank Berlin in Trümmer. Fahrten in die Innenstadt wurden zu einem Abenteuer. Herren und Damen saßen neben Arbeitern auf den Bierwägen.

Die neue Immatrikulation fand in einem noch heilen Saal der Universität Unter den Linden zwischen rauchenden Trümmern statt (30.05.1944). Der Rektor, der Orthopäde Kreuz, hielt eine flammende Rede und ich fragte mich, ob er das wohl alles selbst glaubte? Meine Urkunde damals ist mit dem Datum 09.05.44 datiert. Es war der gleiche Rektor, der mich schon 1942 zu meinem klinischen Studium aufgenommen hatte. Vom 11.05.44 liegt mir noch eine Gehaltsabrechnung vor, die für Interessierte in Ablichtung gebracht wird (Abb. 1 und 2).

5. Kapitel

> **Zur Beachtung!** Veränderungen, die sich auf die Besoldung auswirken, wie Beförderung, Verheiratung, Geburten, Arbeitsurlaub, Entlassung usw., sind jeweils sofort unter Vorlage beglaubigter Abschriften bzw. Urkunden mitzuteilen.
> Weitere Übersendung **nur** bei größeren Veränderungen in der Besoldung! **Neue Anschrift** unter Angabe des Aktenzeichens **stets** hierher mitteilen!
> Der bargeldlose Zahlungsweg (die Überweisung der Gebührnisse auf ein Postscheck-, Postsparkassen-, Bank-, Giro- oder Sparkassenkonto) **ist von dem Gebührnisempfänger bevorzugt zu beantragen.** Im Schriftverkehr ist stets das Aktenzeichen anzugeben.

Aufheben!   **Aufheben!**
Dient in besonderen Fällen als Beweismittel für den Anspruch auf Gebührnisse

A. 168 IV.   Din A 5. C. Heinrich, Dresden N. XI. 43.

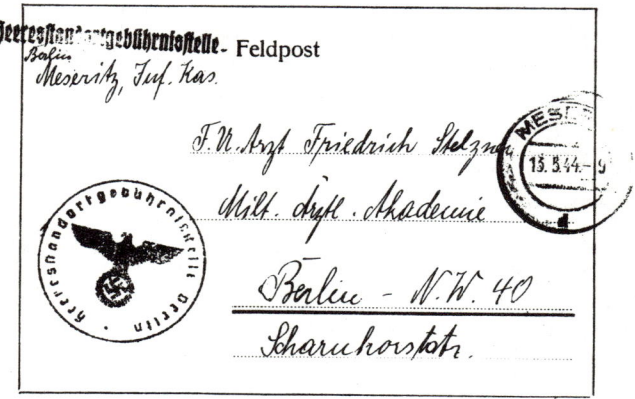

Abb. 1 und 2: Mitteilung der Heeresstandortgebührenstelle (Berlin, Meseritz, Infanteriekaserne) an den Feldunterarzt Stelzner. Für den Monat Juli 1944 werden ihm 152 Reichsmark und 36 Pfennig ausbezahlt. Man beachte die verzwickten Kürzungen, Zuschüsse und Ausgleichsbeträge.

Kriegsjahre 1939–1945

Abb. 2

5. Kapitel

Immer wieder gab es Großangriffe. Wasser, Licht und Heizung fielen aus. In Decken gehüllt, bei Kerzenlicht begannen wir, uns auf das Staatsexamen vorzubereiten. Wir waren froh, als es draußen wärmer wurde. Abends zogen wir uns schon lange nicht mehr aus, wir mußten ja jede Nacht in den Keller. In dieser Zeit habe ich in einer Außenstelle der Pathologie, der Anatomie von Professor Randerath gearbeitet. Das war im Hedwigs-Krankenhaus. Der Chirurg war Dr. Petermann. Wie mir Randerath am 03.08.1944 bescheinigt hatte, ging ich drei Tage in der Woche in diese Prosektur. Randerath interessierte sich nur für die Nieren, ich mußte sie immer von den Obduktionen im St. Hedwigs-Krankenhaus, in Holzwolle verpackt, in der Scharnhorststraße abgeben. Ich habe nie erfahren, was Randerath daran erforschte, auch wenn ich fragte. Dabei überlegte ich mir, sollte man sich nicht doch immer den ganzen Menschen ansehen? Langsam erfuhr ich, daß Pathologen Regionen, die an einer Leiche schlecht zugänglich sind, einfach nicht untersuchen. Zum Beispiel die Wirbelsäule – Schmorl in Leipzig war eine Ausnahme. Die Eingeweide des Beckens und vor allem die sehr komplizierte Beckenmuskulatur werden ebenfalls nicht untersucht. Ebenso der pharyngeale Abschlußapparat. In Hamburg lernte ich dann den Prosektor in Barmbeck, Professor Gräff, kennen, der für den Pharynx deshalb eine eigene Sektionstechnik entwickelt hatte.

Damals bekam ich in der Militärärztlichen Akademie im Hauptgebäude ein Einzelzimmer. Das Ivalidenhaus, wo wir früher wohnten, war mehrfach von Bomben getroffen worden und teilweise unbewohnbar.

Am 21.06.1944 erlebten wir einen Großangriff mit verheerender Wirkung, von unserer Luftwaffe gab es keine Spur mehr. Obwohl ich mit Herrn Dubisch engen Kontakt gepflegt hatte, gelang es mir nicht, bei Rössle in der Pathologie zu arbeiten. Deshalb ging ich zu einer Famulatur am 07.07.1944 zurück in das Reservelazarett Franzensbad.

Seit der Invasion gab es dann in Berlin weniger Luftangriffe. Unser Trimester lief bis zum 12. August 1944. Ich klagte sehr über das Essen, wir waren immer hungrig, und die Qualität der Nahrung war außerordentlich schlecht.

Kriegsjahre 1939–1945

Am 02.11.1944 begann mein letztes Trimester im zertrümmerten Berlin. Die Vorlesungen waren schlecht besucht; kein Wunder nach den Angriffen. Nach den Nächten im Keller wollen die Leute schlafen. Ich ging aber immer ins Kolleg. Bei den wenigen Leuten lernte man jetzt viel mehr und kam mit den Professoren ins Gespräch – nachmittags schlief ich.

Im Dezember 1944 begannen dann die Prüfungen für das Staatsexamen. Am 20.02. war eine Prüfung bei Sauerbruch vorgesehen, die dann von einem Oberarzt vorgenommen wurde. Wieder war ich von der Qualität der Berliner Vorlesungen, trotz dieser ewigen Störungen und immer umfassenderen Zerstörungen, sehr beeindruckt. Der auch schon über die reguläre Dienstzeit immer noch amtierende Geheimrat Stoeckel, der Gynäkologe in der Ziegelstraße, hielt z.B. eine hervorragende Vorlesung. Ich sah ihn auch operieren. Mir fiel auf, daß er sich bevorzugt mit urologischen Fragestellungen befaßte. Er sagte auch im Kolleg, man müsse zwar die Übersicht über ein Fach im Auge behalten, aber wissenschaftlich müsse man sich bescheiden. Als ich mich eines Tages, um ein Testat bemüht, in sein Vorzimmer verirrte, ging die Tür auf und der Geheimrat stand vor mir. Er bat mich in sein luxuriöses Arbeitszimmer, verwickelte mich in ein Gespräch, unterschrieb in meinem Studienbuch und testierte mir so die Teilnahme an den Vorlesungen. Ich war ganz gebannt von einem großen runden Tisch, auf dem eine Anzahl gerahmter Fotographien standen. Da fragte er mich, ich möchte doch wohl gerne wissen, was dieses Arrangement für eine Bedeutung habe? Das bejahte ich, darauf Stoeckel: Das sind alle meine Schüler, die selbständig geworden sind. Ordinarien schmückte ein Silberrahmen und das waren einige.

Im Kino sah ich den Film „Ein Blick zurück" mit Rudolf Forster. Die Luftangriffe wurden jetzt etwas weniger, aber, es war sowieso schon alles zerstört. Es gab keinen Weihnachtsurlaub und die Luftangriffe fingen wieder an.

Ich arbeitete bei Sauerbruch in der Poliklinik der Charité, die Aufsicht hatte Professor Paul Gohrbandt (24.12.44). Dort erlebte ich auch die sehr freundliche zweite Frau Sauerbruchs als Assistentin. Wir waren von 7.30 Uhr bis 14.00 Uhr im Dienst, dann hatten wir frei. Da lernte ich dann fürs Examen.

5. Kapitel

In der Sauerbruch-Klinik herrschte Ordnung. Alles drehte sich um den Geheimrat, der aber auch regelmäßig in unsere Poliklinik kam. Er hatte für jeden ein freundliches Wort. Mehrfach habe ich am Wochenende die große Krankenvisite mitgemacht. Wir Hilfsärzte und die ärztlichen Mitarbeiter mußten im großen Hörsaal Platz nehmen. Dann wurden die Betten mit den Kranken an dem ganz unten mit den Oberärzten sitzenden Chef vorbeigefahren. Auch die Stationsschwester war solange im Hörsaal, bis das letzte Bett ihrer Station passiert hatte. Der jeweilige Stationsarzt kam zum Vorstellen in die Arena hinunter. Sauerbruch war immer sehr lebhaft, den Patienten sehr zugetan, streichelte Schwerkranke, und bevor der nächste Kranke kam, wies er oft darauf hin, daß man den Menschen anschauen müsse. Man sehe ihnen die Angst, die Sorge und das Glück an, und tatsächlich, so ist es. Sauerbruch erfuhr ganz selten, höchstens von Paul Gohrbandt, seinem stillen Oberarzt, Widerspruch. Ich hatte aber auch den Eindruck, er hatte sehr oft recht. Ich höre noch, wie er rief: Warburg meint, mit der anaeroben Glykolyse das Krebsrätsel gelöst zu haben. Das ist doch nichts Spezifisches, das gibt es sicher irgendwo im Tierreich – und tatsächlich stimmt das.

1945

Im Staatsexamen, mitten in dem tobenden und für alle Einsichtigen längst verlorenen Krieg, gab es kein Notexamen, wir mußten alle Fächer erledigen. Am 09.02.45 hatte ich zwölf Fächer hinter mir, alle mit eins. Dann kam ich zu einem unfreundlichen Internisten namens Koch. Er war aus Tübingen gekommen, ein Anhänger des Dritten Reiches, und deshalb verschwand er auch gleich nach dem Kriegsende in der Versenkung, nie wieder habe ich diesen Namen gehört. Der gab mir als einziger eine zwei. Wir mochten uns nicht.

Am 14.02.1945 bekam ich meine Bescheinigung, daß ich vor dem Ausschuß für die Ärztliche Prüfung in Berlin diese mit der Note „sehr gut" bestanden hatte.

Meine Bestallung als Arzt trägt das Datum 15.02.1945. Noch einmal ist die Note „sehr gut" eingetragen. Die Urkunde kostete 10 RM.

Kriegsjahre 1939–1945

Nach dem Ende des Examens kehrte ich nach Würzburg zurück, denn dort gedachte ich, meine Doktorprüfung abzulegen. Ich ging für sechs Monate zu dem Chirurgen Seifert. Das Leben damals war schon schwer. Wir hatten kaum zu essen und immer Hunger. Am 20.02.1945 bin ich dann an der Chirurgischen Universitätsklinik in Würzburg eingetroffen, wohnte in der Klinik und wurde dem Oberarzt Doz. Dr. G. Bahls zugeteilt, der mit einer großen Familie ebenfalls im Oberstock eines KlinikNebengebäudes wohnte. Die Chirurgische Universitätsklinik war damals in dem erst in den 20iger Jahren fertiggestellten Luitpoldspital, ein sehr schönes, großes Krankenhaus.

Den Chef, Professor Ernst Seifert, habe ich damals im Alltag kaum gesehen. Ich meldete mich zur Doktorprüfung. Ich habe alle Prüfungen zur Promotion mit „sehr gut" erledigt und bekam dann auf Vorschlag meines Doktorvaters, Professor Elze, die höchste Note, „summa cum laude." Alle Ordinarien der Medizinischen Fakultät, sowie der Dekan und der Rektor mußten diesem Vorschlag zustimmen, was sie auch taten, und einer sagte mir, „summa cum laude", das sei seltener als ein Ritterkreuz. In Würzburg war diese Auszeichnung vor vielen Jahren zum letzten Mal vergeben worden. Die Voraussetzung war, man mußte eine eigene neue Methode erfunden haben und dadurch neue Erkenntnisse vorstellen. Diese Voraussetzungen hatte meine so einfache Doktorarbeit erfüllt. Meine Promotionsurkunde kostete 200 RM und trägt das Datum 23.02.1945. Sie trägt die Unterschriften des Chirurgen Seifert, der damals Rektor war, und des Dermatologen Hoede, der damals Dekan gewesen ist.

Kurz bevor ich Berlin verließ, wurde ich in der Nacht, nachdem ein Oberstarzt eine martialische Rede gehalten hatte, an deren Inhalt er, wie ich meinte, selber nicht mehr glaubte, zum Assistenzarzt befördert.

In Würzburg eingetroffen, gab es immer wieder kleinere Fliegerangriffe. Zum Beispiel hatte die Anatomie einen kleinen Bombenschaden und am 26.02.45 wurde der Würzburger Bahnhof schwer getroffen. Schweigend gingen die Menschen an den Trümmern vorbei und warteten stundenlang auf eine Reisemöglichkeit.

5. Kapitel

Wie ich einem Brief, den ich am 06.03.45 nach Hause geschrieben habe, entnehme, war die Chirurgische Universitätsklinik in Würzburg natürlich ein Kriegslazarett und ich habe dort schwerste Verletzungen gesehen. Vor allem erinnere ich mich an schwere Infektionen nach Granatsplitterschäden. Die angeblich so wirksamen Sulfonamide (als Pulverform in die Wunden gestreut) halfen nichts. Ich erinnere mich lebhaft an den Fall eines bedauernswerten Feldgendarmen, der eine Zertrümmerung seines Knies durch einen Granatsplitter erlitten hatte. In Stunden entwickelte sich bei dem Verletzten ein Gasbrand, das Bein wurde braun-rot, blau schillernd in einigen Bezirken, das Gas knisterte unter der Haut, der Unglückliche schrie laut vor Schmerz und trotz der sofort vorgenommenen Oberschenkelamputation kam er zu Tode. Wir hatten damals Tag und Nacht Dienst. Heute noch sehe ich das große Leid dieser Menschen. Die Arbeit war wirklich mühsam und menschlich sehr bedrückend. Wir konnten bei diesen schweren Fällen nur selten helfen.

Der Chef des Lazaretts in der Universitätsklinik war, wie gesagt, der dort früher berufene Ordinarius für Chirurgie in Würzburg, Professor Dr. Ernst Seifert (1887–1969). Als Lehrer hatte ich ihn schon erlebt und jetzt lernte ich ihn, den Operateur, kennen. Er war pflichtbewußt, geschickt, ruhig und zu uns Anfängern sehr freundlich und mitteilsam. Irgendwie aber hatte ich den Eindruck einer leisen Melancholie bei ihm, denn, so hörte ich später, er hatte bei dem Judenpogrom 1938 in Würzburg schwere Schuld auf sich geladen. Seifert, der auch wissenschaftlich sehr aktiv war, verlor aus politischen Gründen 1945 sein Ordinariat, er war damals 58 Jahre alt, und wurde bis zu seinem Tode 1969 von allen Chirurgen gemieden. Nach 1946 hatte er eine Belegarztpraxis in der Rot-Kreuz-Klinik als Arbeitsstätte bekommen, in der früher auch sein Vater, Otto Seifert (1853–1937), der später der HNO-Extraordinarius war, schon tätig gewesen war. Dort habe ich ihn nach dem Krieg 1963 einmal besucht. Er war sehr verschlossen, er schenkte mir eine Genealogie seiner Familie „Eine Chirurgensippe durch zwei Jahrhunderte." Seifert bezeichnete Enderlen als seinen Lehrer, als dieser für kurze Zeit in Würzburg war. Er war dann bei König

Kriegsjahre 1939–1945

und Kappis (1881–1938), den Nachfolgern von Enderlen, Oberarzt, um 1939 das Ordinariat von dem ein Jahr zuvor verstorbenen Kappis zu übernehmen. Er war damals schon 52 Jahre alt. Anfang der 30er Jahre, als Goetze durch eine Oberarztintrige in Erlangen eine Zeit lang suspendiert war, hat Seifert vorübergehend als Würzburger leitender Oberarzt die Erlanger Klinik geleitet. Auch darüber hat er mir nichts erzählt, obwohl er wußte, daß ich lange bei Goetze gewesen war. Goetze lobte Seifert, wie anständig und aufopfernd er sich in Erlangen betätigt habe. Als Goetze wieder zurückkam, räumte Seifert das Feld und ging wieder als Oberarzt nach Würzburg zu König zurück. Zu meiner Überraschung wurden Kappis und Seifert unter den deutschen Chirurgen so gründlich totgeschwiegen, daß in der Biographie von Seiferts Nachfolger Wachsmuth beide Namen fehlen. Ja, Wachsmuth schreibt, sein Vorgänger sei verschollen (!), und er lebte und arbeitete doch noch 20 Jahre neben ihm in Würzburg. Seifert hat also für sein Verhalten im Dritten Reich büßen müssen. Da kennen wir sehr viele andere Anpassungswunder, die bei gleicher, ja viel größerer Belastung danach immer an der Spitze marschieren.

In meinem Tagebuch ist unter dem 11.03.45 vermerkt, daß es auch in den Kliniken jetzt keine Kohlen mehr gäbe. Wir saßen deshalb in dem immer noch etwas geheizten Operationssaal, um zu arbeiten. Das Essen war merkwürdigerweise bisher sehr gut. Aber dann kam ein Bombentreffer in der Großküche, und jetzt hatten wir wieder Hunger. In Würzburg habe ich mich auch noch um die immer noch verstreut in den Kollegs sitzenden Studenten gekümmert und half ihnen zum Examen.

Nach meiner Promotion war ich kurz noch einmal auf Urlaub in meiner Heimat Franzensbad. Ich mußte dann wieder nach Würzburg zurückfahren und diese Fahrt war abenteuerlich. Schon in Eger, einem Eisenbahnknotenpunkt, warteten wir 3 Stunden. Nach Nürnberg brauchten wir acht Stunden, dort war der Bahnhof völlig zerstört. Wir mußten am Ostbahnhof aussteigen und nach Fürth gehen, Gott sei Dank nahm mich über diese 10 km lange Strecke ein Auto mit. Es gab dabei ununterbrochen Alarm, und wir mußten wegen der Tieffliegerangriffe oft halten, unter den Häusern

5. Kapitel

Schutz suchen oder auf freier Strecke in die Wälder laufen. Nach 24 Stunden kam ich in Würzburg an.

Dort erlebte ich am 16. März 1945 den schwersten Luftangriff des ganzen Krieges. Er dauerte weniger als eine halbe Stunde und hat die ganze Stadt dem Erdboden gleichgemacht. Heute kann man im Mainfränkischen Museum auf der Festung Marienberg ein Stadtmodell mit diesen unglaublichen Zerstörungen sehen. Es hatte wieder einmal, wie so häufig, Fliegeralarm gegeben, und bevor ich mit meinen Kollegen, Herrn Bahls und seiner Familie in den Keller der Chirurgischen Universitätsklinik Würzburg ging, schauten wir zum Himmel. Es war Nacht und wir hörten nur ein infernalisches Brummen aus allen Himmelsrichtungen. 20 Minuten lang wurden von den Engländern Tonnen von Brandbomben, also Phosphor zusammen mit Sprengbomben, über der Stadt abgeworfen. Schlagartig flammten Brände auf, ein gewaltiger Sturm erhob sich, und der brennenden Stadt konnten wir jetzt die unzähligen Flugzeuge schemenhaft erkennen, die sich weiter ihrer tödlichen Ladung entledigten. Unsere Flugabwehr war, wie ich das schon so oft bemerkt habe, ganz kläglich. Hie und da sah man einen Scheinwerferkegel und hörte auch einige Flakgeschütze. Im Keller sitzend erlebte ich dann, wie so oft in Berlin, die gewaltigen Erschütterungen, die durch ein Gebäude gehen, wenn Bomben gefallen sind. Der ganze Keller schwankte und nach den ohrenbetäubenden Explosionen entstand eine Staubwolke in den Schutzräumen, daß man die Hand nicht mehr vor den Augen sah, aber alle Leute blieben ruhig, niemand schrie oder jammerte. Als sich der Staub legte, stellten wir erleichtert fest, daß wir wieder einmal davongekommen waren. Wir verließen unseren Keller und machten uns an das Löschen der auch bei uns den Brand verursachenden Phosphorstabbomben, die allerdings Gott sei Dank nur in geringer Zahl auf unsere Klinik gefallen waren. Da überall Löschmittel standen, Eimer, Sand, Löschapparate, die alle nicht funktionierten, waren die Brandherde bald unter Kontrolle. Während der Löschtätigkeit, ich erinnere mich noch genau, detonierten immer wieder Sprengbomben mit Verzögerungszündern. Sie warfen haushohe Erdfontänen auf und die Splitter prasselten auf Hauswände und

Kriegsjahre 1939–1945

Dächer, kein Fenster ist ganz geblieben. Der durch das Feuer der brennenden Stadt entfachte Orkan zerrte einen fast von den Füßen. In unseren Kliniken kam trotz der vereinzelten Bombenschäden niemand ums Leben. Die Kliniken waren aber nicht mehr betriebsfähig. Ich erinnere mich noch des Schlafens bei fehlendem Fensterglas. Alle Leute, und das wunderte mich bis zum heutigen Tag, haben das ohne Murren ertragen. Niemals habe ich nach diesen Zerstörungen einen einzigen nationalsozialistischen Würdenträger gesehen, die doch sonst im Alltag allgegenwärtig waren.

Am nächsten Morgen, es war heller Sonnenschein, ging ich in die total zerstörte Stadt hinunter, in der noch die Brände schwelten. Immer noch wehte dieser starke Wind, die staubbedeckten Aufräumarbeiter, meist Soldaten, da Kasernen am Stadtrand wenig Schaden genommen hatten, versuchten wenigstens, die Straßen freizumachen. Langsam wurden aus den Kellern die getöteten Frauen und Kinder an den Straßenrand gelegt, oder wir sahen sie noch an den Häuserwänden zusammengebrochen und verbrannt. Ich erinnere mich auch einiger englischer Piloten in ihren blaugrauen Uniformen, die ihren Absturz oder Abschuß überlebt hatten. Sie gingen zwischen gewehrtragenden Soldaten stumm in ihre Gefangenschaft. Niemand kam auf die Idee, sie nach dieser Katastrophe, die sie so wenige Stunden vorher verursacht hatten, umzubringen. Die noch überlebende Bevölkerung zog mit Koffern zu Fuß oder mit Kinderwagen und Handwagen aus der Stadt. An die Ruinenwände schrieben sie ihre Adresse. Unser Lazarett wurde schon am übernächsten Tag in das unzerstörte Kloster Münsterschwarzach verlegt, der Transport auf Lastwagen dauerte mehrere Tage. Mit unseren Patienten wurden wir dort in den Zellen, die für die Benediktinermönche vorgesehen waren, untergebracht. Operiert haben wir dann nur das Notwendigste in einem improvisierten Operationssaal. An den Wochenenden konnten wir in der riesigen, mit dem Kloster in den frühen 30er Jahren erbauten Kirche die Messe besuchen. Das von Balthasar Neumann erbaute Kloster mit einer berühmten Kirche war zerstört worden und diente als Steinbruch. Es war vom Erdboden verschwunden bis auf die Bibliothek. Wir kamen auch mit den wenigen übriggebliebenen

5. Kapitel

Benediktinermönchen ins Gespräch. Unserer Bleibe gegenüber stand die aus der Barockzeit übriggebliebene Bibliothek des Klosters. Die Mönche wiesen uns darauf hin und sagten, die Türen seien von der Gestapo versiegelt worden. Die Fenster waren sowieso vergittert. Der Abt des Klosters Münsterschwarzach sei, so erzählten sie uns weiter, seit Kriegsbeginn „verbannt." Wieder verlor niemand irgendein Wort über diese Drangsale eines Staates, für den so viele ihr Leben gaben.

Am 25.03.45 beschloß man, daß jeder Arzt irgendwie seinen Heimatort erreichen sollte und löste das Lazarett auf. So lud ich meinen grünen Offiziersblechkoffer auf einen Pferdewagen, und mit noch zwei anderen Ärzten machten wir uns zu Fuß auf den Weg, ich nach Böhmen, in das Sudetenland nach Franzensbad. Wir marschierten immer nachts wegen der vielen Tiefflieger. Über tags war bei herrlichem Sommerwetter der blaue Himmel ganz von den feindlichen Flugzeugen beherrscht. Wir gingen tagsüber am Waldrand, weil wir dort Deckung hatten, durch den Steigerwald, und dann nachts auf den Straßen weiter. In Kissingen verließ ich meine Kameraden und lud meinen Blechkoffer am Bahnhof in einen Zug und fuhr nach Eger. Wir wurden dauernd von Tieffliegern angegriffen, mußten dann ganz schnell den Zug verlassen und in den Gräben, neben den Geleisen, Deckung suchen. Wir konnten uns überhaupt nicht wehren. Niemand wurde bei dieser gewaltigen Schießerei verletzt. Nach einer abenteuerlichen Reise, die meistens nachts stattfand, und bei weiteren Tieffliegerangriffen, erreichte ich Franzensbad und meldete mich zum Dienst im Reservelazarett „Hotel Belvedere."

Der Abteilungsarzt der Chirurgie dieses Reservelazaretts in Franzensbad war der frühere chirurgische Chefarzt des Stadtkrankenhauses in Worms, Kurt Schwädt. Er hatte den Rang eines Unterarztes, ich war Assistenzarzt. Schwädt war ein ausgezeichneter Operateur und ein sehr erfahrener Chirurg. Gerne habe ich von ihm gelernt. Ich habe in diesem Lazarett wieder die schwersten Infektionen nach Granatsplitterverletzungen gesehen. Damals wurde mir klar, der Mensch fügt sich selbst die gefährlichsten aller Wunden zu, von der Schnittwunde über die Riß-/Quetschwunde stellt die Trümmerwunde durch einen Granatsplitter den Gipfelpunkt der Schädigung dar. Die Granate zerplatzt ja in der gedüngten Erde und belädt sich dort mit dem schlimmsten Infektionsstoff, den es überhaupt gibt, nämlich den Keimen der menschlichen Ausscheidungen, und die Splitter tragen dieses infernalische Gift in die Tiefe der Gewebe, das sie umfangreich zerstören und so zu einem idealen Vermehrungsfeld für die anaeroben Keime machen. Die ganzen Wundoberflächen sind in solchen Granatsplitterwunden kaum durchblutet, also schwer abwehrbehindert. Der Organismus versucht zwar mit einer Eiterung, die toten Gewebsbezirke und die Fremdkörper und natürlich auch die Keime auszustoßen, aber oft vergeblich. Diese jauchenden Wunden entlassen Ströme von Blutserum. Die Leute werden durch diese „weiße Verblutung" ganz kachektisch (abgezehrt), wie wir das heute nie mehr sehen. Ich erinnere mich noch an einen 17-jährigen Arbeitsdienstmann mit einem so schwer infizierten Oberschenkelbruch, den er sich durch einen solchen Granatsplitter bei Schanzarbeiten zugezogen hatte. Er lag immer noch in einem Streckverband, und Tag für Tag wurde er kachektischer (abgezehrter) und elender. Er lehnte die Amputation seines Beines so lange ab, bis es zu spät war. Die gelegentlichen Bluttransfusionen waren nutzlos, endlich ist er dann verstorben. Ich sehe noch in der Nacht die weinende Ordensschwester, Gertrud Schill, neben dem Sterbenden sitzen – wortlos – wer könnte das je vergessen.

Anfang April 1945 war auch für uns der Krieg verloren. Während der ganzen schrecklichen Zeit, wo uns die Lebensgefahr immer bewußter wurde und der Hunger uns zusetzte, haben wir eigentlich nie daran gedacht, daß wir den Krieg so total verlieren könnten. Das ist in der Rückschau ganz unfaßlich. Wir hatten nur eine Nachrichtenquelle, die Propaganda der Regierung. Wir kamen nie auf die Idee, der Feindpropaganda unser Ohr zu leihen, nicht nur, weil darauf drakonische Strafen standen, es machten eben immer alle mit. Selbst das so traurige Erlebnis der jüdischen Mitbürger und ihre sichtbare Demütigung durch den gelben Stern im Krieg jeden Tag in Würzburg hat daran nichts geändert. Heute noch begegnen wir ungläubigen Gesichtern, wenn wir immer

5. Kapitel

wieder betonen, wir hätten von all den Untaten des Regimes nichts gewußt. Selbst die immer wieder einmal durchsickernde Nachricht, daß zwar deutsche Soldaten zu Engländern und Amerikanern überlaufen, aber niemals umgekehrt, weckte uns keinesfalls aus der Lethargie. Ein Entschluß war aber für mich nach dem verlorenen Krieg – ohne Friedensschluß –, was uns sehr beeindruckte, klar. Nie mehr würde ich in meine Heimat zurückkehren, obwohl damals von Aussiedlung noch nicht die Rede war. Mein ganzes Wissen hatte ich im Deutschen Reich erworben, und dort mußte ich Fuß fassen. Dort lag meine Zukunft.

In Franzensbad wurde ich von den dort einmarschierenden Amerikanern in diesem Lazarett als Gefangener interniert. Ich hatte aber die Erlaubnis, mich 24 Stunden in Franzensbad frei zu bewegen. Wir waren ganz erstaunt, wie sauber und ordentlich die amerikanischen Soldaten gekleidet waren. Zu essen hatten sie alles in abgepackten Paketen, von denen sie uns auch reichlich austeilten, was ich dann nach Hause trug. Wir waren wie vor den Kopf geschlagen, daß man überhaupt versuchte, gegen so ein hervorragend ausgestattetes Heer Krieg zu führen. Diese riesigen Räumfahrzeuge mit ihren vielen Meter hohen Rädern hatten wir nie gesehen. Sie räumten Trümmer in kurzer Zeit weg, was wir mit Schaufeln erledigen mußten.

Am 01. August 1945 wurde ich mit dem Lastwagen nach einem kurzen Aufenthalt in einem Entlassungslager in Tepl bei Marienbad nach Nürnberg gefahren und dort habe ich mich am 02. August 1945 aus dem Heeresdienst entlassen lassen. Ich gab als Adresse die Chirurgische Universitätsklinik Erlangen an, weil der dortige Chef-Professor, Dr. Otto Goetze, sich während meines Studiums meine Untersuchungen über die Marschfraktur als Sonderdruck hatte schicken lassen.

In Nürnberg habe ich dann am gleichen Tag Verbindung zu einer Studienkollegin aus Würzburg, die später in Erlangen weiterstudierte, aufgenommen. Sie hieß Elsbeth Lochner und war so freundlich, mir im Hause ihrer Eltern, ihr Vater, Dr. Hans Lochner, war Oberstudiendirektor, eine für die damalige Zeit ideale Unterkunft zu besorgen (Nürnberg, Husumer Straße 1). Am 06. August

1945 meldete ich mich dann am Dritten Polizeirevier in Nürnberg als entlassener Wehrmachtsangehöriger. Auf der Ärztekammer in Nürnberg versuchte ich, eine Arbeitsstelle zu bekommen und fand sie in einer Lazarett-Poliklinik in der Witschelstraße. Dort arbeitete ich, bis in Erlangen an der Chirurgischen Universitätsklinik eine Assistentenstelle frei war. Da ich im Norden Nürnbergs wohnte, war die Busverbindung nach Erlangen einfach.

In der Witschelstraße, wo ich, ganz auf mich alleingestellt, zurückkehrende Soldaten versorgte, entdeckte ich bei Kindern nach dem Spielen Verätzungen durch das Giftgas Gelbkreuz. Die Kinder hatten die zerbrochenen Gelbkreuz-Granaten auf einer Müllhalde gefunden. Der Geruch von Gelbkreuz, es hieß auch Senfgas, war mit bekannt. Die Behandlung bestand damals in Kupfervitriolumschlägen, und die Verätzungen an Händen, Armen und Beinen heilten ab.

Von Nürnberg bin ich mehrmals nach Erlangen gefahren, habe mich in der Chirurgischen Universitätsklinik bei Professor Otto Goetze vorgestellt und der versprach mir, mich baldmöglichst als Assistent aufzunehmen.

Von der Chirurgischen Universitätsklinik in Erlangen aus schrieb ich an die amerikanische Militärregierung (Abteilung civil affairs), ich bäte um Erlaubnis, daß meine Eltern aus Franzensbad, das damals noch von den Amerikanern besetzt war, mit ihrem Hausrat nach Erlangen kommen könnten, mein Vater würde hier benötigt.

Eine Bestätigung dafür schickte ich meinen Eltern von Erlangen aus am 17.11.45 und zwar eine Bestätigung, daß mein inzwischen pensionierter Vater in der Metallwarenfabrik Adam Klebes, Schiffstraße 8, als Bürofachmann sofort gebraucht würde.

Der Bürgermeister von Uttenreuth bei Erlangen bescheinigte dann am gleichen Tag, daß dort bei Frau Holzmann, Nr. 143 eine Wohnung für meine Eltern bereitstünde, „für die Arbeitsstelle ist gesorgt." Das alles war aber nur ein Vorwand.

Dank seiner hervorragenden Tschechischkenntnisse konnte mein Vater einen großen Pferdewagen organisieren, auf dem ein Teil unseres Hausrates verstaut wurde. So konnten wir viel mehr

5. Kapitel

unserer Habe retten, als unsere Mitbürger, die mit einem Handkoffer mit diesen berüchtigten Sammeltransporten ihre Heimat verlassen mußten. Mein Vater war von den Tschechen über die Aussiedlung aller Deutschen lange zuvor unterrichtet worden.

Meine Eltern kamen dann am 10.12.1945 nach Unterfarrnbach bei Fürth, wo sie über den ihnen bekannten Gastwirt Pfann (Gasthaus Zum Grünen Baum) bei dem Dorfschmied Buchner im Dachgeschoß eine Wohnung fanden.

6. Kapitel
Erlangen (1945–1955)

Am 25.08.1945 habe ich auf dem Einwohnermeldeamt in Erlangen als Wohnung angegeben: Bei Limmert, Friedrichstraße 14. Schon vorher, ich hatte es ja schon erwähnt, war ich mehrmals in der Chirurgischen Universitätsklinik in der Krankenhausstraße. Professor Dr. Otto Goetze war dort seit 1929 als Ordinarius tätig. Die Klinik war ein Altbau, vielfach ergänzt, sie war noch von den Vorgängern Heineke und Graser im Pavillonsystem erbaut. Die sehr großen Säle mit 30 Betten hatten alle ihren Hauptzugang von einem Korridor, der in den Operationstrakt mündete. Im ersten Stock war in zwei Flügeln die Privatstation des Chefs untergebracht und zu meiner Zeit, als ich anfing, auch noch eine allgemeine Frauenstation.

Nur Goetzes Zimmerflucht im Erdgeschoß, neben dem Operationstrakt, war sehr schön im Art-Deco-Stil hergerichtet. Sein Arbeitszimmer war hell getäfelt, mit Blattpflanzen und Vogelkäfigen mit seltenen Insassen ausgestattet. Man war ganz erstaunt, daß er sich zwischen den lauten Vögeln wohl fühlte, aber er sagte immer, hören Sie, das ist Musik, und ich wundere mich heute noch, wie er bei diesen lautschreienden Schamadrosseln überhaupt arbeiten konnte. Er war eben ein großer Naturfreund. Dieses Zimmer mit seinen blockförmigen Möbeln und den schönen Art-Deco-Stoffen war ein Gesamtkunstwerk, das heute leider als verschollen gelten muß. Der Nachfolger hatte dafür kein Interesse.

Goetze kam schon bei meinem ersten Besuch sofort auf meine Doktorarbeit zu sprechen und tatsächlich bekam ich schnell, erst eine provisorische, dann eine endgültige Assistentenstelle und ich begann meinen Dienst an der Erlanger Chirurgischen Universitätsklinik Ende August 1945.

Unsere ganzen Lebensumstände haben sich damals nur sehr langsam gebessert. So habe ich in meinem Tagebuch vermerkt, daß es noch am 06. Juli 1948 Lebensmittelkarten gab, die Monat für

6. Kapitel

Monat von der Verwaltung des Universitätskrankenhauses in Erlangen ausgegeben wurden. In dem Fragebogen bei der Aufnahme „für die ärztliche Personalregistratur" habe ich neben meinen Personalien geschrieben: „Ich will die akademische Laufbahn ergreifen."

In dieser Zeit der amerikanischen Besatzung wurden wir Ärzte häufig überprüft. So bescheinigte mir die amerikanische Militärregierung am 27.09.45, daß ich in meiner Dienststellung als Assistenzarzt bestätigt sei. Ich bekam ein kleines Zimmer in der Klinik, gegenüber dem Zimmer der Oberschwester, Babette Mattheuer. Neben mir, am Ende eines langen Ganges, hatte der damalige leitende Oberarzt, Dr. Helmut Goepel, seinen Aufenthaltsraum.

Die Zuzugsgenehmigung nach Erlangen bekam ich am 02.10.1945. Ich suchte mir aber dann bald auch ein Zimmer in der Stadt und konnte mich in der Schiffsgasse 11, beim Malermeister Hummel, einmieten.

Auch nach Abgabe eines sehr umfangreichen Fragebogens für die Militärregierung, meine politische Vergangenheit betreffend, gab es immer wieder Kontrollen und Bestätigungen, die, wie ich an einer mir vorliegenden sehe, sogar der damalige Kultusminister Alois Hundhammer in München persönlich unterschreiben mußte. Erst am 07. März 1947 bekam ich meinen Spruchkammerbescheid – nicht betroffen. Ich hatte Glück gehabt, denn ich war als aktiver Militätarzt ja automatisch von jeglicher Parteientätigkeit ausgeschlossen gewesen.

In Erlangen traf ich mit vielen Flüchtlingen aus meiner Heimat, dem Sudetenland, zusammen. Alle, die schon dort zu den Tüchtigen zählten, ordneten sich bald auch in Bayern in diese Kategorie ein. Das galt auch für die Studenten. In Erlangen traf ich eine ungewöhnlich erfolgreiche frühere Mitschülerin aus dem Gymnasium in Eger, später Dr. med. Ruth Felber aus Königsberg an der Eger. Sie war immer Vorzugsschülerin gewesen, ganz selbstverständlich. Sie arbeitete neben dem Medizinstudium bei den Amerikanern und heiratete dann einen hohen Offizier, mit dem sie nach Los Angeles auswanderte. Sie war ein bewundertes Beispiel, daß sich Klugheit und Tüchtigkeit fast überall durchsetzt. Das gleiche beobachtete ich bei Inge Handl, Flüchtling aus Brünn, die nach ihrem Medizinstudium einen sehr erfolgreichen HNO-Arzt ehelichte und dann Dr. Raab hieß. Über 40 Jahre später habe ich sie in Nürnberg als erfolgreiche Neurologin in freier Praxis wiedergetroffen.

Erfolg ist uns Menschen doch in die Wiege gelegt.

Mein Chef Goetze war inzwischen als Parteimitglied von der Klinikleitung entbunden worden, er leitete die Klinik provisorisch, bis ihn dann endlich die Spruchkammer zum Mitläufer erklärte. Solange durfte er auch keine Vorlesungen halten. Dafür gewann man den Chefarzt der Chirurgischen Klinik der Städtischen Krankenanstalten in Bamberg, Dozent Dr. Leonhard Löffler. Dieser unterzog sich der belastenden Aufgabe dreimal in der Woche, das Hauptkolleg zu halten. Er war Goetze gegenüber sehr loyal und machte nie den Versuch, sich diesen Lehrstuhl zu „erobern", wie das andernorts in dieser Zeit nicht selten geschah.

Am 01. März 1948 erhielt ich dann meine Ernennungsurkunde zum wissenschaftlichen Assistenten mit der Festsetzung meines Diätendienstalters vom 01.04.1947. Als Lediger bekam ich 3 400 RM Diäten und 606 RM Wohnungsgeldzuschuß.

1948 gab es den ersten Bayerischen Chirurgenkongreß in München. Wir fuhren mit der Eisenbahn dorthin, die Stadt war ein Trümmerfeld, ich kann mich noch erinnern, in welch kläglichem Hotel mit den durch Bretter vernagelten Fenstern ich untergebracht wurde. Der Vorsitzende dieses ersten Bayrischen Chirurgenkongresses war der Chefarzt des Nymphenburger Krankenhauses, Geheimrat Professor Dr. Carl Schindler. Dieser sehr tüchtige Chirurg hatte über die Jahre dieses wunderbare Krankenhaus des Dritten Ordens aus kleinen Anfängen heraus aufgebaut. Er selbst war früher praktischer Arzt und hat sich aus eigener Kraft zu einem sehr angesehenen Chirurgen ausgebildet, der auch standespolitisch in Bayern einen sehr großen Einfluß hatte. Das Nymphenburger Krankenhaus war ein Zentrum der Strumachirurgie (Kropfchirurgie). Einmal beeindruckt von Schindlers und seines Oberarztes Scheicher Demonstrationen auf dem Kongreß, war ich zwei Tage als Hospitant in Nymphenburg. Dort konnte man hervorra-

6. Kapitel

gende Strumachirugie sehen und die Oberärzte und Mitarbeiter waren um einen Besucher sehr bemüht. Ich sehe noch eine martialische Operationssaaloberschwester, die die lautlose Organisation in den Operationssälen in der Hand hatte. Sie stand im Schnittpunkt der Operationstische und versorgte jeden neubelegten Tisch mit den Instrumentensieben.

Bei diesem ersten Kongreß waren wir so wenig Teilnehmer, daß auch ich als ganz junger Chirurg mit meinem Chef beim Gesellschaftsabend am Tisch von Schindler saß und so von ihm vieles aus seiner langen chirurgischen Vergangenheit erfuhr. Schindler operierte vor dem Ersten Weltkrieg, wie Graser (s. S. 107), seine Strumen (Kröpfe) oft noch in Privathäusern. Eine enge Zusammenarbeit mit den praktischen Ärzten war dafür eine selbstverständliche Voraussetzung. Damals gab es noch gewaltige Strumen. Der Männerkragen oder der Kragen einer Frauenbluse mußte stark erweitert werden, damit die Trägerin mit der Bekleidung zurecht kam. Eine Strumaoperation galt damals noch als gefährlich. Eines Tages, so Schindler, wurde er von einem ihm bekannten praktischen Arzt in ein Dorf gerufen. Am Telefon schilderte der Praktiker eine ihm schon lange bekannte Patientin mit einer riesengroßen Struma, die sich nie entschließen konnte, sich diese operieren zu lassen, und jetzt drohte sie zu ersticken. Schindler packte seine Instrumente zusammen und fuhr mit dem Zug zu diesem Dorf. Auf dem Bahnhof wurde er vom Sohn der Patientin mit dem Fuhrwerk abgeholt. Im Hause angekommen, fand sich in der großen Stube im Erdgeschoß, wo die Operation stattfinden sollte, keine Patientin. Die Magd sagte aber Schindler, die Bäuerin liege oben zu Bett. Schindler ging die Treppe hoch, da lag die friedlich Schlafende. Durch den großen Kropf hatte der Arzt ihr, nachdem sie Morphium bekommen hatte, mit einer Riesennadel einen Faden gezogen und an diesem Faden zog ihr am Kopfende sitzender Enkel. Der sagte zu Schindler: Wenn i los lass, hört's zu schnaufen auf. Der praktische Arzt war schon wieder auf Patientenbesuch weitergegangen. Schindler operierte „die am Faden Hängende" mit Erfolg.

In der Klinik Goetzes wurde damals noch die gesamte Chirurgie, einschließlich der Urologie, Orthopädie und Neurochirurgie betrieben. Der Chef ließ aber den Abteilungsleitern, von denen nur der Urologe Thiermann außerplanmäßiger Professor war, völlige Selbständigkeit. Noch 1953 gab es an dieser Klinik nur vier Oberärzte: Kurt Denecke, Herbert Zschau, Hugo Rüd, Helmut Goepel und sieben Assistenten, davon waren zwei habilitiert, Dressler und ich.

Mein Kollege Dr. Dressler, kurz vor mir habilitiert, versorgte die Neurochirurgische Abteilung und Dr. Schobert, als Nachfolger von Dr. Fritz Klopfer, die Orthopädische Sektion. Nur der Urologe Thiermann hatte einen eigenen Assistenten, Dr. Meixner, der aber mit in der Chirurgie geführt wurde.

Goetze war bei meinem Eintritt 59 Jahre alt. Die nach dem Zweiten Weltkrieg einsetzende medizinische Entwicklung hat ihn nur über uns, seine jüngeren Mitarbeiter, von denen nur ich englisch sprach, berührt. Er selbst konnte daran nicht mehr teilnehmen.

Anläßlich der 57. Tagung der Bayrischen Chirurgen, wo man mich zum Vorsitzenden wählte, weil ich einmal in Erlangen gewesen war, man schrieb das Jahr 1980, habe ich in München als Präsident ein Lebensbild meines alten Chefs entworfen, das ich nachfolgend in Auszügen wiedergebe.

"Ich will Sie heute, vielleicht etwas ungewöhnlich, zu einem Ausflug in die Wissenschaftsgeschichte einladen. Es ist persönlich erlebte Geschichte. Diese Geschichte hat mein Lehrer, Otto Goetze, geschrieben. Sie ist heute vergessen. Die Gegenwart liebt die Geschichte nicht. Ich halte sie trotzdem für fruchtbar und ich werde versuchen, für uns jetzt daraus einen Gewinn zu ziehen.

Und so will ich diese Geschichte erzählen.

Otto Goetze war 25 Jahre lang Ordinarius für Chirurgie in Erlangen. Er war Vorsitzender der Bayerischen Chirurgenvereinigung 1933 und zum zweitenmal 1953. Er war ihr Ehrenmitglied und er war Präsident der Deutschen Gesellschaft für Chirurgie.

Die letzten 10 Jahre seines Lebens und Wirkens hat er auch mich in Erlangen in die Chirurgie und auf das akademische Parkett geführt und mich für den Lebensreiz der wissenschaftlichen Idee begeistert.

Heute nach 30 Jahren stehe ich mit Ihnen in der Gegenwart und bin als Ordinarius von berufswegen dem Neuen, dem Fortschritt in

6. Kapitel

meiner Disziplin verpflichtet und diese Verpflichtung beginnt für mich bei Otto Goetze.

Meine wissenschaftlichen Bemühungen kommen von ihm her. So habe ich auch seine Leistungen in Erinnerung, die er immer wieder als der damals schon Ältere uns, seinen Mitarbeitern, mit einem wissenden Lächeln aus der Mühsal und der persönlichen Tragik seines Lebens herausschälte.

Auf diesem seinem Herzensareal, der Wissenschaft, war Goetze im persönlichen Gespräch von überwältigender Gebefreude, die auch den Jüngsten – und das war ich damals – mit einschloß.

Zwei Wege hat uns Goetze in der Forschung vorgelebt, den Weg der spontanen Idee – den romantischen Weg – und den Weg der kontinuierlichen Methodik, der klassischen Straße.

Zur spontanen Idee:

In den zwanziger Jahren veranlaßten die ewigen Klagen der Frankfurter Röntgenassistentin den Oberarzt Schmiedens zu einem Vorschlag.

Die Röntgenröhren lieferten damals nur kleine scharfe Bilder und die Röhren gingen oft zu Bruch. Goetze ließ statt des punktförmigen Brennfleckes einen schräg ovalen Strichfocus in der Röhre konstruieren. Und jetzt waren auch die großen Bilder zureichend scharf und die leistungsfähigen Röhren haltbarer.

Bis zur Entdeckung der Drehanode hatten alle Röntgenröhren der Welt den Goetze'schen Strichfocus. Ohne zu übertreiben – diese Entdeckung war ein Welterfolg. Die Deutsche Gesellschaft für Radiologie hat sich 30 Jahre später dieser Großtat erinnert und Goetze wurde, ein Jahr vor seinem Tod, ihr Ehrenmitglied.

1921 fiel Goetze die Luft unter der Zwerchfellkuppel des frisch Laparotomierten auf, wenn eine Bauchübersichts-Röntgenaufnahme gemacht wurde. So erfand er das diagnostische Pneumoperitoneum. Er erzählte uns auch von seinem Entschluß, Luft in die Gehirnventrikel einzublasen. Davon war er aber (in einer Diskussion unsicher gemacht) dann doch zurückgeschreckt. Nicht viel später hat der Amerikaner Dandy diesen Schritt getan und das war die uns damals allen bekannte und für lange Zeit sehr wichtige Ventrikulographie zur Diagnostik von Hirntumoren. Goetze sagte dazu, nicht oft wehe der Mantel Gottes an einem vorbei und wer ihn sehe, der müsse sich auch entschließen, einen Zipfel festzuhalten und das habe er damals versäumt.

Goetze stammte über Schmieden von August Bier. Biers Buch „Hyperämie als Heilmittel" erregte um die Jahrhundertwende großes Aufsehen. Goetze entwickelte von dieser Anregung her eine grundsätzlich neue Idee. Uns erklärte er seinen Gedankengang wie folgt:

Die Röntgenenergie durchdringt das Gewebe und zerstört, richtig dosiert, nur die auf Wachstum spezialisierten und deshalb besonders hinfälligen Tumorzellen. Den gleichen Effekt müsse eigentlich heißes Wasser, das ist ja auch eine physikalische Kraft, haben. Goetze legte deshalb bei einem Peniscarcinom in Narkose eine Blutleere an und durchwärmte das Organ in einem Wasserbad zwischen 45 und 45,5 Grad. Das Entscheidende ist die Blutleere, nur dann ist eine tatsächliche kontinuierliche Durchwärmung des Gewebes möglich. Eine Stunde lang wird diese lokale Hyperthermie angewandt und tatsächlich, nach Lösen der Blutleere gibt es eine gewaltige, überstarke Durchblutung und der Krebs stößt sich endgültig ab. Er „verbrennt" in der jetzt sehr starken reaktiven Entzündung. Auch beim Unterschenkelsarkom und bei dem damals nicht seltenen Narbenkarzinom nach einer Osteomyelitis und vor allem bei der Knochentuberkulose haben wir diese Methode angewandt. Mit einem Präzisionsthermometer und mit dem Zu- und Abgießen von heißem Wasser kann man tatsächlich eine solche Durchwärmung, also mit einfachsten Mitteln, in die Tat umsetzen.

1930, so erzählte uns Goetze, kam ihm bei der Operation einer Syndaktylie (zusammengewachsene Finger) mit dem Roser'chen Läppchen der Gedanke, die bis dahin unheilbare narbige hohe Gallengangsstriktur ähnlich und zwar endgültig zu beseitigen. Er bildete dieses Läppchen aus dem Zwölffingerdarm und zog es durch eine transhepatische Naht (durch eine durch die Leber geführte) an seiner Spitze weit in die Leber hinauf durch den aufgeschlitzten Gallengang. Er wurde nicht müde uns zu erklären, wie hier jetzt, beim Wettlauf der Gewebe im Zuge der Wundheilung, der Wundkontraktion endlich das Epithel den Sieg über das

6. Kapitel

Narbengewebe davonträgt. Die hier lebensbedrohliche Wundschrumpfung wird sofort unterbrochen, wenn Deckgewebe über die Wundoberfläche gewachsen ist. Diese Anastomose bleibt deshalb offen. E. Oettle, sein damaliger Oberarzt, später Chefarzt in Krumbach, hat 1938 bei vier so operierten Fällen nach 9 bis 12 Jahren einen vollen, anhaltenden Erfolg mitgeteilt.

Die konservative Frakturenbehandlung war ein anderes bevorzugtes Interessengebiet. Sie kam Goetzes Naturell sehr nahe. Nicht spektakulär, aber wirksam. Seine einfache Freilegung einer Fraktur im Experiment bei Mäusen und der Vergleich mit einer geschlossenen Oberschenkelfraktur bei der gleichen Tiergattung lieferte den eindeutigen und aufsehenerregenden Beweis, daß allein die Freilegung eine schwere Kallushemmung, Kallus ist die Knochenneubildung, nach sich zieht. Das ist natürlich für eine Heilung hinderlich. So entwickelte Goetze die subcutane Drahtnaht für eine besonders schlecht heilende Fraktur für den Schienbeinbruch im distalen Drittel des Unterschenkels. Das war schon damals minimal invasive Chirurgie!

Goetze erklärte uns weiter – eine straffe Pseudarthrose ist eine chronische Fraktur. Wenn sie wieder in eine akute umgewandelt wird, heilt sie. Ich erinnere mich noch, wie der Chef über dem Polsterkeil persönlich diesen sehr oft zum Erfolg führenden Eingriff ausführte. Er brach einfach den heilungsunwilligen Knochen wieder auf.

Bisher habe ich nur vom ersten Weg der Forschung gesprochen, dem Weg der plötzlichen Eingebungen. Selbstredend ist dieser Weg die große Ausnahme. Noch größer und seltener ist er ein Ereignis, das mit einem solchen Genieblitz ein Jahrhundert erhellt. Gehe ich heute in Bonn zur Anatomie, so sehe ich das Denkmal August Kekulés. Er sah plötzlich vor seinem geistigen Auge die Schlange, die ihren Schwanz festhielt. Der Benzolring und damit die ganze organische Chemie waren geboren. Solche plötzlichen Eingebungen sind aber oft der Anlaß, die zweite, die klassische Straße zu verfolgen, den Weg systematischer, kontinuierlicher Untersuchung und Überprüfung. Dabei kann man durchaus auch noch originell sein, wenn es auch viel häufiger Kärrnerarbeit ist.

Schon 1918 und 1921 hat Goetze als Erster zur Bedeutung der vergleichenden Anatomie für die Chirurgie Stellung genommen. Damit hat er diesen zweiten, den klassischen, den methodischen Weg der Forschung beschritten, der aber durchaus originell war. Diesen anatomischen Weg sollte Goetze nie wieder verlassen. Er hat damals den Nachweis geführt, daß die schon bei den Reptilien, besonders aber bei den Vögeln sichtbare Zweiteilung des Magens auch beim Menschen durch eine eigene raffinierte radiologische Technik nachgewiesen werden kann. Die Zweiteilung in der Phylogenese bedeutet, der proximale Magen ist ein Drüsen-, ein Verdauungsmagen und der distale ein Kaumagen.

Dieser Kaumagen ist beim Menschen regressiv. Er ist aber als Antrum, Pylorus und Bulbus duodeni eine funktionelle Einheit geblieben. Goetze sah in dieser Regressivität die bevorzugte Ulcuslokalisationsdisposition und daraus zog er für die Magenresektion eine praktische Konsequenz. Er machte nie beim Ulcus einen Billroth I, sondern eine der Physiologie möglichst ähnliche refluxgeschützte Modifikation, eine Gastro-Jejunostomia oralis partialis superior. Nun, diese Überlegung hatte in der Praxis sehr lange Zeit keinen Widerhall gefunden, aber Reflux und atrophische Gastritis als Wegbereiter des Magenstumpfcarcinoms, das ist heute eine sehr aktuelle Fragestellung. Unterdessen ist erwiesen, daß gerade die gängigen Modifikationen der Magenresektion refluxgeneigt sind und deshalb könnten sie auf Dauer doch nicht unbedenklich sein. Heute wissen wir, das Ulcus ist Folge eines Stealphänomens (Blutverschiebung, die eine blutleere Zone bewirkt). Bedeutsam ist ein Keim, der Helicobacter. Die Magenresektion ist heute verlassen, aber die Ulcusdisposition, an Säure gebunden gilt, sie ist immer noch ein Geheimnis.

Mit der vergleichenden Anatomie hat sich Goetze seither immer wieder beschäftigt in der Hoffnung, wenn ihm schon kein Erfolg beschieden sei, wie er uns sagte, dann wenigstens seinen Nachfahren. Seither habe ich mich ein Leben lang mit dieser Forschungsmethode beschäftigt. Der Grundgedanke ist folgender:

Die Natur baut alle Lebewesen nach sehr ähnlichen, ja gleichen Plänen. Im Kampf ums Dasein entwickeln vitale Systeme dann

6. Kapitel

bizarre Formen und Funktionen, oft – nicht immer – mit dem Ziel der Anpassung. Über diese dann auffallenden Systeme können wir beim Menschen das verborgene, sonst unsichtbare Homologon, entdecken. Heute läßt die Molekularbiologie die Gleichheit der Bausteine sehr weit im Stammbaum des Lebens zurückverfolgen. Dies zu erforschen, ist, wie ich das ja erlebt habe, eine lohnende Aufgabe.

Ein Beispiel: Das sehr gut sichtbare Ultimobranchialorgan der Vögel entspricht beim Menschen dem diffus in der Schilddrüse verstreut liegenden C-Zellorgan. Daraus entwickeln sich die C-Zellkarzinome in der Schilddrüse, die aber einer ganz anderen endokrinen Drüse, die den Kalkstoffwechsel regelt, angehören. Sie sind heute ein wichtiger Forschungsgegenstand vererbter Geschwulstdisposition, die über Chromosomenanalysen familiäre Prognosen mit eventuell prophylaktischen Eingriffen gestattet.

Das Inselzellorgan der Haie liegt neben dem exokrinen Pankreas als eigene Drüse. Wie lange blieb für die Medizin die Funktion des Inselzellapparates verborgen, weil auch im Pankreas, in seinem exokrinen Teil, der endokrine einer ganz anderen Drüse angehörig eingestreut ist. Hätte man vergleichende Anatomie klinisch betrieben, wäre das Insulin viel eher entdeckt worden.

Ganz das gleiche gilt für die Phylogenese des Immunsystems. Beim Fisch gibt es nur ein Thymussystem. Beim Vogel kommt zum Thymus noch die Bursa fabricii, eine sackförmige Ausstülpung des Mastdarms hinzu. Beim Säugetier ist neben dem Thymus das Bursasystem in den Peyer'schen Plaques über den ganzen Dünndarm verteilt (Fanconi). Wer denkt da nicht an die Disposition der C-Zellen und der Inselzellen in anderen Drüsen, wie ich sie soeben geschildert habe?

Viele ungehobene Schätze der Erkenntnis mit Folgen für die praktische Chirurgie liegen immer noch in dieser Methode. Soeben, 1998 ist darüber von mir im Thieme-Verlag ein Buch über die Chirurgie an den viszeralen Abschlußsystemen erschienen.[1]

---

[1] Literatur: Stelzner (1998)

Damals, als Goetze seine Magenarbeiten veröffentlichte, blieben solche Überlegungen vollständig unbemerkt und unbeachtet.

Systematische Anatomie hat Goetze jahrzehntelang zur Radikaloperation der Mastdarmkrebse betrieben. Die Hälfte seiner Mitarbeiter waren als präparierende Anatomen eingesetzt. Auch ich habe lange Zeit in dem dafür eingerichteten morphologischen Labor verbracht. Wir mußten die Beckenregion absonderlichster Tiere präparieren. Deshalb wurde manchmal ein Mitarbeiter in den Nürnberger Zoologischen Garten geschickt, wenn dort ein Goetze interessierendes Tier verendet war. Goetze war ganz besonders begeistert, wenn er dann die Handschrift der Schöpfung in diesen unglaublichen Variationen, aber immer nach dem gleichen Prinzip, entdecken konnte. Die Gazella rupikapra, so erinnere ich mich, hatte es ihm besonders angetan. Diese „Überführung" von Tierkadavern hatte manchmal aufsehenerregende Folgen, die in der Tagespresse kommentiert wurden. Damals – nach 1945 – wurden oft die Züge von der Polizei kontrolliert, um bei der immer noch bestehenden Lebensmittelzuteilung auf Karten der „Hamsterer" habhaft zu werden. Mein Kollege Kempter holte einmal den Kadaver eines mittelgroßen Affen aus Nürnberg und verpackte ihn in einer Pappschachtel, die der dann in eine große Tasche steckt. Im Zug wurde er kontrolliert und auf die Frage, was er denn in dieser Tasche trüge, antwortete er wahrheitsgemäß, einen toten Affen. Er mußte unter Beschimpfungen des Kontrolleurs auspacken. Nicht nur die Kontrolleure, alle Passagiere des Abteils waren entsetzt, als sie den Affen sahen, und Kempter mußte seine Fahrt von der nächsten Station an, mit einem Wortschwall des Entsetzens bedacht, im Packwagen bis Erlangen beenden.

So entwickelte Goetze seine Radikale sacrale Rektumamputation mit hoher Ligatur der Arteria rectalis cranialis vor dem Kreuzbein. Wie ich sehr bald herausfand, war diese Methode in England längst erfunden und zu Recht als uneffektiv beiseite gestellt worden. Bei ihr blieb nämlich die unter allen Umständen zu entfernende Hauptmetastasenstraße im Körper zurück. Dieser Mangel der Verbindung mit den Angloamerikanern sollte sich in Deutschland bei Goetzes Generation noch oft bemerkbar machen.

6. Kapitel

Die Untersuchungen für diesen Eingriff führte ihn aber auf die komplizierte Fascienanatomie im Beckenbereich, die ihm aber letztlich verborgen blieb.

Große Mühe mit diffizilen Präparationen und vergeblichen Nervenvitalfärbungen nach Schabatasch gab sich Goetze mit der Suche nach der Innervation des inneren Schließmuskels und des Musculus levator zusammen mit meinem Kollegen Karl Goetz.

Er versuchte, die bei beckenbodennahen Kontinenzresektionen immer wieder einmal beobachteten Inkontinenzerscheinungen zu erklären und zu vermeiden. Dies ist ihm nach Kenntnis dieser komplizierten vegetativen Sphinkterfunktion auch gelungen.

Wir, seine Mitarbeiter, haben über Jahre den Beckenboden vieler Tiergruppen präpariert, um die beim Menschen kaum sichtbare Nerventopographie auch bei diesem zu begreifen. Goetze griff als Erster die Suche nach der Topographie der vegetativen Nerven zur Potenzfunktion auf mit dem Ziel, Störungen nach einer Radikaloperation ohne Minderung der Radikalität zu vermeiden. Das ist ihm nicht gelungen. Erst Jahrzehnte später fand ich die Lösung (Stelzner Monographie 1998).

Goetze hat die anatomischen Grundlagen der Radikaloperation im Beckenbereich veröffentlicht. Der Leitmuskel – der Musculus praerectalis – den meisten Anatomen und Chirurgen unbekannt – ist eine Schlüsselstruktur für jede Rektumexstirpation (Stelzner Monographie 1998). Schubert, unser lange verstorbener Konassistent präparierte mühselig sämtliche Arterienwege im Becken und lieferte den Nachweis, daß ein in situ belassener, auch sehr kurzer Rektumstumpf immer hervorragend durchblutet bleibt, auch wenn der Chirurg die Arteria rectalis cranialis bei einer Kontinenzresektion durchschnitten hat.

Ich könnte noch viele Einzelheiten dieser Untersuchungen hier ausbreiten. Sie sollten alle letztlich in einem Buch erscheinen, das von Goetze nie geschrieben wurde.

Nach dem Krieg, als meine Generation, in die Erlanger Chirurgische Universitätsklinik eintrat, merkte unser Chef, daß er seit 1933 vom Ausland isoliert bleiben mußte. Die jetzt bekannt gewordenen Ergebnisse von Dixon, Gabriel und Babcock betrachtete er –

menschlich nachfühlbar – mit gemischten Gefühlen. Mir riet er zu einem Auslandsstipendium zu den Briten und in die USA mit dem Ziel, den Gesetzen der Analfisteln über die vergleichende Anatomie nachzuspüren und er freute sich, als ich Erfolg hatte.

Sie werden den Angloamerikanern verfallen, sagte er mir beim Abschied und genauso ist es gekommen. Jeder theoretischen Erkenntnis bleibt der Erfolg in der Chirurgie versagt, wenn sie nicht die Prüfung durch den Operateur besteht. Diese Prüfung hat Goetze leider nicht in großem Maßstab unternommen. Ich erinnere mich noch des Streitgesprächs, wenn er sagte: Sicher, Schloffer in Prag hat eine Kontinenzresektion des Rektums vom Bauch her als einer der Ersten durchgeführt, aber Dixon in den USA hat seit 1933 eine überzeugende Statistik angesammelt und sie 1944 und 1948 der staunenden Fachwelt bekannt gegeben. Heute ziehen wir daraus die Lehre. Die chirurgische Forschung darf den Anschluß an die Praxis nie vergessen und der Prüfstein ist die ebenso systematische wie intensiv zu betreibende Dokumentation, die Statistik, das ist heute eine Wissenschaft für sich. Niemand von den Zeitgenossen Goetzes veröffentlichte eine wissenschaftlich wirklich ganz korrekte Statistik. Alle verzettelten sich in manchmal längst erledigten Technizismen. Das war die traurige Folge der Isolierung Deutschlands.

Während die zuerst geschilderte romantische Methode der Forschung nicht lehrbar ist, aber Vorbild bleiben muß, kann die klassische, soeben geschilderte, sehr wohl an Schüler weitergegeben werden. Goetze war der Meinung, jeder müsse herausfinden, welche der zur systematischen Untersuchung geeigneten Methoden ihm liege und mit dieser müsse er dann höchst spezielle Probleme angreifen. Bald werde er dann die Erfahrung machen, daß der Fortschritt nur in einem Grenzgebiet zu finden ist und wie Max Weber 1918 in seiner berühmten Rede „Wissenschaft als Beruf" gesagt hat: „Eine wirklich endgültige und tüchtige Leistung ist heute stets eine spezialisierte Leistung. Und wer also nicht die Fähigkeit besitzt, sich einmal sozusagen Scheuklappen anzuziehen und sich hineinzusteigern in die Vorstellung, daß das Schicksal seiner Seele davon abhängt..., niemals wird die Wissenschaft für

6. Kapitel

ihn ein „Erlebnis" sein und er wird nichts Neues finden. Diese Spezialisierung in der Forschung sei aber nur möglich bei breiter Ausbildung in der Allgemeinchirurgie, meinte Goetze. Wie wir seither wissen, gilt das aber nur unter Vorbehalt. Die Spezialisierung selbst ist der Motor des Fortschritts.

Sicher ist gerade in so einem praktischen Fach wie der Chirurgie, ich betone es noch einmal, die praktische Überprüfung ebenso wichtig, wie die theoretische Vorarbeit. Letztere wird aber nicht selten über den Stolz, der die Mitteilung guter Ergebnisse begleitet, vergessen.

In der Rückschau muß ich sagen, daß Goetzes Rat, nach der Methode zu fahnden, die einem liege, richtig gewesen ist. Dem Vorwurf, einseitig zu sein, begegnet man sicher, wenn man mit dieser Methode auch andere Organe beforscht. Merkwürdigerweise kapitulieren die Kritiker dann. Der Vorwurf der Zweiseitigkeit ist mir noch nie zu Ohren gekommen.

Goetze hat natürlich immer wieder erfahren, daß das Glück des Finders kein ungetrübtes ist. Aber die Quelle finden wir nur gegen den Strom. Jede neue Überzeugung erregt zumindestens Argwohn.

Zu meiner Überraschung muß ich auch heute immer wieder feststellen, daß manchen Kollegen, auch Chirurgen, das morphologische Vorstellungsvermögen fehlt. Was uns ganz einfach erscheint, beurteilen sie als höchst kompliziert. Mühselige Untersuchungen mit wichtigen Ergebnissen werden durchaus nicht immer anerkannt. So erinnere ich mich noch sehr genau, als mich einmal ein – wie ich heute weiß – ganz zu Unrecht schon hoch Arrivierter fragte, wo arbeiten Sie denn? So, in Erlangen, da ist ja auch nichts los. Das hat mich damals sehr betrübt, aber ich glaubte an meinen Weg und dieser Kritiker ist von der Allgemeinheit längst vergessen.

Gewohnheiten tyrannisieren uns von Jugend an und je älter und je einflußreicher wir werden, desto häufiger, aber es gibt natürlich auch fruchtbare Gewohnheiten.

Von zwei gleich Klugen hat der mehr Erfolg, dem die Gabe des Wortes, besser des Witzwortes, noch besser des Witzwortes aus dem Stegreif gegeben ist. Diese Glücklichen gibt es zu allen Zeiten. Goetze hat nicht zu ihnen gehört, bisweilen hat er unter ihnen gelitten. Da er ein freundlicher Mensch war, versuchte er die, die ihm nicht so freundlich gesonnenen waren, für sich einzunehmen, Frieden zu schließen, oft vergeblich. So berichtete er, als er voll Stolz die so erfolgreiche therapeutische Refraktur der Pseudarthrose auf einem Bayerischen Chirurgenkongreß vorgetragen hatte, wie als letzter der Münchener Ordinarius Lexer aufstand, er bewegte sich vierschrötig, wie ein dräuender Löwe auf das Rednerpult zu und verkündete: Das was uns Herr Goetze hier erzählt hat, habe ich schon – Zitat mit Seitenangabe folgte – im Zentralblatt für Chirurgie publiziert. Als der gedemütigte Goetze dort zu Hause nachgelesen hatte, war folgendes von Lexer geschrieben: Er hatte eine ganze Anzahl von Pseudarthrosen mit seinem „Knochenprügel", wie er charakteristischerweise sagte, also durch eine entsetzlich brutale Operation mit einem Riesenknochenspan, erfolgreich behandelt. Einer der für diesen Eingriff vorgesehenen Patienten fiel in der Nacht zuvor aus dem Bett und brach sein Bein an der Pseudarthrosestelle und dieses heilte daraufhin aus. Lexer, so Goetze, kochte oft aus Wut und Bosheit, und er hatte immer die Lacher auf seiner Seite.

Die Begeisterung aber ließ Goetze trotz vieler Enttäuschungen seinen Weg treu bleiben. Er war von der Richtigkeit seines Vorgehens zutiefst überzeugt. Er spürte, daß er duch das Fehlen der Kommunikation mit der Welt der Chirurgie in der zweiten Hälfte seines Lebens einen Nachteil erlitten hatte und so hat er uns, die wir sein Vertrauen genossen, angeeifert, es besser zu machen und ich meine, wir haben ihn verstanden.

1951 hat er – inzwischen war ihm auch die End-End-Naht des verletzten Gallenganges von Walters bekannt geworden – seine Idee von dem Zungenlappen bei der intrahepatischen hohen Gallengangsstenose wieder aufgegriffen, und er fand die transhepatische Drainage ohne Ende beim inoperablen Gallengangskarzinom. Das war wieder ein Beispiel für einen seiner spontanen Einfälle.

Eine seiner letzten Veröffentlichungen heißt: „Operationselemente und Operationstypen bei veralteten Mastdarmverletzungen", wie sie nach dem Krieg über viele Jahre in seine Hände kamen. Ich höre noch heute seine Worte, wenn er sagte: Große

6. Kapitel

Rektumfisteln sind spontan unheilbar, weil die für die Wundheilung nötige Wundkontraktion durch den knöchernen Beckenring behindert wird. Wir müssen organwertiges Gewebe, das sich zusammenziehen kann, an die Fistel heranbringen und das gelingt mit einem großen gestielten, vollwertigen Hautlappen. Diese Methode ist heute durch die knappen Kontinenzresektionen in solchen Fällen überholt.

Soeben habe ich gesagt, ich höre ihn noch heute. Obwohl Goetze ein sehr stiller Mann gewesen ist, hören ihn seine Schüler immer noch. Ihm war alles Laute, wie er mir einmal sagt, eine Quelle körperlicher Pein. Das war sicher ein Grund, warum er seine Gedanken nur einem kleinen Kreis weitergeben konnte. Ich bin aber überzeugt, daß während seiner über 25jährigen Tätigkeit in Erlangen Ärzte und Chirurgen, die in unmittelbarem Kontakt mit ihm und seiner Klinik standen, für's Leben geprägt wurden und – wie wir heute wissen – erfolgreich waren.

Goetze war ein kritischer und selbstkritischer Chirurg, aber er war ein Chef, auf den man horchen mußte. Er hat niemanden bezwungen. Er schlug keine Wellen, auf denen wir reiten konnten. Er gehörte zu den seltenen Menschen, von dem Lessing den Nathan sagen läßt:

„Er besaß, so schien es jedenfalls, jenen Ring, der die geheime Kraft hat, seinen Träger vor Gott und den Menschen angenehm zu machen."

Goetze war ein hervorragender Operateur, der uns zeigte, was Schonung, Sauberkeit, kurz: vollendetes chirurgisches Handwerk ist.

Fahre ich heute, nicht weit von meiner Arbeitsstätte in Bonn an Gevelsberg vorbei, dann sehe ich meinen alten Chef vor mir, dort ist er 1882 geboren. Für meine Generation ist ein Chef kein „Glücksfall" auf Zeit. Er ist eine symbolträchtige Persönlichkeit, zu der man verehrend aufschauen kann. Die Erfahrung der Älteren interessieren heute wenig. Für die heutige Jungend beginnt die Welt mit ihnen selbst. Ich gehöre noch einer Generation an, die sich unter den Toten Freunde bewahrt hat. Ich versuchte Ihnen jetzt etwas von der Kraft dieser Tradition nahe zu bringen und ich hoffe, den Beweis erbracht zu haben, daß Geschichte auch ganz unheroisch wirksam und erfolgreich sein kann.

Ahnen von Geblüt werden uns in die Wiege gelegt. Die wissenschaftlichen Ahnen müssen wir uns suchen. Mich erfüllt es mit Dankbarkeit und Stolz immerdar, daß ich diesen seltenen Mann gefunden habe."

Das Schrifttum Goetzes kann im Deutschen Chirurgenverzeichnis bis zur dritten Auflage 1938 aufgefunden werden. Seine Arbeiten bis zu seinem Tod bringe ich nachfolgend, da er bei der nächsten, der vierten Auflage des Chirurgenverzeichnisses schon verstorben war. Wer würde sich noch die Mühe machen, seine letzten Publikationen herauszusuchen? Diese seine Arbeiten sind ein Abbild seiner Zeit und wir sollten sie nicht vergessen.

Veröffentlichungen von Prof. O. Goetze 1938–1954
(Fundstelle „Zentralorgan der Chirurgie")

Erfahrungen mit der parasacralen Urotero-Lithotomie
Langenbecks Arch. Klin. Chir. 193, 702–708 (1938).

Die Förderung der ungestörten Wundheilung beim Bauch- und Sacralafter bei der Mastdarmresektion durch wasserdichte Kotableitung
Zentralbl. Chir. 65, 1002–1012 (1938).

Die Gruppeneinteilung des Rectumcarcinoms für die Prognose der Dauerheilung und der operativen Mortalität. Bewährte Operationstypen
Zentralbl. Chir. 66, 66–100 (1939).

Vorteile und Nachteile der besonderen Drahtspannung bei der heutigen Drahtextension; ihre Brauchbarkeit im Felde
Zentralbl. Chir. 66, 902–912 (1939).

Drahtextension im Felde
Zentralbl. Chir. 66, 827–828 (1939).

Das Problem der Universalität in der modernen Heilkunst
Zentralbl. Chir. 67, 204–210 (1940).

6. Kapitel

Pathologie und Therapie der Brandwunden
Langenbecks Arch. Klin. Chir. 200, 44–48 (1940).

Die abdominosacrale Resektion des Mastdarms mit Wiederherstellung der natürlichen Kontinenz
Langenbecks Arch. Klin. Chir. 206, 293–337 (1944).

Der Bauchafter als Operationselement im Rahmen der Radikaloperation des Rectumcarcinoms
Zentralbl. Chir. 74, 994–997 (1949).

Die gefährliche Infektion der sacralen Wunde bei den Radikaloperationen des Rectumcarcinoms und ihre operative Verhütung. Zugleich eine Parallele zur großen Unfallwunde: die vier Gefährlichkeitsgrade der Wundinfektion
Chirurg 20, 513–520 (1949).

Die Beurteilung der Babcockschen Mastdarmkrebs-Exstirpation mit Erhaltung des Sphincters ohne präliminare Colostomie
Langenbecks Arch. Klin. Chir. 264: 338–350 und Diskussion 366–367 (1950).

Der Anus praeter peniformis
Chirurg 21, 153–160 (1950).

Die anatomisch gerechte Chirurgie des sacralen Aktes der Mastdarmamputation bei Männern und Frauen
Langenbecks Arch. Klin. Chir. 266, 312–321 (1950).

Zwei Oberarmschienen zur Verhütung der Adduktion
Zentralbl. Chir. 75, 1364–1369 (1950).

Die transhepatische Dauerdrainage bei der hohen Gallengangsstenose
Langenbecks Arch. Klin. Chir. 270, 97–101 (1951).

Die Bedeutung der Lagerung für die Operation des lumbalen Bandscheibenvorfalles mit W. Dressler
Zentralbl. Chir. 77, 72–76 (1952).

Die intraoperative Arteriographie der A. mes. caudalis und ihrer Zweige zur Sicherung der Gefäßversorgung des oralen Darmstumpfes bei der Kontinenz-Resektion des Rektumcarcinoms
Zentralbl. Chir. 77, 1357–1362 (1952).

Operationselemente und Operationstypen bei veralteten Mastdarmverletzungen
Langenbecks Arch. Klin. Chir. 273, 683–689 (1953).

Die gegenwärtige Therapie der Mastdarmkrebse
mit F. Stelzner
Münch. Med. Wschr. 95, 765–768 (1953).

Seltenheiten unter der Diagnose Rektumcarcinom
mit F. Stelzner
Die Medizinische 144–150 (1954).

Kunstafterfragen
Langenbecks Arch. Klin. Chir. 276, 544–550 (1953).

Die chirurgische Therapie der hohen Gallengangsstenosen
Ver. dtsch. Ges. Verdauungskrkh. 316–319 (1954).

Bei meinem Eintritt in die Erlanger Klinik 1945 war über den Krieg in der Klinik arbeitend der Oberarzt Dr. Helmut Goepel geblieben. Er war nicht zum Waffendienst eingezogen, weil er an einer Arthropathia psoriatica litt. Trotzdem war er ein hervorragender Chirurg, ein hochgebildeter musischer Mensch, der sich um uns, die Jungen, sehr gekümmert hat. Goepel befaßte sich wissenschaftlich mit der Periduralanästhesie, die er durch eine Peristonplombe länger anhaltend wirken ließ. Diese Anästhesien machte damals jeder Operateur selbst oder beim Chef der ihn assistierende Oberarzt. Goepel wollte sich mit einer minutiösen Untersuchung der Elektrokoagulation des Trigeminusganglions nach Kirschner habilitieren, aber dazu kam es nicht. Seine Arbeit erschien in den Ergebnissen für Chirurgie und Orthopädie.

6. Kapitel

Da es in Erlangen keine Kieferchirurgen gab, versorgte Goepel alle Lippen-, Kiefer- Gaumenspalten. Er tat das mit großer Hingabe. Damals wurde noch in Lokalanästhesie operiert, eine Qual für die Patienten und die Operateure. Ich half ihm, so gut ich konnte und habe auch die prothetische Versorgung prä- und postoperativ von ihm erlernt. Wir operierten nach der Methode Axhausen, der über das Vorgehen eine schöne Monographie geschrieben hatte. Für mich dachte ich aber damals oft, wir seien viel zu wenig in diese schwierige Problematik als Nichtfachleute eingedrungen, denn unsere funktionellen Ergebnisse waren schlecht.

Bei der Diskussion um das beste Vorgehen imponierte mir die Entwicklung der Operationstechnik von Viktor Veau aus Paris. Seine Überlegungn gingen von der Entwicklungsgeschichte des Gesichtes aus. Das überzeugte mich bald und ich sollte ähnliche Überlegungen für die Gelenke nicht viel später in den Gedankengängen bei dem Orthopäden Friedrich Pauwels in Aachen wiederfinden, den ich schon damals zu Recht sehr bewundert habe. Wir konnten vermutlich diese von uns Operierten nicht richtig nachbehandeln. Ich war deshalb froh, als nach dem tragischen Tod von Goepel, er starb von eigener Hand, diese Eingriffe in Erlangen aufgegeben wurden. Das Aufgeben ist in der Chirurgie, und nicht nur da, ein schwerer Entschuß. In der Rückschau ist es aber in der Regel ein richtiger gewesen.

Die anderen Oberärzte kamen erst im Laufe der nächsten Jahre aus dem Krieg zurück. Zuerst Kurt Denecke, später aus russischer Gefangenschaft Herbert Zschau und Hugo Rüd. Da wir eine kleine Klinik waren, kamen wir mit dem Chef und allen Oberärzten in einen engen Kontakt. So lernten wir nicht nur von diesen durchweg sehr guten Operateuren unser Handwerk, sondern wir erfuhren auch vieles über das chirurgische Umfeld, und was ein anständiger Arzt ist. Damals gab es noch keine Berufsethiker und keine Sterbologen.

Kurt Denecke war der beste Operateur. Er beschäftigte sich mit der Gefäßchirurgie, aber nur mit der Sympathektomie. Eigentümlich, ich habe ihn nie die damals aufkommenden Gefäßprothesen nützen sehen. Dieses merkwürdige Beharrungsvermögen sehen wir oft. Unerklärbar ist es der Feind des Fortschritts.

Hugo Rüd, ein besonders liebenswürdiger Mann, hat die Gefangenschaft nach Stalingrad überlebt, ebenso wie Herbert Zschau. Der erstere wurde bald Chefarzt in Günzburg, der letztere in Landshut. Beide habe ich nie mehr, z.B. auf irgendeinem Kongreß, getroffen. Wir erleben das immer wieder, daß manche Kollegen, selbständig geworden, ihr Leben mit der Gemeinschaft endgültig abschließen. Sie wollen an ihren Lebensweg und an ihre Vergangenheit nie mehr erinnert werden.

Schon damals in Erlangen wurde mir klar, Aufgaben in der Wissenschaft mit dem Ziel, Neues zu schaffen, ist nur wenigen gegeben. Das soll aber kein Werturteil sein, denn der sehr gut ausgebildete Praktiker ist für den Einzelnen in der Bevölkerung von viel größerer Bedeutung. Die gegenseitige Rücksichtnahme beider Persönlichkeiten aber ist die Grundlage eines harmonischen Miteinanders in einer chirurgischen Klinik und die war in Erlangen gegeben. Trotz aller Gegensätze verstand es der Chef, Kollegialität in die Tat umzusetzen. Wir wurden geachtet, wenig gelobt und nie gedemütigt.

Über seine Fachkollegen hatte Goetze aber eine ganz persönliche Meinung, die er unter vier Augen auch freimütig äußerte. Die höchste Achtung genossen die mit einer neuen Idee. Aber wie wenige waren das. Rätselhaft, so sagte er, seien ihm immer Persönlichkeiten, die eine Aura um sich zu verbreiten wußten und deren chirurgisch wissenschaftliche Leistung fehlte, oder ganz kurzlebig war. Bier und Sauerbruch z.B., sie wurden von den Machthabern des Dritten Reiches weit herausgehoben, und ... so würde man heute sagen... „sie fanden sich mit dem Adlerschild des Deutschen Reiches", der höchsten Auszeichnung Hitlers ... wieder. In der Rückschau hat heute die Geschichte ein richtiges Urteil gefällt.

Gerhard Küntscher, das war ein Mann nach Goetzes Geschmack. Goetze erzählte mir, er könne sich noch gut an Küntschers Vortrag über die Marknagelung 1938 auf dem Deutschen Chirurgenkongreß in Berlin erinnern. Da sei er mit Kirschner, diesem technisch so hoch begabten Chirurgen, am Ende der

6. Kapitel

Sitzung hinausgegangen und der sagte zu ihm: Goetze, es ärgert mich ja doch, daß ich nicht darauf gekommen bin. Trotzdem hat er öffentlich kein anerkennendes Wort für Küntscher gefunden. Der sonst so Wortgewaltige hat geschwiegen. Ich erinnere mich auch noch, wie Goetze auf Küntschers Chef, A.W. Fischer in Kiel, eifersüchtig war. Fischer und Goetze waren Konassistenten bei Schmieden in Frankfurt. Er fragte damals Fischer: Albert, seit wann hast Du eigentlich gemerkt, daß der Küntscher ein genialer Mensch ist? Darauf sagte Fischer: Otto, das war ganz einfach, seit er anfing, Arztbriefe, die einen besonderen Erfolg dem Leser mitteilen konnten, mit der Grußformel 'Halleluja' zu beenden.

Auch in Erlangen freundete ich mich mit einem über die Altersgrenze im Krieg an der Klinik verbliebenen Oberpfleger an. Das war Christian Hünnerkopf. Er reichte mit seinen Erinnerungen bis zu den Vorgängern Goetzes zurück, Heineke und Graser. Damals wurde er als junger Mann, als er eine konservativ behandelte Appendicitis (Blinddarmentzündung) überstanden hatte, eingestellt. Er ließ sich gegen den Rat der Fachleute später nie mehr appendektomieren. Er behauptete mir gegenüber, hat eine Appendicitis eine schwere Entzündung überstanden, so sei ein gefährlicher Rückfall überhaupt nicht mehr möglich. Er fragte dann immer lächelnd: Wer hat denn hier 40 Jahre das chirurgische Hauptkolleg gehört und alle Visiten mitgemacht?

Die ganze Amtszeit von Heinekes Nachfolger Ernst Graser hat Hünnerkopf miterlebt. Sie glauben gar nicht, sagte er zu mir, dem andächtig lauschenden jungen Mann, was damals der Direktor einer Universitätsklinik war. Nicht selten operierten wir vor dem Ersten Weltkrieg die reichen jüdischen Patienten in Fürth in ihren Privathäusern. Das waren oft große Leistenbrüche. Ich wurde vorausgeschickt, um im Speisezimmer den Operationssaal mit dem Personal des Hauses herzurichten. Am nächsten Tag fuhr dann der Geheimrat mit den zwei Assistenten, von denen einer die Narkose übernahm, nach Fürth. Da passierte es nicht selten, daß der Schnellzug in Erlangen auf den sich verspätenden Ordinarius wartete. Graser fuhr immer in der Ersten Klasse und wir alle in der Dritten, das war ganz selbstverständlich. Noch in den 90er Jahren traute der Geheimrat der Aseptik nicht, und so mußte ich, während der Operation auf einer Leiter stehend, immer noch den Karbolzerstäuber (hier wird wie mit einem Parfümzerstäuber eine keimwidrige Flüssigkeit vernebelt) bedienen; sicher ist sicher. Schimmelbuschtrommeln waren zu teuer. Wir sterilisierten noch sehr lange unsere Wäsche in Weidenkörben, die wir in dem mit der Hand zu verschraubenden Hochdrucksterilisator unterbrachten. Er wurde noch zu meiner Zeit, also noch nach 1945, betrieben. Damals, so erzählte Hünnerkopf weiter, wurden die teuren Gummihandschuhe nur bei septischen Eingriffen angezogen. Sonst operierte man mit bloßen, mit Seife und Alkohol vorbereiteten Händen. Als wir 1945 einmal keine Gummihandschuhe mehr in Erlangen hatten, operierten auch wir mit den bloßen Händen. Es gab danach nicht mehr Infekte als bei den Eingriffen, die mit Gummihandschuhen durchgeführt wurden. Ich erinnere mich noch an den skeptischen Praktiker, den Herrn Dr. Ochs, wie dieser auf die Station ging, um „seine" Hernien, die operiert waren, zu besuchen. Er war ebenso wie wir angenehm überrascht, daß alles so schön verheilt war. Gummihandschuhe waren noch bis Ende der 40er Jahre sehr kostbar. Sie wurden von den Schwestern immer wieder mit Gummiflicken ausgebessert. Professor Goetze hatte zu meiner Zeit ein so starkes allergisches Ekzem gegen Gummi entwickelt, daß er sich anders behelfen mußte. Er wusch sich mit Wasser und Seife, dann mit dem gerade entwickelten Antiseptikum Zephirol. In diese Zephirolschüssel legte die Operationsschwester Maria Raab sechs sterilisierte Cellophanblätter. Nach dem Händetrocknen stülpte er drei Blätter über die Finger eins, zwei, drei, links und rechts. Dann zog er extra für ihn besorgte Zwirnhandschuhe, die die Nähte zwischen den Fingern hatten, darüber, die die Cellophanblätter festhielten. So operierte er über viele Jahre.

Nach 1945 erlebte ich auch in Erlangen die Wunderwirkung des Penicillin. Wie viele Menschen hatte ich im Krieg an perakuten eitrigen Infektionen in Stunden sterben sehen. Ich erinnere mich damals in Erlangen einer jungen Frau mit eitrigen Lungenmetastasen nach einem Panaritium. Sie war eine Sterbende. Das Thoraxbild war ganz eindeutig. Wir hatten Penicillin zur Verfügung. In

6. Kapitel

Stunden verschwanden die Metastasen, die Frau wurde gesund. Wir waren aber trotzdem etwas skeptisch, da die ja schon viel länger verfügbaren Sulfonamide eine solche Wunderwirkung nicht hatten. Wir wurden sehr bald eines Besseren belehrt.

Hünnerkopf betreute das morphologische Labor zu Goetzes Zeiten. Er war ein Meister der histologischen Technik. Zusammen mit dem wissenschaftlichen Zeichner, Willi Hilpert, der auch ein hervorragender Fotograph war, entstanden die Bilder und die Dokumentationen für Goetzes Arbeit und sie wurden für das geplante Buch gehortet, das leider nie geschrieben wurde.

Immer wieder wies uns Goetze darauf hin, daß sehr wichtige Erkenntnisse sich bisweilen in der Praxis nicht durchsetzen, z.B. die Leistung des Sphinkter ani internus, der doch das allerwichtigste Teil für die anorektale Kontinenz, den Dauerabschluß ist, den er aufrecht erhält. Goetze hat sich mit Karl Goetz, einem Konassistenten, sehr um diese Anatomie des Sphinkter internus, besonders um dessen Innervation, bemüht. Er ist hinter die Geheimnisse seiner Morphologie aber nicht mehr gekommen. Ich höre noch seine Kritik an der abdomino-transanalen Kontinenzresektion von Bacon, die nach 1945 aus den USA zu uns kam. Harry Bacon excidierte nämlich dabei den ganzen Sphinkter ani internus. Seine Operierten hatten deshalb keinen kontinenten After mehr, sondern ein abschlußunfähiges Colostoma in ano. Jahrelang wurde diese Methode rund um die Welt hoch gepriesen, bis sie nach Jahrzehnten endgültig verschwunden ist. Dieses Phänomen des Festhaltens am Unsinnigen wird uns noch oft beschäftigen.

Immer wieder fiel uns Jüngeren auf, daß alle unsere Vorgesetzten, die ihre Laufbahn noch in der Weimarer Republik oder im Dritten Reich begonnen hatten, keine Fremdsprachen, vor allem kein Englisch, beherrschten und – wie alle Chirurgen in Deutschland – von den selbst während des Krieges erscheinenden Referaten ausländischer wissenschaftlicher Arbeiten keine Notiz nahmen. Bis ins letzte Kriegsjahr erschien in Deutschland das sogenannte Zentralorgan für die gesamte Chirurgie vierbändig weiter. Bis 1945 hat sich kein Chirurg in Deutschland um dessen Inhalt gekümmert. Ja, es erschienen herrlich ausgestattete Operationslehren im Dritten Reich, ohne eine einzige Schrifttumsangabe und ohne jede Statistik!

Eine rühmliche Ausnahme waren österreichische Chirurgen. Hans Finsterer und Hofrat Professor Dr.Dr.h.c. Hans von Haberer veröffentlichten große, statistisch nicht ganz gesicherte – wie damals üblich – Übersichten über die Magenresektion beim Ulcus, dies alles beeindruckte mich sehr. Einmal ermunterte mich Goetze, als ich ihm über Haberers Statistiken berichtete, schreiben Sie ihm doch einmal einen Brief, wie er denn sein so großes Krankengut so schnell und übersichtlich immer bei der Hand hat. Am 16.04.48 antwortete Haberer postwendend: Seit Beginn seiner operativen Tätigkeit hätte er nie einen Tag beschlossen, ohne persönlich genauestens über die behandelten Fälle Buch zu führen. Und so habe er es gehalten bis zum letzten Tag des aktiven Dienstes. Dieses Verfahren habe ich mir sofort zu eigen gemacht und bis zum Ende meiner operativen Tätigkeit 1996 weitergeführt. Ich hätte später niemals meine wissenschaftlichen Untersuchungen zu Ende führen können, wenn ich diesen Rat von Haberer's nicht befolgt hätte.

Ich war nun fest entschlossen, meine englischen Sprachkenntnisse zu verbessern und mich im Ausland umzusehen.

Bevor ich mir diese Möglichkeit schaffen konnte, freundete ich mich anläßlich eines Bayerischen Chirurgenkongresses mit dem Oberarzt der Frey'schen Klinik, Herrn Neuhaus, an. Wir kamen überein, acht Wochen unsere Arbeitsplätze zu tauschen. So übersiedelte ich am 01.09.49 nach München und wohnte bis 31.10.49 im Neuhaus'schen Dienstzimmer, in der Nußbaumstraße 20/21. E.K. Frey war damals 61 Jahre alt. Er kam von Sauerbruch. Er hat nach dem Krieg als einer der Ersten die Technik der modernen Lungenchirurgie aufgegriffen und erfolgreich betrieben. Auch in München begann sich erst zaghaft der Anästhesist zu etablieren. Zu meiner Zeit machte noch der Oberarzt Lüdeke bei den Chefoperationen die Intubationsnarkosen. Herr Dr. Zürn, ein Chirurg meines Alters, war aber entschlossen, sich ausschließlich der Anästhesie zu widmen. Er wurde ein hervorragender Fachmann, der leider sehr bald verstorben ist. Der erste Oberarzt bei Frey war damals Karl Vosschulte. Ganz selbstverständlich war er

6. Kapitel

bei jeder Chefoperation der erste Assistent. Die alte Hierarchie war in München sehr ausgeprägt. Frey und er trugen als einzige zur weißen Schutzkleidung eine weiße Krawatte. Andächtig erzählten mir etwa gleichaltrige Kollegen, zu Weihnachten schenkt Frey seinem Ersten Oberarzt immer seine abgelegten Krawatten, der sie als Vertrauenssignum dann weiter trägt. Vossschulte beschäftigte sich mit der Neurochirurgie, vor allem auch mit der Chirurgie des vegetativen Nervensystems. Er wurde Ordinarius in Giessen. Er lebt, ein kritischer Geist und lebendiger Zeuge, heute noch 91jährig. Er ist mir sehr zugetan und hat mir sehr geholfen.

Wie immer suchte ich die Bekanntschaft des Oberpflegers, auch in der Nußbaumstraße an der Münchener Universitätsklinik, das war Herr Seitz. Er reichte mit seinen Erinnerungen bis zu Frey's Vorgängern, Magnus, Lexer, ja Sauerbruch zurück. Von ihm konnte ich erfahren, wie schnell sich der Wandel in der Wissenschaft abspielt. Das Bessere ist der Feind des Guten. Seitz erinnerte sich noch, als 1918 Sauerbruch von Zürich nach München wechselte, da wurde sofort eine Unterdruckkammer für die geplanten Lungenoperationen in die Klinik eingebaut, obwohl diese Methode, 1908 von Sauerbruch erfunden, schon ein Jahr später überholt war (s. S. 74). Sie war aber immer noch als Großtat Sauerbruchs mit dessen Namen verbunden. Diese Unterdruckkammer wurde bei Sauerbruchs Einzug, ebenso wie die ganze Klinik, vom Kardinal Faulhaber geweiht. Wenige Wochen später verwandelte man sie wortlos in das Fotolabor und das war zu meiner Zeit immer noch an dieser Stelle.

Am 07. September 1949 wurde ich, wie es damals hieß, Facharzt für Chirurgie. In meinem Ansuchen wies ich darauf hin, daß meine Ausbildung „nicht ganz den Vorschriften der Bayrischen Landesärztekammer entsprach." Mir fehlte eine Ausbildung bei den Internisten. Ich fügte ein Verzeichnis meiner 20 Vorträge und wissenschaftlichen Arbeiten bei. Goetze bestätigte mir meine Tätigkeit als wissenschaftlicher Assistent. Kein Wort wurde über einen Operationskatalog verloren. Die Autorität Goetzes war so groß, daß ich am 07. September 1949 mein Facharztdokument in Händen hatte. Inzwischen hatten die Kongresse der Deutschen

Gesellschaft für Chirurgie wieder begonnen. An dem ersten in Frankfurt am Main, damals war auch diese Stadt noch stark zerstört, erinnere ich mich genau. Er fand in einem Zirkuszelt im Zoologischen Garten statt. Rudolf Geißendörfer, der dortige Ordinarius, hatte ihn mit seinem sehr aktiven Oberarzt, Edgar Ungeheuer, organisiert. Ich hielt damals einen Vortrag über „Die Vorbeizugmethode zur Radikaloperation eines Mastdarmkrebses unter Erhaltung der Kontinenz." Mit dieser Methode konnte man den Verlust der für die Kontinenz so wichtigen Sphinkter ani internus-Partie vermeiden und trotzdem, wie Bacon beabsichtigte, die gefürchtete Anastomoseninsuffizienz umgehen. Diese Methode war technisch aber viel zu umständlich und deshalb recht kurzlebig. Ein Franzose hat sie später für die Behandlung des Megacolon wieder aufgegriffen, natürlich ohne mich zu zitieren, aber auch er ist heute mit Recht vergessen. Das Krankengut der Erlanger Klinik umfaßte, ich habe es schon gesagt, die gesamte Chirurgie (s.o.). Vor allem aber war in der Klinik noch viele Jahre ein Kriegslazarett, mit schwersten Bauch-, Extremitäten- und Thoraxverletzungen, untergebracht, das in Personalunion von Goetze und – davon getrennt – vom Leiter der Chirurgischen Universitätspoliklinik Heinrich Westhues betreut wurde. Auf dem Chirurgenkongreß in Frankfurt lernte ich den Oberarzt an der Chirurgischen Universitätsklinik in Zürich, Priv.-Doz.Dr. Franz Deucher kennen. Wir kamen überein, daß Deucher acht Wochen als Austauschassistent nach Erlangen gehen sollte und ich ebenso lange zu Professor Dr. Alfred Brunner nach Zürich. Nach Absprache mit den beiden Chefs war ich vom 13. Juni 1950 bis 12. August 1950 wissenschaftlicher Assistent in der alten Chirurgischen Universitätsklinik in der Rämistraße in Zürich.

Dort fand ich was ich suchte und noch mehr. Unter Alfred Brunner war Zürich ein Zentrum der Thoraxchirurgie, besonders der Chirurgie der Lungentuberkulose. Auch am Wochenende war Alfred Brunner nicht untätig und operierte in Sanatorien in Davos die Schwindsuchtkranken. Was im Nachkriegsdeutschland zögernd an einigen Universitätskliniken gerade begonnen hatte, war in der kriegsverschonten Schweiz mit der nie unterbrochenen

6. Kapitel

Verbindung zu den Holländern, Angloamerikanern und zu den Skandinaviern in vollem Gange; Die Intubationsnarkose und die Lungenresektion. Fünf Jahre waren ins Land gegangen, in Erlangen war bis dahin weder ein Lungentumor, noch eine tuberkulöse Lunge reseziert worden. Wohl aber kam die Thorakoplastik bei uns zur Anwendung. Diese Methode war uns von der Kriegschirurgie her wohl bekannt. In Zürich sah ich zum erstenmal die so weit schon entwickelte Chirurgie an einer Vitalzone, die Pneumektomie, die Lobektomie und vor allem die Segmentresektionen. Das größte operative Pensum erledigten der Chef und die Oberärzte Buff, Schlaepfer, Brunner junior und Mülly. Der Oberarzt Major war der Abteilungsleiter der Urologie, die hier auch noch unter der Chirurgie geführt wurde, aber recht selbständig gewesen ist. Von der Abdominalchirurgie sah ich in Zürich sehr wenig. Desgleichen von der Traumatologie, die sich fast nur in der konservativen Extremitätenchirurgie erschöpfte. Die Technik der modernen Thoraxchirurgie in Zürich unter Brunner war ausgefeilt, die Nachbehandlung hervorragend und nahezu komplikationslos und die Frühletalität deshalb sehr gering. Die entscheidende Wendung durch den Einsatz des Streptomycins bei der Lungentuberkulose war hier schon ganz selbstverständlich. Alfred Brunner hatte zu meiner Zeit ein großes wissenschaftliches Werk fast nur über die Thoraxchirurgie und vor allem über die Lungentuberkulose vorzuweisen. Damals wurden noch sehr häufig auch Bronchiektasen lobektomiert oder es wurde deshalb das basale Segment reseziert; ein Eingriff, für den es heute offenbar keine Indikation mehr gibt. An Besprechungen über wissenschaftliche Arbeiten kann ich mich in Zürich nicht erinnern. Da der Mitarbeiterstab viel größer war als in Erlangen, hatte ich den Eindruck, daß der Chef von uns Assistenten, besonders von einem Austauschassistenten, ganz weit entfernt war. Ich wohnte damals im Kantonspital in einem Dienstzimmer. Als Dienstarzt hatte ich natürlich auch mit anderen Mitgliedern der Medizinischen Fakultät Kontakt. Da waren die Demonstrationen des dynamischen Radiologen H.R. Schinz, abwechselnd mit dem gütigen Friedl, sehr beeindruckend. Man fühlte sich nicht belehrt, man war glücklich, belehrt zu werden. Das galt auch für den Pathologen von Albertini. Häufig traf man bei Konsultationsgängen auch den Internisten Löffler, dem ich einmal in seinem Dienstzimmer Bericht erstatten mußte. Wie gebannt blieb mein Blick auf einem merkwürdigen Ölgemälde hängen, das Löffler an seinem Schreibtisch sitzend immer vor Augen hatte. Löffler bemerkte meine Betroffenheit und sagte: „Das Bild beeindruckt Sie?" Es war ein puppenhafter Kopf, den eine Fliege umschwirrte. Er fuhr fort: Das habe ich mir von Max Ernst gekauft, es heißt: „Euklid, von einer Fliege gestört." In Vorträgen bei der wissenschaftlichen Gesellschaft erlebte ich Löffler als einen großen Internisten, nur noch übertroffen von Fanconi, dem Pädiater, dessen Biographie „Der Wandel der Medizin" ein großartiges Werk ist, aus dem diese geniale Persönlichkeit so eindrucksvoll zu uns spricht. Ich habe Fanconi viel später, als ich in Frankfurt Ordinarius war, und wir uns wieder einmal in destruktiver Demokratie übten, getroffen. Er hielt eine klassische Magistralvorlesung – alle waren betroffen, alle tief beeindruckt, alle sich einig, daß sie diese Sternstunde nie vergessen werden. Nur, in Deutschland hatte man die Magistralvorlesung abgeschafft und den Ordinarius entmachtet.

In der chirurgischen Ambulanz in Zürich lernte ich die schweizerische Improvisation und Disziplin kennen. Als Warteraum wurde der Hörsaal benutzt, wenn Vorlesung war, standen und saßen die Patienten in den Gängen. Durch aneinandergereihte Wandschirme waren in diesem Hörsaal Frauen und Männer getrennt, kleideten sich aus und zogen so vorbereitet an den zwei Ärzten am Ende dieser Wandschirmreihe vorbei, um zur Behandlung weitergeleitet zu werden. Da bemerkte ich in der Männerreihe einen Mann mit einem weißen Spitzbart, der mir irgendwie bekannt vorkam. Er hatte seine Hose heruntergelassen, hielt sie, das Gesäß freigebend, fest und ging so mit seiner Reihe langsam vorwärts. Ich fragte den „weiter" rufenden Oberpfleger, wer denn dieser alte Herr sei, der antwortete: „Das ist der Physiologe Hess, den hat sicher wieder eine seiner Katzen gebissen und er läßt sich eine Tetanusauffrischungsimpfung geben." Da stand sein Bild (s. S. 68) in Würzburg vor meinen Augen. Größe und Bescheidenheit, hier waren sie vereinigt. Neugierig ging ich auch in Zürich, so es meine Zeit zuließ, in das gegenüber der Chirurgischen Klinik auf einem Hügel hoch über der Straße gelegene Physiologische Institut und hörte den berühmten Hess in seiner Vorlesung. Hier schlug tatsächlich das Herz der schöpferischen Wissenschaft. Ich sehe noch Hess, wie er riesige Atlanten, in denen die Reizareale seiner Versuchskatzen im Thalamus verzeichnet waren, und minutiös aufgezeichnete Beobachtungen, z.B. zum motorischen Richtungsfeld der Katze. Hier sprach ein Mann, von dem ein Junger beispielhaft lernen konnte. Nach dem Leben im besiegten Deutschland war auch fünf Jahre nach dem Kriegsende die Schweiz ein Paradies. Eingespannt in die tägliche Arbeit genoß ich doch das mir glücklicher erscheinende Leben in Zürich.

Nach Erlangen zurückgekehrt, mußte ich in einigen Vorträgen, nach der Besprechung am Vormittag, meine schweizer Erfahrungen meiner Klinik, meinen Kollegen mitteilen. Von dem Fortschritt in Zürich waren alle überzeugt. Goetze sagte aber in der Diskussion sofort, an dieser neuen Entwicklung werde er sich nicht mehr beteiligen. Er war damals 64 Jahre alt. Seine Erklärung war einleuchtend. Bei der modernen Thoraxchirurgie spielt die Physiologie, die Funktion, eine sehr große Rolle perioperativ und die könne er als 64jähriger nicht mehr erlernen. Auch das technische Vorgehen am Lungenhilus würde ihm wohl fremd bleiben. Die enorme Elastizität der Lungenwurzelgefäße zwängen zu einer Änderung der manuellen Tätigkeit, auch das werde er nicht mehr versuchen oder sich aneignen können.

Lese ich seine Briefe, die er mir nach Zürich schrieb, wieder durch, fällt mir auf, daß seine Fragen sich um Probleme drehen, von denen er eben Bescheid wußte. So war ihm unverständlich, wie ein extrapleuraler Pneumothorax, den Brunner mit Kochsalz auffüllte, oder in den er nur Luft einpreßte, erhalten bleiben könnte. Aber es war so. Wollte Brunner dann einen solchen Pneumothorax aufheben, so mußte er decortizieren (die Narbenwand entfernen) und eine kleine Spitzenplastik anlegen. Ich zog daraus den Schluß, daß die Praxis nicht selten der Logik widerspricht und – sie hat das letzte Wort.

Die Oberärzte in Erlangen, vor allem Denecke, griffen meine Anregungen sofort auf und nach langsamen Begreifen war auch die Lungenresektion in Erlangen in bescheidenem Maße eingeführt. Wir operierten allerdings fast nur Lungenkrebse, die zu allermeist das Stadium der Operabilität weit hinter sich gelassen hatten. Bronchiektasen aber oder gar kavernöse Lungentuberkulosen kamen nicht in unsere Klinik. Bei den Lungenkrebsen war bei uns die postoperative Sterblichkeit hoch und die Zwischenfälle dramatisch. Uns fehlte auch der kooperierende Internist. Da war zwar der sehr tüchtige Professor Matthes, aber der beschäftigte sich mit der angewandten Physiologie des Herzkreislaufsystems. Eine Herzchirurgie gab es damals noch nicht.

In dieser Zeit erlebte der Herzkatheter seine große Stunde. Die
Namen Forßmann und Curnand waren damals in aller Munde. Goetze erzählte mir, er hätte sich mit unserem neuberufenen Internisten Matthes ausführlich darüber unterhalten, warum denn er nicht die große Bedeutung des Herzkatheters aufgespürt hätte. In seiner Vergangenheit, als Oberarzt von Romberg in Leizpig, hätten doch alle Voraussetzungen dafür vorgelegen. Matthes, der Sohn des Königsberger Ordinarius für Innere Medizin, war mit der Tochter des Königsberger Physiologen verheiratet. Diese Ehe mit einer Halbjüdin verdammte Matthes zur theoretischen Arbeit in der Leipziger Internistischen Universitätsklinik. Er hatte dort ein Herz-Kreislauf-Labor eingerichtet mit dem Ziel, alle Vitalfunktionen gleichzeitig zu registrieren, das ist ihm auch gelungen. Heute ziehen die Anästhesisten aus diesen Forschungen praktischen Nutzen weltweit. Matthes beobachtete bei seinen Versuchen, daß es beim Hund, dem dabei eingesetzten Versuchstier, nicht möglich ist, das Herz mit einem Katheter zu sondieren, ohne bei ihm tödliches Herzflimmern auszulösen. Das ist aber beim Menschen nicht der Fall, aber Matthes gab nach seinen Erfahrungen am Versuchstier leider auf.

Ende 1951 überredete ich meinen Chef Goetze, den holländischen Chirurgen Christiaan van Gelderen nach Erlangen einzuladen. Seine chirurgische Ausbildung hatte Gelderen bei Nordenboes in Amsterdam erhalten. Er war ein sprachgewandter Praktiker und ein großer Freund der Deutschen. Das wurde ihm nach dem

6. Kapitel

Zweiten Weltkrieg zum Verhängnis, wo er der Kollaboration angeklagt wurde. Er mußte seine Stelle als Vorstand der Ersten Chirurgischen Klinik des Städtischen Krankenhauses in Amsterdam aufgeben und ein viel kleineres Haus der Krankenkassen in Den Haag übernehmen. Dr. van Gelderen war mir als ein anatomisch orientierter Wissenschaftler bekannt, der sich, und das war letztlich auch der Grund der Einladung, mit der Sacralen Rektumamputation sehr gründlich auseinandergesetzt hatte. Van Gelderen war auch Neurochirurg. Seine erstaunliche Vielseitigkeit kann anhand seiner Publikationen im Deutschen Chirurgenverzeichnis 1938 nachgelesen werden. Ich habe ihn dann im Oktober 1951 in Den Haag in seinem Krankenhaus besucht. Er zeigte mir eine vollendet durchgeführte Routinechirurgie. In seinem Haus nach dem Abendessen vertraute er mir im Gespräch sein Lebensschicksal an. Er sagte mir, er hätte einmal einen falschen Entschluß gefaßt, als er sich den von ihm lebenslang bewunderten Deutschen auch im Krieg angeschlossen hatte. Dafür müsse er jetzt büßen. Er müsse schweigen und zwar bis an sein Lebensende. Nie mehr könne er an die Öffentlichkeit gehen. Er habe eingesehen, daß die Angloamerikaner schon nach dem Ersten Weltkrieg die führenden Chirurgen wurden, aber er sei, geblendet vom Dritten Reich, nicht in der Lage gewesen, das zu erkennen. Jetzt müsse er froh sein, überhaupt sein Brot zu verdienen. Diesen Entschluß zu schweigen, hat van Gelderen mutig durchgehalten. Am 06.04.1966 ist er verstorben. Bis zu seinem Lebensende war er ein regelmäßiger Besucher des Deutschen Chirurgenkongresses, und ich traf ihn immer wieder. Wie wir noch sehen werden, gibt es dagegen Persönlichkeiten, die immer überall mitmachen und die dann wahre Gedächtnisverlustvirtuosen sind und zwar mit großem Erfolg. Van Gelderen verdanke ich eine wegweisende Empfehlung an einen Operateur, der alles, was ich bis dahin gesehen hatte, in den Schatten stellte. Das war der Chefarzt des Antonius Ziekenhuis in Utrecht, Dr. M.C.A. Klinkenbergh. Im Oktober 1953 habe ich mich in der Jan van Scorelstraat 2 in seinem Krankenhaus um 8 Uhr eingefunden. Ich habe bei Klinkenbergh nur Lungenresektionen gesehen. Sein ganzes Arbeitsfeld – Hospital, Patienten, Vorbehandlung, Nachbehandlung, Labor – alles war für ihn überschaubar. Bei den regelmäßigen Visiten merkte man, Klinkenbergh war auch ein sehr guter Arzt mit der Fähigkeit, Vertrauen zu verströmen. Ganz wichtig war, er konnte im Gespräch mit den Kranken, das er ganz selbstverständlich für mich ins Deutsche übersetzte, eine Prognose stellen, auch eine zweifelhafte, ohne zu lügen. Er war ein Wunder der Einfühlsamkeit, er hatte dafür sehr sehr viel Zeit. Im Gegensatz zu van Gelderen war er lebenslang anglophil. Er war nie in seinem Leben, wie er mir nüchtern verriet, an einer deutschen Universitätsklinik. Zur Welt gehören Wolken und die waren über Deutschland, als er Chirurg wurde, so sagte er mir. Er riet mir, dringend nach London zu fahren und dort Chirurgie zu erleben. Klinkenbergh sagte, die Wende in der Tuberkulosechirurgie habe das Streptomycin gebracht. Die Holländer waren so diszipliniert, daß nur bestimmte Operateure es verordnen durften, um der Resistenz vorzubeugen. Alle anderen mußten mit anderen Tuberkulostatika als Grundtherapie zurechtkommen. Ich bemerkte in diesem Krankenhaus nur den Chef; Klinkenbergh war überall, auch wenn er abwesend war. Er operierte vollendet, schonend und lautlos, blutsparend, mit dünnsten Fäden nähend. Das einzige, was man hörte, war das Durchtrennen einer Rippe. Natürlich sah ich die von ihm erfundene doppelte, gegenläufige Verschlußnaht des Bronchialstumpfes. Er dozierte: Nur wenn der Patient hustet, verstärkt diese Naht die Verschlußdruckkraft ideal verteilend. Dann wird sie wieder locker und stört die Heilung nicht. Diese Resektionen der Lungensegmente 1 und 2 mit dem tuberkulösen Spitzenprozeß waren ideale Eingriffe. Er schilderte mir, wie schön es doch ist, wenn eine junge Lehrerin, die ihren Beruf hätte aufgeben müssen, nach einer solchen Resektion wieder unterrichten durfte. Er erzählte auch über das Lebensschicksal einer Mutter mit kleinen Kindern und über vieles andere mehr. Da wurde dem Zuhörer erst klar, was tuberkulosekrank zu sein eigentlich bedeutet hatte und welche Wandlung jetzt angebahnt war. Bei Klinkenbergh hatte ich den Eindruck, daß er alle Zufälle der Lungenchirurgie beherrschte. So berichtete er folgendes: Löst sich bei der Operation eine Klemme oder eine Ligatur vom Stamm

6. Kapitel

der Arteria pulmonalis, ist der Blutverlust so gewaltig, daß der Patient in Sekunden zu Tode kommt. Jedem Chirurgen ist das am Anfang passiert, uns in Erlangen bei diesen eigentlich inoperablen Fällen auch. In einem solchen Fall fuhr Klinkenbergh blitzschnell mit dem Zeigefinger oder mit dem Zeige- und Mittelfinger in das riesige Gefäßlumen, krümmte die Finger, zog den ganzen Gefäßbezirk nach oben und verdrehte den Hilus, um die Blutung zum Stillstand zu bringen. Danach konnte man in aller Ruhe eine Klemme anlegen und das Gefäßlumen vernähen. Der belgische Chirurg, Professor Leammens, bestätigte mir das, er hatte diesen lebensrettenden Kunstgriff bei Klinkenbergh selbst gesehen.

Eines Tages nahm mich Klinkenbergh zum Abendessen mit nach Hause. Eine Hausfrau gab es nicht. Wir saßen in seinem schönen Haus in einem mittelgroßen, mit hellem Ahornholz getäfelten Zimmer, mit zurückhaltenden eleganten Jugendstilmöbeln, wie ich sie im Gemeentemuseum in Den Haag, erbaut von dem berühmten Berlage, schon gesehen hatte. Wir saßen uns an einem rechteckigen Tisch gegenüber und ich blickte auf einen großen, gotischen, braun-gelb gemusterten Wandteppich mit in Heerscharen aufmarschierenden blauen Löwen. Ich vergaß ob solcher Kultur fast zu essen. Fragen genügte, um dem Gespräch des Hausherrn zu lauschen. Er sprach nur von England und wieder von England. Lachend bemerkte er, nur das Essen, auch seines, sei auf dem Kontinent viel besser und der Wein superb. Schon die Tatsache, daß dieser Mann einem so jungen Gast so viel Zeit schenkte und mir diese Aufmerksamkeit widmete, war für mich eine Erfahrung fürs Leben. In Zürich oder in München wußten Chefs gar nicht, daß so ein Nichts aus Erlangen sie besuchte. In Zürich wurde ich bei meiner Verabschiedung nicht einmal in das Chefzimmer vorgelassen, das wurde mit einem ganz kurzen Haustelefongespräch erledigt.

So kam ich mit sehr großen, auch menschlichen Eindrücken von Utrecht wieder an meine Erlanger Klinik zurück. Auf der Heimfahrt besuchte ich Prof. Zenker, der noch nicht lange vorher, von Mannheim kommend, in Marburg Ordinarius geworden war. Die Zenker'sche Klinik befaßte sich damals als eine der ersten mit der

Lungenresektion. Aus Marburg stammt das erste deutsche Buch darüber, das heute noch im Rahmen einer mehrbändigen Operationslehre ein Standardwerk ist. Zenker, ein hervorragender Operateur, fragte mich... „also ehrlich ... ist Klinkenbergh wirklich so viel besser als wir?" Ich sagte: „mit Verlaub Herr Professor, ja." Da lachte er. Monate später traf ich Zenker auf dem Deutschen Chirurgenkongreß in München. Er ging auf mich zu und sagte: „Ich habe mich orientiert, das ließ mir doch keine Ruhe, und Sie haben tatsächlich recht."

Nach Erlangen zurückgekehrt, wurde mir klar, daß ich mich auf die Abdominalchirurgie, speziell die Proktologie, konzentrieren müsse; denn weder das Krankengut, noch die organisatorischen Voraussetzungen waren in Erlangen für die moderne Thoraxchirurgie günstig. In einer Rückschau muß unbedingt über die Kranken einer kleinen chirurgischen Universitätsklinik und ihr Schicksal gesprochen werden. Wir waren das einzige chirurgische Krankenhaus für Erlangen und Umgebung. Zu uns wurden alle chirurgischen Krankheiten eingewiesen, eine Spezialisierung gab es nicht. Damals, ich erlebte noch die Zeit vor dem Gebrauch der Antibiotika, war die Sterblichkeit in einer solchen Klinik sehr hoch, nämlich ca. 20% aller, die unser Krankenhaus aufsuchten. Wieviel Leid habe ich damals gesehen, ohne daß irgend jemand helfen konnte, vor allem waren es septische, eitrige Infektionen, die manchmal auch Kinder und Jugendliche dahinrafften. Trat eine eitrige Osteomyelitis (Knochenmarksentzündung) am Ober- oder Unterschenkel auf, wurde die Diagnose schnell gestellt. Der subperiostale Abszeß wurde eröffnet, aber dann begann ein langes Krankenlager. Viele Operationen waren nötig, die toten Knochenstücke zu entfernen. Zurück blieb ein verkrüppeltes Bein, was war diese Verstümmelung für diese Betroffenen ein Leben lang eine Last. Die Osteomyelitis kam eigentlich nie zur Ruhe. Immer wieder mußte eingegriffen werden. Gar nicht selten starben solche Kinder nicht lange nach der Krankenhausaufnahme. Trat die Osteomyelitis z.B. in einer Beckenschaufel auf, ich erinnere mich an den Fall eines Mädchens ganz genau, war schon die Diagnose schwierig und man mußte Tage warten, bis sich eine Spur im Röntgenbild zeigte. Gleich bedrückend waren die kindlichen Brustfelleiterungen, die wir mit der Heberdrainage entlasten mußten. Nie werde ich das entsetzte Gesicht einer jungen Frau vergessen, als ich ihr eröffnen mußte, daß ihr netter kleiner Sohn gerade verstorben war. Mir ist auch heute noch rätselhaft, wie schnell Kranke zu Tode kommen können. Soeben unterhalten wir uns noch mit ihnen und plötzlich sind sie verstorben. Damals gab es noch viele Tumor- und Tuberkulosekranke, die wirklich ausgezehrt, kachektisch, d.h. entsetzlich abgemagert waren. Das gibt es heute nicht mehr, aber die Menschen sterben auch heute plötzlich, rätselhaft schnell. Eine Intensivtherapie bzw. eine Intensivstation gab es damals noch nicht. Die Operationsletalität war ein unerschöpfliches Thema der Kongresse. Binnen weniger Jahre, bedingt durch die Antibiotika und die Entwicklung der Anästhesie und der Intensivtherapie, war dann die Letalität kein Thema mehr. Diese hohe Operationssterblichkeit war vielleicht der Grund dafür, warum bei den Chirurgen in Deutschland kaum umfassende Statistiken erschienen sind. Westhues (s. S. 145) sagte mir einmal, ja jetzt sind die Leute so schön mager, da ist die Operation leicht, warten Sie nur noch ein paar Jahre, da werden Sie sich an meine Worte erinnern, wenn sie mit der erworbenen Fettsucht ihre Probleme bekommen.

Wie ein Blitz aus heiterem Himmel tötete damals die Lungenembolie, die oft bei lange Bettlägerigen auftritt. Eine medikamentöse Prophylaxe gab es nicht, aber Jahre danach habe ich mir gedacht, warum haben wir eigentlich keine physikalischen Vorsichtsmaßnahmen getroffen, die hätte man doch anwenden können? Nicht liegen, sondern bewegen war die einzige Maßnahme, die wahrscheinlich auch etwas nützte. Was sollten wir aber mit den Kranken machen, die nicht aufstehen konnten? Nützte da die „Bettgymnastik"? Wurde sie vernünftig durchgeführt? Ich erinnere mich eines jungen Mannes aus einer alteingesessenen Erlanger Familie. Er hatte eine junge Frau und kleine Kinder. Beim Skifahren brach er sich den Oberschenkel. Er lag bei Goetze auf der Privatstation, in einem Drahtextensionsverband ans Bett gefesselt. Ich habe ihn oft besucht. Er war der Sohn eines Buchhändlers und ich kannte ihn von der Buchhandlung her. Er war umgeben von vielen Büchern, um sich die Zeit zu vertreiben. Ein Oberschenkelbruch lag damals acht Wochen, auch 12; bis er ganz heil wurde, verging ein ganzes Jahr. Plötzlich starb der Bedauernswerte trotz völligen Wohlbefindens an einer Lungenembolie. Welch eine Tragödie. Solche Erlebnisse zittern wohl bei jedem lebenslang nach.

Goetze rief mich eines Tages zu sich und empfahl mir, ich solle mich doch einmal mit dem Physiologen Otto Ranke besprechen. Ranke suche einen Operateur, der ihm Carotisschlingenhunde herrichtet. Bei einem Carotisschlingenhund wird die Halsschlagader in einen Hautschlauch, der aus der Halshaut gebildet wird, verlagert. Dann kann der Untersucher dort eine kleine Blutdruckmanschette anlegen und ganz einfach unblutig bei einem Versuch mit dem Hund den Blutdruck messen. Ranke untersuchte damals den Wirkungsgrad blutdrucksteigernder Substanzen, u.a. spritzten wir Adrenalin in den Pfortaderstamm, nachdem wir eine Laparotomie gemacht hatten. Das durch die Leber geschleuste Adrenalin verliert offenbar seine blutdrucksteigernde Wirkung. Ich sehe noch, wie Ranke sehr elegant eine ganz kleine Blutdruckmanschette zusammenklebte. Diese Versuche, heute längst vergessen, waren aber die Nebensache. Ranke brauchte einen Zuhörer, dem er seine wissenschaftlichen Ideen erzählen konnte und der selbst völlig andere Interessen hatte. Der Zuhörer sollte ihn also in seinem Gedankenfluß nicht erheblich stören oder gar gute und originelle Ideen Rankes für sich abzweigen. Ich merkte auch, daß Goetze immer sehr neugierig war, was Ranke denn wieder „ausgebrütet" hatte. Rankes zielstrebiger Lebenslauf kann in einem Nachruf, verfaßt von seinem kongenialen Oberarzt und Nachfolger, W.D. Keidel, nachgelesen werden. Ranke war ein sehr kritischer und sehr origineller Forscher, der dem staunenden Zuhörer z.B. seine neue Hörtheorie vortrug. Er hatte sich 1930 bei Brömser in Heidelberg über das Thema „Die Gleichrichter-Resonanztheorie" habilitiert und damit eine erste entscheidende Entdeckung gemacht. Ranke war ein großer Mathematiker, der sich noch in der dünnen Luft einer Bessel'schen Gleichung wohlfühlte, was er vielen weniger Begabten sehr vorsichtig durchaus fühlen ließ. Einmal sagte er mir:

6. Kapitel

Leute, die schon mit der ersten Seite einer Logarithmentafel nicht zurecht kämen, seien für ihn geistesschwach. Die Weiterführung der Überlegung der Theorie der Franck'schen Pulswelle war ihre Anwendung auf die Schwingungsform der Basilarmembran des Ohres. Ranke zeigte mir anhand eines gefalteten Taschentuches, daß er in der Lage wäre, die Membranverformung für den Ton, z. B. C, zu errechnen und sichtbar zu machen. Er war darauf ganz stolz und ganz begeistert, wenn er ausrief: Um einen Naturvorgang zu erkennen, müsse man Funktionsabläufe sehr vergrößern oder sehr verkleinern. In ähnlichem Zusammenhang erlebte ich, wie er im Hörsaal Ketten an die Decke hing und in Schwingungen versetzte und mit einer Filmkamera die Wellentypen analysierte. Oder er berichtete von seinem Freund, dem ungarischen „Postbeamten" (Fernmeldeexperten), von Békésy, der in der Lage war, das Innenohr eines Kaninchens mit einem Zahnarztbohrer aufzufräsen, mit Diamantstaub zu beschicken, um bei einem Resonanzversuch (Geigenton) die Bewegung des Staubes zu beobachten. Von Békésy bekam später den Nobelpreis, als er in Harvard arbeitete. Ranke war also der Entdecker der „Wanderwellentheorie" des Hörvorganges. Dieser große Physiologe war also ein Anreger auf diesem doch etwas fernliegenden Gebiet und nahm erheblichen Einfluß darauf. Er war auf vielen Gebieten der Physiologie schöpferisch tätig, z. B. untersuchte er Stoffwechselprogramme, die Blendung der Autofahrer und nicht zu vergessen ist seine erste Großtat, die unblutige Meßmethode des Herzminutenvolumens, benannt nach seinem Chef Brömser-Ranke. Er war handwerklich hoch geschickt und persönlich von großer Redlichkeit, deshalb war er ein gefürchteter Kritiker, wobei er nicht immer diplomatisch vorging. Zu mir sagt er, deshalb sei er auch Theoretiker geblieben. Für mich war er allerdings auch bestürzend unvernünftig. Obwohl der Coronartod in seiner Familie heimisch war, er selbst hatte schon einen Herzinfarkt hinter sich, sah ich ihn kräftig Zigaretten rauchen. Er starb an einer Coronarthrombose im Schlaf, am 19.11.1959, 60 Jahre alt.

Gleich nach meinem Eintritt in die Chirurgische Universitätsklinik Erlangen 1945 traf ich mit dem planmäßigen außerordentlichen Professor Heinrich Westhues (1894–1962) zusammen. 1945 leitete Westhues noch das sich langsam auflösende Kriegslazarett, das in der Chirurgischen Klinik untergebracht war. Er hatte dort seine eigenen Betten. Westhues war 1929 mit Goetze von Frankfurt, also auch aus der Schmieden'schen Klinik, als Oberarzt nach Erlangen gekommen. Westhues hatte eine pathologisch-anatomische Ausbildung bei Aschoff in Freiburg erhalten, bevor er als wissenschaftlicher Assistent zu Schmieden nach Frankfurt ging. Als ich ihn erlebte, hatte er einen ungewöhnlichen Berufsweg hinter sich. 1937 war er als Professor nach China gegangen und war dort Direktor der Chirurgischen Universitätsklinik der Sun-Yat-Sen-Universität in Kanton. Erinnere ich mich richtig, bestand mit der damaligen Regierung des Dritten Reiches und China ein Abkommen, wonach die Übernahme einer solchen Auslandslehrtätigkeit auf Zeit mit einem Ordinariat in Deutschland nach der Rückkehr entgolten werden sollte. Bei Kriegsausbruch kehrte Westhues nach Erlangen zurück und wurde zum Wehrdienst verpflichtet. Er betätigte sich 1943 als beratender Chirurg an der Ostfront. Ab 01.01.1945 war er beratender Chirurg des Wehrkreises XIII (Nürnberg). Gleichzeitig betreute er die Kriegslazarettabteilung in der Chirurgischen Universitätsklinik Erlangen. Diese Abteilung hieß: Kriegslazarett III, Chefarzt Oberstabsarzt Geheimrat Professor Dr. Jamin, das war ein Pädiater (!). Seine damals schon zahlreichen Veröffentlichungen überschrieb Westhues im Titel immer: o.ö. Professor, das heißt Ordinarius. Nach dem verlorenen Krieg übernahm Westhues die für ihn geschaffene Stelle eines Leiters der Chirurgischen Universitäts-Poliklinik. Er wurde 1950 außerordentlicher Professor, also zurückgestuft, was ihn sehr schmerzte. Bis 1947 war er aus politischen Gründen (?) arbeitslos. Er gehörte zu den unglücklichen Menschen, die alles gründlich machen. So trat er, ein überzeugter Katholik, aus der Kirche im Dritten Reich aus, um nachher wieder einzutreten und seinen Katholizismus öffentlich zu demonstrieren. 1947 übernahm er die für ihn geschaffene Stelle eines Leiters der Chirurgischen Universitäts-Poliklinik zuerst kommissarisch. 1950 wurde er berufen. 1958 wurde er wieder ordentlicher Professor. Am 01.03.1962 wurde er emeritiert und gleich darauf, am 24.10.1962, ist er gestorben.

6. Kapitel

Diese Poliklinik in Erlangen wurde von der Chirurgischen Universitätsklinik abgetrennt und neben unserer, jetzt als Ambulanz geführten Abteilung in einem Studentenhaus, dem Bubenreuther-Haus, eingerichtet. Westhues hatte dort auch einige Betten und zwei Assistenten, Dr. Radeke und Dr. Maurer. Das Bubenreuther-Haus liegt hinter dem Garten der Chirurgischen Universitätsklinik in der östlichen Stadtmauerstraße. Westhues las in unserem großen Hörsaal Poliklinik und operierte nach Absprache auch in unseren Operationssälen bei größeren Eingriffen. Zwischen Goetze und ihm war es zu einer anhaltenden Entfremdung gekommen. Westhues war eigentlich ein bedauernswerter Mann, dem sein kompromißloses Temperament jeden Kontakt mit anderen Menschen sehr erschwerte. Er isolierte sich auch in Chirurgenkreisen total. Ich sah ihn auf jedem Kongreß der Deutschen Gesellschaft für Chirurgie, auf jedem Bayerischen Chirurgenkongreß, aber nie habe ich ihn mehr ein Referat halten gehört oder gar mit anderen Kollegen zusammen sprechen gesehen. Er war zu einem verbitterten Einzelgänger geworden. Auch seine wissenschaftlichen Arbeiten hat er nicht mehr im Chirurgenverzeichnis registrieren lassen. Eigentümlicherweise hatte ich sehr bald sein Vertrauen gewonnen und habe mich sehr oft am Abend, in seinem Dienstzimmer sitzend, über seine und meine wissenschaftlichen Probleme unterhalten, ohne ihn aber je von meiner Meinung überzeugen zu können. Ich habe immer mit Goetze über solche Einladungen gesprochen, ja, ich durfte mit Goetzes Billigung Westhues schon vor meiner Habilitation in seiner Vorlesung vertreten. War er krank, kam ich in seine Wohnung. Dann entschwand sofort seine charmante Frau, seine vielen Kinder wurden unsichtbar und es herrschte absolute Ruhe. Er war ein sehr gestrenger Hausvater. Als er mich einmal zum Sitzen aufforderte, gelang es mir nicht, einen Stuhl vom Tisch wegzuziehen. Er lag mit einer Erkältung am Sofa, da sagte er: Entschuldigen Sie, ich habe vergessen, die Stühle von den Tischbeinen wieder loszubinden, kaum schlafe ich, tragen sie mir die Kinder fort. Er band einen Stuhl los und ich setzte mich hin.

Wissenschaftlich hat sich Westhues mit dem Rektumkarzinom auseinandergesetzt. Das 1934 veröffentlichte Buch heißt: „Die pathologisch-anatomischen Grundlagen der Chirurgie des Rektumkarzinoms." Wethues gelang mit einer originellen histologischen Technik, die Gesetzmäßigkeiten der Nahmetastasen in den Lymphknoten des Mastdarms aufzuspüren, diese Erkenntnis ist praktisch bis heute von großer Wichtigkeit. Auch heute noch gilt sein Satz: Es gibt keine retrograde (gegen den Lymphstrom gerichtete) Metastasierung am Rektum. In dieser mit Recht bis heute hochgepriesenen Monographie hat er auch das Thema: Dickdarmadenome (gutartige Geschwülte) als Vorläufer des Dickdarm- bzw. Mastdarmkrebses zur Diskussion gestellt. Leider hat er nie eine Statistik publiziert und die heute von uns vertretene Meinung, Adenome sind nur „Mitläufer" und nicht „Vorläufer", nie gebilligt. Ich habe noch oft und gründlich die vielen Tafeln und Zeichnungen unseres wissenschaftlichen Grafikers, Willi Hilpert, durchgesehen, die von Westhues damals erstellt wurden, und die die Grundlage seiner Monographie bildeten. Bei der Bemühung, am Ende des Krieges die „Vorläufertheorie" auch für den Magenkrebs aus den Magenpolypen zu entwickeln, kam er mit Konjetzny, einem meiner Vorgänger in Hamburg, in eine polemische Diskussion mit einer Härte und Schärfe, wie es sie heute Gott sei Dank nicht mehr gibt. Mir sagte er oft, er sei in seinem Alter nur noch an technischen Problemen interessiert, denn die anderen schleppten zuviele Unbekannte mit sich herum. Deshalb versagte er sich auch jeden Blick in die Zukunft. Er bedauerte auch seine mangelnden Englischkenntnisse, die ihm selbst deutsch referierte Arbeiten des Auslandes seiner Interessensphäre meiden ließ. Oft sagte er zu mir: Das ist die Zukunft für Sie, den Anfänger! Wie recht hatte er. 1943 erschien eine kleine Monographie: „Fortschrittliche Lagerung und Behandlung Schwerverwundeter." Hier entwickelte er sein mechanisches Geschick in der Anwendung des Gipsverbandes bei den Schußbrüchen. Ich habe ihm selbst noch geholfen bei der Anlegung dieser ungefügen Beckengipsverbände. Jetzt noch höre ich sein Kommando: „Salbenzügel." Wir mußten bei dem narkotisierten Patienten, der auf einem Extensionstisch (Streckapparat) lag, mit vaselinbestrichenen, doppelgelegten Mullbinden die Extremitäten in der richtigen Lage halten. Dann hat er diese Zügel eingegipst und nach Erhärtung des Verbandes konnte man sie leicht wieder herausziehen. In diesem Buch hatte er auch schon eine Art Fixateur entwickelt. Das war eine langstielige Krampe (Zange), die den zerbrochenen Knochen in der Wunde fasste, der Stiel der Zange wurde in einem, die Wunde überspannenden Gipszügel fixiert. Ein wenig gewalttätig war schon alles, was er tat. Er selbst war ein athletischer, schöner Mann, der seine Körperkraft und sein Aussehen genoß. Zu mir, dem Astheniker, äußerte er sich: Sie müssen sich was Zarteres suchen. Er war ganz begeistert, wenn seine wohlüberlegt eingesetzte Kraft zum Erfolg führte. Das war oft, aber nicht immer der Fall. So erinnere ich mich einer veralteten Hüftgelenksverrenkung, die ja manchmal tatsächlich irreponibel (nicht einrenkbar) sein kann. Nachdem wir Schwächlinge es vergeblich versucht hatten, den Kopf des Gelenkes wieder in die Pfanne zu bringen, legte er selbst Hand an. Der Patient wurde auf den Extensionstisch gelegt, die an dem Bein angreifenden Seilzüge wurden rundum über Flaschenzüge an den Ringen der Gipsraumwand verankert. Einer dieser Züge hing auch an dem Wasserleitungshahn. Dann wurde von ihm ein Kommandoplan entworfen, wer wo auf Zuruf eins, zwei, drei zu ziehen hatte. Tatsächlich bewegte sich ein Flaschenzug und Westhues jubelte, sehen Sie, Herr Stelzner, den Erfolg dieser klug gezielt eingesetzten Kraft. Der Pfleger Heinrich Fickel störte aber diesen Triumph; der Flaschenzug hatte das Bleirohr des Wasserhahns aus der Wand gezogen. Das entmutigte Westhues aber nicht. Er renkte diese Hüfte nach wenigen Versuchen doch noch ein. Ähnliche Kraftakte versuchte er auch bei der Beseitigung von Empyemresthöhlen durch Absaugen der Luft mit einer stark ziehenden Wasserstrahlpumpe. Er war der Meinung, daß man selbst gegen eine Bronchialfistel „ansaugen" könne. Er hatte die Idee, dann statt Wasser Quecksilber zu nehmen, um den Zug gewaltig zu steigern. Da blieb manchen dieser Patienten mit einer Bronchialfistel einfach „die Luft weg." Natürlich milderte er dann den Sog – aber er brachte mit diesem „Kampf durch Sog", wie er sagte, manche Resthöhle tatsächlich zum Verschluß. Er war sehr streng und ernst, wenn allerdings alle schallend lachten, war er kein Spielverderber.

Große Mühe gab er sich mit einem Buch: „Einfachheit und Sicherheit bei Magen- und Darmoperationen." Er ließ sich nicht davon überzeugen, daß die Antibiotika damals gerade die Letalität durch eine postoperative Infektion bedeutungslos werden ließen. Sicher, er hatte die Katastrophen einer Nahtinsuffizienz früher erlebt. Ich habe von ihm gelernt, daß die ungestörte Durchblutung der beste Infektionsschutz ist. Diesen Gedanken habe ich dann ein Leben lang weitergesponnen. Da aber, so Westhues, die Naht die Durchblutung drosselt, muß man den Keim solange fernhalten, bis sich die Durchblutung wieder erholt hat. Theoretisch ist das schon richtig, aber in der Praxis längst ganz einfach gelöst: Dünne, zarte Nähte genügen oft schon, einen zureichenden Infektionsschutz zu induzieren und dazu haben die Gaben von Antibiotika erreicht, daß wir eben von einer Insuffizienz der Naht nur noch selten überrascht werden. Westhues versuchte nun, mit einem in kochendem Wasser erhitzten Klammernähapparat (v. Petz) einen Blindverschluß des Eingeweides herzustellen, der sich dann, schließlich nekrotisch geworden, selbst abstößt. Näht er zwei so verkochte Stümpfe aufeinander, sollte sich nach Tagen eine bis dahin aseptische (keimfreie) Verbindung öffnen. Da das aber nicht funktionierte, legte er eine „Verdauungspille" zwischen die Blindstümpfe. Diese braune Pille, sie geht mir noch im Schlaf nach, mußte auf einem extra Tischen griffbereit liegen. Was war das für eine Mühe; alles vergeblich, alles vergessen. Als Junger kam man aber ins Nachdenken, und das war doch sehr wichtig.

Da Westhues seit der dritten Auflage des Chirurgenverzeichnisses 1938 nie mehr einen Fragebogen für die folgenden Auflagen ausfüllte, will ich hier seine letzten Arbeiten anführen, sie geben Zeugnis von einem sehr bemühten, originellen akademischen Chirurgen, der leider kein Glück hatte, der aber durch seine Lauterkeit immer Vorbild sein wird.

W.H.: Entstehung des Magenkarzinoms aus der Gastritis und aus entzündeten Polypen
Langenbecks Archiv 203, S. 391 (1942).

W.H.: Der Schulter-Arm-Schmerz
Med. Kli. 33–36 (1953).

6. Kapitel

W.H.: Zur Hygiene des Chirurgen (Die Vermeidung der Wärmestauung und des Gummischwitzens)
Chir. 24, 303–304 (1953).

W.H.: Die Radikaloperation der benignen Pylorusstenose
Chir. 25, S. 80 (1954).

W.H.: Die abdomino-sacrale Mastdarmresektion
Zentralblatt für Chirurgie 79, S. 257–262 (1954).

W.H.: Einfachheit und Sicherheit bei Magen-Darm-Operationen
Thieme Verlag, Stuttgart (1961).

Wissenschaftlich beschäftigte ich mich damals mit den verschiedenen Rassen des Mastdarmkrebses und bereitete meine Habilitationsschrift vor. Ich hatte aber auch andere Ideen, die nicht zum Erfolg führten.

Ende 1951 kam mir der Gedanke, mit Pockenviren, die ja Epithelparasiten sind, Rektumkarzinome zu infizieren, das Karzinom ist ja eine bösartige Geschwulst, die von Deckzellen abstammt, um diese Karzinome zu vernichten. Im Hygieneinstitut hatte ein Mitarbeiter von Professor Dr. Max Knorr einen auf Hühnerembryonen züchtbaren Pockenvirusstamm zur Verfügung. Da alle Leute pockengeimpft waren, konnte, so dachte ich, keine Generalisation auftreten und dieser Meinung war auch Professor Knorr. Die Versuche, die natürlich mit diesen inoperablen Patienten abgesprochen wurden, schlugen aber fehl. Ich versuchte es dann mit der Injektion von Streptokokken, die ich in die Karzinome spritzte. Wir hatten damals gerade Aureomycin, ein Antibiotikum, zur Verfügung und konnten die Streptokokken sofort in Schach halten, aber wir waren erfolglos. Der Grund: Ein Karzinom ist so gut durchblutet, daß man in ihm keine Infektion zum Angehen bringt. Die Idee, es zu versuchen, kam mir, weil ich Spontaninfektionen von Rektumkarzinomen beobachtet hatte, die dann auffällig umfangreich eitrig zerfielen und nur langsam weiterwuchsen.

Bei diesen Versuchen kam ich mit Professor Max Knorr näher ins Gespräch. Er war zuvor Ordinarius für Hygiene und Bakteriologie in Würzburg gewesen und ich kannte ihn schon von damals aus den Vorlesungen. Er wurde im Zuge der Entnazifizierung entlassen, hatte vorübergehend ein Privatbakteriologieinstitut in Bamberg und kam dann, als Ordinarius wieder eingesetzt, nach Erlangen. Knorr erzählte mir, wie er um den Ruhm einer wichtigen Beobachtung gebracht wurde. Eines Tages beobachtete er, in München als Assistent, im Sputum (Speichel) eines Patienten merkwürdige kleine „Würmer" im Mikroskop. Auf den Rat seines Chefs wurden diese Präparate zu Professor Fülleborn, Abteilungsleiter des Hamburger Tropeninstitutes, einem großen Helminthologen, geschickt. Der hüllte sich lange in Schweigen. Plötzlich erschien eine Arbeit Fülleborns, in der er den transpulmonalen (durch die Lunge führenden) bronchialen Wanderweg der Ascarislarven (Spulwurm) beschrieb. So ist Fülleborn als Entdecker in die Literatur eingegangen. Knorr sagte, man könne nicht vorsichtig genug sein. In diesem Zusammenhang erzählte mir der Pathologe Gräff (Hamburg-Barmbeck), der Paul Ehrlich sehr gut kannte, (Gräff war der Schwiegersohn Aschoffs in Freiburg, der ihn zu Ehrlich geschickt hatte), daß Ehrlich so erbost über das Stehlen von Ideen war, daß er eine geniale Überlegung diese zu schützen erfunden hatte. Er schrieb sich selbst Postkarten und beklebte einen Teil des Stichwortes der Idee mit der Briefmarke. So hatte er ein gestempeltes Dokument. Wie bei Ehrlich nicht anders zu erwarten, hatte Gräff einen ganzen „Ideenordner" im Speier-Institut in Frankfurt noch gesehen.

In dieser Zeit wurde ich durch meinen Freund, den Oberpfleger Hünnerkopf, bei Nachuntersuchungen von Rektumsarkomen unterstützt. Ich fand dabei einen um 1900 als inoperabel behandelten Fall des Patienten Bodenschatz, der 1950 zu aller Erstaunen noch lebte. Das Retothelsarkom, das er entwickelt hatte, war verschwunden. Hünnerkopf hatte nicht nur die Doktorarbeit aus dem Jahre 1902 über diesen Patienten aufgehoben, sondern auch alle histologischen Präparate aus dieser Zeit. Ich habe diese Beobachtung einer Spontanheilung im Rahmen einer Arbeit über das

6. Kapitel

Retothelsarkom des Rektums publiziert. Seither habe ich über 50 Jahre nie mehr ein Rektumsarkom beobachtet und auch nichts darüber im Schrifttum gefunden. Das ist wieder ein Beispiel vom Verschwinden mancher Krankheiten, das rätselhaft bleibt.

Vom 27.11.1951 datieren die ersten Stellungnahmen der Fakultät zu meiner Habilitationsschrift, die ich inzwischen eingereicht hatte. Sie hatte den Titel:

Die chirurgische Individualpathologie des
Mastdarmkrebses und Bemerkungen zu seiner
Individualtherapie.

Sie ist in Auszügen im Langenbecks Archiv veröffentlicht (1955). Ich habe sie auch in eine kleine Monographie eingearbeitet: Die Chirurgie des Mastdarmkrebses (Vorträge aus der praktischen Chirurgie, 39. Heft, 1955, Enke Verlag, Stuttgart).

In der Rückschau muß ich sagen, ich habe keine gute Habilitationsschrift verfaßt. In Deutschland hat man von den Krebsrassen nichts gewußt und viele führenden Chirurgen wollten vom Individualisieren nichts wissen. Heute ist das hochmodern. Vor allem war man vom heilsamen Nutzen der Kontinenzresektion nicht überzeugt. Bei uns in Erlangen wurde vorwiegend das Rektum amputiert und die Behandelten mußten lebenslang mit einem Bauchafter zurechtkommen. Niemand kümmerte sich um den nie vorherzusehenden Potenzverlust des Mannes. Dieses Problem der Radikaloperation beschäftigte mich dann mein ganzes Leben lang.

Das Referat meines Chefs Goetze zu meiner Habilitationsschrift war vorsichtig, nicht so klar wie das des Koreferenten, des Pathologen Professor Dr. Erich Müller. Er schlug vor, diese Habilitationsschrift anzunehmen. Westhues, dessen Entstehungstheorie der Mastdarmkrebse aus Adenomen ich mutig widersprach, lieferte ein seitenlanges Referat ab, das mit dem Satz beginnt: Die guten wissenschaftlichen Qualitäten des Herrn Stelzner verdienen die Ehre einer scharfen, das strich er dann durch und schrieb darüber, ernsten Kritik. Er war mir wohlgesonnen und hatte meiner Individualisierung nicht widersprochen. Geärgert haben ihn meine philosophischen Ausflüge wie, ... die Krebszelle sei unsterblich. Letzlich hat er meine Bemühungen anerkannt, was ich ihm bei manch' abweichender Meinung hoch anrechne. Über die Unsterblichkeit der Krebszelle hat sich der Geschichtsmediziner Werner Leibbrand massiv absprechend geäußert. In der Rückschau muß ich sagen, er hatte recht. Ich ging damals mit Goetze zu ihm und dann ließ auch er mich meiner Wege ziehen. Die Referate aller der wenigen Fakultätsmitglieder, es gab damals 14 Ordinarien und zwei Extraordinarien, waren positiv. Bei meinem Kolloquium im Dienstzimmer des Pathologen Müller waren sechs Ordinarien versammelt. Ich redete fünf Minuten, der gefürchtete Ranke stellte mir Fragen, von denen ich den Eindruck hatte, daß die klinischen Erfahrungen dieses überaus klugen Mannes sehr weit zurücklagen. Im August 1952 hielt ich meine Antrittsvorlesung über die Magenresektion beim Ulcus mit eigenen Fällen. Als Vertreter des Rektors war der Prorektor anwesend. Er war, wie er Goetze sagte, von dem „vollendeten Vortrag" ganz begeistert. Mit dem Datum 06. August 1952 bekam ich meine Ernennungsurkunde vom Bayerischen Staatsminister für Unterricht und Kultus und war zum Privatdozenten ernannt. Ich war im 31. Lebensjahr.

1953 kündigte ich meine erste Vorlesung im Sommersemester an. Unter der Nummer 277 las ich chirurgisches Kolloquium unter besonderer Berücksichtigung des Röntgenbildes, Donnerstag 17.00 Uhr – 18.00 Uhr. Die klassischen Vorlesungen waren alle schon vergeben, aber ich hatte bald einen vollen Hörsaal.

Im Wintersemester 1953/54 las ich Frakturen und Luxationen. Im Sommersemester kam die Vorlesung „Klinische Visite" hinzu.

Ich habe sehr gerne Kolleg gehalten und ich hatte bei berstend vollen Hörsälen auch den Eindruck, daß mir das lag. Mühsam habe ich mich auf das Kolleg vorbereitet, das dann den Eindruck großer Leichtigkeit bei freier Rede vermittelte. Ernüchternde Erlebnisse will ich aber nicht verschweigen.

Älter geworden, war mein Chef Goetze zum Ende seines Berufslebens nicht immer in der Lage, das von ihm mit großem Pflichtbewußtsein durchgehaltene Hauptkolleg, die heute so verfemte „Magistralvorlesung", zu halten. Da das Kolleg immer am Vormittag war, fünf Wochenstunden!, drückten sich seine Ober-

6. Kapitel

ärzte gerne darum, ihn zu vertreten. Sie operierten lieber. Ich fühlte mich als ganz Junger sehr beachtet, und ich versuchte mein Bestes zu geben.

Bei einem solchen Kolleg fiel mir auf, daß in dem überfüllten Hörsaal in der obersten Reihe regelmäßig ein Platz freigehalten wurde. Auf diesen setzte sich immer eine im letzten Moment erscheinende, sehr attraktive, junge Studentin, und das Tag für Tag. Bei einem Studentenball habe ich diese blonde, blauäugige, große Frau, Gaby C., wie ich bald erfuhr, wiedergesehen. Ich bat sie um einen Tanz und begann das Gespräch mit der Bemerkung, ich könnte sehr gut verstehen, daß man so einem hübschen Geschöpf Tag für Tag einen Platz im chirurgischen Hauptkolleg freihielte. Darauf fragte sie entwaffnend: „Und wo sitzen denn Sie immer?" Ich erwiderte, ich stehe die ganze Zeit, ich halte das Kolleg. Da errötete sie bis unter die Haarwurzel und wurde noch attraktiver.

In dieser kleinen Gemeinschaft der Chirurgischen Universitätsklinik war das Zusammengehörigkeitsgefühl sehr entwickelt. Natürlich hatte ich mit den Kollegen der Oberärzte, die eine Generation älter waren, keine so persönlichen Verbindungen wie mit Gleichaltrigen.

Von meinem Medizinstudium in Würzburg her traf ich in Erlangen meinen Freund, Dr. Helmut Bruch, wieder. Er war ein ruhiger, ausgleichender, gebildeter Mann und ein sehr guter Chirurg. Bruch wurde von Goetze sofort richtig eingeschätzt und war jahrelang sein Privatassistent. Er wurde Chefarzt in Rothenburg ob der Tauber, leider ist er schon verstorben. In Erlangen war ich jahrelang als Junggeselle an den Wochenenden Gast bei ihm in Dechsendorf nahe Erlangen, wo seine tüchtige, charmante Frau Lehrerin gewesen ist und wo seine zwei Kinder heranwuchsen. Sein Sohn Peter Bruch ist heute der Direktor der Lübecker Chirurgischen Universitätsklinik und ich freue mich immer, daß ich mit ihm noch heute einen wissenschaftlichen Kontakt habe.

Mit dem nur wenig älteren Dr. Hans Schwabe, nach Bruch Privatassistent von Goetze, habe ich bis heute Verbindung. Dieser hervorragende Chirurg wurde sehr bald Chefarzt in Nördlingen, wo wir uns immer noch einmal treffen und die Erinnerung wachrufen.

Eine bis heute anhaltende Verbindung habe ich mit Herrn Karl Riepl. Er folgte dem technischen Angestellten Hünnerkopf nach. Riepl war ein sehr guter Fotograph und erledigte noch lange bei dem Nachfolger Goetzes organisatorische Aufgaben. Nur die, die den inneren Betrieb einer Großklinik kennen, wissen, welch unschätzbare Arbeit diese Herren und natürlich auch Damen, die Sekretärinnen, die alle im Hintergrund arbeiten, leisten. Bis heute ist Herr Riepl eine unerschöpfliche Quelle der Geschichte einer solchen Institution über drei, ja vier Generationen von Ärzten. Die Klinik war ihr Aktionsfeld für das ganze Leben.

Für das Jahr 1952/53 wurde mein Chef, Otto Goetze, zum Rektor der Universität gewählt. Darauf waren seine Mitarbeiter sehr stolz. Goetzes Sekretärin, Fräulein Tilly Haselsteiner, die unseren damals schon etwas kränkelnden und sich etwas zurückziehenden Chef nach außen sehr energisch vertrat, sagte: „Wir sind Rektor geworden." Nicht ganz leicht fielen Goetze die vielen Reden, die er als Rektor magnificus halten mußte und zwar zu Gelegenheiten, die ihm ganz ferne lagen. So erinnerte ich mich noch, wie er reihum seine engsten Mitarbeiter über passende Redethemen ausfragte. So auch mich, der gerade seine Habilitation zu Ende gebracht hatte und von dem er wußte, daß er mit dem Reden ganz gut zurecht kam. Was für ein Thema, so hieß die Frage, wäre wohl beim Festessen des Rektors nach der feierlichen Semestereröffnung geeignet? Ich riet Goetze, über die Jagd zu reden, er war ein großer Jäger und sehr stolz auf seine Trophäen. Ich sehe noch in seinem Dienstzimmer die mächtigen Hirschgeweihe hängen und an der untersten Sprosse hie und da eine Goldmedaille an einer grünen Schnur. Er erklärte mir voller Stolz: „Der Hermann Göring hatte zwar größere Hirsche, aber die werden in der Schorfheide sowieso größer. Ich habe die schönsten Hochgebirgshirsche (aus dem Retterschwangtal im Allgäu)."

Zum Festessen wurde ich von Frau Goetze, der Magnifica, überraschend eingeladen, weil ihr ein Hochgestellter abgesagt hatte. Seit altersher durften nie 13 an einem Tisch sitzen. So wurde einer herbeigeholt, das war „Ludwig der 14.", und so einer war ich. In meinem einfachen, schwarzen Anzug fand ich mich bei dem Rektorschmaus neben dem Geheimrat Professor Dr. Jamin, dem emeritierten Pädiater, sitzend. Er war sehr klein und mußte seinen riesigen Talar sehr sorgfältig über der Stuhllehne drapieren. Ordentliche Professoren trugen ihre sehr langen Talare über den Arm gelegt, wenn sie im Festzug schritten. Der Theologe Ehlert war der arbiter elegantiarum. Er sagte: Die Herren sollten ernst und würdig bleiben, erekte corpore et oculis dimissis. Der Talar der außerordentlichen Professoren ging nur gerade über das Gesäß, was Westhues entsetzlich ärgerte, aber er ging trotzdem mit. Also, ich saß rechts von Jamin und links saß der Erzbischof von Bamberg, Dr. h.c. Josef Otto Kolb mit seinem karmesinroten Umhang und dem Pilleolus auf dem kahlen Haupte. Er hatte einen gewaltigen Ring, den er sich gerne küssen ließ, zu meiner Zeit allerdings schon ohne mit dem früher begleitenden Kniefall. Natürlich habe ich zuerst geschwiegen. Der Rektor Goetze hielt nun eine zündende, humoristische Rede, in dem er den ganzen Universitätsbetrieb mit der Jagd verwob. Die Rede ist ihm gut gelungen, und er wurde vom höflichen Beifall immer wieder unterbrochen. Alles war letztlich vergnügt. Da fragte beim Braten der Geheimrat den Erzbischof: Exzellenz, um welches Tier handelt es sich wohl bei diesem Braten? Darauf seine Exzellenz: Ich bin sicher, Herr Geheimrat, es handelt sich um einen Rinderbraten. Darauf Professor Jamin: Da wird doch Magnifizenz nicht daneben geschossen haben. Die beiden Herren einigten sich, im Leben komme es wie auf der Jagd sicher auch darauf an, wo man hinschösse. Da konnte selbst ich, höflich zustimmend, schon mitreden. Uns schräg gegenüber saß der Ordinarius für Geschichte der Theologie, Walther von Loewenich, der war besonders lebhaft und unterhielt sich und die anderen Tischgenossen prächtig. Neben ihm saß seine Frau, die Schwester des späteren Hamburger Theologen Helmuth Thielicke. An beide Herren erinnerte ich mich viel später, als ich ihre Biographien las. Aus Loewenichs Buch „Erlebte Theologie" geht hervor, daß er ein gutgetarnter Gegner des Nationalsozialismus war. In dieser

Erlangen

schwierigen, traurigen Zeit aber machte er alles richtig. Zum Militärdienst eingezogen, wurde er auf wunderbare Weise sofort wieder entlassen. So hatte er nach 1945 eine blütenweiße Weste und machte in Erlangen eine Bilderbuchkarriere. Seine Biographie ist ein wertvoller Erinnerungsschatz über diese kleine Universität, in der dieser glückliche Charakter sogar noch Rektor wurde und zwar nach Goetze. Sein Schwager Thielicke war dagegen ein offener Widerstandskämpfer. Der hatte im Dritten Reich schwer zu leiden. Auch er entwickelte eine glanzvolle, aber viel mühseligere Karriere, wie man aus seinem Erinnerungsbuch „Zu Gast auf einem schönen Stern" entnehmen kann. Da hatten wir schon die zwei ehrenwerten, aber recht unterschiedlich erfolgreichen Schützen.

Goetze war 1954 Präsident der Deutschen Gesellschaft für Chirurgie. Er war nicht mehr gesund, vor allem klagte er über die mangelnde Spannkraft und das Versagen seines Gedächtnisses. Als Hauptreferenten für die Kontinenzresektion beim Rektumkarzinom hatte er Hollenbach, einen Chefarzt aus Hamburg, vorgesehen. Dieser starb plötzlich kurz vor dem Kongreß. Da mußte ich als Privatdozent das Referat übernehmen. Ich setzte mich damals für die in Deutschland noch rundum abgelehnte Kontinenzresektion ein. Ich hatte einen ausführlichen Schriftwechsel mit Dixon von der Mayo-Klinik in den USA. Seine Darlegungen gelten heute noch Wort für Wort, und ich habe sie als Erster in Deutschland unter die Leute gebracht. Dazu kam noch die Statistik Dixon's. Diese Darstellungen kannte man in Deutschland nicht, obwohl doch seit dem Kriegsende fast 10 Jahre vergangen waren. Auch Goetze hielt immer noch an seiner antiquierten Blindanastomose fest und war nicht zu bewegen, selbst eine Statistik erstellen zu lassen. Sicher, sie wäre auch schlecht ausgefallen, weil er, im Gegensatz zu Dixon, eben die Prinzipien der Radikaloperation trotz allen Bemühens und vieler Forschungsarbeit, wie wir heute wissen, noch nicht erfaßt hatte.

Goetze wurde 1954 emeritiert. Zuvor riet er mir, nicht seinen Nachfolger abzuwarten. Er würde mir einen neuen Chef suchen, von dem er den Eindruck hätte, daß er mich sinnvoll fördern könnte, vor allem, daß ich ungestört meine wissenschaftlichen

6. Kapitel

morphologischen Untersuchungen weiter durchzuführen in der Lage wäre.

Einige Jahre vorher war auf meine Fürsprache hin Ludwig Zukschwerdt von Goetze zu einem Gastvortrag nach Erlangen eingeladen worden. Sein Thema: Die Dekortikation der Lunge. Darüber hatte Zukschwerdt vorher auch auf dem Bayerischen Chirurgenkongreß in München gesprochen, und alle waren sehr beeindruckt. Bei Empyemresthöhlen, und es gab damals viele nach Schußverletzungen, wurde immer noch eine Thorakoplastik versucht. Und so kam ich mit Zukschwerdt, der also etwas anderes, schonenderes vorschlug, ins Gespräch. Als Zukschwerdt einen Ruf nach Hamburg bekam, Lezius, der Vorgänger, war plötzlich verstorben, vermittelte Goetze mir bei ihm, der noch verhandelte, eine Oberarztstelle. Meinen Wechsel habe ich mit Zukschwerdt, der damals noch Chefarzt in Bad Oeynhausen war, nachdem ich ihn dort besucht hatte, abgesprochen.

In diesem letzten Jahr von Goetzes aktiver Tätigkeit erreichte ihn eine Anfrage der britischen Besatzungsmacht, ob er einen jungen Habilitanten für ein Stipendium des British Council vorschlagen könnte. Bedingung: Er müsse einer Prüfungskommission klarmachen, daß er in London wissenschaftlich etwas suche, was er sonst auf der Welt nicht bekommen könnte. Goetze empfahl mir, mich sofort zu bewerben. Ich konnte der Prüfungskommission, Vorsitzender Mister Roach, in kläglichem Englisch darlegen, daß ich im Natural History Museum in London die dort sicher aufzufindende Anatomie eines beckenbodenlosen Tieres, eines Kängurhus, nachprüfen möchte. Dieses Beuteltier besteht „nur" aus einem riesigen Schwanz, aus dessen Muskeln bei anderen Tieren, vor allem beim Menschen, der Beckenboden und damit die externen Sphinkteren entwickelt worden sind. Das Känguruh, ein Kloakentier, verschließt sein Eingeweide nur mit dem glatten Sphinkter ani internus. Ein damals beim Menschen noch vergessener, aber trotzdem für die Abschlußkraft sehr wichtiger Muskel. Ich bereitete damals mein Buch über die anorektalen Fisteln vor, die das Kontinenzproblem auch vergleichend anatomisch anrührten. Dazu wollte ich im St. Marks-Hospital London arbeiten und vor allem die englische Herz- und Gefäßchirurgie so nebenbei kennenlernen. Die Prüfungskommission sagte nach unserer Zuammenkunft, ich könne mit einer Zusage rechnen.

Inzwischen war durch die Emeritierung von Naegeli der Tübinger Lehrstuhl für Chirurgie freigeworden. Es war die letzte Anfrage, die Goetze als Ordinarius noch beantworten mußte. Bewerbungen gab es damals noch nicht. Viele Jahre später hörte ich von den chirurgischen Ordinarien Zenker, Nissen und Hellner und dem in Tübingen ernannten Dick, dessen Nachfolger ich später fast geworden wäre, Goetze hätte nach Abgabe seines Dreiervorschlags noch einen längeren Zusatz verfaßt, den er einigen seiner jüngeren Kollegen zur Kenntnis brachte. Noch, so schrieb er, könne er mich, Stelzner, nicht nennen. Ich sei noch viel zu jung, aber es liege ihm sehr am Herzen, mich für die Zukunft zu empfehlen. Er sei zu krank, um sich später noch für mich zu verwenden. So hatte ich das Glück, einen mir sehr gewogenen Chef gefunden zu haben. Dabei stand ich ihm persönlich nicht nahe. Da hatte er andere Favoriten. Ich war nie Privatassistent, ich wurde nie zum gemeinsamen Urlaub in sein geliebtes Jagdhaus im Retterschwangtal in Hindelang eingeladen. Ich war ihm zu dünn, zu schwächlich. Ich mußte mir immer seine athletischen Großtaten anhören wie: Als ich so alt war wie Sie, hatte ich einen Biceps, daß ich mir nur mit Mühe eine Krawatte binden konnte. Da kam ich natürlich nicht mit. Ich gehörte nicht zu seiner Vorstellung vom idealen Mann. Über seine Enttäuschungen auf diesem Sektor erzählte er mir nichts, das besorgte sein von mir sehr verehrter Oberarzt, Helmut Goepel (geb. 1909). Goepel aus Leipzig war seit 1937 an der Klinik. Goetze kam damals im Dritten Reich auf die Idee, unter seine Mitarbeitern den idealen Mann anläßlich eines Festes zu suchen. Er veranstaltete deshalb auf einem großen Besitz in der Hindenburgstraße, wo er die Villa seines Vorgängers Graser bezogen hatte, ein Fest. Alle Assistenten mußten leichtathletische Übungen absolvieren. Sie mußten Intelligenzteste und musikalische Prüfungen hinter sich bringen. Die Frage nach dem absoluten Gehör war besonders wichtig. Dann zogen alle in das Röthelheimbad, da wurde geschwommen und vom Drei-Meter-Brett gesprungen, was Goetze selbst vormachte. Goetze hatte dorthin auch einige Studentinnen eingeladen, die sollten seine Assistenten und Oberärzte vom Standpunkt der Frau als Mann beurteilen. Kurz, der Sieger enttäuschte. Er hieß: Helmut Goepel, unser kleiner, schmächtiger Oberarzt aus Leipzig in Sachsen. Goetzes Athleten, wie Koch oder Thiermann, bekamen viele Minuspunkte, letzterer konnte z. B. nicht schwimmen. Nie mehr hatte Goetze ein solches Fest wiederholt.

Nach der Jahreswende zu 1955 begann ich, meine Zelte in Erlangen abzubrechen. Als ich den Nachfolger von Goetze von Hamburg aus um Erlaubnis bitten mußte, das Goetze'sche Krankengut in meiner fertiggestellten Monographie „Die anorektalen Fisteln" zu publizieren, gab er mir diese bereitwillig. Er riet mir aber, das Buch nicht zu schreiben, vielmehr es zu vernichten, denn da seien ganz irrige Gedanken darin. Diesem Rat folgte ich nicht und für diese Monographie bekam ich später den von Langenbeck-Preis, die höchste wissenschaftliche Auszeichnung der Deutschen Gesellschaft für Chirurgie, das Buch erlebte drei Auflagen.

Ich verabschiedete mich von Goetze. Ihm, dem Schwerkranken gegenübersitzend, versicherte ich noch einmal meine tiefe Dankbarkeit. Ich war sehr bewegt, als er von seinem nahen Ende sprach. Schon, so eröffnete er mir, als mir Bömminghaus in Düsseldorf (Urologe) sagte, er könne meine doppelseitige Nephrolithiasis (Nierensteine) nicht mehr operieren, wußte ich, was die Stunde geschlagen hatte. Er werde wohl seiner blassen Hypertonie (Bluthochdruck) erliegen, und so kam es. Am 19.07.1955 ist Goetze bei seinem nach Heidelberg gewechselten internistischen Kollegen Matthes verstorben. Ich habe ihn also nie mehr wiedergesehen. Er war 69 Jahre alt geworden.

Als ich Erlangen verließ und mich von meinen Kollegen und Mitarbeitern verabschiedete, sah ich zwei große Kisten, in denen der wissenschaftliche Nachlaß Goetzes verstaut wurde. Das waren hunderte herrliche Aquarelle und Strichzeichnungen, die der seit 20 Jahren von Goetze an der Chirurgischen Klinik angestellte wissenschaftliche Zeichner, Willi Hilpert, angefertigt hatte. Darunter waren viele Tuschzeichnungen einer Oberschenkelfrakturlagerungsschiene. Dazu wurde, wie ich mich erinnere, über Wochen ein Mitarbeiter von der Technischen Hochschule München auf der Privatstation einquartiert. Goetze hatte diese dreidimensional schwenkbaren Lagerungsschienen schon in Frankfurt entwickelt. Jetzt wollte er sie verbessern.

Später erzählte mir der Conassistent Goetzes in Frankfurt, A.W. Fischer, der später Ordinarius in Gießen und Kiel wurde, der Oberarzt Goetze kam einmal früh nicht pünktlich zur Besprechung und der Chef Schmieden fragte nach ihm. Da piepste die vorlaute Frau Dr. Lotte Mahler, wahrscheinlich sei der Herr Oberarzt mit seiner neuen Oberschenkelschiene in der Toreinfahrt des Universitätskrankenhauses hängengeblieben.

In diesen Kisten wurden die vielen Manuskripte, auch das über die gerade begonnene Monographie über das Rektumkarzinom, verstaut, die nie beendet werden sollte. Alle diese umfangreichen Dokumente Goetzes wissenschaftlicher Arbeiten tauchten später nicht wieder auf. Auch spätere Nachfragen bei an der Klinik verbliebenen Mitarbeitern lösten nur Erstaunen aus. Sein Nachlaß blieb bis heute verschollen. Später als ich – schon Ordinarius in Frankfurt – mir besondere Fälle aus dem Goetze'schen Krankengut von seinem zweiten Nachfolger, Professor F.P. Gall, und später von Bonn aus von seinem dritten Nachfolger Prof. Hohenberger erbeten hatte, bekam ich sofort die Fotokopien der Krankengeschichten. Das waren die zu Goetzes Zeit vorgedruckten zum Thema Rektumkarzinom und minutiös von ihm selbst geführten Dokumente mit den berühmten roten Nummern. Sie gingen in die Tausende. Diese Dokumente sind also im Archiv der Chirurgischen Klinik, so kann man sagen, Gott sei Dank, gelandet.

Erlangen war für mich ein lebensentscheidender Eindruck. Bei der Verabschiedung von Westhues und Ranke merkte ich, wie sie mich schätzten. Beinahe nachdenklich machte mich eine Postkarte des gerade emeritierten Pharmakologen Schübel. Der, lange Dekan, galt als unbestechlich, er galt als hart, aber in seinem Urteil gerecht. Ich kam immer wieder, der ganz Junge, mit dem sehr viel Älteren ins Gespräch. Er kam regelmäßig zu meinen Vorträgen in der Medizinischen Gesellschaft. Zum Abschied bedauerte er mei-

6. Kapitel

nen Weggang, wünschte mir alles Gute und brachte seine Gewißheit zum Ausdruck, daß ich schon meinen Weg machen würde.

Ende März 1955 packte ich meine dürftige Habe in meinen grauen Volkswagen und fuhr zum Dienstantritt nach Hamburg in das dortige Universitätskrankenhaus Eppendorf. Das war eine mühselige Fahrt. Die Autobahn endete damals in Göttingen.

7. Kapitel
Hamburg (1955–1970)

Am 01.04.1955 trat ich meinen Dienst an der Chirurgischen Universitätsklinik Hamburg-Eppendorf an. Ich wohnte im Kasino, einem schönen Backsteingebäude aus der Gründerzeit dieses 1889 eröffneten, damals hochmodernen Krankenhauses, das nach dem Ersten Weltkrieg Universitätskrankenhaus geworden war. Es war, damals als vorbildlich apostrophiert, im Pavillonsystem errichtet. Damals gab es fast nur die aus dieser damaligen Zeit stammenden ebenerdigen Backsteinbauten, die mit einem einzigen großen Saal mit ca. 30 Betten und einigen Nebenräumen errichtet waren. Eine einzige Krankenstation war einstöckig, da waren die Patienten mit der Lungentuberkulose untergebracht. Der Vor-Vorgänger von meinem Chef Ludwig Zukschwerdt, Konjetzny (1880 bis 1957), hatte im Dritten Reich einen wunderschönen zweistöckigen Operations- und Hörsaaltrakt gebaut, der Haupteingang war von einem Balkon überdacht, der mit großen Säulen gestützt war. Rechts vom Haupteingang war die Privatstation gelegen und links die Poliklinik. Rückwärts schloß sich ein großer, schöner Hörsaal an, ebenerdig war dort ein kleinerer Hörsaal und das Kasino untergebracht. Die holzgetäfelten Diensträume des Direktors waren im ersten Stock, gingen auf den Balkon hinaus, sie waren mit schönen Möbeln im Stil des Dritten Reiches ausgestattet. Das Gebäude war ein Klinkerbau und die großen Flächen waren von Muschelkalksäumen gerahmt.

Im zweiten Stock hatte Konjetzny eine Flucht Operationssäle eingerichtet und gegenüber seine morphologischen Laboratorien. So konnte man z.B. seine Magenresektionspräparate „lebensfrisch" sofort mit dem Mikroskop untersuchen. Alles war nach den Wünschen Konjetznys ausgestattet, er war Master of Surgery und auch ein voll ausgebildeter Pathologe. Man bedenke nur, daß ihm die zünftigen Pathologen einen ganzen Handbuchartikel über die Gastritis und das Ulcus anvertraut hatten. Hier entstanden

7. Kapitel

auch seine grundlegenden Arbeiten zur Osteofibrose, die man bis dahin als Sarkom beurteilt hatte. Hier hat er die Bücher über die Mastopathie und über das Magenduodenalulcus sowie über das Magenkarzinom und die Gastritis geschrieben.

Der noch zu meiner Zeit tätige Oberpfleger Konjetznys, Manrow, war ein besonders sorgfältiger Verwalter der unzähligen Operationspräparate. Sie schwammen im Keller dieses Operations- und Hörsaalgebäudes in großen mit Formalin (Konservierungsflüssigkeit) gefüllten Bottichen. Sie waren an langen Schnüren befestigt, an deren Ende ein von Manrow beschriebenes Holzschild geknüpft war. Hunderte dieser Holzschilder hingen über den Rand der Bottiche rundum heraus. Wollte Konjetzny das Magenresektionspräparat „Meier" haben, so klapperte Manrow die Holztafelriege ab, bis „Meier" gefunden war. Dann zog er an der Schnur Meiers Magen aus der Formalinlösung und legte ihn Konjetzny auf einem großen Teller vor. Konjetzny arbeitete nach seiner Emeritierung wissenschaftlich weiter und meldete sich noch lange zu Wort. Er war ein kritischer Geist, ein gefürchteter Diskussionsredner und dabei ein vornehmer Herr. Bis zu seinem Tode hatte er über dem Hörsaal ein großes Emerituszimmer. Als Zukschwerdt mit seinen Mitarbeitern in Eppendorf eingezogen war, sahen wir dienstags und donnerstags Manrow an der von ihm offen gehaltenen Fahrstuhltür in der Eingangshalle stehen. Um 9.00 Uhr wurde Konjetzny erwartet. Ich habe Konjetzny oft besucht und wurde oft gerufen. Dann saß ich in seinem Emerituszimmer und er erzählte aus seinem unerschöpflichen Erfahrungsschatz, von dem persönlich nichts schriftlich niedergelegt worden ist. Der Oberschlesier Konjetzny hatte zuerst Theologie studiert. Er erkrankte Ende des Ersten Weltkrieges an einer Lungentuberkulose, die letztlich ausheilte. Da hatte er, wie er mir sagte, viel Zeit zum Nachdenken. Er studierte dann Medizin. Als Pathologe bei Nauwerk in Chemnitz ausgebildet, begann eine lange Zeit an der Chirurgischen Universitätsklinik bei Anschütz in Kiel. Er war dort 21 Jahre Assistent und Oberarzt. 1908 lernte Konjetzny in Kiel den Operationsdiener Carsten Silberling kennen, der die Blutleere mit dem Gummischlauch und der Gummibinde erfunden hatte (s. S. 287). Er

Hamburg (1955–1970)

kannte den damals schon selbständigen Neuber, über den er die einzige umfassende Biographie verfaßt hatte. 1929 wurde Konjetzny Chefarzt in Chemnitz, 1930 in Dortmund, 1934 wurde er als Ordinarius nach Greifswald berufen und 1935 folgte er Sudeck als Ordinarius an der Chirurgischen Universitätsklinik Hamburg-Eppendorf nach.

Obwohl er selbst ein Ordinarius alten Schlages war, beklagte er die Selbstherrlichkeit seiner Zunftgenossen sehr. Da er, sicher bedingt durch sein nicht sehr diplomatisches Verhalten lange Zeit Oberarzt in Kiel geblieben war, vertraute er mir immer seine kritischen Überlegungen an, z.B. wie er ewig auf den unpünktlichen Chef, gewaschen, also in Operationskleidung, warten mußte. Kam dieser, dann mußte es nämlich sofort losgehen. Konjetzny ließ sich deshalb die Spielkarten sterilisieren, er betonte aber, daß der arme narkotisierte Patient diese Wartezeit nicht zu seinem Vorteil nützen konnte. Noch zu meiner Zeit haderte Konjetzny mit der ganzen Chirurgie und – wie ich heute weiß – zu Recht. Er erzählte mir ausführlich über die entzündliche (bakterielle) Genese des Magenduodenalulcus, denn die „internistische" Vorbereitung des Patienten zur Operation mit Kollargol führte zu erheblichen Besserungen des Ulcusleidens. Er selbst habe, so vertraute er mir an, ein Duodenalulcus, das er sehr gut konservativ in Schach halten könnte. Es sollte ihm zum Schicksal werden. Ich verweise auf seine Monographie, aber ich gebe zu, ganz klar hat er seine Überzeugungen in diesem Buch nicht verfochten. Warum er keine Anerkennung fand, das lag schon etwas an seiner Persönlichkeit. Ich erinnere mich noch an einen Chirurgenkongress mit dem Hauptthema: Magenduodenalulcus. Das pathologisch-anatomische Referat hielt Büchner, Freiburg. Ein Verfechter der peptischen Genese (die Säure ist es!). Er hatte umfängliche Versuche mit Histamin als Säurelocker gemacht. N. Guleke, Jena, hielt das chirurgische Referat. Guleke genoß zu seiner Zeit großes Ansehen, er war ohne jeden Sensus für Wissenschaft und Forschung, aber ein tüchtiger Praktiker, eine eindrucksvolle Persönlichkeit. Konjetzny konnte man, er hatte sich jahrzehntelang mit dem Geschwür befaßt, nicht umgehen. Also gestattete ihm der Vorsitzende Redwitz, Bonn, einen Diskussionsbeitrag. Konjetzny erstürmte das Podium, in der Hand einen großen Notizblock. Vor dem Mikrophon bog er den Block und ließ die Blätter von seinem diese haltenden Daumen wie Spielkarten springen und sagte dazu, zwei Stunden habe er versucht, irgend etwas Richtiges auf diesen Blättern aufzuschreiben – aber, und dabei hörte man das surrende Geräusch der Blätter weiter – nichts sei auf ihnen zu finden. Dann referierte er kurz seine Entzündungstheorie und setzte sich wieder. Mit einer so großen Geste der Verachtung macht man sich keine Freunde – auch wenn man recht hat.

Bei einem Besuch am Abend bei Konjetzny zeigte er mir einmal ein Chirurgenverzeichnis aus dem Jahre 1938. In das hatte er – zurechtgeschnitten – die Todesanzeigen über die Namen der Verblichenen geklebt und äußerte säuerlich lächend: Sie glauben gar nicht, welch beruhigendes Gefühl es ist, zwischen seinen Feinden zu blättern, nachdem sie alle stumm geworden sind. Zu seinen Lebzeiten, so sagte er mir, sollte ich darüber schweigen, dann könnte ich ruhig darüber schreiben und daran habe ich mich gehalten. Konjetzny war ein Schopenhauerkenner und -verehrer.

In der Halle im ersten Stock an der Wand mit der Tür zu seinem Arbeitszimmer ließ er den folgenden Spruch (des Hippokrates), übernommen von Schopenhauer, in großen Lettern aufmalen.

„Neminem laede, immo omnes quantum potes juva." (Schade niemandem, vielmehr hilf allen so gut Du nur kannst).

Dieser Spruch wurde bei einer Renovierung der Halle zu Zukschwerdts Zeiten wieder neu aufgemalt. Nur der Maler schrieb statt immo omi. Jahrelang bemerkte das niemand. Die klassische Bildung war vielen abhanden gekommen. Sie lagen eben nie vor Troja, wie Konjetzny sagte. Ich habe dann diesen Spruch in meinem Hörsaal in Bonn anbringen lassen. Noch in der Woche nach meiner Amtsübergabe wurde er von meinem Nachfolger gelöscht (!). Als der ebenso aggressive, aber bei weitem nicht so wortgewandte Westhues (s. S. 147) einmal in Konjetznys Forschungsareal zu Magenpolypen und Krebs seine Meinung kundtat, goß dieser die Schale seines Zornes über ihn aus, das ist heute noch lesenswert. Und Konjetzny hatte der Sache nach recht, aber mußte man so blitzen und donnern? Konjetzny war ein forschender morphologischer Kliniker, der seiner Zeit seinen Stempel aufdrückte. Er arbeitete harmonisch mit dem Internisten H.H. Berg am Universitätskrankenhaus Eppendorf zusammen, der bekanntlich die radiologische Schleimhautdiagnostik des Magens technisch entwickelt hatte. Von Zeit zu Zeit beschloß Konjetzny, seine Bibliothek aufzulösen. Da bekam ich immer einige Bücher geschenkt, nicht selten mit der Bemerkung, ich solle sie ansehen und dann wegwerfen, als Warnung, was für entsetzlicher Unsinn in prächtigen Einbänden manchmal schlummert. Haben Sie recht, riet er mir, sei Ihre Antwort kurz, aber verletzend, das säße.

Konjetzny war ein mutiger Mann. Im letzten Krieg, so erzählte er mir, war er Ärztlicher Direktor des Universitätskrankenhauses. 1938 nahm man den letzten jüdischen Ärzten die Approbation in Deutschland. Als der Kommissar für das jüdische Krankenhaus, das es in Hamburg gab und heute noch gibt, anfragte, ob Eppendorf nach Fliegerangriffen jüdische Verletzte behandeln würde, sagte Konjetzny zu, aber „es wurde mir von der Behörde verboten." Als tatsächlich 1941 verletzte Juden in Eppendorf abgewiesen wurden, schickte Konjetzny Ärzte ins jüdische Krankenhaus, denn die Behörde hatte die ihm über den Leiter zugekommene Frage, ob Juden verletzte Arier behandeln dürften, nicht mehr beantwortet. Das sollen Sie wissen, so sagte er, unter welchen gefährlichen, unmenschlichen Narren wir damals gelebt haben.

Eines Tages hörte ich, daß er sich wegen einer Pylorusstenose zu seinem früheren Oberarzt, Harry Prinz, nach dem AK Heidelberg begeben hatte. Der durfte nur eine Gastrostomie anlegen – nach Konjetzny-Technik. Dort ist er dann an einer Anastomosenblutung, 77 Jahre alt, verstorben.

Ludwig Zukschwerdt (1902 bis 1974), mit dem ich in Hamburg-Eppendorf als Oberarzt die gemeinsame Arbeit begann, hatte bei hoher Begabung einen schwierigen Berufsweg. Er gehörte nicht zu den Persönlichkeiten, die in jeder Lage das richtige Gefühl haben, wie passe ich mich gefahrlos an und wie erringe ich dabei meinen Vorteil. Er war nicht glückhaft.

Zukschwerdt war 1902 in Stuttgart geboren und arbeitete nach dem Medizinstudium von 1925 bis 1927 an der Medizinischen

Poliklinik in Heidelberg unter Thannhauser. Diesem Internisten zollte er lebenslang höchstes Lob. Thannhauser war wegweisend für die Erforschung des Fettstoffwechsels. Er wurde später als Ordinarius nach Freiburg berufen, wo der spätere Nobelpreisträger Hans Krebs mit ihm Verbindung hatte. 1934 mußte er als Jude emigrieren. In Boston fand er eine neue Wirkungsstätte. Er ist nie mehr nach Deutschland zurückgekehrt und sah seine geliebte bayrische Heimat nie wieder. Von Thannhauser hatte Zukschwerdt seine biochemische Ader und seinen Blick für die Wichtigkeit der Pathophysiologie in der Chirurgie. Das war nach dem Zweiten Weltkrieg modern. Von 1927 bis 1933 arbeitete Zukschwerdt in Heidelberg bei Eugen Enderlen. Diesen, seinen Lehrer, zitierte er lebenslang, wenn es um die operative Technik und die Wissenschaft ging. In dieser Klinik hatte er mit Redwitz und Enderlen die grundlegenden Versuche zur Rolle des Antrum ventriculi und damit des Gastrins für die Entstehung des Magenduodenalulcus unternommen. Auf diese Experimente geht die sogenannte 2/3-Resektion des Magens zur Therapie des Magen-Duodenalgeschwürs zurück. Zukschwerdt hat diesen Eingriff also mitbegründet. Allerdings war dessen Erfolg schon 1913 in den USA durch Strauß gesichert gewesen, aber niemand glaubte an den Vorschlag von Strauß, und Strauß selbst wurde unsicher.

Diese Methode war jahrzehntelang Standard, bis sie durch die Vagotomie und heute durch die Elimination des Helicobakterbazillus in der Ulcustherapie abgelöst wurde. Zukschwerdt ging 1933 bis 1934 zu Sauerbruch nach Berlin und kam dann zu Enderlens Nachfolger in Heidelberg, Kirschner, zurück. Bei Kirschner war er fünf Jahre erster Oberarzt. Ihm stand er prüfend gegenüber, was natürlich nie eine solche Harmonie erklingen ließ, wie früher mit Enderlen. Von 1939 bis 1941 war er Chefarzt in Bruchsal, schweren Herzens, wie er mir sagte, denn er hatte neben seiner Lehr- auch eine starke wissenschaftliche Begabung, die natürlich in Bruchsal in einem Kreiskrankenhaus brachlag. Er ließ sich 1941 auf ein Ordinariat nach Straßburg berufen. Das war ein großer Fehler. Dort sammelten sich „politische Zuverlässige", die später deshalb als belastet galten, bis auf einen Geschickten, der entkam ohne Blessuren (s. S. 224). Drei Jahre war Zukschwerdt dann nach dem Kriegsende in Gefangenschaft, bis er 1947 bis 1955 Chefarzt in Göppingen und Bad Oeynhausen wurde. In dieser Zeit schrieb er mit Biedermann, Zettel und dem Pathologen Emminger eine Monographie: „Wirbelgelenk und Bandscheibe." Sie ist zu Unrecht vergessen, weil dieser Krankheitskomplex inzwischen in orthopädische und neurochirurgische Hände übergegangen ist. Zukschwerdt hat in dieser Monographie den Nachweis geführt, daß die „vergessenen" Menisci zwischen den Wirbelgelenken die gleiche pathogenetische Bedeutung hatten, wie die Halbmondknorpel im Kniegelenk. Er stellte die Chiropraktik auf eine wissenschaftliche Grundlage.

Zukschwerdts Ruhm auf diesem Gebiet war so groß, daß nicht nur die Zahl der Hilfesuchenden in Hamburg kaum zu bewältigen war, sondern Zukschwerdt war auch international gefragt.

Niehans in der Schweiz rief ihn zu einer Konsultation für Bernhard Baruch, der Niehans's Patient war. Von dieser Reise zurückgekehrt, schilderte der Chef sein Zusammentreffen mit diesem Finanzmagier. Dreifach war Zukschwerdt überrascht:

1. Baruch erreichte die Größe von 1,90 m, ... da kommt man sich doch gleich näher ... hieß es. Zukschwerdt war ebenso groß.
2. Baruch sprach deutsch, denn die Baruchs waren erst zwei Generationen vorher aus Posen in die USA eingewandert und
3. beantwortete Baruch die Frage nach dem großem Erfolg an der Börse mit – angeborener Begabung. Hätte man sie nicht, sollte man nichts erzwingen. Baruch illustrierte diese weise Behauptung mit einer Geschichte. Er sagte:

Ich war mit meiner Frau Teilnehmer einer Reisegesellschaft. Wir fuhren mit einem Omnibus durch den Yellowstone-Park. Plötzlich wurden wir von einigen Männern überfallen. Wir händigten ihnen unser Bargeld aus, ich hatte Mühe, einige Dollarnoten unter dem Sitz zu verstecken. Sonst unversehrt zurückgekehrt, stand der Überfall am nächsten Tag in allen Zeitungen und natürlich war auch Bernhard Baruch erwähnt. Besorgte Freunde – so Baruch –

fragten bei ihm an: Bernie, wir haben gehört, Du bist überfallen worden, wieviel hat er verloren – der Räuber?

1955, nach Hamburg-Eppendorf berufen, begann Zukschwerdt sofort, alle neuen Probleme der Chirurgie mit großem Elan kritisch zu bearbeiten. Dazu gehörte, von seinem Vorgänger Lezius übernommen, die Thoraxchirurgie, besonders die Lungenresektionen, eigentümlicherweise nicht die Gefäßchirurgie. Da blieb er den Eingriffen am vegetativen Nervensystem treu. Die Herzchirurgie sonderte er sehr bald inoffiziell ab, wie auch die Urologie. Frakturen wurden konservativ behandelt. Die Chirurgie der Schilddrüse und der Nebenschilddrüsen fanden in ihm einen erfolgreichen Förderer, wobei er mit dem Radiologen Horst und mit meinem Kollegen Volker Bay fruchtbar zusammenarbeitete. Bay, später Chefarzt in Harburg, betätigt sich noch heute auf diesem Gebiet erfolgreich und ist sehr anerkannt. Zukschwerdt hatte überhaupt keinen Sinn für Morphologie und war als glänzender Lehrer unfähig, auch nur die bescheidenste Zeichnung auf einer Tafel unterzubringen. Ich werde ihm immer sehr dankbar sein, daß er mich selbstlos förderte und sofort als seinen ersten Oberarzt einsetzte. Unsere Aufgabe, die Eppendorfer Klinik zu führen, war schwer. Zukschwerdt hatte mit mir noch Frau Dr. Petersen als sehr tüchtige Chirurgin mit nach Hamburg gebracht. Sie war schon in Straßburg seine Mitarbeiterin gewesen. Uns gegenüber stand die ganze, zum Teil junge Mannschaft von Lezius, die ihres hoffnungsvollen Chefs beraubt war. Als Lezius (1903 bis 1953) starb, war er nur 50 Jahre alt. Nie habe ich in Hamburg diese Harmonie am Arbeitsplatz erreichen können, wie früher in Erlangen. In Hamburg konnte ich für mich meine Kollegen in vier Gruppen einteilen, was mir in Erlangen, wo ich ganz am Schluß auch stellvertretender Oberarzt gewesen bin, überhaupt nie eingefallen wäre.

Es gibt die Klugen und die durchschnittlich Begabten, die Fleißigen und die Faulen. Jeder Assistent hat, wie der Chef selbst, immer zwei von diesen vier Eigenschaften:

1. Die Klugen und die Fleißigen sind für die höchsten Positionen geeignet. Sie sind sehr selten.

2. Der Kluge und Faule hat ebenfalls Anspruch auf die höchste Position. Er hat sogar die Nervenkraft, widrigen Umständen zu trotzen. Dazu gehören heute oft die sogenannten Herausgeber, die alles delegieren und in Führungspositionen ausharren. Treten sie ab – sind sie vergessen.
3. Die durchschnittlich Begabten und Faulen sind das große, bei harter Führung ganz brauchbare Arsenal, das eine große Klinik trägt; also die Wasserträger. Sie sind für eine Klinik lebensnötig. Wer erinnert sich nicht des Diapositivansturms einen Tag vor dem Vortrag im Fotolabor und an das Abgeben eines Manuskriptes nie zum festgesetzten Termin.
4. Ganz gefährlich sind die durchschnittlich Begabten, die fleißig sind. Sie sind gar nicht so selten und müssen einfach in anderen Aktionsfeldern untergebracht werden, was überraschenderweise ganz gut möglich ist. Dort nützen sie und stören wenig.

Die Gruppe vier wurde zum Totengräber der Ordinarienuniversität, der Deutschland früher einmal seinen Welterfolg Ende des 19. Jahrhunderts verdankte. Sie wurden in vielen Fällen, oft durch Scheinausschreibungen, über Beziehungen in Lebensstellungen verbracht. So gab es damals Ordinarien, die heute längst vergessen sind und über die sich Hochqualifizierte, wie Zukschwerdt, mit recht geärgert haben. Er mußte sich ja übergangen fühlen und er wurde so oft übergangen. Er nannte mir seinen Hauptfeind, der auch in Hamburg einen gefährlichen Slogan gegen ihn losließ: „Jeden können Sie nehmen, nur den nicht." Als Zukschwerdt nach seiner Berufung mit mir den Deutschen Chirurgenkongreß in München besuchte, lief besagter Feind auf ihn zu und rief: „Also, Herr Zukschwerdt, ich gratuliere Ihnen. Für Sie mußte was getan werden." Als Zukschwerdt Präsident war, ließ sich dieser Mann von mir für eine flammende Damenrede auf Frau Zukschwerdt Unterlagen zureichen. Er sagte mir einmal, man muß Feindschaften begraben können – schon um Platz für neue zu haben.

Dem Menschenkenner ist es aber kein Geheimnis, daß offen kaum bemerkte Belastungen wie Demütigung, Entehrung, Erniedrigung, Zurücksetzung eine starke und bleibende Wirkung im

Menschen hinterlassen. Der verletzte Stolz, die gekränkte Ehre, das erstickte Selbstgefühl sind durch nichts aufzuwiegen. Das so oft erlösende Witzwort bewirkt gerade das Gegenteil. Zukschwerdt z.B. hatte die imponierende Größe von 1,94 m. Er liebte es, alle Menschen unter 1,94 m als klein zu bezeichnen. Alle lachten, aber sie merkten es sich.

In Hamburg war ich in der Chirurgischen Klinik zuerst ganz auf mich allein gestellt. Einer meiner Mitassistenten damals, er stammte noch von Konjetzny, hat den Zug der Zeit gespürt. Das war Theo Otto Lindenschmidt. Er schrieb ein damals viel beachtetes und zu Recht gerühmtes Buch: „Pathophysiologische Grundlagen der Chirurgie."

Ich selbst habe meine schon in Erlangen begonnene Monographie „Die anorektalen Fisteln" in den ersten Eppendorfer Jahren abgeschlossen.

Im Gegensatz zu Erlangen empfand ich in Eppendorf, weniger bei mir, als bei meinem Mitassistenten, immer ein ganz leises Gefühl der Angst vor dem Chef. Wir mußten damit leben und erledigten sehr gute Chirurgie. Erst ganz allmählich merkte ich, daß ein autokratischer Führungsstil schon lange nicht mehr zeitgemäß war.

Es gab kein vertrauendes Gespräch, kein Zuhören, kein Eingeständnis eigener Fehler.

Gerade als Oberarzt auf einem unsicheren Posten hat man aber ein persönliches Gespräch nötig. Der H.H. Berg nachfolgende Internist Heinrich Bartelheimer aus Berlin war dafür ein sehr guter Zuhörer und gab mir persönlich viele gute Ratschläge. Sein wichtigster war, sich immer zwei Schwerpunkte in der Wissenschaft zu suchen, um dem sehr hinderlichen Ruf der Einseitigkeit zu entgehen. So untersuchte ich neben dem Enddarm auch die Speiseröhre und 30 Jahre später konnte ich mein Lebenswerk „Die Chirurgie an den visceralen Abschlußsystemen" veröffentlichen. Bei solchen Gesprächen mit anderen Ordinarien merkte ich, daß alle einmal an der „Oberarztkrankheit" gelitten hatten. Viele waren guten Willens, mir zu helfen, aber ebensoviele hatten gar keinen Einfluß, und das hörte ich dann sehr oft von ihren eigenen Mitarbeitern, die in meiner

Stellung waren. Die Aussprache mit einem Erfolgreichen ist immer sehr wertvoll und sollte unbedingt angestrebt werden.

Bei Zukschwerdt's eigener vorbildlicher Dienstführung wurden alle nicht so Begabten abtaxiert und zensuriert. Zu meinem Erstaunen fiel mir ein eigentümliches Verhalten der Betroffenen auf. Je tiefer die Demütigung, desto unterwürfiger die Ergebenheit. Selbst viele Jahre nach diesen Ereignissen höre ich Lobeshymnen, wie wenn durch dieses euphemistische Gerede der schon längst in den ewigen Jagdgründen Weilende immer noch beschwichtigt werden müsse. So tief sitzt also die Angst! Sie meinen, sie würden dem zürnenden Chef noch im Himmel begegnen. Dort weilt er doch, wie wir alle hoffen.

Als junger Oberarzt tat sich in Eppendorf für mich eine weitere Quelle der Geschichte auf. Das war der Neurologe Max Nonne (1861–1959). Er wurde, hellwach geblieben, 99 Jahre alt und hatte als regelmäßiger Besucher von Vorträgen in der Medizinischen Gesellschaft im Hörsaal des Völkerkundemuseums oder bei Jubiläumsveranstaltungen in Eppendorf seine Freude, mit den Jüngsten Kontakt aufzunehmen. Er war immer überpünktlich, saß dann im Vorraum und man konnte sich dazugesellen. Die Internisten Budelmann und Mumme betreuten ihn. Bei einer solchen Gelegenheit erzählte er mir seine Erlebnisse an der Chirurgischen Universitätsklinik in Kiel 1886. Esmarch, der Chef, war damals 66 Jahre alt. Da tauchte bei Esmarch ein großer, schlanker, ungemein wendiger, junger Mann auf, das war August Bier. In dem Moment, wo Esmarch die Klinik betrat, rief er seither nach Bier. Nichts lief in dieser Klinik mehr ohne Bier. Bier (1861–1949) stammte aus Helsen/Waldeck. Nach kurzer Zeit in Kiel sprach er Platt wie die Einheimischen. Er wurde dort von den Gutsbesitzern eingeladen, denn er war ein großer Waidmann, dessen Schießkunst bewundert wurde. Er war ein hervorragender Geschichtenerzähler und hatte lebenslang die Lacher auf seiner Seite. Nonne erwähnt auch in seinen Lebenserinnerungen, ihm sei sofort klar geworden, dieser Jüngling habe den Marschallstab im Tornister und Nonne hatte recht.

Eigentlich stamme ich als Chirurg von dieser Chirurgenschule ab, in der Bier eine so hervorragende Stellung zu seiner Zeit einnahm. Sein Oberarzt Schmieden war der Chef meines Lehrers,

7. Kapitel

Otto Goetze, in Erlangen. Was wunder, daß ich von Goetze Vieles von der fesselnden Persönlichkeit Biers hören konnte. Ganz im Vordergrund stand sein unglaubliches Selbstbewußtsein. Bier wurde 1899 nach Greifswald berufen, nachdem er, wie er selbst in seinem Buch „Die Seele" schreibt, mit dem allmächtigen Ministerialdirektor im Preußischen Kultusministerium, Friedrich Althoff, kurz zuvor in Berlin ein bittere Auseinandersetzung hatte. Von 1903 bis 1907 war er Ordinarius in Bonn, also einer meiner Vorgänger, und 1907 nahm er einen Ruf an die Klinik Ziegelstraße an der Universität Berlin an. 1932 wurde er emeritiert.

In dem kleinen Greifswald, so erzählte Goetze, der als Student dabei war, gab es zwei Möglichkeiten für einen Ordinarius. Man wurde wegberufen, oder man wurde ein Original. Greifswald war wie ein Bierfilz: platt, grau und naß. Es gab 1899 nur eine Stammkneipe, in die die Mediziner gingen, die hieß: „Zum dreckigen Löffel." Dort saß man im Tabaksnebel und redete auch über die Neuberufung Bier, den niemand von Angesicht kannte. Da ging die Tür auf, da stand ein großer Mann, mit einem Umhang angetan. Das Gespräch verstummte und alle wußten: Das ist Bier. Als er dann in Bonn den Ruf nach Berlin bekam, hatte er schon sehr tüchtige, vor allem ihm ergebene Mitarbeiter. Einer war der spätere Marburger Ordinarius für Chirurgie, Klapp. Das Dienstantrittsdatum in Berlin paßte Bier gar nicht, er wollte die Hirschbrunft nicht versäumen. Deshalb schickte er Klapp nach Berlin, um das Semester zu eröffnen. Dieser beschloß, in dem kleinen alten Hörsaal, den ich noch kannte, und in dem ich auch noch Vorlesungen hörte, eine Magenresektion mit einer Laparotomie „vorzuoperieren." Er begann, Goetze saß, damals 23 Jahre alt, im Hörsaal, mit den Worten: „Wir, aus der Schule Biers, sind gewohnt, den Leib mit einem einzigen großen Schnitt zu eröffnen." Tat's und schnitt dabei den Magen an seiner Vorderwand quer durch. Die Studenten sprachen seither von der Klapparotomie.

Bier selbst hielt eine meisterhafte Vorlesung mit den Patienten, die ihm der Vorlesungsassistent kurz vorher vorgestellt hatte.

Er scheute sich nicht, Krankengeschichten zu erfinden, was ich immer ganz peinlich empfand und woran ich mich nur einmal erinnerte, es erlebt zu haben, in Innsbruck. Da erzählte der wortgewaltige Professor Breitner uns eine erfundene Krankengeschichte über den Schock. Ein Lokomotivführer kippte mit seiner Lokomotive um und da, wie das früher oft zu sehen war, er sich aus dem Fenster gelehnt hatte, verklemmte er seinen Unterarm zwischen Führerhaus und Unterbau des Bahnkörpers. Da lachten alle, da lachte Breitner auch und sagte: „Lachen's net, sonst lass' ich die Lokomotiv no' explodieren."

Bier machte nie eine Krankenvisite auf einer Allgemeinstation, nur die Privatpatienten im Gebäude, wo er sein Dienstzimmer hatte, die besuchte er. Dieses Dienstzimmer war spartanisch eingerichtet. Schreibtisch, ein mit schwarzem Wachstuch überzogenes „historisches" Sofa, ein Tisch mit der Totenmaske des berühmten Dieffenbach unter einem Glassturz, der 1847 auf diesem Sofa im Kolleg verstorben war. Dahinter ein großes Gemälde des Geheimrats von Esmarch in vollem Ordensschmuck, von Lenbach, und ein kleiner Bücherschrank (Vogeler). Nach seiner Emeritierung schrieb Bier ein Buch „Die Seele." Da legte er seine von Glück und Erfolg begleitete Laufbahn dar, ohne auch nur mit einem Wort auf die ihn begleitende Chirurgie der Welt einzugehen. Goetze sagte mir in Anlehnung an das damals sehr geschätzte Buch des Chirurgen Carl Ludwig Schleich, eines sonst nicht so glücklichen Fachgenossen, „Besonnte Vergangenheit", hätte Bier den Titel wählen sollen „Vergangene Besonnenheit."

Nonne erzählte auch sehr begeistert von dem Internisten Ludolf Brauer (1865–1951), der bis 1933 die Medizinische Universitätsklinik Eppendorf geleitet hatte und lange Zeit auch der Ärztliche Direktor des Eppendorfer Klinikums war. Brauer kam aus Marburg, wo er an die Universitätspoliklinik berufen worden war. Er war ein Tuberkulosespezialist. Damals behandelte man die Tuberkulose mit „roborierenden Maßnahmen", ergänzt durch den chirurgischen Eingriff. Da diese oft sehr hinfälligen Kranken keine große chirurgische Belastung aushielten, war das oberste Gebot eine strenge Indikation und eine sehr individuelle Operation. Vom Pneumothorax über die Entfernung des Zwerchfellnerven, über die Plombierung bis zur Entknochung der Brustwand reichte die Skala

7. Kapitel

der Möglichkeiten. Brauer, der Internist, operierte selbst. Er traute der Kunst des Chirurgen nicht. Von dem zu meiner Zeit noch lebenden Chirurgen des Hafenkrankenhauses, Professor Henner Brütt, der ihm dabei half, erfuhr ich die chirurgischen Einzelheiten. Brütt berichtete, mit welcher Behutsamkeit Brauer schon die örtliche Betäubung vornahm. um dann den gerade nötigen Teil der Rippen zu entfernen, daß die über dem tuberkulösen Hohlgeschwür der Kaverne so geschaffene Wunde durch ihre jetzt mögliche Schrumpfung die Kaverne „in den Griff" bekam und zum Einsturz brachte. Nur ein Chirurg kann ermessen, welch große Kunst der Beurteilung die Voraussetzung für den Erfolg solcher gezielter Eingriffe ist. Die chirurgischen Chefs zur Zeit Brauers in Eppendorf, Kümmell und später Sudeck ließen den operierenden Internisten gewähren. Sie sahen ein, daß zur damaligen Zeit dieser von der Möglichkeit der Heilung einer Lungentuberkulose viel mehr verstand als sie. Ich habe mich in meiner Hamburger Zeit mit einer weiteren großen Tat Brauers medizinhistorisch auseinandergesetzt. Dieser Artikel sei in Auszügen nachfolgend angefügt (Stelzner 1959):

Bis zum Jahre 1800 ging die Entwicklung der Chirurgie in Hamburg, wie auch sonst in Deutschland, nur langsam vonstatten.

Noch 1818 werden die Operateure hinter den Ärzten genannt und in den Vorschriften für den Rathschirurgus können wir unter § 38 lesen: „Bei bedeutsamen Verwendungen, wie der Eröffnung der Körperhöhlen, muß der Chirurgus den Stadtphysicus, den Internisten, hinzurufen."

Nach der Gründung des Hamburger Ärztlichen Vereins 1815 spielten die externen Internisten, was den Fortschritt der Chirurgie betrifft, bis in unser Jahrhundert eine bemerkenswerte Rolle. Ihre erfolgreiche und zum Teil geschichtliche Leistung begann mit der Gründung des ersten großen Allgemeinen Krankenhauses St. Georg 1820 in Hamburg. Es hatte damals schon 1000 Betten, es steht heute noch am gleichen Platz.

In diesem Krankenhaus wirkte der erste Internist in Hamburg, der sich in das Buch der Geschichte der Chirurgie eingeschrieben hat, Gotthard Bülau. 1875 erfand er zur Behandlung des Pleuraempyems die geschlossene Ableitung des Eiters mit der Heberdrainage. Er fand bei den damaligen Chirurgen keine Gegenliebe. Erst 1891 entschloß er sich, sich der Opposition, die den Publikationen seiner Mitarbeiter Jaffe und Simmonds entgegentrat, zu stellen. Niemand wird heute die Großtat Bülaus mehr kritisieren. Fast jeder Thoraxoperierte wird heute nach seinem Prinzip der geschlossenen Abteilung drainiert. Nicht viel später arbeitete der Internist Hermann Lenhartz im Allgemeinen Krankenhaus St. Georg und später in Eppendorf. Er galt als einer der besten Kenner der Lungenkrankheiten, und er war wieder einer operativer Internist, der selbst große Thoraxeingriffe erfolgreich durchführte. Seine Erfolge waren so hervorragend, daß der Vorstand der Deutschen Gesellschaft für Chirurgie ihn 1907 um ein Referat gebeten hat. Damals referierte er: „Leider hätte er keinen Chirurgen gefunden, der ihm seine Lungenkranken operiert hätte und so wäre er gezwungen gewesen, selbst das Messer zu ergreifen."

Der letzte bedeutende operative Internist war Ludolf Brauer in Eppendorf, von dem ich soeben gesprochen habe. Seine Arbeit „Über Erfahrungen und Überlegungen zur Lungenkollapstherapie" aus dem Jahre 1909 wurde zu einem Standardwerk der Zeit. Weniger bekannt, aber für die Chirurgie von geschichtlicher Bedeutung, wurde seine Publikation über die Ausschaltung der Pneumothoraxfolgen mit Hilfe des Überdruckverfahrens aus dem Jahre 1904.

Der Zufall wollte es, daß Sauerbruch in der gleichen Zeitschrift des gleichen Jahres, im gleichen Heft, seine Unterdruckkammer zur Vermeidung der Pneumothoraxfolgen bekannt gab.

Nicht genug damit, so schrieb Mikulicz aus Breslau zu beiden Arbeiten einen Kommentar, worin er betont, daß der Internist Brauer ohne Kenntnis der Sauerbruch'schen Arbeiten aus der Mikulicz'schen Klinik auf die Idee des Überdruckverfahrens mit der Narkosemaske gekommen sei und daß die Zukunft zeigen werde, welches Verfahren in die operative Praxis übernommen werden würde.

Brauer starb 1951, er reicht also noch bis in unsere Zeit.

Heute wissen wir alle, welches Verfahren zur Verhütung der operativen Pneumothoraxfolgen Geschichte geworden ist. Das war der Brauer'sche Gedanke.

7. Kapitel

Brauer, L.: Die Ausschaltung der Pneumothoraxfolgen mit Hilfe des Überdruckverfahrens.
Mitteilungen aus den Grenzgebieten der Medizin und Chirurgie 13, 483, (1904).

Brauer, L.: Über Erfahrungen und Überlegungen zur Lungenkollapstherapie.
Beitr. Klin. d. Tuberkulose XII, 49, (1909).

Bülau, G.: Für die Heberdrainage bei Behandlung des Empyems.
Zschr. f. klin. Med. 18, 31, (1891).

Lenhartz, H.: Lungenchirurgie (unter Aussprache)
Verhandlg. d. Dtsch. Ges. f. Chir. 36, 60 (1907).

Sauerbruch, F.: Zur Pathologie des offenen Pneumothorax und die Grundlagen meines Verfahrens zu seiner Ausschaltung.
Mitteilungen a. d. Grenzgeb. der Medizin und Chirurgie 13, 399, (1904).

Mit diesen hier auszugsweise mitgeteilten Überlegungen, die am 01. Juni 1959 als Festvortrag auf Einladung der Europäischen Föderation des International College of Surgeons in Hamburg vom Verfasser gehalten wurde, eile ich aber meiner Zeit voraus.

Wir ersehen daraus, wie ungleich die Geschichte wiegt. Sauerbruchs Idee der Unterdruckkammer wurde im selben Jahr der Publikation von dem Vorschlag Brauers überholt und dieser wurde in die Praxis übernommen, auch von Sauerbruch, der von Stund an immer nur vom Druckdifferenzverfahren sprach, der Name Brauer aber fiel nie mehr. Trotzdem schwebt die Unterdruckkammer und der Ruhm ihres Schöpfers bis heute in der Chirurgie in Deutschland weiter. Nonne machte uns in manchem Gespräch auch auf den bis heute immer wieder auftauchenden Namen Sudeck aufmerksam. Nonne sagte: „Ihr Ergebnis muß von anderen repetiert werden und Sie müssen einen griffigen Namen haben, dann genügt eine einzige Beobachtung, mit Forschung hat das gar nichts zu tun,

Sie brauchen weder die Ursache einer Krankheit ergründen, noch über eine Therapie Bescheid wissen." Das ist wie bei Crohn, der nur zwei Fälle zu den vielen von Ginsburg beigesteuert hatte. Weder der Sudeck'sche Punkt hat bald nach seiner Beschreibung irgendeine Bedeutung behalten, noch die Rektopexie beim Mastdarmvorfall, deren schlechte Dauererfolge längst erwiesen sind. Aber es genügte damals eine Publikation von 2 Fällen mit dürftigsten Zeichnungen ohne jede Diskussion, geschweige denn eine Statistik, um die Erinnerung wach zu halten.

Neben dem chirurgischen Alltag, der mich auch mit der Lungenresektion in Berührung brachte, war mein Hauptbetätigungsgebiet in Hamburg-Eppendorf die Abdominalchirurgie. Die chirurgische Behandlung der Lungentuberkulose in Pavillon 2 seit Lezius Zeiten lag in den bewährten Händen von Herrn Dr. Fritz Stürzbecher. Dieser sehr tüchtige Chirurg wurde später Chefarzt in Mönchengladbach und er war dort als Allgemeinchirurg genauso tüchtig. Diese Mär, daß ein sehr guter Spezialist dann im Allgemeinen Krankenhaus versagen könnte, wurde nach meiner Erfahrung in der Zukunft sehr oft widerlegt. Aber dieses Gerücht ist eine unausrottbare Hinterhältigkeit, um einen Konkurrenten auszuheben.

Ich las in Hamburg die Allgemeine Chirurgie und ein uns alle befriedigendes Kolleg mit dem Internisten Martini (später Ordinarius in Marburg), dem Pathologen Kracht (Ordinarius in Gießen), dem Pädiater von Harnack (später Ordinarius in Düsseldorf) und dem Neurologen Albrecht, der leider bald an einer Apoplexie (Schlaganfall) verstorben ist. Besonders mit der Klinik des Internisten H.H. Berg und seinen Oberärzten Berning und Hornbostel war die Zusammenarbeit sehr befriedigend und lag auf einem hohen Niveau. Die Patienten in Hamburg waren von denen in Erlangen sehr verschieden. Bei den vielen Krankenhäusern einer Großstadt kam nach Eppendorf ein ausgewähltes Krankengut. So schwere Tuberkulosen, diese riesigen Lungentumoren und die vielen sekundären Eingriffe, so etwas gab es in Erlangen nicht. Gott sei Dank richtete Zukschwerdt eine Anästhesieabteilung und eine Wachstation ein, er förderte die Forschung zur Bekämpfung der Thrombose und Lungenembolie und besetzte sie mit dem ungemein fleißigen Prof. Dr.

7. Kapitel

Arnold Thies. Wie überall in Deutschland spielte die Operationsletalität bald keine Rolle mehr, trotzdem ging auch hier jedem Arzt das Schicksal der Patienten nahe. Langsam sprach sich meine besondere Ausbildung in der Proktologie herum, und es kamen viele Tumoren, die Colitiden und die Fisteln, die mich lebenslang beschäftigen sollten, da sie niemand gern operieren wollte. Wieder merkte ich, wie schnell der Abschied von der Welt ablaufen kann. Ich setzte mich auch gerne an das Bett des Kranken und redete mit den Leuten und tröstete sie. Da erzählte mir eines Tages eine alte Frau, die wir wegen einer Radiusfraktur stationär aufgenommen hatten, sie brauche sich, seit sie diese Fraktur hatte, an dieser Hand nicht mehr die Fingernägel schneiden. Ich verfolgte dieses unbekannte Phänomen und tatsächlich, erst nach verheilter Fraktur pendelte sich das stillstehende Nagelwachstum wieder ein. Da wir eine ganze Station mit Frakturen versorgten, prüfte ich dieses Versiegen des Fingernagelwachstums an den damals wochenlang liegenden Unterschenkelbrüchen nach. Ich stellte fest, daß nach dem Knochenbruch das Nagelwachstum erlischt und bei der Frau signifikant eher wieder beginnt als beim Mann. (Später in Bonn habe ich auch die Blutregeneration nach Unfällen bei Mann und Frau untersucht, aber da gibt es dieses Phänomen nicht). Von meiner Publikation wollte nur einer einen Sonderdruck. Das war der weltberühmte Unfallchirurg in Wien, Lorenz Böhler. Diese meine sehr wichtige Beobachtung interessierte also niemanden. Seither, über 30 Jahre lang, machte ich mich auf die Suche, diesen Wachstumsrhythmus – ein Millionstelmillimeter in einer Sekunde – direkt sichtbar zu machen – bisher vergeblich. Über die Erlebnisse bei dieser vergeblichen Suche könnte ich ein ganzes neues Buch schreiben, aber ich suche weiter.

Wissenschaftlich kooperierte ich mit dem Anatomen Jochen Staubesand (später Ordinarius in Freiburg), mit dem ich ein neues Organ, den Schwellkörper des Mastdarms, entdeckt habe. Staubesand hatte die Idee, an den von mir gelieferten Mastdarmpräparaten über die Hauptarterie, die Arteria rectalis superior, das mit Pantocain, einem krampflösenden Mittel, vermischte Kontrastmedium bis in den unbekannten Schwellkörper einzuspritzen. Trotzdem galten die Haemorrhoiden noch lange als „überflüssige" erweiterte Venen, obwohl man seit Jahrhunderten deren hellrote Blutungen, z.B. bei der Operation, registrierte. Sie sollten mich noch lange beschäftigen.

Seit meiner Erlanger Zeit war ich in der engeren Wahl für ein Stipendium des British Council in London. Konjetzny und Zukschwerdt gaben die weiteren erbetenen Gutachten ab und ich hatte auch Fürsprecher in Zenker, Marburg, Derra, Düsseldorf, Vosschulte, Gießen und Nissen, Basel. Ich sollte Anfang 1956 zu dem Selection Committee für die British Council Burseries 1956/57 nach Bad Godesberg fahren, aber ich mußte damals meinen Chef vertreten. Da eröffnete mir Mister Aldridge mit einem Schreiben vom 06. Januar 1956, daß ich mein Stipendium auch ohne nochmalige Aussprache bekommen hätte und er gratulierte mir dazu.

Ich hatte in London drei Pläne:

– Rektumchirurgie im St. Marks Hospital
– Thoraxchirurgie im Brompton Hospital und
– Pfortaderchirurgie im St. Bartholomews Hospital

Besonders aufmerksam wollte ich mich aber mit den beckenbodenlosen Säugetieren im Zoologieinstitut und im Natural History Museum (Bibliothek) auseinandersetzen.

Am 01. Januar 1957 traf ich nach einer stürmischen Überfahrt von Ostende nach Harwich in der britischen Hauptstadt ein. In der Davies Street 65, dem Hauptquartier der British Council Bursary Section, ebnete man mir alle Wege. Ich genoß diese Aufmerksamkeit und wunderte mich über das Vertrauen, das meine englischen Geldgeber in mich setzten. Als ich nach Wochen einmal fragte, ob sie denn gar nicht wissen wollten, was ich triebe, bekam ich zur Antwort: Wir suchen solange nach Fleißigen, und haben wir sie gefunden, werden wir nie enttäuscht. Ein Telefonanruf genügte und alle meine Wünsche, was die Wissenschaft und die Chirurgie betraf, wurden erfüllt.

Ich kam aus einem vom verlorenen Krieg stark zerstörten Land, aus Hamburg, in dessen total vernichteten Stadtkern, der Aufbau dort hatte gerade begonnen. Zuvor kam ich aus dem ebenso stark

7. Kapitel

zertrümmerten Nürnberg (von Erlangen aus). In London sah ich keine Spur des Krieges mehr. Als ich ankam, herrschte der berüchtigte dicke, gelbe, stechend riechende Nebel, verursacht durch die Kaminkohlenfeuerung, die heute verschwunden ist. Die Omnibusse tasteten sich den ganzen Tag über mit einem schrägen Suchscheinwerfer den Rinnsteinen entlang, so ganz selbstverständlich war das und keiner verlor ein Wort darüber. Die Schaffner hatten große Säcke aus Leder umhängen, denn der Penny war eine sehr große Kupfermünze. Neben Münzen mit der Prägung des Königs Georg VI. gab es solche mit einer Prägung Georg V., auch welche mit der Prägung Eduard VII, ja selten fand ich ganz abgegriffene mit dem Bild der Königin Viktoria, gestorben 1902. Ich kam aus einem Land der Verlierer seit Menschengedenken auf eine Insel mit immerwährenden Siegen. Seit 1000 Jahren hatte hier nie mehr ein Eroberer seinen Fuß an Land gesetzt.

Ich wurde zuerst vom Stipendienhauptquartier aus in Northwood, 21 Watford Road, bei einem Gemüsehändler, Mister Bennett, untergebracht. Die Familie Bennett war sehr freundlich, ich bekam mein Frühstück und ein ungeheiztes Zimmer. Abends saß ich auch am Kamin und traf einen merkwürdigen Untermieter, der dort seit Jahren zu Hause war. Das war ein vermutlich schon vor dem Ersten Weltkrieg emigrierter österreichischer Offizier, der jetzt als etwa 80jähriger in einem Buchantiquariat immer noch ein wenig in London arbeitete. Er sprach nie deutsch, wußte aber über deutsche Bücher sehr gut Bescheid, deren Titel er verräterisch richtig aussprach. Sein Geheimnis verriet mir Frau Bennett. Der letzte Satz lautete: Engländer sind eben tolerant. Er allein hatte im Rücken einen elektric heater stehen, den er auch in sein Schlafzimmer mitnahm. Am Abend ging ich oft mit Herrn Bennett ins Pub (Gasthaus). Dort traf er immer alte Freunde, und auch ich wurde sehr herzlich in diesen Kreis aufgenommen. Im Gespräch wurden die kleinen Freuden aus früherer Zeit erwähnt, von denen ich keine Ahnung hatte. So gab es einen Frog-Mug, der eine Quelle immer neuer Heiterkeit war. Es handelte sich um einen Keramikkrug, auf dessen Boden innen ein Keramikfrosch den Trinker anblickte, wenn er das Gefäß geleert hatte. Man erklärte mir die Getränke Ale, Lager, Stout und die unerschöpflichen Whisky-Sorten sowie den wohlfeilen Gin, der immer und nach wie vor sehr gut ist. Geraucht wurden Pfeifen und Zigaretten, nie Zigarren. Die gab es gar nicht zu kaufen. Das Gesprächsthema war der Alltag, selten die Politik, nie der Krieg, vermutlich aus Rücksicht auf den Deutschen. Durch Fragen, z. B. nach der hohen Qualität englischen Tuches, hörte ich aus den Antworten ihren Stolz auf ihre Leistungen ganz allgemein. Dann eine Überraschung: Um 23.00 Uhr erschienen vor dem Gasthaus eine ganze Kavalkade Kleinautos, auch Lieferwagen, gesteuert von den Ehefrauen der Zecher. Die Pubsitzung war beendet und die Herren wurden wortlos und sicher nach Hause gebracht.

Über das Wochenende besuchte ich, wie ich das mein ganzes Leben lang getan habe, die Friedhöfe in London und Umgebung. In den Kleinstädten lagen die Gräber gewöhnlich rund um eine uralte, kleine, graue, romanische Kirche mit einem dicken Turm. Im Gegensatz zu uns oder gar zu Österreich oder Italien gab es keine prunkvollen Grabmonumente. Überall bescheidene, graue Steinplatten (Frazer). Oft las ich nur den Namen mit Geburts- und Sterbedatum, aber ebensoft ergreifende Worte über die Trauer, über die Leistungen der Verstorbenen und auch persönliche Ansprachen an den Leser, z. B. der Grabstein einer verstorbenen jungen Lehrerin auf dem „front and back of the same stone, showing children playing hide-and-seek" eingemeißelt waren und der folgende Text: Through her work she brought insight and delight to many generations of children. She was greatly loved.

when will our eyes meet
when will I touch you
when will this strong yarning end
when will I meet you again?

Oft las ich den Anruf: Remember: Erinnere Dich! vor dem Namen und den diesen folgenden Beruf bzw. den Verdiensten der Verblichenen. Diese manchmal überwältigende und doch so bescheidene Zuwendung sollte ich noch oft auch in den Reden und

7. Kapitel

Vorträgen in der englisch sprechenden Welt kennenlernen, vor allem auch in den USA. Während meines Londonaufenthaltes ging in an den Wochenende in die herrlichen Museen, das Britische Museum, das Viktoria- und Albert-Museum und die Nationalgalerie. Überall spürte man die so selbstverständliche Überlegenheit Englands. Einige Beispiele:

1. Der deutsche Archäologe Tischendorf fand Ende des 19. Jahrhunderts in einem orthodoxen Kloster am Berge Sinai den Codex sinaiticus, eine Heilsgeschichte aus dem dritten Jahrhundert. Es war eines der ältesten erhaltenen handgeschriebenen Bücher. Er schenkte es den russischen Zaren, dem Oberhaupt der orthodoxen Kirche. Als Lenin an die Macht kam, mußte dieses Symbol Gottes verschwinden. Da Lenin sehr gescheit war, verkaufte er es, wem? – den Briten. Dort kann man heute noch die in einer ganz einfachen, aber herrlich schönen, sauberen Schrift verfaßten Handschrift bewundern.
2. Eine französische Ägyptenexpedition fand Mitte des vorigen Jahrhunderts am Nil einen großen Stein, auf dem ein Text in der bis dahin unentzifferbaren ägyptischen Bilderschrift eingemeißelt war und darunter der gleiche Text in griechisch, den man ja lesen konnte. Von Stund an eröffnete sich den Europäern eine ganz neue Welt über eines der ältesten Kulturvölker. Wer hat den Stein? Die Engländer im britischen Museum.
3. Als die Türken in Athen von den Venezianern belagert wurden, schleuderte der im Sold Venedigs stehende Graf Königsmarck ein Geschoß in das Pulvermagazin, das die Türken ausgerechnet in dem Parthenon, in dem riesigen, weiß-marmornen Tempel auf dem Gipfel der Akropolis untergebracht hatten. Der herrliche Tempel aus weißem parischen Marmor flog in die Luft. Nicht viel später kaufte der englische diplomatische Vertreter in Athen, Lord Elgin, den zertrümmerten Figurenschmuck und ließ Schiffsladungen von ihm nach London schicken. Heute sind die Elgin-Marbels ein Höhepunkt der so außerordentlich zahlreichen Sammlungen aus allen Zeitaltern

im Britischen Museum. So könnte man endlos fortfahren, was dieses Inselvolk zustande brachte.

Ein besonderes Erlebnis aber war mein nicht seltener Besuch auf der Galerie für Zuhörer des Unterhauses, in den Houses of Parliament. Da die Sitzungen oft bis in den Abend andauerten, und während dieser Sitzungen immer die angestrahlte Fahne auf dem Viktoriatower das anzeigte, war es für mich auch nach dem Hospitalalltag möglich, das House of Commons zu besuchen. Auf der Besuchergalerie fiel mir auf, daß hier ganz dicke Teppiche lagen, so daß die kommenden und gehenden Besucher nicht störten. Kam man zu Beginn einer Sitzung, mußte man warten, bis das Parlament gebetet hatte, dann erst war die Besuchergalerie geöffnet. Das englische Parlament muß man erleben, zu meiner Zeit war es gerade wieder nach der Zerstörung durch die Deutschen im alten Erscheinungsbild aufgebaut worden. Die alten, mit grünem Leder gepolsterten durchlaufenden Bänke, die immer weniger Abgeordneten Platz boten, als tatsächlich gewählt worden waren. Kein Rednerpult, die members of parliaments sollten frei sprechen – und wie konnten sie das. Ihre Redekunst hat mich besonders fasziniert und mit ihr der Stil. Niemand nannte z. B. in der Wechselrede einen Namen. Es diskutierte der ehrenwerte Abgeordnete von Woodstock mit dem most honorable (most, wenn er ein Offizier gewesen war) member of Winchester. Der log auch nicht, sondern hatte „Schwierigkeiten mit der Wahrheitsfindung." Auch in Westminster gab es schlechte Redner, aber manche guten waren hervorragend. Sie beherrschten alle Redefiguren von Jugend an und sprühten vor Einfällen. Und nicht umsonst steht in dem Buch von William G. Hamilton über die Regeln der Parlamentsdebatte unter den fünf Grundvoraussetzungen.

1. Die inventio (der Einfall)
2. Die dispositio (die Anordnung)
3. Die elocutio (die Zungenfertigkeit)
4. Die memoria (das Gedächtnis)
   und
5. die actio (die Kunst des Vortrags)

7. Kapitel

Vor allem die Kunst der actio, verbunden mit der inventio, in einem Scherz gipfelnd, in der Empfindung des Zuhörers, er, und nur er allein würde direkt und ganz persönlich angesprochen. Das ist ein Kennzeichen der angloamerikanischen Rhetorik. Der Leser erinnere sich, er findet sie auf den redenden Grabsteinen und bei diesen Meistern des Wortes im öffentlichen Leben.

Ein mitteilenswertes Beispiel lesen wir bei Churchill in seinem Buch „Große Zeitgenossen." Balfour, so Churchill, beherrschte dieses Instrument der Parlamentsrede hervorragend. Älter geworden, pflegte er sich Stichworte für seine Ausführungen auf lange Briefumschläge zu notieren. Dann begann der Redefluß, und die Worte kamen von seinen Lippen und schlugen die so persönlich Angesprochenen in den Bann. Einmal schneller, einmal langsamer, dramatisch und witzig, wie es erforderlich war, und langsam versiegte der Fluß der Worte. Balfour wurde leiser und zögernd und jetzt hatte man den Eindruck, daß jeder in dem gebannt lauschenden Auditorium sich mit ihm auf die Suche nach dem Worte machte, das Balfour zu suchen vorgab. Nach einem Zuruf mit dem gesuchten Wort floß dann der Strom bis zum Schlußakkord weiter.

Als man Spencer Cavendish, als er noch nicht Herzog von Devonshire war, einmal wegen seiner Selbstsicherheit bei seinen Reden bewunderte, erwiderte er: „Ja, es ist tatsächlich so, ich träumte, ich hielte eine glänzende Rede, und als ich aufwachte, hielt ich tatsächlich eine."

In den unerschöpflichen Antiquariaten in London fand ich später, bei immer neuer Nachsuche, die fünf Bände mit den Reden von Stanley Baldwin, Premier-Minister in den 20er und 30er Jahren. Aus dem vierten Band „Service of our Lives" seien nur zwei Beispiele hervorragender Rhetorik genannt. Sofort fällt auf, daß diese Reden von der inventio, dem Einfall vor allem, sehr abhängen.

Stanley Baldwin war nie im Kriegsdienst; wie meisterte er nun die Lobrede auf den gerade verstorbenen Earl Jellicoe, Admiral of the Fleet, Oberbefehlshaber der englischen Flotte im Ersten Weltkrieg? Er zitierte den Brief eines „midshipman", also eines einfachen Matrosen, der 1916 in der großen Flotte gedient hatte:

... Keiner von uns hat ihn je gesprochen, viele von uns
haben ihn nie gesehen, aber wir alle hatten die
Empfindung, auf seinem Flaggschiff zu dienen. Die
große Flotte, the grand fleet, das war Jellicoe
(12. Dezember 1935).
Oder: On the Canadian Dead (29. Juli 1936).
Während Baldwin über die Schlachtfelder des
ErstenWeltkrieges ging, wo auch Kanadier gefallen
waren... .
And I had a consciousness there, which I have never
had before or since, that the vibrant air was full
of something and the roads were full and I seemed
to be pushing my way long. I know that feeling that
you were been watching by unseen clouds of witnesses ... .

Von Northwood fuhr ich täglich zu meinem ersten Krankenhaus, das ich besuchen wollte, es war das Mount Vernon Center for Plastic Surgery and Jaw Injuries. Mr. R. Mowlem, der Chefchirurg, beeindruckte mich nicht so sehr, wie die Organisation einer englischen Klinik. In England gibt es oft das Belegkrankenhaus, in dem der Chirurg seine Spezialität operiert. Seine anderen Fälle, also die der Allgemeinchirurgie, operiert er dann in anderen Häusern. Manche Chirurgen befassen sich allerdings nur mit einer Fachrichtung, z.B. Plastische Chirurgie, Proktologie usw.. Dauernd im Haus ist nur ein „Resident", ein Oberarzt. Diese Organisationsform hat sich weltweit und sehr erfolgreich im ganzen angloamerikanischen Sprachbereich entwickelt. Damit löst man offensichtlich die Schwierigkeiten, das immer größer werdende Wissen zu bewältigen.

Im Januar 1957 fuhr ich auch regelmäßig in das St. Bartholomews Hospital nach London zu Alan Henderson Hunt. Bescheiden nennt er seine 1985 erschienene Monographie „A Contribution to the study of Portal Hypertension." Für die damalige Zeit war Hunt der führende Chirurg für den portalen Hochdruck, der seine anderen Operationen im Royal Marsden Hospital durchführte. Seine Technik der portocavalen Anastomosen habe ich dann in Hamburg in Zusammenarbeit mit dem Internisten G.A. Martini sofort übernommen. Die Voraussetzung für seine guten Ergebnisse war die sorgfältige Auswahl und die ebenso sorgfältige Nachbehandlung. Diese für uns vorher recht schwierige Problematik hatte in Hunt ihren Meister gefunden.

Bei der Fahrt mit einem Vorortzug in die City morgens saß ich neben den Pendlern, die alle Zeitung lasen. Ich fiel diesen Lesern als Zeitungsloser so auf, daß sie mir oft unter Lachen eine Zeitung schenkten. Sie sagten mir, ich sei ihnen unverständlich, und ich müßte wohl aus einem ganz entfernten Land kommen, daß ich ohne Zeitung zu lesen in einem Zug fahren könnte.

Um meine anderen Krankenhäuser besser zu erreichen, zog ich dann um. Ich bekam bei der Familie der Mrs. Gordon-Temple, 35 Fitzgeorg Avenue in London W 14, am 15.01.57 eine neue Unterkunft. Am 31.01.57 besuchte ich dann bis zu meiner Rückfahrt im April regelmäßig das St. Marks Hospital in der City Road, dem ja mein Hauptinteresse galt. Seit 1835, dem Gründungsjahr, publiziert dieses Krankenhaus „for Diseases of the Rectum and Colon" einen Jahresbericht, der nicht nur die Anzahl und die Art der behandelten Fälle, sondern auch die Ergebnisse mitteilt. Zu meiner Zeit waren die Namen der „Honorary consulting Staff" und der „Consulting Surgeons" in aller Munde der chirurgischen Welt. Hier konnte man den Vorteil eines Beleghauses erkennen, bei dem zwar die Operateure wechselten, aber das Krankengut stabil blieb, es wurde zusammengehalten und zusammen registriert und ausgewertet über Generationen. Diese Jahresberichte registrierten neben den einzelnen Krankheiten z. B. für das Jahr 1956 auch sehr genau die 20 postoperativen Todesfälle. So ein Bulletin war bei uns ganz unbekannt. Im Zentrum dieser Forschungsarbeit stand damals H.R.J. Bussey, ursprünglich ein junger Laborgehilfe, der dem langjährigen Pathologen des St. Marks Hospitals, Cuthbert Dukes, seit 1923 zur Hand ging. Im Jahresbericht 1974 las ich, daß Bussey, nachdem er sich große Verdienste um das Schicksal der Polyposisträger mit Dukes erworben hatte, den Doktortitel der Medizinischen Fakultät der Universität London 1970 bekommen hatte. 1964 wurde er Ehrenmitglied der Sektion Proktologie der Royal Society of Medicine. Als er nach 50-

jähriger Tätigkeit ausschied, wurde er sofort als „consulting research fellow" „for many years to come" wieder eingestellt. Mit ihm habe ich, eingedenk meiner alten Erfahrung in Berlin und Erlangen, München und Hamburg, sofort Kontakt aufgenommen. Gerne gab ich ihm meine Briefmarken von meiner Post aus Deutschland, denn er war ein eifriger stamp collector. Jeder der fünf Chirurgen, die ich ruhig, lautlos an den fünf Tagen der Woche im St. Marks Hospital abwechselnd operieren sah, hatte seinen eigenen Stil und alle waren hervorragend.

1956/57 waren das:
W.B. Gabriel (seit 1922)
C. Naunton Morgan
O.V. Lloyd Davies
H.R. Thompson
H.E. Lockhart-Mummery
und
J.P. Todd

Mit ganz einfachen, oft neu entwickelten Instrumenten oder Lagerungsschienen lief ein Eingriff ohne jeden Zwischenfall ab. Vorher zeigte die assistierende Schwester dem Operateur ihr Instrumentarium, einschließlich des atraumatischen Nahtmaterials. Sehr selten mußte etwas nachgereicht werden. Zu dieser vorzüglichen Organisation trugen auch die lautlosen Anästhesisten bei. Höflichkeit wurde großgeschrieben, sie war selbstverständlich. Hier arbeiteten Gentlemen. Niemand im St. Marks Hospital kannte einen deutschen Chirurgen, nur der Pathologe Dukes kannte den Namen Westhues aus Erlangen. Mir wurde bewußt, wie weit wir durch unsere unselige politische Entwicklung zurückgefallen waren, denn ich habe in London keinen Eingriff gesehen, der nicht klarer und fortschrittlicher war als in meiner Heimat. Diese ungewöhnlich erfolgreiche Chirurgie sprach sich herum und 1974 waren 78 postgraduate students aus 23 Ländern zwischen einer Woche und 6 Monaten im St. Marks Hospital zu Gast. Dazu kamen 66 Chirurgen aus 27 Ländern, die bei den Operationen dort

7. Kapitel

zugesehen hatten. Uns in Deutschland besuchte niemand. Am Nachmittag hatte ich Gelegenheit, die an einem oder an zwei Tagen operierenden Chirurgen an anderen Tagen in der Ambulanz in der City Road arbeiten zu sehen. Über der Pförtnerloge dieses alten St. Marks Hospitals hing eine große Eichentafel mit den Namen der Consulting Surgeons. Nach jedem Namen eine Schiebetafel, die bedeckte entweder das Wort in oder out. Kam z.B. Mr. Gabriel früh ins Hospital, schob er mit seiner Regenschirmspitze das Täfelchen auf 'out' und gab das 'in' frei. Mittags passierte das Umgekehrte. Alle diese Leute schienen unendlich Zeit zu haben. Zwischen den Eingriffen wurde Tee getrunken (seltener Kaffee) und diskutiert. Neben dem Pathologen Dukes und dem Herrn Bussey war für meine wissenschaftliche Fragestellung vor allem Clifford Naunton-Morgan besonders ergiebig. Sir Clifford, wie er später hieß, interessierte sich sehr für meine Methode, die vergleichende Anatomie für die Chirurgie ins Spiel zu bringen. War ich in der Bibliothek des Natural History Museums gewesen, wollte er genau wissen, was ich über die beckenbodenlosen Tiere nun „herausbekommen" hätte. In meiner wissenschaftlichen Lebensarbeit sind über die nächsten Jahrzehnte diese Anregungen und Erkenntnisse eingeflossen. Diesem Hospital und seinem Stab bin ich deshalb zu großem Dank verpflichtet. Natürlich habe ich später manches anders erkannt und entwickelt, das ist aber ganz normal.

Das Geheimnis des Welterfolges dieser englischen Krankenhäuser lag, wie schon gesagt, in ihrer Organisation. Sicher gehören dazu auch kluge Leute, aber solche gibt es wohl überall. Die Konzentration auf ein ganz umschriebenes Gebiet in einem Haus, hier auf die Proktologie, über 100 Jahre mit fortlaufender Registratur der Ergebnisse, mit wechselnden theoretischen Überlegungen, das ist die Quelle des Erfolges und des Fortschritts. Dazu kommt noch die Mitarbeit der „Theoretiker" auch auf diesem begrenzten Gebiet. St. Marks hatte nicht nur die Pathologen Dukes und Morson, sondern auch einen zu konsultierenden Anatomen in seinem staff. Bei uns in Deutschland mußte man zu meiner Zeit „vielseitig" sein und nach jedem Wechsel eines Chefs an einer Chirurgischen Universitätsklinik begann eine völlig neue Ära mit der Registrierung des Krankengutes, wieder mit der Nr. 1. Diese englische Organisation ist so fruchtbar, daß ich inzwischen die dritte Generation der „St. Marks-People" erlebe, und immer noch haben sie der Welt Wichtiges zu sagen. Sicher trägt zu diesem Erfolg auch der Nimbus bei, es gehört eigentlich zum guten Ton, in St. Marks gewesen zu sein, obwohl man jetzt alles auch in dem reichlichen Schrifttum aus diesem Hospital nachlesen könnte, ohne in London Schlange zu stehen. Ich möchte aber meine persönliche Fühlungnahme nicht missen, denn wissenschaftlich unterrichten kann man sich nur im persönlichen Gespräch, und das ist mir gelungen. Ich denke da später an Sir Alan Parks und den zu meiner Zeit schon in Leeds arbeitenden John Goligher, er gehört auch zu den St. Marks-People.

Die Geschichte dieses Krankenhauses kann von Interessierten seit 1985 nachgelesen werden (C. Granshaw). Seine Entwicklung seit 150 Jahren war ein großer Erfolg, nicht vergleichbar mit der Allgemeinchirurgie in Deutschland. Kaum einer der britischen proktologischen Chirurgen, der nicht in diesem Hospital gewesen ist, wenn auch einer der berühmtesten, Ernest Miles, als home surgeon des St. Marks Hospitals es nicht schaffte, 1904 zum staff member aufzurücken „who had been defeated for a position as surgeon at St. Marks by a socially better placed rival..." Das gibt es auch heute noch – ich habe da Erfahrung!

Schon immer interessierten mich historische Zusammenhänge, ich wußte, daß der Leibarzt des Herzogs von Lancaster, John of Arderne (1307–1390) die Therapie einer Analfistel durch Freilegung schon im 14. Jahrhundert ausgeübt und beschrieben hatte. Nach meinen Erkundigungen in der Davies Street verwies man mich an die Bibliothek des Britischen Museums, denn ich wollte zu gern einmal den dort verwahrten Originalcodex einsehen. Ich meldete mich schriftlich an und schon nach 10 Tagen kam die Antwort: „Die Handschrift Nr. 1006 liegt für Sie bereit." Vorsorglich hatte ich meinem Ansuchen die Bitte hinzugefügt, ob man vielleicht eine Übersetzung beifügen könnte, denn ich bin des gotischen Englisch nicht mächtig. Auch das – die Übersetzung von D'Arcy Power lag bereit. Als ich in der Bibliothek des Britischen

7. Kapitel

Museums meine Karte abgab und nachdem ich registriert worden war, mußte ich meinen Füllfederhalter abgeben. Das habe ich noch begriffen, ich hätte ja auf der Pergamenthandschrift einen Tintenfleck hinterlassen können. Verständnislos habe ich aber die beiden in Leder eingenähten Steine an mich genommen, die mir der Kustos gab. Auf meine Frage erklärte mir der Mann: Diese über hundert Jahre alten Beschwerer müssen Sie auf den aufgeschlagenen Codex legen, damit er nicht zuklappt und dann können Sie ungestört lesen. So armiert, ging ich mit Steinen, Bleistift und Papier in den riesigen, kuppelgewölbten Lesesaal, wo zwischen den vielen, mit hellblauen Maroquinleder überzogenen Schreibtischen auch mein, mit einer Messingmetallnummer bezeichneter Tisch mit dem Codex 1006 und dem Übersetzungsbuch bereitlag. Der Aufseher, der mir meinen Arbeitsplatz zeigte, war sehr freundlich, und wir kamen ins Gespräch. So sagte er: „Sie kommen aus Deutschland? Da wird es Sie sicher interessieren, daß an diesem Tisch, er wies auf einen hin, über Jahre Karl Marx gesessen hatte und an diesem, da wurde er ganz leise, Hjalmar Schacht, der Reichsbankpräsident Hitlers, der zu meiner Zeit noch am Leben war. Nach diesen Auskünften wird der Leser verstehen, daß sich mein Selbstbewußtsein – unberechtigtermaßen – erheblich hob. Nachdem ich mich zwei Tage mit dem Codex bzw. der Übersetzung beschäftigt hatte, konnte ich auch die Fotokopie einer sehr schönen Farbminiatur bekommen, die in meiner Fistelmonographie wiedergegeben ist.

An den Tagen, an denen im St. Marks Hospital keine mich interessierenden Eingriffe liefen, ging ich in das Brompton Hospital nach Kensigton, spezialisiert auf die Erkrankungen des Thorax, chest diseases. Ich hatte den Wunsch, Sir Clement Price Thomas operieren zu sehen, er hatte den König Georg VI. wegen eines Lungenkrebses pneumektomiert. Am 25.02.1957 sah ich dort eine klassische Lobektomie. Sir Clement war von großer Freundlichkeit und erklärte mir, warum er manches anders mache, als seine Fachgenossen. Sir Clement operierte mit großer Zartheit, das begann schon bei der Thorakotomie. Der Schnitt eröffnete den Brustkorb zwischen den Rippen oder er entfernte eine Rippe in ganzer Länge seitlich. Er hatte einen Rippensperrer, bei dem man mit einem Vierkantschlüssel die Valven (Schaufeln) verstellen und fixieren konnte. Diesen Rippensperrer konnte man nur mit den beiden Händen auseinanderziehen und die gewonnene Öffnung im Thorax hielt ein feines, sperrendes Zahnradwerk offen. Dieses vermochte man durch Drehen an einem Ring am Schloß leicht zu entsperren, wenn man den Rippensperrer wieder entfernen wollte und den Thorax zu verschließen gedachte. Bekamen die öffnenden Hände Widerstand zu spüren, resezierte Sir Clement am Rippenwinkel ein kleines Rippenstückchen, dann gewann er leicht einen sehr großen Zugang, ohne daß eine Rippe durchgebrochen wäre, wie das bei den überall verbreiteten Rippensperrern nach Finochietto z.B mit einer Kurbel oder durch das Instrument von Sauerbruch mit einer hebelbewehrten Schraube immer der Fall war. Wer hört denn nicht noch dieses Krachen der zerberstenden Rippen bei der Öffnung des Thorax in unseren Kliniken? Sir Clement erzählte, wenn er mit diesem schonenden Vorgehen nur einen von 100 Menschen einen Vorteil verschaffe, so sei das für ihn eine große Leistung. Zu meiner großen Überraschung hörte ich von ihm, daß im Brompton Hospital schon seit 1936 Lungenkrebse durch Pneumektomie in dieser Art entfernt wurden. Die beste Prognose habe das Plattenepithelkarzinom mit 57% 5-Jahresheilungen. Er habe allerdings keine großen Operationsziffern. Diesen Eingriff gab es bis 1945 bei uns in Deutschland überhaupt nicht routinemäßig, und ich erinnerte mich sofort an das Abschnüren eines Lungenlappens in der Charité mit einem Gummischlauch durch Sauerbruch (s. S. 58). Alles was mir Klinkenbergh (s. S. 139) vorausgesagt hatte, war zutreffend.

Sir Clement operierte so elegant wie Klinkenbergh, den er sehr gut kannte. Über Chirurgen in Deutschland oder über solche der Schweiz redete er nicht. Nur für den Internisten Ludolf Brauer fand er lobende Worte. Der hätte das individualisierende Vorgehen bei der Behandlung der Lungentuberkulose vor der Streptomycinära (Antibiotikaära) hervorragend beherrscht.

Bei seiner bescheidenen Höflichkeit äußerte er eines Tages, er könne auch etwas deutsch. Aufgefordert, es doch einmal mit mir

7. Kapitel

zu versuchen sagte er: Aber nur einen Satz, „ich habe den Pfannkuchen gemacht".

Den Bronchus, den er offen durchschnitt, verschloß er mit einfachen Zwirnknopfnähten und bedeckte diese Naht mit mediastinalem Brustfell. Sicher erleichterten die inzwischen eingesetzten Antibiotika dieses ganz einfache Vorgehen.

Auffällig war mir, daß sowohl die Voruntersuchungen, wie die Bronchoskopie, wie die Nachschau immer von Sir Clement persönlich durchgeführt wurden. Auch in diesem Hospital war also ein ganz spezielles Krankengut in einer Hand und wurde von einer Generation der Operateure zur anderen weitergereicht, wie im St. Marks Hospital, nur dort an einem anderen Organ.

Im Brompton Hospital hospitierte ich noch bei einem zweiten Thoraxchirurgen, der sich damals ausschließlich mit der Herzchirurgie und den stammnahen großen Gefäßen befaßte. Es war Sir Russel Brock, der auch im berühmten Guys Hospital operierte, in dem er seine Allgemeinchirurgische Ausbildung erhalten hatte. Am 04.03.1957 sah ich die Resektion einer Aortenisthmusstenose bei einem dreijährigen Kind. Auf den Fußboden des Operationssaales wurde ein großes weißes Tuch gelegt und darauf der Operationstisch geschoben. In 55 Minuten war der Eingriff erledigt. Sehr schnell, sehr schonend. Die bekanntlich sehr verletzlichen Zwischenrippenarterien unterband er immer, indem er sehr elegant ein Stückchen Fascie am Gefäß ließ, damit die Ligatur nicht durchschnitt. Sir Russel stand bei diesem Eingriff auf dem blütenweißen Tuch, das nachher ebenso blütenweiß war, darauf war er mächtig stolz, was man ihm auch ansah. Nachdem der Operierte auf dem Tisch aus dem Operationssaal wieder hinausgefahren worden war, hoben zwei Gehilfen das Tuch hoch und wir Zuschauer waren von dieser Demonstration tief beeindruckt.

Englische Großchirurgen waren Meister solcher Gesten für ihre Größe, gehüllt in Bescheidenheit. Einmal beobachtete ich im St. Marks Hospital die assistierende Operationsschwester bei der Vorbereitung zu einer perineoabdominalen Mastdarmentfernung durch W.B. Gabriel. Neben einigen Instrumenten lagen auf dem mittelgroßen Tisch vier lange Fäden mit einer atraumatischen Nadel. Ja, fragte ich erstaunt, gibt es denn bei Ihnen keinen Nahttisch. Darauf nahm der sich eben bereitstellende Mr. Gabriel das Wort. Mit diesen vier Fäden, die er bei Knopfnähten natürlich abschnitt, komme er meist für den ganzen Hauptakt der Operation zurecht.

Ich sah eine komplizierte Perikardektomie und auch die stumpfe Sprengung der Mitralstenose mit dem Zeigefinger. In der Pause erzählte Brock, mit diesem Eingriff hätte er anfangs eine Serie von fünf Todesfällen hintereinander gehabt. Da hätte er sich mit seinen Mitarbeitern zusammengesetzt, alle Einzelheiten wurden durchgesprochen und am Schluß die Frage beantwortet, sollen wir weitermachen oder kapitulieren? Sie beschlossen, den Eingriff fortzusetzen und von Stund an gab es keine Zwischenfälle mehr. Diese Erfahrung gilt für alle komplizierten Eingriffe. Niemand weiß „warum es dann auf einmal geht," aber jeder Erfahrene wird das bestätigen. Bei Brock sah ich verschiedene Eingriffe am Herzen in allgemeiner Unterkühlung und Operationen am Herzen mit der Herzlungenmaschine (seit 1955 dort im Einsatz). Ich hatte damals sofort den Eindruck, daß wir in Hamburg nie solche Eingriffe im Rahmen unserer Allgemeinchirurgie durchführen könnten, vor allem gehört dazu eine gründliche pathophysiologische Vorbildung, über die in Deutschland in der Chirurgie damals nur wenige verfügten. Diese Spezialität konnte nur über eine Absonderung der Herzchirurgie bei uns in Hamburg zum Erfolg werden. Ich habe mir damals vorgenommen, bei einem späteren Besuch diese Neuordnung bei uns in Hamburg in Angriff zu nehmen.

Am 07.03.57 ging ich dann noch zu einem dritten Thoraxchirurgen, Holmes-Sellors, Im Hartfield Hospital Middlesex.. Seine Lungenchirurgie und seine Hiatushernienoperationen waren ebenfalls hervorragend. Auch hier war der persönliche Einsatz des behandelnden Arztes vom Anfang bis zum Ende imponierend. Der Einsatz der Heilgymnastik bei der Vor- und Nachbehandlung der Lungenresektionen war überzeugend. Homes-Sellors sagte, das sei bei Eingriffen an den Vitalzonen sehr nötig, da könne man nicht warten, wie in der Bauchchirurgie. In diesem Hospital sah ich auch Herzchirurgie, z.B. die Operation einer Pulmonalstenose in allgemeiner Unterkühlung.

7. Kapitel

Bis zum Ende meines Studienaufenthaltes im April war ich die meiste Zeit im St. Marks Hospital. Der Beauftragte für die Besucher war der Pathologe C. Dukes. In seinem kleinen Institut zeigte er mir oft ausgewählte, von Bussey hergerichtete makroskopische Mastdarmpräparate, an denen der lymphknotentragende Fettkörper mit Sudanrot gefärbt war. Das war eine Untersuchung um 1933, und mit dieser Methode konnte man die ungefärbten Lymphknoten ebensogut sehen wie bei Westhues, der seine Präparate durchscheinend machte. Auf Dukes geht die heute verfeinerte Einteilung der Aggressivität eines Mastdarmkrebses zurück, die immer noch für die Beurteilung unserer chirurgischen Bemühungen eine große Bedeutung hat. Von Dukes wurden wir Gäste auch einmal zu Sitzungen der Royal Society of Medicin mitgenommen und vor Beginn der Vorträge dem Vorsitzenden vorgestellt. Dieser versäumte nach Ende der Sitzung nie, den Vorgestellten zu fragen, ob man denn auch alles verstanden hätte. Dukes nahm mich auch in seinen Club mit, der mit dem St. Marks Hospital Verbindung hatte. Ich erinnere mich noch lebhaft an ein Abendessen (Dinner) dort mit dem alten Silber und den Kerzenleuchtern und den alten Mahagonimöbeln. Hier erlebte der kleine Mann vom Kontinent die Größe, die Würde und den Stolz Albions. Ein unauslöschliches Erlebnis. Eine müde belächelte Geschichte aus diesem Kreis kommt mir noch ins Gedächtnis: Schiffbrüchige in einem Rettungsbot sind ratlos, wo sie denn eigentlich seien? Da tauchte ein Engländer seinen Finger ins Meer, leckte daran und verkündete: Beruhigen Sie sich, that's British!

Meine Notizhefte waren angefüllt, alles was ich gesucht habe, hatte ich gefunden. Ich machte mich langsam auf den Heimweg.

Am 03. April 1957 heiratete ich meine mir von Hamburg nachgereiste Verlobte, Renate Buchborn (geb. 06.02.1933). Sie war kurz vor dem medizinischen Staatsexamen. Wir heirateten in der St. Bonifatius-Kirche, 158 Stepney. Diese römisch-katholische Kirche war in einer sehr bescheidenen Baracke untergebracht und lag im East End, im „Metropolitan Borough of Stepney." Der Pfarrer hieß J. Leushacke, ein Deutscher, der diese winzige Gemeinde betreute. In der Kirche saßen neben unseren zwei

Trauzeugen auch der Registrar William D. Marriott. Dieser hielt das riesige Matrikelbuch, vor sich auf die Bank gelegt, fest. Denn auch die kirchliche Trauung bedurfte der Anwesenheit des Vertreters des Staates mit dem Matrikelbuch in der Kirche. Natürlich haben wir uns bei ihm, der das Buch unseretwegen in diese mehr als bescheidene Kirche schleppen mußte, sehr bedankt. Ende April fuhr ich dann mit meiner lieben Frau wieder nach Hamburg zurück. In Eppendorf bezogen wir eine Dienstwohnung im ersten Stock eines der Beamtenhäuser, wo auch andere Oberärzte mit ihren Familien wohnten. Wir hatten in den ersten Jahren sogar einen kleinen Garten dabei. Einige Häuser weiter wohnte der Oberarzt der Universitätskinderklinik in Eppendorf mit seiner Familie, Gustav Adolf von Harnack. Er entstammte einer berühmten Gelehrtenfamilie, sein Großvater war der Theologe Adolf von Harnack, eine große Persönlichkeit, die im Kaiserreich einen allbekannten Einfluß im Wissenschaftsbetrieb hatte. Gustav Adolf von Harnack war sehr zurückhaltend, aber einmal erzählte er uns von dem unglaublichen Einfluß des schon erwähnten Ministerialdirektors Althoff im Preußischen Wissenschaftsministerium in der Wissenschaftspolitik des Kaiserreichs und seine enge Verbindungen zu Adolf von Harnack. Für Althoffs Diplomatie ein Beispiel: Die Theologische Fakultät in Berlin, die sich als die erste des Reiches sah, entbehrte 1888 schon im zweiten Semester eines Kirchenhistorikers. Schon 1887 war Adolf Harnack, damals Ordinarius im preußischen Marburg, an erster Stelle vorgeschlagen worden. Der Evangelische Kirchenrat in Berlin aber, der gehört werden mußte, lehnte Harnack als völlig unmöglich ab. Die Begründung war: Seine überraschenden, überaus glänzenden Formulierungen ließen an seinem echten Glauben zweifeln. „Es fehle ihm eine feste ethische Haltung, Besonnenheit und Bescheidenheit, er habe eine Neigung zum Absprechen und Verketzern anderer, verbunden mit einem auffallenden Hang zur Pikanterie." Für ihn, so heißt es weiter, gilt das Wort aus Daniel „Und der Ziegenbock war sehr groß. Und da er auf's stärkste geworden war, zerbrach das große Horn." Jetzt wurde Althoff wieder tätig. Sein Kultusminister, von Gosslar, wandte sich an den König, von dem wurde dann

7. Kapitel

der Reichskanzler, Fürst Bismarck, um Rat gefragt. Althoff drohte, wenn diese Berufung nicht zustande kommen würde, mit Rücktritt. Bismarck soll die weise Entscheidung getroffen haben, einen zweiten Lehrstuhl einzurichten und mit einem dem Oberkirchenrat genehmen Kandidaten zu besetzen. Beide Herren vertrugen sich lebenslang ausgezeichnet. Bismarck wurde dann 1888 Ehrendoktor der Theologischen Fakultät in Gießen, der Harnack vor Marburg angehörte. Das alles liest man in den offiziellen Stellungnahmen nicht direkt. Am 21. September 1888 wurde Harnack endlich berufen und brauchte bis zu seinem Ausscheiden 1934 nie mehr zu prüfen. Wir wissen es ja, Harnack hatte das Ohr Wilhelms des II.. Er wurde in den erblichen Adelsstand erhoben, von ihm stammt das Wort aus des Kaisers Mund zu Beginn des Ersten Weltkrieges: „Ich kenne keine Parteien mehr, ich kenne nur noch Deutsche." Der Oberkirchenrat hat seine Meinung gegenüber Harnack nie revidiert. Ein anderer mächtiger Feind Harnacks war auch der vierte Reichskanzler, der Fürst Bülow.

In der Klinik in Eppendorf habe ich natürlich in mehreren Vorträgen mein neues Wissen, das ich aus London mitbrachte, vorgetragen. In der Diskussion kam ich bald zu der Überzeugung, daß ich mich der Allgemeinchirurgie, Abdominalchirurgie und Proktologie endgültig zuwenden müsse. Für die Thoraxchirurgie und vor allem für die Herzchirurgie fehlte mir die pathologisch-physiologische Vorbildung, und dafür hatte ich sicher auch keine Begabung vorzuweisen, die mich je über den Durchschnitt hinaus erhoben hätte. In Eppendorf arbeitete mit mir Herr Dr. Georg Rodewald, der sich einer gediegenen Ausbildung bei dem Physiologen Bartels in Kiel erfreuen konnte. Er hatte sich schon in seiner Habilitationsschrift mit Atemphysiologie beschäftigt. Er richtete ein Funktionslabor ein und in einer fruchtbaren Zusammenarbeit mit der Herz-Kreislaufabteilung der II. Medizinischen Universitätsklinik, mit Prof. Gadermann und Dozent Scheppokat, übernahm er die Herz- und Gefäßchirurgie. Das ging aber zuerst sehr langsam vor sich, da Zukschwerdt sich noch nicht entschließen konnte, die Herzchirurgie offiziell selbständig werden zu lassen. Verräterisch waren Zukschwerdts Vorlesungen darüber. Ob er selbst merkte, daß ihm dieses Sondergebiet nicht lag, ja gar nicht liegen konnte? Ich muße da mit halbem Herzen mitmachen.

Zur Zukschwerdt'schen Klinik gehörte die Morgenbesprechung in seinem Dienstzimmer. Nachmittags eine Röntgenvisite, mittwochs Hauptvisite auf allen Stationen. Nie brachte ich ihn dazu, eine Referatsstunde abhalten zu lassen, um das internationale Schrifttum kennenzulernen. Er erzwang aber in seinen letzten Jahren, daß sich alle Assistenten, mit ihm an der Spitze, einen entsetzlich langweiligen Berufsgenossenschaftler, Dr. G., Woche für Woche anhören mußten. Zukschwerdt hatte die Absicht, sich nach seiner Emeritierung, die eher kommen sollte als er ahnte, im soeben neu im Bau befindlichen Unfallkrankenhaus in Hamburg-Bergedorf als Gutachter zurückzuziehen. Zukschwerdt hatte sehr gute Beziehungen zu den damals sich gerade entwickelnden Unfallchirurgen. Sein großer Freund war der Aachener Orthopäde Pauwels, ein genialer Kopf, mit dem ich mich sofort hervorragend verstanden hatte. Er war von meiner Idee, die vergleichende Anatomie als Pfadfinder für den Bauplan des Menschen einzusetzen, sehr begeistert, und er erbat sich immer alle meine Sonderdrucke zu diesem Thema. Von der Anerkennung dieses großen Mannes fühlte ich mich in meinem Bemühen sehr bestätigt. Das waren Höhepunkte, wenn Pauwels z. B. auf dem von Zukschwerdt geleiteten Westdeutschen Chirurgenkongreß einen Hauptvortrag hielt. Von einer Absonderung der Unfallchirurgie wollte Zukschwerdt aber nichts wissen. Er selbst machte bei Unfällen keinen Handgriff, das mußte alles mein Kollege, der überaus geschickte und geduldige Priv. Doz. Dr. M. Giebel machen; der später ein sehr angesehener und einflußreicher Chefarzt in Kassel wurde. Oft habe ich mir bei harscher Kritik des Chefs gedacht, was würde wohl passieren, wenn einer sagte, machen Sie uns das doch einmal vor ... den „richtigen Gipsverband", aber wir haben geschwiegen. Goetze konnte das alles und auch Westhues, und wir bewunderten sie deshalb ehrlich.

1957 schlug ich Zukschwerdt vor, in unserer Poliklinik auch eine proktologische Ambulanz einzurichten. Da war er dagegen, er hatte immer große Sorge, es könnte sich jemand verselbständigen und seiner „Allgemeinchirurgie" das Krankengut entziehen. Zu meiner Überraschung schlug er mir dagegen vor, ich könnte versuchen, Privatpatienten mit proktologischen Erkrankungen in einer Ambulanzstunde zu beraten und ambulant zu behandeln. Das tat ich dann und organisierte einmal in der Woche an einem Nachmittag eine solche Sprechstunde. Innerhalb weniger Wochen hatte ich genug zu tun. Eine solche Sprechstunde habe ich dann weit über meine Emeritierung hinaus mit großem Erfolg im Evangelischen Krankenhaus in Bad Godesberg eingerichtet. Zukschwerdt's Sekretariat übergab ich Monat für Monat die Rechnungen, die der Chef dann – denn nur der Ordinarius hatte das Liquidationsrecht – für mich ohne jeden Abzug verrechnete. Ich hatte allerdings die Schwierigkeit, Patienten aus meiner Sprechstunde auch zu operieren. Da mußte ich sie auf die Allgemeinstation aufnehmen oder sie dem Chef überweisen, was die Patienten natürlich nicht wollten. Das war das ewige Dilemma zwischen dem Chef und dem langsam flügge werdenden Oberarzt. Ich frettete mich so durch und war nicht glücklich. In welche unvermeidliche Schwierigkeiten ich kommen konnte, zeigt der folgende Vorfall:

Anfang März 1965 rief mich Prof. Karl Fellinger, der Ordinarius der Zweiten Medizinischen Universitätsklinik in Wien, an mit der Bitte, mich wegen eines sehr hoch gestellten arabischen Patienten konsultieren zu wollen. Nach Rücksprache mit Zukschwerdt flog ich nach Wien und ging zu Fellinger in das uralte Allgemeine Krankenhaus in der Alserstraße. Fellinger fuhr dann mit mir in das Hotel Imperial, wo sein Patient „Hof hielt." Ich besprach mich erst mit dem Leibarzt. Der über 88jährige Kranke hatte einen Zottentumor des Mastdarms, der zufällig entdeckt wurde. Der Patient war vermutlich durch eine schlecht behandelte (?) Malaria sehr heruntergekommen und dauernd bettlägerig. Ich hatte mein zartes Rektoskop mitgebracht, das eine Mastdarmspiegelung auch ohne Darmentleerung gestattete, wie ich das im St. Marks Hospital gesehen hatte. Ich untersuchte den Patienten, sah den riesigen beetartigen Tumor, der gutartig war, und der keine der lebensgefährlichen Diarrhoen unterhielt. Wir wurden uns nach einem längeren Gespräch einig, den Tumor zu belassen. Nachdem ich meine Überlegungen zu Papier gebracht hatte, fragte mich der Leibarzt, ob ich mich mit dem inzwischen nach Wien fliegenden Jan P. Todd, 149 Harley Street, vom St. Marks Hospital treffen könnte. Ich bejahte und wartete auf Todd. Den kannte ich schon lange. Todd untersuchte den Patienten auch und schloß sich meiner Meinung an. Wie Todd unser beider Bedeutung in Wort und Mienen zum Ausdruck brachte, das ließ mich nur staunen. Am Schluß der Konsultation empfahl Fellinger, wir müßten jetzt eine Rechnung stellen und diese müßte gleich hoch ausfallen. Geistesgegenwärtig antwortete ich, ich würde mich Herrn Todd anschließen. Ohne lang zu überlegen, sagte Todd: „Bei uns im Vereinigten Königreich berechnen wir diese Konsultationen nach der Wegstrecke, hin und zurück. One mile, one Guinea." (Chirurgen rechneten in England seit alters her in Guinees. 1 Guinea war: 1 Pfund und 1 Schilling), und zwar in Dollar. Ganz selbstverständlich bekamen wir jeder diese große Summe in Dollarnoten. Vor der Tür fragte ich Todd, gilt diese Formel für die ganze Welt? Sicher, lautete die Antwort, er war eben ein Harley Street Surgeon. Solche Entwicklungen sind weniger geeignet, das Einvernehmen eines Chefs mit seinem Oberarzt zu aequilibrieren.

Zukschwerdt erledigte seine umfangreiche Privatpraxis mit einem Privatassistenten, der monatlich 30 DM bekam. Nie erhielt auch nur ein einziger Mitarbeiter von ihm einen Pfennig. Selbst bei Gutachten ging ein geringer Prozentsatz des Honorars an ihn, aber er schaute Gutachten auch persönlich sehr genau durch. Seine Privatstation war nur für ihn verfügbar. Habe ich ihn vertreten, habe ich weder diese Station betreten, um seine Operierten weiterzubetreuen, geschweige denn war es mir erlaubt, Kranke, die ich natürlich in seinem Urlaub auch privat operieren durfte, dort aufzunehmen. Nach seinem Urlaub erledigte er meine Rechnungen der von mir Operierten und auf den Allgemeinstationen untergebrachten Privatpatienten, und ich bekam das Honorar, ohne jeden Abzug. Um eine Bettenbelegstatistik kümmerte sich damals niemand, wenn im Urlaub des Chefs die Privatstation am Schluß viele Tage leerstand. Zukschwerdt verreiste nie länger, er ging immer an den gleichen See, in das gleiche Dorf, in das gleiche Hotel,

7. Kapitel

wahrscheinlich auch in das gleiche Zimmer. Ich habe vergessen, wo das wohl gewesen sein dürfte, obwohl ich ihm wöchentlich telefonisch zu rapportieren hatte.

Am (07.03.) 1958 habe ich eine Einladung zu einem Vortrag von Herrn Prof. Dr. Walter Hess, Prof. of Clinical Surgery an der Universität Alexandria in Ägypten angenommen.

Meine Frau und ich flogen über Athen nach Kairo. Wir waren von den Bauten des alten Griechenlands sehr beeindruckt. Nun sah und besuchte ich die Akropolis, die ich im Griechischunterricht meines Gymnasiums in Eger so gut kennengelernt hatte. Das herrliche Wetter und die gewaltigen Dimensionen dieses Tempels auf dem Berg, das ist ein Eindruck für das ganze Leben. Wir übersahen auch nicht die Spuren der Barbarei, den durch Königsmarcks Bombe herausgesprengten Teil einer Seitenwand (s. S. 184). In Alexandria hielt ich dann am 25.03.58 meinen Vortrag „The Treatment of anorektal Fistula." Wir wohnten in Kairo, und ich fuhr mit dem Bus zu Herrn Hess nach Alexandria. Auf dieser Strecke durch die Wüste sah ich weit verstreut die Kamelherden, die sich ihr spärlich wachsendes Futter suchten. Die minimale Wassermenge, die von den auf der Autostraße fahrenden Fahrzeugen stammte, ließ am Straßenrand etwas mehr Gras sprießen als in der Wüste selbst. In Alexandria genoß ich die Gastfreundschaft von Hess. Es war der Fastenmonat. Niemand ging zu einer Unterhaltung übertags. Der Ramadan wurde von den Moslems ernstgenommen. An der Chirurgischen Universitätsklinik in Alexandria sah ich mir den Klinikbetrieb an und erfuhr zu meinem Erstaunen, daß die damals über Europa hereinbrechenden rätselhaften Enteritiden, die Colitis ulcerosa und die Enteritis regionalis Crohn in Ägypten unbekannt waren. Das gleiche hörte ich später auch von der Sowjetunion. Der Schweizer Hess, früher an der Basler Chirurgischen Universitätsklinik, hat sich mit seinem Buch über die Rekonstruktion der Gallenwege nach operativen Zwischenfällen einen Namen gemacht. Ich habe aber weder erfahren, warum er diese strapaziöse Stelle in Alexandria angenommen hatte, noch was nach seiner Rückkehr in die Schweiz sein Schicksal gewesen ist. Ich habe ihn nie wieder gesehen oder gesprochen. Dieses völlige Verschwinden eines verdienstvollen Kollegen sollte ich noch öfter erleben.

Genau erinnere ich mich noch, als wir in Kairo aus dem Flugzeug stiegen, an die Worte des legendären Briten Lawrence in seinem Buch „Die sieben Säulen der Weisheit": „Da fiel die Hitze wie ein Schwert über mich." Nach meiner Frage, wann es denn in Kairo das letzte Mal geregnet hätte, sagte der Hotelportier: „Vor fünf Jahren und fünf Minuten." Der Besuch der Pyramiden in Gizeh war schwindelerregend. Wir müssen uns überlegen, daß diese ungeheuren Bauten vor 5000 Jahren nur durch Menschenhand, besser nur durch einen einzigen Willen, aufgetürmt wurden. Wie diese gewaltigen Steinblöcke aus den Brüchen der Mokadamberge herbeigeschafft wurden, ist bis heute nicht ganz klar. Es gab ja damals noch kein Rad. Was war das für eine Welt „als Wille und Vorstellung." Auch der Besuch in den riesigen Moscheen in Kairo wird man nie vergessen. Eher durch Zufall kamen wir in die Nähe der Akbar Moschee in ein Koran-Museum. Welche Meisterleistungen an Kalligraphie gab es da in dieser bildlosen Welt des Islam zu bewundern.

Als wir wieder nach Hamburg zurückflogen, haben wir uns am (27. und 28.03.) noch kurz in Istanbul aufgehalten. Die Hagia Sophia ist mindestens so eindrucksvoll, wie die Bauwerke am Nil. Wie dieser gigantische Kuppelbau trotz der Erdbeben überdauerte, ist ein Rätsel. Da wird man als Europäer recht bescheiden, wenn man unter der Wölbung dieser jetzt als Moschee eingerichteten Kirche steht.

1960 wurde auf der Privatstation von Zukschwerdt eine weltberühmte Chemikerin aufgenommen, mit der ich, da ich bei ihr eine Untersuchung durchführen mußte, ins Gespräch kam und bis zu ihrem Tode Jahre später blieb ich mit ihr in Verbindung. Diese Patientin war Frau Dr. Ing. Dr. h.c. Ida Noddack-Tacke (1896–1981). Wie sie mir erzählte, hatten sie und ihr Mann im Dritten Reich Entscheidungen getroffen, die unglücklich waren. Mit ihrem Mann Walter Noddack (1893–1960), mit dem sie bei Walter Nernst, Nobelpreisträger, in Berlin zusammentraf, entdeckte sie das Element „Rhenium." Dieses seltene Element spielt in der

7. Kapitel

Technik, vor allem heute in der Weltraumtechnik, eine sehr große Rolle. Denn es hat einen Schmelzpunkt von 3180 Grad Celsius. Ohne Rheniumschutzschilde hätten die Weltraumraketen nie starten können. 1935 übernahm Noddack den von Hevesy, Nobelpreisträger nach dem Zweiten Weltkrieg, durch dessen erzwungene Emigration freigewordenen Lehrstuhl für physikalische Chemie in Freiburg und 1941 ging er gar nach Straßburg, wo das Ehepaar mit Zukschwerdt bekannt wurde. Dieses ganz ungewöhnlich schöpferisch arbeitende Paar kam nach dem Krieg nach Bamberg, wo Herr Prof. Noddack ein staatliches Forschungsinstitut leitete. Er wurde dann Honorarprofessor in Erlangen. Durch ein nicht zutreffendes Gerücht über die ihm mitgeteilte lebensgefährliche Erkrankung seiner Ehefrau starb er dann an einer Apoplexie – nur 67 Jahre alt.

Dem Genie von Frau Noddack-Tacke blieb nichts verborgen, was sie mit ihrem elitären Gespür anpackte. So schien es uns damals. Sie erbrachte z.B. den Nachweis der „mineralogischen Allgegenwart der Elemente." Sie berechnete zutreffend die Staubdichte des Mondes, in den USA lag man ganz falsch. Sie analysierte die Meteoriten, und sie prophezeite in ihrem Vortrag in Leningrad im September 1934 „Gegenwärtige Methoden der Vorhersage chemischer Elemente" ganz eindeutig die Kernspaltung (Lemmerich, S. 127). Niemand hat damals auf sie gehört. Wie sie sagte, hätte man ihre Gedankenführung direkt verschwiegen. Interessierte sollten diese Entwicklung, an der Frau Tacke so großen Anteil hatte, einmal genau nachlesen. Sie hat später meinen Kollegen Thies in Heilbronn immer wieder konsultiert und mich selbst in Frankfurt, als ich damals Chef der dortigen Chirurgischen Universitätsklinik gewesen bin. Jedes Zusammentreffen war für uns ein Ereignis. Von Frau Dr. Ida Noddack-Tacke lernte ich aber auch Grundsätzliches über Entdeckungen in den Naturwissenschaften überhaupt kennen. Später fand ich das alles in einem Vortrag von Peter Brix aus Heidelberg (Max-Planck-Insitut) bestätigt, dessen Manuskript mir der Physiker Wolfgang Paul in Bonn 1989 zugänglich machte.

Die Uranspaltung, die unser Weltbild so gründlich veränderte, wurde mit einfachsten Mitteln erkannt und von Hahn und

Hamburg (1955–1970)

Strathmann am 06.01.39 veröffentlicht. Noch Anfang 1939 bewies Oppenheimer mathematisch, daß die Uranspaltung ganz unmöglich sei. Ida Noddack hatte 1935 Fermi's Transurane kritisiert und schrieb: „Es wäre denkbar, daß bei der Beschießung schwerer Atomkerne mit Neutronen die Kerne in mehrere größere Bruchstücke zerfallen, die zwar Isotope bekannter Elemente, aber nicht (wie Fermi meinte) Nachbarn der bestrahlten Elemente sind." Ida Noddack hat ihre Gedanken leider nicht im Experiment überprüft, das taten dann Hahn und Straßmann. Wir dürfen auch nicht vergessen, daß nur das Isotop 235, das in 0,7% im Uran vorhanden ist, von Neutronen gespalten werden kann. Da kam Hahn auch der Zufall zu Hilfe, ein solches Präparat bei seinen Versuchen in den Händen zu haben. Für die Praxis war von entscheidender Bedeutung, daß das gigantische Industriepotenial der USA so riesige Reaktoren bauen ließ, um Uran in waffenfähigs Plutonium zu verwandeln und parallel dazu riesige Anlagen für die Abtrennung von Uran 235 aufzubauen. Dann erst war der Weg – auch zur Bombe – frei. Hier sehen wir das Phänomen einer folgenreichen Entdeckung wie bei Penicillin. Die Entdeckung Flemings 1932 interessierte niemanden. Floray griff im Zweiten Weltkrieg diese Idee wieder auf, aber erst die USA industrialisierte n die Penicillingewinnung , als sie die Beobachtung nutzte, daß ein in dem Wachstumstank hungernder Pilz (Penicillium notatum) die größte Ausbeute des Antibiotikums liefert.

Da unsere Ergebnisse in der Herzchirurgie sicher unter dem Durchschnitt waren, schlug ich Zukschwerdt vor, ich fahre wieder zu Brock nach London und eröffne ihm, meine Fakultät habe die Absicht, ihm einen Ehrendoktor zu verleihen. Bei dieser Gelegenheit könne er eine Woche Kolleg über die Herzchirurgie hier in Hamburg halten und auch bei uns operieren. Zukschwerdt möge diesen Plan der Fakultät vortragen und auch Brock über das britische Konsulat von unseren Plänen in Kenntnis setzen lassen. Ich habe dann Brock am 04.07.1961 geschrieben und ihm den Vorschlag gemacht, eine Pulmonalstenose – die er ja als Erster auf der Welt operiert hatte – zu behandeln und einen Ventrikelseptumdefekt zu korrigieren. Schon am 22.07.61 war er mit einer

7. Kapitel

„working week" einverstanden. Ich fuhr dann wieder, und zwar 1962, nach London, besuchte das St. Marks Hospital und ließ mir von der Sekretärin Brock's einen Lebenslauf und ein Verzeichnis seiner wissenschaftlichen Arbeiten geben, damit Zukschwerdt die Ehrung vor der Fakultät auch begründen konnte. Mehr als viele Worte sagt die Kopie des Brock'schen Lebenslaufes, die nachfolgend wiedergegeben sei (s. S. 209, Abb. 3).

Brock kam dann am Sonntag, dem 20. Mai 1962, nach Hamburg und wurde im Gästehaus des Senats an der Elbchaussee mit seiner Frau untergebracht. Sir Russel, wie er damals hieß, behielt sich vor, nachdem ich ihm alle Krankengeschichten der zur Operation Vorgesehenen mitgebracht hatte, die Patienten persönlich anzuschauen. Alles lief hervorragend ab. Vorlesungen, Operationen und die Ehrenpromotion. Ich meine, daß uns Brock's Besuch sehr geholfen hat. Natürlich merkten wir, daß die Sprachbarriere keine Vertraulichkeit zwischen den obersten Herren aufkommen ließ. Hier standen sich zwei Welten gegenüber, zwischen denen es bei aller Höflichkeit keine Brücke gab. Auch Brock war ursprünglich als General Surgeon im berühmten Guys Hospital ausgebildet. Bei uns war er schon und ausschließlich Herz- und Thoraxchirurg.

Brock ist das beste Beispiel, daß in England einen so tüchtigen Mann die Organisation so hoch trägt. In England kennt man keine Schulen, auf die wir in Deutschland so stolz sind. Als ich kürzlich zum x-tenmal in einer Arbeit eines meiner Kollegen über das Lob der Schule wieder einmal meinen chirurgischen Stammbaum sah, war ich wie immer überzeugt, daß dieser mit den Tatsachen überhaupt nicht übereinstimmt. Zukschwerdt hat von Sauerbruch – er ist dort als sein Schüler aufgeführt – nicht die Spur eines Einflusses mitgenommen; aber von Enderlen, der in diesem Stammbaum gar nicht erwähnt ist. Ich habe von Zukschwerdt nicht die Spur eines operativen oder wissenschaftlichen Einflusses erlebt – er hat mich nur gewähren lassen, aber ich habe Lebensentscheidendes von Goetze gelernt, der in diesem Stammbaum auch nicht auftaucht. Mit diesen Schulen in der Chirurgie ist es wie mit den Genealogien des Adels. Wenn einer in grauer Vorzeit tüchtig war, müssen doch nicht alle Nachkommen ihm gleichen, aber alle zierte der Titel und das Wappen, vielleicht noch der Besitz – alles Zufall. Auch da ist man in England viel vernünftiger. Da trägt nur der erste Sohn den Titel eines überragenden Vorfahren, damit Generationen noch an ihn erinnert werden. Dieser Wappenträger ist meist ganz harmlos, er hat eben Glück gehabt. Das sind dann z.B. die Herzöge von Marlbourogh nach dem großen Feldherrn der Königin Anna. Daß aus diesem Stamm später Winston Spencer Churchill kam, das war eben doch die große Ausnahme.

Englische Chirurgen sind stolz auf die Organisation, der sie entstammen; ebenso die Amerikaner. Brock stammte von dem weltberühmten Guys Hospital – er war ein Guys' man, wie man sagte. Es gibt St. Marks men, oder mein ältester Sohn ist ein Harvard man. Kein Wort wird über einen Lehrer verloren.

Ich bringe in Abb. 3 (S. 209) einmal die ganz persönliche Genealogie des Sir Russel Brock als Beispiel für viele englische Spitzenchirurgen. Auffällig sind auch die vielen Preise und Auszeichnungen, die man in den englisch sprechenden Ländern für solche Männer seit ihrer Ausbildung vorrätig hat. Auch ihr historisches Bewußtsein ist sehr ausgeprägt. So schenkte mir Brock 1962 ein Buch, das er über seinen berühmten Vorgänger Sir Astley Cooper (1768–1841) geschrieben hatte. Brock war, wie er mit Stolz vermerkte, „formerly Astley Cooper student" am Guys Hospital, wo auch Sir Astley Cooper wirkte und ein Stipendium einsetzte. Das ist ein würdiges Andenken an einen Chirurgen, über dessen Großtaten, die in diesem Buch geschildert werden, der Nachfahre und Leser nur staunen kann. Sicher, der Stolz dieser Engländer ist überwältigend, und sie finden auch Gesten, die uns an sich schon das Staunen lehren können. Abb. 4 (S. 210) zeigt deshalb einen Brief des inzwischen zum Lord Brock of Wimbledon Erhobenen von 1966. Der Leser beachte: Er ist von Lord Brock, 2 Harley Street, das ist die Straße, in der bis heute die berühmtesten Ärzte Londons ihre consulting rooms haben. Keine Stadt, kein Land... das weiß man eben!

Bei uns finden wir dagegen, wie ich aus meinen Nachuntersuchungserfahrungen weiß, den Stempel eines bequemen Postboten

7. Kapitel

„Adressat unbekannt", wenn der Gesuchte in der gleichen Straße nur zwei Häuser weiter gezogen ist.

Die Entwicklung der Chirurgie in England konnte ich durch die Zeitschriften und den Besuch von Kongressen in Sao Paulo 1960 und in Philadelphia 1964 auch in den USA und auch bei einem australischen Chirurgen beobachten.

Ich lernte aus Melbourne E.S.R. Hughes 1962 schon im St. Marks Hospital kennen und traf ihn später auf dem USA-Kongreß in Philadelphia. Schon damals sagte er mir, nur die Einmannstatistik würde entscheiden, welches technisches Vorgehen bei der Therapie eines Mastdarmkrebses tatsächlich empfohlen werden kann. Wie recht hatte er, und von Stund an war ich bestrebt, nicht die inzwischen auch bei uns sehr spärlich auftauchenden Sammelstatistiken ernst zu nehmen, die häufig dazu noch ihre Grundlage von total unwissenden Doktoranden bezogen. Ich konnte mich nicht entschließen, Hughes Einladung nach Melbourne zu folgen, aber ich wurde durch sein Buch mit Cuthbertson und Killingback, vor allem durch die zweite Auflage, sehr stimuliert. Natürlich ist auch da nicht „alles richtig", aber das meiste – und alles geschrieben aus einer ganz persönlichen großen Erfahrung.

Vom 11. bis 17.09.1960 war ich auf dem Proktologenkongreß in Sao Paulo in Brasilien. Dort hatte ich mich mit den englischen Freunden vom St. Marks Hospital, dem Chirurgen Todd und dem Pathologen Morson verabredet.

Die Deutsche Forschungsgemeinschaft unterstützte meine Reise. Ich flog das erste Mal nach New York und hielt mich dort zwei Tage auf. Ich war sicher nicht der erste, der von dieser Stadt überwältigt war. Ich schaute mir das unerschöpfliche Metropolitan Museum an, es ist wohl das eindrucksvollste Museum auf der Welt. Aufmerksam las ich am Eingang die Tafel: Don't forget the American wing! Als erstes stieß ich dort auf eine einfache hessische Brauttruhe mit der eingeschnitzten Inschrift: Maria Himmelsleiter. Da fragt man sich, was haben die USA in 100 Jahren geschafft, wobei sie alle Völker, vor allem die ausgewanderten Deutschen, total absorbiert hatten. Das einzige, was mich damals an Deutschland erinnerte, waren die Straßenschilder in New York vor den Einbahnstraßen. Darauf stand

BROCK, Sir Russell (Claude), Kt., cr. 1954; F.R.C.S.;
Surgeon to: Guy's Hospital since 1936; Brompton Hospital
since 1936; Member of Council of R.C.S. since 1949 (a Vice-
Pres. 1956-58); Editor Guy's Hospital Reports, 1939- (Asst.
ed., 1935); b. 24 Oct. 1903; s. of Herbert and Elvina Brock;
m. 1927, Germaine Louise Ladevèze; three d. Educ.: Christ's
Hospital; Guy's Hospital (Schol.). Treasurer's Gold Medal
Clin. med. and also Clin. surg., Golding Bird Gold Medal
Pathology, B.M.A. prize essay, 1926; M.R.C.S., L.R.C.P., 1926;
F.R.C.S. Eng., 1928; M.S. Lond., 1932; M.B., B.S. (Lond.)
Hons. med. surg. and anat., 1927; Rockefeller Travelling Fellow,
1929-30. Formerly Demonstrator Pathology, Demonstrator Anatomy,
Surgical Registrar and Tutor, Guy's Hosp. Research Fell., Assoc.
Surg. Gt. Brit., 1932. Jacksonian Prize Essay, R.C.S., 1935;
Hunterian Prof., R.C.S., 1938. Cons. Thoracic Surgeon, L.C.C.
1935-46; Surgeon Min. of Pensions (Queen Mary,Roehampton),
1936-45; Thoracic Surg. and Regional Adviser in Thoracic
Surgery, ǳǳǳǳǳǳǳǳǳ E.M.S., 1939-46; Exchange Prof. of
Surgery, Johns Hopkins Hosp., Baltimore, 1949. Julius Mickle
Prize, London Univ. 1950-51; Lettsomian Lecturer, Med Soc. Lond.,
1952; Pothergillian Gold Medal of Med. Soc. of Lond., 1953;
Leriche Medal, Intern. Soc. Surg., 1953; Cameron Prize, Edinburgh
Univ., 1954; Gold Medal of Soc. Apoth., 1955; Gold Medal of W.
Lond. Med.-Chir., 1955; Pres. Thoracic Soc. Gt.Brit. and Ire.,
1952. F.A.C.S. 1949; Hon. F.R.A.C.S. 1957; Hon. Mem.Amer.Assoc.
Thoracic Surgeons, 1950; Hon. visiting surgeon Johns Hopkins
Hosp., Baltimore, 1949; Hon. Fell. Surgical section R.S.M., 1951;
Hon. Fell. Brazilian Coll. of Surgeons, 1952; Mem. Corresp.
Etranger Soc. Chirurgie de Lyon, 1951; Corresp. Mem.Argentine
Acad. Surg. 1951; Assoc. Mem. Academie de chirurgie, 1953.
Bradshaw lecturer, Roy. Coll. of Surgeons, 1957. Publications:
Anatomy of the bronchial tree, 1946; Life and Work of Astley
Cooper, 1952; Lung Abscess, 1952; Anatomy of Pulmonary Stenosis,
1957; numerous articles in surgical and medical journals.
Recreations: writing, reading, antiquities and topography of
London. Address: The Old Rectory House, 54 Church Rd.,
Wimbledon, S. W. 19; 2 Harley Street, W. 1. T.: Langham 1441.
Club: Athenaeum.

Abb. 3

7. Kapitel

FROM
LORD BROCK.

LANGHAM 1441.

2, HARLEY STREET,
CAVENDISH SQUARE, W.1.

4th April, 1966.

Dear Dr.Stelzner,

    I have received your letter and application form for the Royal Society of Medicine and have signed it and sent it on to Dr.Morson.

    I am of course very happy to do this and glad that you will become a Fellow of the Royal Society of Medicine.

    I do hope that if you are coming to London during this year you will let me know because I would like to see you again if it is possible.

    Please give my kind regards to your wife.
                      Yours sincerely,

                                    Brock

Professor F.Stelzner,
Universitats Klinik,
Hamburg,
Germany.

Abb. 4

„Halt." Sie sind jetzt alle verschwunden und durch andere ersetzt. Ich stieg wieder in mein Propellerflugzeug und landete dann auf der Insel Trinidad. Im tropischen Urwald der Insel war eine Piste angelegt. Wir stiegen kurz aus, befanden uns neben einigen Holzgebäuden mit der Aufschrift: „Her Majesty's Custom." Da erinnerte ich mich, damals beherrschte eine Insel mit 43 Millionen Einwohnern noch ein Viertel der Erde.

Der Kongreß in Sao Paulo war vor allem ein gesellschaftliches Ereignis. Wir hielten alle brav unsere Vorträge und knüpften Verbindungen, vor allem zu den Amerikanern. Swenson, USA, norwegischer Abstammung, erzählte erstmalig von der so erfolgreichen Resektion des engen Abschnittes beim Megacolon. Jackman von der Mayo-Klinik und Ravitch redeten über die Ileoanostomie nach Proktocolektomie und der schon erwähnte Hughes aus Melbourne über die Erfahrungen beim Rektumkarzinom. Bald waren alle englisch sprechenden Chirurgen wieder unter sich. Ich war der einzige Deutsche. Die Umstände der Reise in Brasilien waren beschwerlich, auf dem Festbankett zählte ich dann 32 Redner! Ich versuchte, in Sao Paulo einen dorthin emigrierten Deutschen zu erreichen, den Pathologen Köberle. Er hat sich mit der dort endemischen Chagaskrankheit befaßt und grundlegende Arbeiten über diese erworbene „Aganglionose" des Dickdarms publiziert. Aber Köberle wies auch hervorragende Untersuchungen über den altersbedingten natürlichen Verlust der steuernden Ganglienzellen im ganzen Magendarmkanal nach. Dieser unabwendbare Verlust der Steuerungselemente, die doch so wichtig sind, sollte später für meine Forschungen zur Inkontinenz und zur Dysphagie noch eine große Rolle spielen. Köberle hatte diese Ergebnisse leider in einer Zeitschrift für Parasitologie veröffentlicht, wo sie einem weiteren Kreis Interessierter einfach verborgen geblieben sind. [1]

In summa beschloß ich, dieses internationale Treiben in Zukunft zu unterlassen. Auf dem Rückweg 1960 von Sao Paulo besuchte ich meinen Freund aus der Zeit bei der Militärärztlichen Akademie im

---

[1] Literatur: Stelzner F.: Chirurgie an den viszeralen Abschlußsystemen. Thieme Verlag, Stuttgart (1998)

7. Kapitel

Krieg, Karl Wengenmeier, in Rio de Janeiro. Er war ausgewandert und führte als Praktiker ein anstrengendes Berufsleben. Bei einigen Spaziergängen in der herrlichen Umgebung von Rio de Janeiro auf den Corcovado mit der riesigen Christusfigur fiel mir auf, daß Wengenmeiers Tochter ganz selbstverständlich vor uns herging und mit einem langen Ast auf das Laub des Weges schlug, das sich dort ausgebreitet hatte. Karl erklärte mir, sie verjagt die Giftschlangen. Picknicks auf den vielen großen Wiesenflächen, das war hier nicht möglich.

Auf dem langen Rückflug, damals gab es ja nur Propellermaschinen, landeten wir in Dakar in Afrika, und mein Ziel war Lissabon. Dort übernachtete ich und ging in das in einem wunderschönen Patrizierhaus in der Altstadt untergebrachte Museum. Ich suchte und fand das herrliche Triptychon von Hieronymus Bosch, eine Versuchung des heiligen Antonius. Dieses Bild war wirklich eine Reise wert.

Nach diesem ersten internationalen Kongreß wurde mir, nach Hamburg zurückgekehrt, klar, daß diese Mammutveranstaltungen ihre ursprüngliche Aufgabe der Unterrichtung längst hinter sich gelassen hatten. Nie erfährt man das wirklich spektakulär Neue. Man fühlt sich höchstens bestätigt. Eine Diskussion gibt es eigentlich nur unter vier Augen. Vieles wird, wie auch heute noch, wiederholt, auch Falsches. Da es ja auch in der Chirurgie einen merklichen Fortschritt gibt, der sich unmerklich einstellt, warum eigentlich sich darüber erhitzen? Ich werde später noch mehrfach auf das Thema Kongreß anhand unseres Deutschen Chirurgenkongresses zurückkommen. Der Pulsschlag der Neugier erschöpft sich in einem gesellschaftlichen Ritual. Irgendwie stehen alle Akteure unter einem gewissen Zwang, dem sie ohne Gefährdung nachgehen. Die Organisatoren sind besonders darin begabt und sie bleiben nicht im Dunkel, nein, sie sitzen tatsächlich in Heerscharen auf der beleuchteten Bühne mit einer gut lesbaren großen Tafel mit ihrem Namen vor sich auf dem Tisch. Kennzeichnend sind die endlosen Rednerriegen, denen man, oft sind die Sprecher nicht vom Fach, aufgeschrieben hat, wie sie sich freuen, und alle gießen aus dem Füllhorn gute Wünsche über die männlichen und weiblichen Teilnehmer solcher Großveranstaltungen aus. Politiker, ohne die es nie geht, erklären, meist unter Überschreitung der Redezeit, was sie alles gerade für diesen Berufs-

Hamburg (1955–1970)

stand getan haben und noch tun werden. Der Zuhörer wundert sich immer, was sie wohl noch tun könnten, da sie ja gerade mit hehren Worten versicherten, sie hätten schon alles getan. Dazwischen wagt schon einmal ein Funktionär, etwas Kritisches zu sagen, aber der kleidet das häufig in Humor. Alle lachen und merken gar nicht, daß das eigentlich Galgenhumor ist. Heute ist dieses Kongreßritual eingebettet in die Medienkunst, neben dem Wort spielt das Bild, auch das bewegte, eine große Rolle. Die Vielen, die überhaupt nichts zu sagen haben, lassen sich gern fotografieren und in den Vorhallen sind diese hunderte von schönen Farbfotos von Herr und Frau Jedermann ausgestellt und werden teuer gekauft. Bis vor hundert Jahren spielte sich dieses „Theater der Geschichte" (Hegel) nur in Europa ab, jetzt in den USA. Ohne diese Weltmacht, auch in der Chirurgie, ist ein Chirurgenkongreß heute nicht mehr denkbar.

Inzwischen hatte ich in Eppendorf meine Monographie über „Die anorektalen Fisteln" fertiggestellt. Das Buch hatte der Springer Verlag sehr gut ausgestattet. Ich wurde sehr gelobt und bekam 1960 auf der 77. Tagung dafür die höchste wissenschaftliche Auszeichnung der Deutschen Gesellschaft für Chirurgie, den von Langenbeck-Preis, den mir der Präsident Willi Felix traditionsgemäß in der Eröffnungssitzung überreichte.

Wissenschaftlich beschäftigte ich mich mit der Therapie der portalen Hypertension, die nicht selten die Ursache einer tödlichen Verblutung aus den Krampfadervenen der Speiseröhre ist. Zu diesem Problem trugen wir, später mit dem Anatomen Lierse, etwas über die formale Ursache bei. Anatomische Gründe sind es nämlich, die diese lebensgefährliche Blutungsquelle eröffnen. Viele Tierversuche an Hunden mit einer durch Tetrachlorkohlenstoff erzeugten Leberzirrhose (Leberschrumpfung) waren ein Fehlschlag. Diese Hunde entwickelten keine Speiseröhrenkrampfadern wie der Mensch. Das durch die Schrumpfleber angestaute Pfortaderblut sucht sich bei Hunden ungefährliche, entlastende Umwege über die Brustdrüsenvenen in der Bauchhaut. Diese Experimente waren also ein Mißerfolg. Andere Versuche waren dagegen sehr erfolgreich. Wir hatten uns ausführlich klinisch mit dem Zusammenhang Schrumpfleber und Magendarmgeschwür befaßt.

7. Kapitel

Damals stand der saure Magensaft für die Geschwürsentstehung ganz im Vordergrund. Wir hatten ein schönes Modell für die Entstehung des Magenulcus beim Hund an der Hand, das Man-Williamsonulcus, das, durch eine bestimmte Operation verursacht, immer zu beobachten war und nach operativer Entfernung des hauptsächlich säureinduzierenden Hormonabschnitts des Magens (Antrum) ausheilte. Wir stellten fest, daß diese Antrumresektion beim Hund mit einer Leberzirrhose nichts nützt. Er bekam das Ulcus trotzdem. Wir entdeckten dabei die Leber als Regulator der aus dem Pfortaderkreislauf sie durchschwimmenden Hormone. Am 12.02.65 bekam ich deshalb für den Hinweis auf diese Hormonregulation der Leber den „Martini-Preis" an der Universität Hamburg.

Mein Mitarbeiter S. Kügler war technisch so versiert, daß in diese verschieden operativ vorbereiteten Hundemägen ein kleiner Apparat eingebaut werden konnte, der drahtlos den Säuregrad des Magens einem Empfänger meldete und dort registrierte. Diese ingeniöse Methode brachte uns noch weitere neue Erkenntnisse. Zu unser aller tiefem Bedauern ist Herr Kügler mit seiner Ehefrau bei der Erprobung eines eigenen Flugzeugs durch einen tragischen Unfall ums Leben gekommen.

In dieser Zeit mußten wir uns auch mit einer Dickdarmerkrankung auseinandersetzen, die damals epidemieartig auftauchte, um in dieser besonders gefährlichen Spielart nach etwa 20 Jahren wieder zu verlöschen.

Dieses Kommen und Gehen von Krankheiten können wir im Laufe unseres Berufslebens öfter sehen. Darüber wird aber merkwürdigerweise nie gesprochen, es sei denn, man hätte eine Ursache gefunden, aber das ist bei solchen Krankheiten nur ausnahmsweise der Fall. Leider finden die Chirurgen bis heute bei den dafür zuständigen Pathologen keine Verbündeten. Alle Ärzte, auch die Pathologen, versuchen, Krankheiten immer mit dem Wissen ihrer Zeit zu erklären. Daß einmal eine neue Krankheit auftreten könnte, daran denkt niemand. Noch nie habe ich erlebt, daß ein Pathologe am Ende eines Leichenöffnungsberichtes zur Frage der Todesursache geschrieben hätte, er wisse es nicht. Meist steht dann dort: Herz-Kreislauf-Versagen. Würde aber das Unwissen angemerkt, könnte man später, gerade heute mit dem Computer, immer wieder rückschauend überprüfend nachsehen, welche unbekannten Krankheiten denn früher aufgetaucht sind.

Diese Dickdarmentzündung, die uns damals so intensiv beschäftigte, heißt Colitis. Damals war es noch nicht so einfach möglich, eine geschwürige Colitis von einer granulomatösen (Bindegewebe entwickelnden) zu unterscheiden. Die erste heißt: Colitis ulcerosa, das ist die geschwürige Entzündung der Dickdarmoberfläche. Sie trat damals als lebensgefährliche, sogenannte toxische Form auf. Der Dickdarm wurde an der Oberfläche löcherig und die Kranken starben an einer roten Verblutung. In wenigen Tagen war manchmal ihr Schicksal besiegelt. Gelang es aber, den Darm vom Kotstrom auszuschalten, oder gar das ganze kranke Colon herauszuschneiden, waren die Kranken gerettet. Oft mußten sie damals mit einem Dünndarmbauchafter abgefunden werden, aber – wie wir heute wissen – sie bleiben lebenslang geheilt. Heute noch schreiben mir, 20 bis 30 Jahre später, Patienten, die mit dieser leider so belastenden Operation am Leben geblieben sind. Bis heute ist die Ursache dieser Colitis gravis ulcerosa nicht gefunden, aber diese hochakuten Fälle, die überwiegend junge Frauen betroffen hatten, sind fast ganz verschwunden. Einmal entstanden, heilt eine solche Dickdarmentzündung nie mehr aus, aber manche Betroffene können heute internistisch mit ihrer Krankheit, die periodisch abläuft, in einem erträglichen Gleichgewicht leben. Ich habe mir Gedanken gemacht, was bei dieser Erkrankung wohl vorliegen könnte. Bei der Colitis ulcerosa etabliert sich eine akute Entzündung an der Oberfläche des Dickdarms. Manchmal diffus, seltener ganz exakt begrenzt auf einen Abschnitt. Die Entzündung, der Darm ist hochrot, ist so gewaltig, daß ganze Partien der Darmoberfläche absterben und aus diesen Wunden rinnt rotes Blut heraus. Hier liegt also eine sinnlose Reaktion vor, wie sie im Prinzip bei jeder Verdauung zustande kommt, nur eben maßlos übersteigert. Niemand weiß, wo diese Entgleisung ansetzt oder was deren Ursache ist. Bei der heute meist gut zu erkennenden granulomatösen Colitis, das ist die zweite Spielart, auch nach

7. Kapitel

einem Autor Crohn genannt, spielt sich aber der zerstörerische Prozeß in der Darmwand ab. Irgendwie bleibt ein Agens in den dort ja sehr reichlich angelegten Lymphgefäßen stecken und löst eine akute „Fremdkörperreaktion" aus, die, wenn sie einmal entstanden ist, auch nie mehr zur Ruhe kommt. Meine Generation konnte beobachten, daß in den 50er Jahren die Krankheit den unteren Dünndarm bevorzugt befiel, dann wurde in den folgenden Jahrzehnten der Dickdarm das Morbiditätsterrain. Werden solche Patienten älter und bleiben sie – internistisch behandelt – mit ihrer Erkrankung in einem erträglichen Gleichgewicht, brennt diese Enteritis (Darmentzündung) aus. Der Darm verkrüppelt dann zu einem narbigen Rohr. Unsere Beobachtungen haben wir mit dem Pathologen Krauspe und dem Internisten Müller-Wieland in einem Buch[1] zusammengefaßt.

Mit Krauspe entdeckte ich in Eppendorf auch eine völlig fehlgedeutete sogenannte Retentionsdermatopathie, zu der die Analfisteln und die sogenannte „Steißbeinfistel" ätiologisch gehört. Wir nannten sie Pyodermia fistulans sinifica. Sie entsteht über eine angeborene gröbere Hauttextur und ist erblich. Ich habe in meiner großen Monographie über die Chirurgie an visceralen Abschlußsystemen 1998 darüber ausführlich berichtet. Ich werte es als einen großen Fortschritt, wenn man hinter so vielfältigen Erscheinungen, wie es diese hartnäckigen Fistelleiden sind, ein Gesetz findet. Das ist auch die Voraussetzung für eine erfolgreiche Therapie. Bei den Retentionsdermatopathien ist es gelungen, bei den Colitiden aber nicht.

Vom 09. bis 14. Mai 1964 fuhr ich mit meiner Frau auf den Proktologenkongreß nach Philadelphia, den die Amerikaner mit der Section of Proctology of the Royal Society of Medicine organisiert hatten. Ein gigantisches Unternehmen, wie wir das in Deutschland noch vor uns hatten. Es gilt genau das Gleiche, was ich über den Kongreß in Sao Paulo gesagt hatte. Vor mir liegt das Bild, wo ich mit

---

[1]Literatur: Krauspe, Müller-Wieland, Stelzner (Hersg.) Die Chirurgie der Colitis, Verlag Urban u. Schwarzenberg, München 1972.

42 Delegierten auf der Bühne sitze und in den überfüllten Saal des Großhotels blicke, wo der ganze Kongreß ablief. Ganz besonders müssen wir die Rededisziplin der Angloamerikaner hervorheben. Zu Beginn jedes Vortrages leuchtet ein grünes Licht auf. Zwei Minuten vor Schluß leuchtet es gelb, eine Minute vor Ende rot, dann ertönt ein Summton und der Redner verläßt das Pult. Dann wird das Mikrophon abgestellt. Warum ist diese so segensreiche Ordnung bei uns bis auf den heutigen Tag nicht möglich? Ich habe dort unsere Untersuchungen über das mit dem Anatomen Staubesand entdeckte Corpus cavernosum recti vorgestellt (Schwellkörper des Mastdarms). Es hat Jahrzehnte gedauert, bis unsere Ergebnisse anerkannt wurden. Sie waren neu und wichtig. Kein Mensch nahm damals davon Notiz. Ja, jetzt finde ich sogar in der berühmten Anatomie von Gray unsere neuen Erkenntnisse über diese Schwellkörper verewigt. Auf der anderen Seite dauerte es ebensolang, bis es sich herumsprach, daß die abdomino-transanale Kontinenzresektion beim Mastdarmkrebs nach Babcock-Bacon total inkontinente Patienten zur Folge hat. Dieser damals besonders auf diesem Kongreß hochgeehrte Harry Bacon, er stammte aus Philadelphia und war bei dem Kongreß zugegen, hatte diesen Eingriff angegeben, der das Kontinenzorgan nur als eine Attrappe hinterläßt, aber niemand redete darüber. Nur ganz langsam, über viele Jahrzehnte, schlich sich in Nebensätzen die Wahrheit an die Oberfläche. Vor mir liegt das herrlich ausgestattete Buch Bacon's, zwei Bände, dritte Auflage 1949; da kann man den Irrtum schon auf den Farbbildern sehen – niemand wagte auch nur ein Wort der Kritik. Bei den heutigen Gewohnheiten unseres Zusammenlebens muß sich so etwas offenbar „von selbst" erledigen.

In Philadelphia lernte ich Lawrence Abel aus London kennen. Er war der letzte Chirurg, der als junger Mann dem berühmten Ernest Miles zur Hand gegangen war. Ich habe Abel dann mehrmals später in London besucht und ihn über Miles befragt. Miles hatte doch einen großen Einfluß auf unser Fach. Abel bestätigte mir dessen gründlichen Forschungen, nur selten war auch er dem Irrtum erlegen. In seinem bewundernswerten Buch mit den von ihm zitierten Eingriffen, die zu der heute noch gültigen Radikal-

7. Kapitel

Operation des Rektumkarzinoms führten, ist auch die Resektion des linken Mutterbandes zur Therapie der Darmträgheit geschildert. Das ist symbolische Chirurgie, der auch so ein kritischer Mann wie Miles erlegen ist. Lese ich heute meinen 24seitigen Bericht über diesen Kongreß durch, so finde ich alles bestätigt, was ich über Kongresse je gesagt habe und noch sagen werde. Kontaktpflege, die man zum Leben braucht. Vor allem heute, wo die unglaubliche Informationstechnik uns das Wissen in Ton und Bild mit einem Knopfdruck abrufen läßt. Ruhm und Beachtung in der Wissenschaft erfährt man, wie Schopenhauer sagt, am leichtesten durch das Reisen, aber Coelum non animum mutant qui transmare currunt sagt schon Horaz. Den Himmel aber nicht den Geist ändern die über das Meer Fahrenden.

In diesem Jahr 1964 und in den folgenden versäumte ich nie – bis 1974 – das St. Marks Hospital kurz aufzusuchen. Ich wohnte immer in 44 Egerton Gardens bei Mrs. Blake, einer Deutschen, in ihrer sehr ruhigen Pension in Knightsbridge. Nicht viel später lernte ich, meist auf Kongressen, drei Persönlichkeiten kennen, deren Leistungen auf diesem Spezialgebiet den bisher genannten ebenbürtig sind. Es waren der Kinderchirurg F. Douglas Stephens aus Melbourne, der Prof. of Surgery in Leeds, John D. Goligher und Sir Alan Parks (s. S. 266), beide St. Marks men. Beide waren kritische Forscher, die aus der Menge der Mitläufer weit herausragten. So beherrschte das Textbuch über die Proktologie von Goligher 30 Jahre die chirurgische Szene. Es ist der Monographie von Hughes aus Melbourne ebenbürtig. Es ist sogar noch umfangreicher, weil es sich mit der Weltliteratur zum Thema, später auch der deutschen, auseinandersetzt.

Nachdem ich aus dem Bayerischen Staatsdienst auf Antrag als Privatdozent entlassen war, wurde ich am 20.05.1955 vom Hamburger Senat zum beamteten Oberarzt ernannt und umhabilitiert. Am 04. März 1958 wurde ich außerplanmäßiger Professor und am 05.10.65 Leitender Oberarzt. Damit war ich immer noch Beamter auf Widerruf. Inzwischen war ich 44 Jahre alt geworden, hatte drei Kinder, und unsere Familie wohnte in einem selbstgebauten kleinen Haus in Hamburg-Othmarschen am Trenknerweg. Wir hatten

Hamburg (1955–1970)

unterdessen einen acht- und einen fünfjährigen Sohn und eine dreijährige Tochter. Als mein mit zwei Töchtern gesegneter, sehr fleißiger Coassistent Thies einmal vorsichtig andeutete, sein Einkommen sei doch recht schmal, da antwortete der Chef ihm: „Da müssen Sie eben Schwarzbrot statt Kuchen essen." Thies, der die ganze Thromboseprophylaxe dieser Chirurgischen Universitätsklinik persönlich organisierte, bekam dafür nie einen Pfennig. Das war sicher mit ein Grund für die 1968 aufkommenden Revolten, die aber wir, die eigentlich davon Betroffenen, bewältigen mußten.

Mehrere Anfragen, eine chirurgische Abteilung an einem Krankenhaus zu übernehmen, hatte ich abgelehnt, denn auf die Forschung wollte ich nicht verzichten, und ich hatte als Hochschullehrer auch Freude, mit den Studenten und den jungen Ärzten zusammen zu sein.

Die Verpflichtung, eine Vorlesung zu halten, nahmen wir alle sehr ernst. Vorbild war Zukschwerdt, der Chef selbst, der sich nur selten im Kolleg vertreten ließ. Meine Vorbereitung auf eine Vorlesung kostete mich große Mühe. Von Westhues in Erlangen habe ich gelernt, daß man immer ein Konzept, mit der Hand geschrieben, entwerfen muß und dieses muß regelmäßig auf den neuesten Stand des Wissens gebracht werden. Heute noch habe ich diese vielen Ordner, ergänzt mit den damals neuesten Zusätzen und den neuesten Daten, bei mir. Sie wurden ebenso wie meine Operationsbücher mit allen Eingriffen Tag für Tag ergänzt. Das entsprechende Bildmaterial mußte als Dia angefertigt werden. Konjetzny hatte mir viele seiner Dias aus seinem großen klinischen Beobachtungsgut geschenkt. Darunter sind manche heute verschwundene Krankheiten. Ich denke da nur z.B. an die unglaublich langwierige und dramatische und für den Betroffenen so entsetzliche eitrige Knochenmarksentzündung (Osteomyelitis). Da Zukschwerdt überhaupt keinen Sinn für Morphologie hatte, wurde dieser Sektor bei uns in Hamburg nicht so gepflegt wie bei Konjetzny und mir, aber er bereitete sich ebenso gründlich vor und hielt ein hervorragendes Kolleg. Diese Sorgfalt galt natürlich auch für Publikationen sowie für die Vorträge, die auf den Kongressen zu halten waren. Ich habe mir seit Fräulein Behagels Ratschlägen

(s. S. 86) immer sehr große Mühe gegeben, gute Vorträge zu halten. Selbstredend war das für meine Laufbahn von großer Bedeutung. Wir konnten uns damals nicht um ein Ordinariat bewerben, wir mußten uns auf die Vorschlagsberechtigten, das waren 1958 und 59 etwa 27 Direktoren chirurgischer Universitätskliniken – ohne die des deutschsprechenden Auslandes, die wahlweise auch befragt wurden–, verlassen. Den Direktoren deutscher chirurgischer Universitätskliniken, die uns nennen sollten, konnten wir uns nur über unsere Veröffentlichungen, die sie schon damals „lesen ließen", und durch unsere Vorträge bekannt machen. Ohne Zweifel offenbart sich in einem Vortrag die ganze Persönlichkeit. Mit dem Besuch von Kliniken war Vorsicht am Platze, das roch nach Anbiederung. Ganz entscheidend für solche Vorschläge aber war das für Außenstehende unsichtbare Netz der persönlichen Beziehungen der „Gesalbten" untereinander. Da tauchten Zu- und Abneigungen auf bis zur Sippenhaft ins dritte Glied, von dem der junge hoffende Adept erst ganz langsam unterrichtet wurde. Wie konnte man beim Eintritt in eine Klinik ahnen, ob der Chef der richtige Mann zur richtigen Zeit am richtigen Ort sein wird, wenn jemand Ordinarius werden „mußte"? Wieviel Zufall spielte dabei auch eine Rolle.

Politische Umwälzungen und die dadurch bedingten Eingriffe in die Berufungspraxis waren immer ungerecht und brachten Ungeeignete an die Stellen. Nicht nur das Dritte Reich brachte Günstlinge unter, auch die angebliche oder echte Gegnerschaft zu ihm war später noch nicht ein Qualifikationsmerkmal. Corpsgeist entwickeln alle Gruppen. Es hat wohl nie eine Fakultät gegeben und wird auch keine geben, die nur aus ersten Geigen besteht. Dazu ein Beispiel aus dem Kaiserreich: Im Juni 1965 wurde ich von meinem Landsmann Franz Mörl, seit 1956 Ordinarius für Chirurgie in Halle/DDR, zu einem Fortbildungsvortrag eingeladen. Gleichzeitig war auch Rudolf Nissen, damals Ordinarius in Basel, anwesend. Er war früher in Berlin und mußte dann in die USA emigrieren. Mörl hatte ihn auch um einen Vortrag gebeten. In der sinkenden Nacht, ich wurde mangels eines Hotels damals in der Bibliothek der Chirurgischen Universitätsklinik untergebracht, unternahm Nissen mit mir einen Spaziergang über die Grünanlage, dem früheren Wall der Stadt Halle. Ich fragte Nissen, was ihn denn ausgerechnet nach Halle, noch dazu mit seiner Ehefrau Ruth, geführt hätte. Zu meinem Erstaunen erwiderte Nissen: „Hier hat sich mein Schicksal entschieden." Ich hörte folgende Geschichte: Der deutsche Kronprinz Friedrich Wilhelm war an einem Kehlkopfkrebs erkrankt und wurde unter anderem von dem Berliner Chirurgieordinarius Ernst von Bergmann behandelt. Die traurige Geschichte des 99-Tage-Kaisers ist bekannt und wird bis in unsere Zeit immer wieder in Erinnerung gebracht. Der Kronprinz ging 1889 nach San Remo zur Erholung und von Bergmann schickte seinen tüchtigen Assistenen Fritz Gustav Bramann mit nach Italien. Dort verschlechterte sich der Zustand des Kronprinzen, es trat eine bedrohliche Atemnot auf, und die war dann so dramatisch, daß Bramann unter widrigen Umständen einen Luftröhrenschnitt im Hotel machten mußte. Die Narkose machte ein Ministerialbeamter. Als Friedrich III nach Berlin zurückkehrte, starb er bald und Wilhelm II, 28 Jahre alt, trat das Erbe an. Am 28.11.1889 war der Chef der Chirurgischen Universitätsklinik in Halle, von Volkmann, gestorben. Die von der Fakultät eingereichte Berufungliste lautete: Lücke (Straßburg), Trendelenburg (Bonn), Helferich (Greifswald). Diese Liste wurde auf Wunsch von Kaiser Wilhelm II nicht berücksichtigt und Bramann berufen, nachdem er diesen tüchtigen Assistenten in den erblichen Adelsstand erhoben hatte. Bramann nahm von Berlin Franz Nissen, den Vater Rudolf Nissens, mit nach Halle. Franz Nissen blieb bis 1893 bei Bramann und mußte einsehen, daß er bei ihm nach dieser Berufungspraxis, „Eingriff durch den Souverän", (was aber durchaus legal war), keine Chance hatte, adäquat weiterzukommen. So gründete Nissens Vater seine Privatklinik in Neisse/Schlesien. Dort wurde er, Rudolf Nissen, 1895 geboren. Ich kannte noch Prof. A. Stieda, der Bramann lebenslang verbunden blieb, und der über 90 Jahre alt wurde, der berichtete, daß Bramann diese Stelle, auf die er berufen wurde, leider nicht ausfüllen konnte. Bramann starb 1913 an einer perniziösen Anämie, er wurde nur 59 Jahre alt. Sein sehr eindrucksvolles Grabdenkmal ist heute noch auf dem „Gottesacker",

7. Kapitel

einem jetzt wieder hergerichteten Friedhof aus der Renaissance in Halle, zu sehen. Vom Eingang links rückwärts finden wir ein großes Grabmonument, eine sitzende Trauernde, der ein Kranz entgleitet. Die ganz einfache Inschrift auf dem Marmorblock lautet:

Fritz von Bramann
geb. zu Wilhelmsburg – Ostpreußen am 25.09.1854
gestorben zu Halle, 20. April 1913

Das Grabmal ist ungewöhnlich gut erhalten, aber wer weiß heute noch vom Schicksal dieses Mannes?

Als 44jähriger merkte ich natürlich schon länger, welche Seilschaften zum Gipfel unterwegs waren. Ich lernte, daß man sich auf Zusagen nicht verlassen konnte und Leistung allein nicht genügte. Das ganze Umfeld mußte stimmen. Oft entschied beispielsweise die „größere Lehrerfahrung" (?). Die Zeiten waren lange vorbei, wo sich der Ministerialdirektor Althoff auf die Stufen zum Hörsaal in Kiel setzte, um unerkannt dem von ihm favorisierten August Bier zuzuhören. In diesen Jahren wurde ich häufiger zu Vorträgen eingeladen, direkt von Fakultäten, die einen Chirurgen suchten oder indirekt in Gesellschaften mit dem gleichen Zweck. Immer gab ich mir große Mühe. Ich merkte natürlich an dem Verhalten der Zuhörer, daß ich ankam, und es hinterläßt auch heute noch ein tiefes Gefühl der Befriedigung, wenn man in den Augen der Hörer die Begeisterung sehen kann. Aber die Hörer entscheiden nicht über eine Berufungsliste. Ich fiel oft durch, die Entscheidungen waren vor meinem Auftritt längst gefallen.

Konzentriert sich die Auswahl endlich auf fünf Kandidaten, wer soll da entscheiden, welcher der Beste und der Passendste sei? Passen muß er, das ist sehr wichtig, und das hat mit der Wissenschaft manchmal überhaupt nichts zu tun.

Am 05.01.1967 wurde ich von der Tübinger Fakultät zu einem Vortrag eingeladen und am 05.12.67 von der Freiburger Fakultät. Bei ersterer stand ich auf der Liste secundo loco, bei letzterer hatte ich gar keine Chance, denn der in Tübingen und in Freiburg primo loco stehende Ordinarius war gegen mich Leichtgewicht eben ein Schwergewicht. Nachdem ich also für Tübingen an der Reihe war, ich hatte dort in dem soeben emeritierten Ordinarius Dick einen großen Gönner, reagierte sofort der Hamburger Dekan, denn mein Chef Zukschwerdt entschloß sich, den widrigen Winden des kommenden Jahres 1968, die zur Entmachtung der Ordinarien führte, durch vorzeitige Emeritierung auszuweichen. Durch meine Tübinger Nominierung, jetzt primo loco, fiel das Hindernis einer Hausberufung weg. In loco berufen zu werden, war und blieb lange ein Makel und wurde von allen Fakultäten in Deutschland streng abgelehnt, sicher zu Recht. Das sollte sich später zeigen, als manche dieser in loco Sitzengebliebenen nie mehr wegberufen wurden und damit, sie hatten ja dann eine Stimme, sehr zur Stagnation des Berufungskarussells beitrugen. Dann bestanden solche Fakultäten eben nicht mehr nur aus ersten Geigen, sondern manchmal hatte die letzte kleine Flöte das große Wort. Sie war verbündet mit den vielen kleine Pfeifen, die alle im richtigen Moment für den Schlummerkopf, den Falschen den Finger hoben.

Inzwischen mußte ich mich auch in Berlin und in Kiel vorstellen. Eine Erfahrung, die wir alle immer wieder beobachten: Auf einmal ist man gefragt. Eine große Hilfe, eine Fakultät zu veranlassen, auf der ersten Stelle der Liste zu landen, sind immer überraschende, unerwartete und wissenschaftlich unerschütterliche Vorschläge. Bei mir kamen sie von den Anatomen. Am 01. April 1968 wurde ich zum ordentlichen Professor vom Senat im Hamburg für die Chirurgische Universitätsklinik Hamburg-Eppendorf ernannt, ich war am Ziel meiner Wünsche. Als Neuberufener hatte ich keine Forderungen zu stellen, das wußte die Behörde und merkwürdig, schon meiner Herkunft nach war ich immer unfähig, „im großen Stil" zu arbeiten. Ich betrieb dann in Hamburg als Ordinarius „Allgemeinchirurgie", nur die Anästhesiologie und die Kardiochirurgie waren praktisch schon abgesondert.

Mit dem Entschluß Zukschwerdt's, sich vorzeitig zurückzuziehen, um der „Revolution" zu entgehen, verbindet sich ein Ereignis, das auf mich einen tiefen Eindruck machte. 1967 war ich zusammen mit meinem Mitassistenten Hoffheinz Zeuge eines

7. Kapitel

Gesprächs zwischen Zukschwerdt und Karl Friedrich von Weizsäcker. Weizsäcker war als Physiker auf einen Philosophielehrstuhl, etwa zur gleichen Zeit wie Zukschwerdt, nach Hamburg berufen worden. Der Staatsrat Hans von Heppe, den ich persönlich kannte, rühmte sich, daß er diesen Star, er war ja ursprünglich theoretischer Physiker, für Hamburg gewonnen hatte. Im Blätterwald rauschte es. Weizsäckers Forderungen, er würde nur über zwei Philosophen lesen, wurde akzeptiert.

Ich erinnerte mich sofort an die Berufung Justus' von Liebigs unter der Regierung des König Maximilians von Bayern nach München. Er wollte dieses „Nordlicht" unbedingt an der Universität seiner Residenzstadt sehen. Liebigs Bedingung – eine von vielen –: Er wollte keine regelmäßige Vorlesung halten – sie wurde akzeptiert. Liebig war allerdings ein Gigant der Wissenschaft.

Weizsäckers Vorlesungsgarantie, so munkelte man, betrug 60 000,– DM im Jahr! Unzweifelhaft ein Ordinarius magnificentissimus. In diesem Gespräch erinnerte Zukschwerdt von Weizsäcker daran, daß sie doch eigentlich beide während des Krieges an der Reichsuniversität Straßburg „beisammen" waren. Von Weizsäcker wurde damals – 24 Jahre alt – als theoretischer Physiker ins gerade wieder von den Nationalsozialisten eroberte Elsaß berufen. Wir merkten, daß diese Erinnerung keinen Freudenschrei auslöste. Hoffheinz konnte sein Lachen kaum verbeißen, wie Zukschwerdt elegant abgefertigt wurde. Der letzte Satz des so Angesprochenen lautete: „Als ich mich in Straßburg wiederfand, wußte ich gar nicht, wie gut ich getarnt war." Zukschwerdt fand sich weder in Straßburg wieder, sondern er wollte ja ein Ordinariat, noch war er getarnt. Er war deshalb drei Jahre in Gefangenschaft und seit er als harmloser SS-Angehöriger automatisch inhaftiert wurde, war er schon gegen das Wort „automatisch" allergisch.

Nicht viel später hörten wir, daß der listige Philosoph seinen so hochdotierten Lehrstuhl 1968 lautlos räumte. Für ihn wurde ein Max-Planck-Institut für Friedensforschung in Starnberg eingerichtet, und er machte noch viel von sich reden, bis heute. Zukschwerdt ging – auch lautlos – als „Berater" in das von ihm schon lang angepeilte Unfallkrankenhaus in Bergedorf, er verstummte endgültig.

Hamburg (1955–1970)

Ausgerechnet im Jahr 1968, als ich mein erstes Ordinariat antrat, begann der große Studentenaufstand gegen die Ordinarienuniversität. Sicher waren seit 100 Jahren Mißstände aufgetreten, die ich ja auch erlebt hatte, aber wie immer in Deutschland, es wurde dann gründlich aufgeräumt und danach kam eine viel schlechtere Organisation, an der wir meines Erachtens heute noch leiden.

Wie stellt sich denn uns, damals wie heute, diese Problematik dar, weshalb die alte Ordinarienuniversität trotz 100jähriger Bewährung abgelöst werden mußte? Unser Wissen vermehrte sich in dieser Zeitspanne sehr stark. Jede Universität, die ja Wissen verwaltet, mehrt und weiterreicht, mußte allmählich für die verschiedenen Wissenszweige Persönlichkeiten einsetzen, die dieses Wissen satzungsgemäß, also in Forschung, Lehre und Praxis, verwalten konnten. Der Ordinarius z.B. für Chirurgie konnte schon lange nicht mehr an jeder Entwicklung teilnehmen. Das gilt auch für alle anderen Fakultäten. Also suchte sich dieser Mann unter seinen Mitarbeitern die Gefügigsten, ohne sie in die Selbständigkeit zu entlassen, und diese konnten nicht immer die Besten sein, denn diese sind immer selten. In vielen Fällen sind diese weniger herausragenden Zeitgenossen in der durch die neuen Gesetze eingerichteten Gruppenuniversität zum Machtfaktor geworden. Jetzt waren die Ordinarien in der Minderzahl, man rächte sich. Symbolisch: Sie mußten ihre Talare ausziehen. Die Wissenschaftsbewältigung wurde dadurch behindert. Deutschland fiel weiter zurück. Besuche aus dem Ausland – und auch aus dem Inland – wurden immer spärlicher. Niemand wollte von uns irgend etwas wissen. Irgendwie hatten wir die Entwicklung auch selbst verschuldet. Der Leser erinnert sich an meine eigene Karriere im zweiten Glied. Dieses Problem, den Anforderungen des Wissens gerecht zu werden, ist bis heute nicht gelöst. Ist es in Deutschland überhaupt so „demokratisch" lösbar?

Mein erster Besuch einer Fakultätssitzung als ordentlicher Professor für Chirurgie in Hamburg und Mitglied der engeren Fakultät ist mir noch in lebhafter Erinnerung. Die engere Fakultät saß um einen Hufeisentisch, oben der Dekan. Die Vertreter der

7. Kapitel

Unmündigen, das war die weitere Fakultät, nahm an „Katzentischen" Platz, die an der Wand standen. Ich habe drei Fakultäten angehört: Hamburg, Frankfurt und Bonn. Und obwohl nur in Hamburg dieser „schreckliche" Ordinarius noch in voller Blüte stand, konnte man überall eindeutig in Erscheinung tretende Gruppen nicht übersehen.

1. Der Ordinarius maximus. Er hatte ein Institut oder eine Klinik mit unzähligen Mitarbeitern und Unterabteilungen, die oft auch Dienstleistungen erbrachten und die in der gleichen Fakultät schon längst daneben als eigene Einrichtungen von Ordinarien geleitet wurden. So gibt es in solchen Großkliniken, wie z.B. Hautkliniken: eine Anästhesie, eine Radiologie, eine Allergologie, eine plastische Chirurgie, eine Proktologie, eine experimentelle Abteilung, eine Histologie, eine Immunologie usw.. An der Spitze dieser Vervielfältigungsinstitutionen standen die Innere Universitätsklinik und auch die Chirurgie. Alles leitete der sogenannte Kernkliniker, der sich vermutlich, wäre er nicht von seinen Heerscharen geleitet worden, in seinem eigenen Institut oder in seiner eigenen Klinik total verirrt hätte. Es gab Räume in unserer Klinik, die der Ordinarius nie gesehen hatte. In der Kernklinik saßen die Meister des Delegierens, des Herausgebens, sie umkreisten die Erde, hatten überall „friends", die sie schon bei der Begrüßung mit name dropping geschickt in Erinnerung brachten. Das waren die Herren, deren Nimbus noch aus dem Kaiserreich stammte, wo sich seither ihre Exzellenz selbst in profanen Dingen des Alltags niederschlug. Als der Oberpfleger Manrow dem Emeritus Konjetzny beim Besuch eines Vortrages submissest den Mantel abnahm und Höchstderselbe bei der Begrüßung durch Handschlag der ihn umschwärmenden Bekannten und Verehrer den Blick immer schon dem Nächsten an dem eben Begrüßten vorbei zuwendete, hatte er natürlich längst vergessen, wo der von Manrow bewachte Gehpelz thesauriert war. So rief der Ordinarius nach der Vorlesung: „Manrow, wo hängt denn mein Mantel?" Darauf: „Herr Professor, Ihr

Mantel hängen unter der Nummer 47, ich bin schon auf dem Wege." Das war Ehrfurcht! *Untertanentum!*
Goetze erzählte mir sein Erlebnis mit dem Großordinarius, dem Internisten Gustav von Bergmann, als er in Frankfurt als Oberarzt Schmiedens diesen um ein Zeugnis bat. Mit großer Geste zum Hinsetzen in einem der schwellenden Fauteuils aufgefordert, rief Bergmann seine Sekretärin und diktierte ihr ein Zeugnis unter kurzem Nachfragen nach persönlichen Daten, daß Goetze vor Verlegenheit um Atem rang. Er verabschiedete sich mit bewegten Dankesworten, da läutete das Telefon und Goetze hörte, wie Bergmann mit einem Lacher in die Muschel rief: „Ja sicher, das hab' ich geschrieben, aber nehmen Sie doch lieber den anderen." Althoff hatte für solche Herren eine Mappe mit der Aufschrift: „Heroen."

2. Der Ordinarius simplex. Er vertritt meist ein Fach, von denen einige der Fakultätsherren noch gar nichts gehört haben, wo es eigentlich untergebracht ist. Viele wundern sich, wie dieser Mensch überhaupt in diese Fakultätssitzung kommt. Sein Benehmen ist freundlich bis überfreundlich, überfreundlich bis kalt verachtend. Erbittet man seine Mithilfe bei einem wissenschaftlichen Problem, findet man sich, nachdem man einen Termin bekommen hat, und das kann Wochen dauern, an einen ahnungslosen Doktoranden delegiert.

3. Der Ordinarius minimus. Er scheint nur selbständig. Meist hängt er an dem Ordinarius maximus, der durch den Zeitfaktor zermürbt, durch Politiker ermahnt und bisweilen durch eine nicht zu übersehende Leistung des zu Befördernden ein oder zwei Zimmer in seiner Großklinik ihm abgibt. Solche Zimmer hatten manchmal nur einen Zugang durch das davor liegende Sekretariat. Manchmal wurde ein solcher Pseudo-Ordinarius noch gegen Ende seines Lebens ein „persönlicher" Ordinarius. Das heißt, er hing eigentlich in der Luft, ohne fliegen zu können. Der Gruppe 2 und 3 ist es nach meinen Beobachtungen auch eigen, daß sie in der Regel zu spät zu Fakultätssitzungen kommen, und vor dem Ende nach Hause gehen und immer beleidigt sind.

4. Eine zu meiner Zeit beinahe ausgestorbene Art, die ich nur noch in Erlangen, aktiv am Fakultätsleben teilnehmend, erlebt habe, war der Ordinarius antiquns. Von ihm ging die Sage großer Gelehrsamkeit und ihm begegnete man mit großer Unterwürfigkeit. Als Habilitanden mußten wir damals in Erlangen diese Herren emeriti antiqui in ihren Wohnungen aufsuchen oder sie bestellten uns an recht ungewöhnliche Stellen, um sich mit uns zu unterhalten. So traf ich mich mit dem emeritierten Internisten L.R. Müller im Röthelheimbad in Erlangen. Ich traf den alten Herrn in der Badehose und auf der Glatze und am Nacken hatte er ein gefaltetes nasses Handtuch gelegt. Er erklärte mir, das schütze seinen Hirnstamm vor der Sonneneinstrahlung. Müller hatte große Verdienste um die Erforschung des vegetativen Nervensystems, der „Lebensnerven", deshalb seine Sorge wegen eines Sonnenstichs. Eine Unterhaltung mit diesen alten Herren war sehr interessant, was wußten sie nicht alles aus der Vorzeit. So versicherte mir Müller, glauben Sie nur nicht, die Alten sehen und hören schlechter als die Jungen. Nein, sie riechen und schmecken auch weniger. Das wird dann sehr langweilig, deshalb genieße ich die Wechselrede mit Ihnen, bei dem das alles noch in Ordnung ist. So ganz genau nahmen sie ihre Pflichten allerdings nicht immer. Als Älteste bekamen sie in Erlangen die Habilitationsschriften zuerst zur Beurteilung. Als sich mein Kollege Willi Dressler habilitierte, und seine Habilitationsschrift reihum ging, erklärten alle Alten dieses Werk als für geeignet. Einer schrieb unter den Namen des anderen 'einverstanden', z.B. wie Herr Kollege Jamin. Als dann fast am Ende die Arbeit zu dem eben berufenen Internisten Karl Matthes kam, schrieb dieser, er wäre ja auch gerne einverstanden, nur der Habilitand möge die Seiten 1 bis 20 nachreichen, sie fehlten. Angeblich fanden sie sich in dem Nähkästchen von Frau Prof. Goetze und wurden sofort beigefügt.

Die Universität war in Deutschland der einzige Ort, wo der ordentliche Professor weit über dem außerordentlichen steht. Auf die naive Frage eines zum Rektorschmaus Geladenen, was eigent-

lich der Unterschied zwischen einem außerplanmäßigen Professor und einem ordentlichen, öffentlichen Professor ist, kam die Antwort eines Gesalbten: „Der Unterschied ist wie Mensch und Tier."
Aus der Gruppe 1 und 2 entwickelt sich regelmäßig der oder einer der Fakultätsstars.

Ein Fakultätsstar sitzt immer am gleichen Platz und redet zu jedem Thema, ob Neuberufung für experimentelle Anästhesie (das gibt es!) oder über die Unsitte, Bücher aus der Klinikbibliothek auf das Stoffwechselkabinett mitzunehmen und sie dort liegen zu lassen. Auch heute noch erlebe ich solche Dauerredner, aber niemand bringt sie zum Schweigen. Alle erdulden sie hingebungsvoll und manchen versuchen durch Zustimmung sie dazu zu bringen, ihren Mund zu halten – vergeblich.

In Hamburg ging die regierende SPD bald daran, ein neues Universitätsgesetz zu verabschieden mit dem Ziel, die Ordinarienuniversität zu zerschlagen. Ich höre noch den damaligen Bürgermeister Herrn Weichmann mit dünner Stimme verkünden: habemus legem – wir haben ein Gesetz. Die vornehm – von ebensolchen Rechtsanwälten und den Koryphäen der juristischen Fakultät unterstützt – sich wehrenden ordentlichen Professoren verloren alle Prozesse, denn in den Gerichten saßen nicht ihre Freunde, sondern die Genossen. Was habe ich für endlose und fruchtlose Sitzungen mit immer dem gleichen Thema erlebt, denen ich aus Kollegialität beiwohnen mußte, obwohl ich bald einsah, daß dies alles nichts nützte. Der Staat wußte sehr genau, es gibt keine Gruppe, die sich massiv wehren kann an einer Universität. Diese Leute waren ja unter ganz anderen Kriterien früher einmal ausgesucht worden; nicht, um politische Kämpfe zu führen.

Die Universität Hamburg bekam dann einen Präsidenten, es begann die Zeit der „Räte." Auch meine Klinik wurde von einem Klinikrat beglückt, aber ich blieb weiter der Direktor. Von dem Augenblick an war ich nicht abgeneigt, einen Ruf an eine andere Universität, wo die Demokratisierung noch nicht so weit vorangeschritten war, anzunehmen.

Als ich mein erstes Ordinariat antrat, war mein anatomischer Kollege Fleischhauer, mit dem ich die Aganglionose des inneren

7. Kapitel

Afterschließmuskels entdeckt hatte, und damit dessen ermüdungslose Abschlußleistung bewies, schon länger Ordinarius in Bonn geworden. Noch früher wurde mein anatomischer Freund Staubesand – über unsere Entdeckung des Mastdarmschwellkörpers habe ich schon berichtet – Ordinarius in Freiburg. Ich hatte mich jetzt mit dem Anatomen Werner Lierse (1925–1993) in Hamburg-Eppendorf verbündet, und wir haben durch mühselige Untersuchungen den bis dahin rätselhaften Abschlußmechanismus an der unteren Speiseröhre entdeckt (Lit. 62).

Schon vor meiner Berufung in Hamburg bekam ich für diese damals noch nicht ganz zum Abschluß gekommenen Untersuchungen mit diesen neuen Erkenntnissen, 1966 einen wissenschaftlichen Preis, den Warner-Preis.

Alle diese Resultate waren die Frucht einer jahrelangen klinischen und experimentellen Zusammenarbeit. Auch sie sind ununterbrochen trotz meiner späteren Rufe weitergeführt worden. Kontinuierlich trieb ich meine Forschungen über die Hüllfascien des Mastdarms weiter. Diese spinnwebendünnen Bindegewebsblätter, die man am Lebenden viel besser sehen kann als am fixierten Kadaver, haben für die Gründlichkeit eines chirurgischen Eingriffes, um ein Karzinom zu entfernen, eine sehr große Bedeutung. Sie sind, wie ich sage, krebsdicht, weil sie keine Blutgefäße, die auswachsen, hindurchlassen. Denn wo keine Blutgefäße sich entwickeln, ist auch für einen bösartigen Tumor eine unüberwindliche Grenze entstanden. Seither können wir von einer krebsdichten „Verpackung" durch die vom Operateur sehr gut zu handhabenden Hüllen sprechen. Schon seit 1962 habe ich auf diese Besonderheit immer wieder hingewiesen. Auch die Arbeit über die Ursache der Appendicitis ist mit Lierse damals in Hamburg entstanden (Lit.: Stelzner 1998).

Während meiner Hamburger Zeit hatte ich einen regen Gedankenaustausch mit Gerhard Küntscher (1900–1972), dem Direktor der Chirurgischen Abteilung des Hafen-Krankenhauses. Er apostrophierte mich als einen Weichteilschneider, der ihm seine „knöchernen" Kreise nie stören würde. Denn Küntscher befaßte sich in seiner Klinik damals in Hamburg praktisch nur

Hamburg (1955–1970)

mit der operativen Knochenbruchbehandlung an den Gliedmaßen. Er, der Erfinder des Marknagels, war unerschöpflich im Ersinnen neuer Methoden. Oft dachte ich mir, wenn ich ihm in seinem von Büchern, Zeitschriften, Instrumenten und Röntgenbildern überquellenden Zimmer im Hafen-Krankenhaus gegenübersaß, hier redet ein Genie. Dieser Mann hatte wirklich originelle Gedanken, die die operative Therapie der Knochenbrüche verändert haben. Sauerbruch (s. S. 74) machte mit seiner Unterdruckkammer den Brustfellspalt zum Operationssaal und Küntscher „saß" im Markraum des Knochens und werkte dort unablässig. Er hatte eine ganz andere Gedankenführung, wie z. B. Friedrich Pauwels, der ebenso schöpferisch tätige Orthopäde in Aachen, über den ich schon gesprochen habe. Pauwels verstand es, dem harten Knochen die von ihm, dem Operateur, verlangte Plastizität zu entwickeln. So konnte Pauwels z. B. durch eine Umstellung von Gelenkachsen eine drohende Arthrose (Zerstörung des Gelenkes) durch falsche Belastung wieder rückgängig machen, ja ausheilen.

Bei Küntscher stand immer ein von ihm erfundenes Instrument im Mittelpunkt, um einen gebrochenen oder falsch zuammengeheilten oder heilungsunfähig gewordenen gebrochenen Knochen wieder seiner Normalfunktion zuzuführen. Sein Buch über das Knochenneubildungsproblem, sein Distraktor, seine Knocheninnensäge, sein Knocheninnenmeißel und sein Verriegelungsnagel, welche Fülle von Einfällen und wie einfach waren sie, sie in die Tat umzusetzen. Zu mir sagte er oft, nur weiter nachdenken und überleben, man muß immer 20 Jahre warten, bis es alle Welt endlich begriffen hat.

Vom 02. bis 05. Dezember 1970 war ich Vorsitzender der Nordwestdeutschen Chirurgenvereinigung und leitete die 106. Tagung in Hamburg. Diese Tagungen im Winter waren immer sehr gut besucht, man kam mit vielen Kollegen ins Gespräch, denn die Zersplitterung des Faches hatte noch nicht die Formen wie heute angenommen. Der damalige Schriftführer, Professor Helmut Remé, Lübeck, der auch hier die Kontinuität der Leitung einer so kleinen Vereinigung in die Hand genommen hatte, ging jedem

7. Kapitel

Vorsitzenden selbstlos zur Hand. Niemand wird das diesem kultivierten, begeisterungsfähigen und so tüchtigen Chirurgen je vergessen. Meine Mitarbeiter hielten hervorragende Referate.

Die gesellschaftlichen Verbindungen zur Galerie und Museumsszene war in Hamburg beglückend. Was konnte man nicht alles in Wochenendvorträgen im Museum für Kunst und Gewerbe und in der Kunsthalle erfahren? Da bewunderten wir die wahren Fachleute, wie den Direktor der Hamburger Kunsthalle, Professor Hentzen, zu dem wir auch persönliche Beziehungen hatten, mit welch sicherem Gespür da ein Bild gekauft wurde, beim Künstler selbst, das dann wenige Jahre später den Wert einer astronomischen Summe erreichte. Hentzen fuhr z. B. damals nach Bologna zu Morandi und kaufte ein Bild für DM 3000,-, es war eines dieser berühmten Stilleben mit den Flaschen. Heute kann ein solches Bild eine halbe Million Mark kosten. Wir gingen auch in dem Haus des Kunsthändlers F.K.A. Hülsmann ein und aus, allerdings um bald zu ahnen, welche verschlungenen Wege diese schönen Dinge alle nehmen, die für uns damals fast alle unerreichbar waren. Trotzdem haben wir durch ihn eine Prägung fürs Leben erfahren.

Das Aufbegehren der Studenten begann schon 1967, vor meiner Berufung, und erreichte beim Rektoratswechsel ein Jahr später einen Höhepunkt. Der vorsichtige studentische Revolutionär, Detlev Albers, setzte sich mit seinem Freund, Gerd-Hinnerk Behlmer, an die Spitze des Zuges der talartragenden Professoren. Voran schritt der Rektor, es war der Kinderkliniker, Professor Schäfer. Unbehindert trugen die beiden SPD-Mitglieder wenige Meter vor dem Rektor ein rotes, breites Spruchband mit dem Text, der damals in ganz Deutschland verbreitet wurde: „Unter den Talaren Muff von tausend Jahren." Wie so oft in Deutschland, niemand rührte sich. Kein Zuhörer, kein Professor, keine Ordungskraft gebot dieser Schmähung Einhalt. Dieses Verhalten ist typisch für die Universität gewesen und auch geblieben. Der Staat kann tun, was er für richtig hält, die Mehrzahl der Betroffenen schluckt es immer, und das weiß der Staat sehr genau.

Ich erinnere mich noch lebhaft, als ich von unserer Gefährdung der Verträge sprach, wie viele Betroffene antworteten, ihnen könne überhaupt nichts passieren. Ich zitierte dann immer die Fabel von den beiden Hasen. Der eine Hase sagt zum anderen, hast Du gehört, die wollen uns unser fünftes Bein absägen, darauf der Optimist, das ist mir egal, mir langen meine vier Beine. Darauf sagte der erste: Du kennst sie nicht, erst sägen sie, dann zählen sie. Und genauso war es.

Die folgenden Jahre waren angefüllt mit zeitraubenden Scharmützeln und als in der FAZ am 31.10.95 ein Feuilleton über diese Hamburger Schmähung durch Herrn Dietrich Albers erschien, war der Titel: „Wer hat uns verraten? Die Sozialdemokraten!", und diesem Titel war nicht zu widersprechen. Von der SPD wurden auch Berufungsverträge, z.B. in Hamburg, gebrochen und der Bruch wurde bestätigt, bis zum Bundesgericht hinauf. Solche Opportunisten wie Albers wollten dieses alte System der Professoren eigentlich gar nicht sprengen, sie wollten nur mit Minimalaufwand selbst in ihre Reihen, und so wurde Albers sehr bald Professor auf Lebenszeit in Bremen und ist es bis zu seiner Pensionierung geblieben. Albers landete sogar im Gründungssenat der Bremer Universität. Als fünfter SPD-Vorsitzender in vier Jahren wurde aus dem kleinen Freibeuter der große Herr, der „weitere Zumutungen" an den öffentlichen Dienst zurückwies und Nachbesserungen forderte. So, sagte in diesem FAZ-Artikel Konrad Adam, sieht der Hochschullehrersozialismus aus. Niemand begehrte dagegen auf. Auf diesen oben zitierten Zeitungsbeitrag passierte natürlich gar nichts.

Für einen heutigen Leser sind zwei Äußerungen für Hamburg von Bedeutung. Zuerst eine von den Gewinnern der Revolution. Einer kommt in dem Jubiläumsbuch „100 Jahre Universitätskrankenhaus Eppendorf" zu Wort, Professor Karl Heinz Hölzer. Uns Ordinarien vor der Revolution völlig unbekannt, war er plötzlich ab 1976, natürlich demokratisch gewählt, Ärztlicher Direktor des Universitätskrankenhauses und Sprecher des Fachbereiches Medizin. Er kam aus der Medizinischen Universitätsklinik, wo ihn der 1960 berufene Professor Heinrich Bartelheimer die Leitung der klinischen Diätetik übertrug. Hölzer wurde 1971 Professor für Innere Medizin und Diätetik. Sein Amt wurde erst nach der siebten

7. Kapitel

Novellierung (!) des Hamburgischen Universitätsgesetzes, das am 25.04.1969 in Kraft trat, wieder eingeführt. Bis 1976 waren Altordinarien „Dekane und Sprecher des Fachbereiches Medizin", dann folgten schon zwei durch die neuen Strukturen „Beförderte" (1970-1974). Für zwei Jahre (1974–76) kam noch einmal einer vom alten Stamm zur Regierung und dann Herr Hölzer.

Lesen wir seinen Beitrag zu seiner Aufgabe in dem schon zitierten Jubiläumsband, dann hat sich dieses neue Entscheidungsgremium, zusammengesetzt aus Professoren, Dozenten, Assistenten, Studenten, technischem und Verwaltungspersonal bis hinunter zur Raumpflegerin, bewährt. Die beiden Organisationsformen, Departementsystem und Kernklinik mit Abteilungen sind – so sagt er – sehr gut funktionsfähig. Hölzers Bemühung um soziale Gerechtigkeit ist ihm, wie er ausführt, gelungen und am Schluß zitiert der Autor den Satz eines chinesischen Studenten, den dieser (anonym?) im Universitätskrankenhaus im Briefkasten zurückgelassen hat: „Und wenn Du ein großer Führer gewesen bist, so werden alle sagen, sie hätten es selber gemacht."

Danach waren wir Ordinarien wohl keine großen Führer gewesen. Lesen wir dagegen die Erfahrungen des Neurologen Rudolf Janzen aus dem Universitätskrankenhaus, so war diese Revolution eben doch gar nicht erfolgreich. Janzen kritisiert bei der inzwischen in Hamburg agierenden Gruppenuniversität deren Kompetenz und Erfahrung und verweist auf die „geradezu absurde" Beförderung durch Selbstbedienung ohne Qualifikationsnachweis. Unsere durch den Rechtsanwalt Dr. Töpfer am 28.05.69 eingereichte Verfassungsklage, ich habe schon ganz allgemein darauf hingewiesen, gegen dieses Hamburger Hochschulgesetz wurde abschlägig beschieden, auch eine weitere Klage beim Bundesverfassungsgericht, und das zog sich sehr geschickt aus der Affäre. Dieses höchste Gericht legte fest, daß in den entscheidenden Gremien die Professoren die Mehrheit haben müssen, aber durch Neubestimmungen wurde dieses Urteil elegant unterlaufen, denn das Gericht sagte nicht, was denn eigentlich ein Professor sei, daß nämlich erwiesene Leistung in Forschung und Lehre allein Kompetenz bedeutet. Da lachten uns alle inzwischen durch Selbstbedienung Beförderten schallend aus, nur der so stolz das Gesetz verkündende Bürgermeister Weichmann meinte später: „... ob dieser Schritt vielleicht nicht doch zu weit gegangen ist ...?"

Helmut Schelsky, Ordinarius für Soziologie in Münster, schreibt in seinem Buch „Abschied von der Hochschulpolitik oder die Universität im Fadenkreuz des Versagens", die Schuld am Niedergang hätten alle Gruppen: Professoren, Studenten, Behörden, Politiker – und er hat sicher recht; das ist traurig, aber wahr.

Da wir Ordinarien in Hamburg in den Räten unterzugehen drohten, und wir erlebten, wie selbst die klugen Juristen von den noch klügeren Politikern besiegt wurden, gab es für uns nur eine Möglichkeit ungestört und unkontrolliert zu arbeiten, man mußte die Universität wechseln.

Ich kann mich noch gut erinnern, wie alle Mitglieder der Fakultät beschworen, sich regelmäßig vor diesen, ihnen in Hamburg nicht mehr zugänglichen Fakultätsratssitzungen zu treffen, um Beschlüsse zu fassen. Dazu kam es nie, damals und auch später an anderen Orten nicht. Dieser so oft beschworene Corpsgeist der Fakultäten geht nach solchen einschneidenden Verfügungen und durch die neuen Gesetze sehr rasch verloren.

Immer bleibt es für mich ein Hochgefühl, wenn ich einem Minister sagen konnte, mit Ihnen, Herr Minister nicht mehr, ich bin noch sehr gefragt, und da ich weiß, daß Sie meinetwegen Ihr Gesetz sicher nicht ändern werden, werde ich Hamburg verlassen. Inzwischen war ich in einigen Seilschaften heimisch geworden und konnte andere Rufe erwarten. Dieses Druckmittel trug ohne Zweifel dazu bei, daß ich „automatisch" meinem Klinikrat in Hamburg immer präsidierte und zwar als gewählter geschäftsführender Direktor.

Schon 1970 wurde ich von der Berner Fakultät zu einem Vortrag eingeladen, um für die Nachfolge des ausscheidenden Professors Lenggenhager zu kandidieren. In Bern wollte man aber, und das ist ja häufig so, einen Schweizer haben und hat ihn dann auch genommen. Diese deutschsprechenden Anrainer haben immer Probleme mit der Besetzung ihrer Ordinariate. Es sind einfach zu wenige Fachleute im Lande zur Auswahl und die müssen dazu noch in die Fakultät passen. Natürlich gibt es rühmliche Ausnah-

7. Kapitel

men, die kennen wir alle, die nur „Passenden" sind dann schon lange vergessen. Ich habe auch erlebt, daß die Kommissionsmitglieder, die sich vordergründig große Mühe zu geben schienen, um zu demonstrieren, sie seien die Objektivität selbst, letztlich ihre Entscheidung längst gefällt hatten. So kamen drei Herren aus Bern nach Hamburg, um mich operieren zu sehen! Was für eine Mühe! Später sollte ich – streng vertraulich – aus einer solchen Fakultät erfahren, daß ein potentieller Kandidat, der dem in loco Wartenden vorgezogen werden mußte, weil er diesem weit überlegen war, mit dem Satz ausgeschaltet wurde: „Den können wir nicht nennen, der kommt ja"!

Zu meiner Überraschung merkte ich, daß auch in der Schweiz die Demokratisierung an den Universitäten munter fortgeschritten war und daß Ausländer nie ganz ungefährdet bleiben, es gab ja immer nur begrenzte Verträge. So war es für mich ein Triumph, daß ich den Bernern mitteilen konnte, daß sich der Hessische Kultusminister entschlossen hat, mich nach Frankfurt zu berufen.

In Frankfurt wurde Professor Dr. Rudolf Geißendörfer emeritiert. Das war ein sehr korrekter Mann, der auch den Mut hatte, seine Überzeugungen ganz eindeutig zu vertreten. Was er wissenschaftlich anpackte, machte er immer sehr gründlich. Sein Buch über die Vergrößerung der Vorsteherdrüse in bezug auf die Sexualhormone ist ein Standardwerk gewesen, aber heute ist die Urologie, damals ein Lieblingsarbeitsgebiet Geißendörfers', eine Sonderdisziplin geworden. Geißendörfer verfaßte auch ein umfassend gründliches Buch über die diagnostisch chirurgische Technik des Chirurgen, das mehrere Auflagen erlebte. Sehr beeindruckt hat mich seine Ablehnung der Eingriffe am Sympathikus, also am vegetativen Nervensystem, zur Beeinflussung des hohen Blutdrucks. Am Anfang seiner Tätigkeit in Frankfurt hatte er als internistischen Partner einen weltberühmten Mann, Franz Volhard. Dieser schlug ihm die Sympathektomie, also die Herausschneidung dieses vegetativen Nervenanteils, bei Kranken mit einem hohen Blutdruck vor. Er lehnte das ab, auch mit dem Hinweis, daß dieser Eingriff für Männer eine schlimme Beeinträchtigung ihrer Sexualfunktion haben würde. Der Internist überwies diese Patienten an eine andere Klinik, wo dann auf den Erfolg dieses Eingriffes über Jahre große Lobeshymnen gesungen wurden, schlußendlich doch der Mißerfolg durch Schweigen besiegelt worden ist. In unserem Buch „Kongreßergebnisse im Wandel" können diese und ähnliche Entwicklungen in Einzelheiten nachgelesen werden. (Lit.: Stelzner 1997) In Frankfurt erwies sich wieder der Einfluß der Anatomie, die ein qualifiziertes Urteil über meine wissenschaftlichen Leistungen abgeben konnte, als entscheidend. Dietrich Starck's Urteil hatte großes Gewicht. Ist er doch einer der herausragenden Morphologen, der sich umfassend mit der vergleichenden Anatomie auseinandergesetzt hat. Seine drei Bände, die er allein neben seinen vielen Lehrbüchern verfaßt hatte, sind ein Standardwerk geworden. Niemand vor ihm hat je so eine grandiose Überschau der Öffentlichkeit als Einzelautor vorgestellt.

8. Kapitel
Frankfurt am Main (1971–1976)

Am 27.11.1970 habe ich einen Ruf auf den Lehrstuhl für Chirurgie an der Universität Frankfurt erhalten.

Nach der Mitteilung dieses Rufes an meine vorgesetzte Hamburger Behörde zeigte sich, daß die inzwischen in Hamburg erlassenen Hochschulgesetze es nicht zuließen, irgendwelche Verbesserungen der klinischen und persönlichen Situation durch Bleibeverhandlungen zu erreichen. Dieses alte Recht, daß ein Ruf belohnt werden muß, hatte man in Hamburg weitgehend überhört, widersprach es doch der inzwischen verfügten Demokratisierung. Man blieb in Hamburg seither immer sehr gerne unter sich. Als 20 Jahre später die 100jährige Gründung des Universitätskrankenhauses Eppendorf, ich habe schon kurz darauf hingewiesen (s. S. 233), auf einer großen Feier mit einer umfangreichen Festschrift begangen wurde, waren die Vielen, die vor dieser Demokratisierung einen Ruf an andere Universitäten erhalten hatten, nicht nur nicht eingeladen, sondern auch mit keinem Wort in diesem gewaltigen Festband erwähnt. Nur die Damen und Herren verbreiteten sich in diesem Buch, die schon immer da waren, die immer da geblieben sind und die auch immer da bleiben werden.

Obwohl inzwischen in Hessen auch ein nivellierendes Hochschulgesetz vor der Tür stand, war es mit Hilfe des Rechtsanwaltes Dr. Winterfeld aus Hannover in Wiesbaden, der Landeshauptstadt, möglich, eine vorerst sehr brauchbare Vereinbarung auszuhandeln, und darin hat mich auch die Fakultät unterstützt. Der tüchtige neubestimmte Dekan, der Pädiater Professor Dr. Hövels, und der sehr hilfsbereite Prodekan, der Anatom Professor Dr. H.J. Müller, und der kurz vor der Vollendung stehende Klinikneubau mit den herrlichen Operationssälen erleichterten dann den Entschluß zu wechseln.

Merkwürdig, bei all diesen Berufungen meldete sich immer die Presse zu Wort. Hatte man Ministerium und Fakultät auf seiner

Seite, konnte man diese öffentliche Meinung, die ja nie ganz genau orientiert war, leicht überstehen. Ich wundere mich immer über diesen Eifer Anderer, die keinerlei Einfluß gewinnen, aber die sich immer zu Wort melden müssen. Ein Zeitdokument ist allerdings meine Ernennungsurkunde in Hessen vom 15. November 1971. Dort heißt es: Der ordentliche Professor wird zum Professor ernannt, unterzeichnet von dem später unrühmlich ausgeschiedenen Ministerpräsidenten Oswald.

Gott sei Dank, einmal nicht bauen! Ich konnte die von meinem Vorgänger, Professor Geißendörfer, vorbildlich entworfene, sehr schöne neue Klinik übernehmen. Nicht vergessen möchte ich dabei auch die schönen Labors, darunter ein morphologisches. Daran war in Hamburg nicht zu denken. Ich bekam das höchste Sondergrundgehalt mit einer kräftigen emeritusfähigen Zulage. Wir wohnten in Bad Homburg vor der Höhe.

Meine Mitarbeiter in Frankfurt waren alle, bis auf einen, loyal, der aber bald, da er unbelehrbarer Einzelopponent blieb, ein Krankenhaus übernahm. Dort wurde er wieder vernünftig. Eine Schwierigkeit beim Personal bestand aber. Die Hälfte der Mitarbeiter wurde von der Stadt Frankfurt besoldet, denn die Universitätskliniken waren erst nach 1918 aus dem städtischen Krankenhaus Sachsenhausen hervorgegangen. Bis auf den Urologen, Professor Dr. Wolfgang Weber, der zum Extraordinarius in loco befördert wurde, waren mein cardiovasculärer Kollege, Professor Dr. Satter, und der Unfallchirurg, der neu berufen wurde, Professor Dr. Pannicke, Ordinariatsneubesetzungen. Ebenso der Anästhesist, Professor Dr. Dudziak. Das erleichterte das Zusammenleben sehr, und die Zusammenarbeit in Frankfurt war auch immer ungetrübt.

Nicht wenige Patienten mit proktologischen Erkrankungen aus Hamburg kamen zu mir nach Frankfurt. Die Zusammenarbeit mit dem gastrologischen Internisten, Professor Dr. Siede, war für beide Seiten sehr fruchtbar. Siede hatte als Forschungsschwerpunkt die Lebererkrankungen, was sich auf die gute Indikationsstellung zur Behandlung des Pfortaderhochdrucks auswirkte. Die Voraussetzungen für die wissenschaftliche Arbeit in Frankfurt war also hervorragend. Der Anatom Dietrich Starck ist eine Leuchte seines

8. Kapitel

Faches, ich habe schon darauf hingewiesen. Er war *der* vergleichende Anatom Deutschlands.

Auch in Frankfurt machte sich natürlich die 68er Generation bemerkbar. Diese Leute, die im Gegensatz zu uns „keine Schicksale" hatten, die nicht über die Schlachtfelder Europas gejagt worden waren oder, unfähig sich zu verteidigen, die Angst bei Lebensgefahr erlebt hatten, wenn Nacht für Nacht die Luftangriffe der Alliierten über die Städte rollten, diese warmgebetteten Aufbegehrer nahmen ihre Freiheit als etwas ganz Selbstverständliches. Sie wollten aber mehr, sie wollten dazu die Gleichheit. Heute sagt man die Kuschelecken. Sie waren prinzipiell gegen jede Leistung und Anstrengung. Ich war ganz erstaunt, als sich beim Beginn der Vorlesung in Frankfurt kein Beifallsgetrampel mehr erhob, wenn ich den Saal betreten habe. Nur wenn ein Patient vorgestellt wurde, begrüßten ihn die Studenten nach alter Sitte. Nicht genug damit, der Besuch unserer Vorlesungen bröckelte ab, entscheidend für einen Prüfungserfolg war ja die Ausfüllung eines Fragebogens. Wie immer gab es unter den Ordinarien solche, die sich sofort unter diesen Demütigungen duckten. Und auf solche Leute kann der Staat, ich habe es immer wieder gesagt, auch zählen. Statt des verpönten Praktikums z. B., das nicht mehr durchführbar war, ließ man Klausuren schreiben, ohne sie zu benoten oder zu werten „nur um sich zu orientieren." Tiefer kann man wohl kaum sinken.

Eine Vorlesung war im Leben der jetzt so verachteten Ordinarien immer schon eine große Verpflichtung. Unter uns, den akademischen Chirurgen, die operieren mußten, galt der Satz: Das Kolleg kommt zuerst. Ob Goetze oder Zukschwerdt, alle hielten ihr Hauptkolleg wöchentlich 5-stündig selbst und ließen sich nur ganz ausnahmsweise vertreten. Das sollte jetzt alles anders werden. Ich gebe zu, ich hatte auch keine Lust mehr, ein Kolleg so mühsam und immer wieder neu vorzubereiten, da es immer weniger genutzt wurde.

Die Damen und Herren Studenten konnten sich damals in Deutschland alles erlauben: Vorlesungen stören, bestimmte Professoren – meist Geisteswissenschaftler – ablehnen, niemand griff ein. Die Studenten kamen so zerlumpt in das Kolleg, daß ich ihnen sagte, die Patienten seien ebenso ungehalten über ihr Aussehen wie wir, die Lehrer. Das sei eine Mißachtung des Kranken und dazu noch unhygienisch. Da lenkten nun doch einige ein und zogen sich vernünftiger an.

Der Verteidigungsminister Schmidt brachte es damals nicht fertig, daß seine Soldaten einen vernünftigen Haarschnitt akzeptierten, er war ganz stolz, daß er Haarnetze einführen konnte! Bei mir tauchte in Frankfurt als Assistent ein später als Mitglied der RAF in die DDR entlaufener Herr auf, der sich völlig grundlos so frech benahm, daß ihm meine immerhin noch sehr gemäßigten Demokraten mit mir zusammen den Stuhl vor die Türe setzten. Nach dem Zusammenbruch der DDR wurde dieser Mann übrigens amnestiert!

Unter diesen Umständen des mangelnden Gesprächs mit den Studenten liefen wir alle nebeneinander her und waren schon froh, wenn man uns in Ruhe ließ. In der Chirurgie begann das Problem der Überstunden. Ich kann mich noch gut erinnern, entweder wurde ich von der Verwaltung gerügt, weil ich Diensthabende früh nicht nach Hause schickte, weil sie mangels der Notfälle in der Nacht ja schlafen konnten. Ich sollte sie nach Hause schicken, obwohl sie im Operationssaal dringend gebraucht wurden. An einer chirurgischen Klinik gibt es keinen „Nachtbriefkasten", wie bei den Gerichten, die unter anderem die Überstundengesetze erfunden hatten. Der Nachtbriefkasten täuscht eine Scheinpräsenz rund um die Uhr vor, während der Richter schläft. Der Arzt, und zwar ein erfahrener, muß tatsächlich 24 Stunden verfügbar sein und sein Lehrling auch, sonst lernt dieser nichts. Böse Zufälle in der Chirurgie kommen auch dann, während die Richter und ihre Lehrlinge schlafen können. Später wurde ich kritisiert, weil ich die Diensthabenden nach Hause schickte, wir hätten so viele Überstunden. Niemand konnte es niemandem recht machen.

Im März 1973 suchte mich mit seinem Chirurgen, Dr. Gabriel Meier, Julius Kardinal Döpfner aus München auf. Er hatte eine sehr lästige, ihn bedrückende Erkrankung, die zwar nicht lebensbedrohlich war, aber, wie er mir sagte, unheilbar sein sollte. Nach meiner Untersuchung konnte ich ihm versichern, daß er meiner

8. Kapitel

Erfahrung nach sicher geheilt werden würde. Zwei Operationen seien nötig und die endgültige Heilung würde sicher acht Wochen überschreiten. Ich habe ihn dann operiert, nachbehandelt, und er wurde vollständig wieder gesund.

Bei diesen über Wochen und Monate sich hinziehenden Begegnungen kam ich mit dem Kardinal auch ins Gespräch. Bis zu seinem Tod 1976 blieben wir in Verbindung, wir haben Briefe gewechselt, er hat mir Bücher geschenkt, und oft war ich auch, manchmal mit meiner Frau, in seinem schönen Palais in München zum Mittagessen eingeladen. Seine steile Karriere wurde allgemein bestaunt. Er genoß das auch. Einmal sagte er: „Ja, das Glückskind kirchlicher Karriere hat leicht reden."

1913 geboren, war er in der Zeit des Dritten Reiches und auch noch im Kriege an der päpstlichen Universität in Rom. Er gehörte dort als Student dem Germanicum an. Dorthin hatte ihn der Würzburger Bischof Ehrenfried empfohlen. Döpfner war ein hervorragender Gymnasiast und fiel seinen Lehrern sofort auf. Im Germanicum war sein Förderer der einflußreiche Jesuit Ivo Zeiger. Schon mit 35 Jahren, 1948 wurde er Bischof von Würzburg, und mit 45 Jahren, inzwischen Bischof von Berlin, wurde er zum Kardinal erhoben. 1961 wurde er Erzbischof von München und Freising. Von 1962–1965 war er einer der vier Moderatoren auf dem Zweiten Vatikanischen Konzil. Als ich ihn kennenlernte, war er noch nicht ganz 60 Jahre alt. Döpfner war sich seiner Würde und Bürde bewußt. Im Gespräch wurde mir klar, an einen Kirchenführer werden hohe Anforderungen gestellt, die er nur über fachkundige Vertrauensmänner einigermaßen bewältigen kann. Seine herausragende Stellung forderte von ihm Entscheidungen, die weit über kirchliche und priesterliche Dienste hinaus auch Gesellschaft und Politik umfaßten. Über sein Wirken gab es schon zu seinen Lebzeiten ein großes Schrifttum. In Rom, während seiner Studien, hat er sich mit sozialphilosophischen, sozialkritischen und soziologischen Themen befaßt. Er promovierte mit dem Thema: „Das Verhältnis von Natur und Übernatur bei John Henry Cardinal Newman." Im Gespräch fragte ich ihn, waren Sie einmal in England oder haben Sie das bescheidene Grab Newmans dort besucht? Nein, war die Antwort, seine Reiserouten blieben lebenslang immer die gleichen. Deutschland und Italien bis Rom. Aus persönlichem Erlebnis, er war auch zwischen 1933 bis 1944 in Rom gewesen, blieb ihm vieles Entsetzliche des Dritten Reiches verschlossen. Ich dachte da immer an die gewaltige Rolle, die in der heutigen Welt die Naturwissenschaften und mit ihnen die Medizin spielt, und dieses Wissen kennt ein Bischof wie ein Richter immer nur aus zweiter Hand. Dies gilt aber beim Bischof für alle Gebiete menschlichen Wissens und zwar für sein ganzes Leben, wenn er so oft gravierende Entscheidungen zu fällen hat. Auf der anderen Seite wird selbst auf seinem ureigensten Bildungsfeld der Theologie von der Tradition her an sein Gewissen appelliert, wo er sich dann evtl. gegen seine Überzeugung einer Autorität oder einer Mehrheit beugen muß. Es hängt nun von der Persönlichkeit ab, ob solche Belastungen Spuren hinterlassen oder nicht. Diesen Zwiespalt merkte ein Gesprächspartner bald; umso mehr beeindruckte mich Döpfners Fähigkeit, seinem ureigensten Anliegen gerecht zu werden, er war ein zutiefst frommer Mann. Ich erinnere mich, als ich von ihm – wie so oft – aufgefordert wurde, mit seiner kleinen Hausgemeinschaft um 7 Uhr früh an einem dunklen Wintertag in der großen Hauskapelle seines Palais in München die Frühmesse zu feiern. Nach Beendigung der Messe gingen seine Mitarbeiter ihren Geschäften nach. Mich hielt der Kardinal aber zurück, und ich setzte mich in der dunklen Hauskapelle in die letzte Bank. Bevor wir zum Frühstück gehen, sagte er, muß ich hier noch für meine erkrankte Schwester beten. Etwa eine halbe Stunde sah, hörte und erlebte ich seine Zwiesprache mit dem Herrgott. Die flackernden Kerzen ließen das rote Käppchen, das seitlich am Betpult lag, und seinen roten breiten Gürtel aufleuchten und seinen rotgesäumten Talar – schwarzglänzend – der bei jeder Bewegung raschelte. Nachher sagte ich zu ihm, diese Fähigkeit der Zwiesprache hätte man oder man hätte sie nicht, und das bejahte er.

Bei diesen Zusammentreffen fiel mir auf, daß er ein großer Frager war. Ihn interessierte z.B., was denn seine Vorgänger in München und überhaupt der Episkopat in Deutschland für einen Eindruck machte. Ich vertrat die Meinung, daß die immer noch exorbitante Herausgehobenheit eines Kirchenführers damals diesen unweigerlich auch der Eitelkeit und der Erhabenheit zuführt und ich meinte, Beispiele zu wissen. In der Biographie des späteren Berliner Kardinals, Konrad Graf Preysing, kann nachgelesen werden, daß ein Widerspruch gegen Michael Kardinal Faulhaber, dem berühmten Vorgänger Döpfners in München, bei der wöchentlichen Konferenz ganz undenkbar war. Als Preysing, damals Domprediger in München, es einmal wagte zu widersprechen, gratulierten ihm die Domherren, „die ruhig und geduckt wie die Hühner auf der Stange saßen." Diese Selbstsicherheit und Eitelkeit war mit der Ehrfurcht verbunden, die das damalige Erscheinungsbild eines solchen Mannes noch Vorschub leistete. Wer war denn von dieser Capa magna, dem großen Mantel aus rotem Seidenmoiré mit der 24 m langen Schleppe (cauda) nicht beeindruckt? Ich sagte ihm: „Ich habe doch Ihre Inthronisation in München 1961 im Fernsehen gesehen, wo beim „Homagium" 250 (!) Theologieprofessoren und Priester mit Handkuß und Kniefall dieses Treuegelöbnis ablegen mußten, während Sie auf dem Thron in der Frauenkirche vor ihrem riesigen Wappen saßen, angetan mit Mitra und Krummstab." Und eine solche damals übliche Würdigung hatte Döpfner schon in Würzburg als 35jähriger und als nicht viel Älterer in Berlin erlebt. Dazu lächelte er nur wortlos, um aber nach dem zweiten Erlebnis, das ich mit seinem direkten Vorgänger hatte, sofort zu verkünden, da habe er aber eingegriffen.

Zu Silvester, am Nachmittag 1954, war ich in der Frauenkirche bei der traditionellen Silvesterpredigt des Vorgängers von Döpfner, des Kardinals Wendel. Der Dom war nach den großen Kriegszerstörungen immer noch nicht ganz wiederhergestellt. Wie in allen Kirchen, bevor es das Mikrophon gab, war an einer Säule, mitten zwischen den Gläubigen, die Kanzel angebracht; hier eine neue Kanzel. Auf dieser neuen Kanzel standen die Worte: Coelum et terra transibunt, verba mea non transibunt (Himmel und Erde werden vergehen, aber meine Worte werden nicht vergehen). Dann betrat Josef Kardinal Wendel diese Kanzel. Er hatte seine rote Mozetta, den großen Schulterkragen, an. Er wurde von einem kleinen Scheinwerfer, verborgen im Schalldeckel der Kanzel, sehr

Frankfurt am Main (1971–1976)

wirkungsvoll beleuchtet. Über dem roten Talar hatte er ein weißes Chorhemd mit einem breiten Saum einer kostbaren Spitze, das goldene Brustkreuz funkelte, es hing an einer goldenen Kordel, die am Rücken in einer goldenen Quaste auslief. Er sprach von sich nur als „der Erzbischof." Wendel war klug, weise – und eitel. Diese Kanzel, deren Aufschrift leicht mißverstanden werden konnte, verschwand sehr bald (Wendel starb 1960 nach seiner Silvesterpredigt an einem Herzinfarkt, angetan mit der Capa magna in seinem Palais). Zu seiner Zeit trugen die Bischöfe noch Schuhe mit silbernen Schnallen wie im 18. Jahrhundert. Ich erinnere mich noch an das Begräbnis des Erzbischofs von Bamberg, Dr. Josef Otto Kolb 1955, als ich in Erlangen gewesen bin. Die Aussegnung nahm Dr. Wendel vor. Er schritt allein, mit weitem Abstand vor den anderen Priestern, hinter dem Sarg einher. Auf dem Rücken trug er gefaltet die viele Meter lange violette Schleppe, die bei Trauergottesdiensten vorgeschrieben war. Er hatte schwarze Lackschuhe mit hochrotem Sohlensaum an und schaute prüfend rundum. Zur Zeit meiner Bekanntschaft mit Döpfner waren alle diese Attribute abgeschafft. Die 24 m-Schleppe aus roter Seide wurde zuerst auf 12 m verkürzt, dann fiel sie ganz weg und der Talar mit dem Schulterkragen war aus Wolle. Nur die Ärmelaufschläge, der Pilleolus, das kleine Käppchen und das Birett waren noch aus dem roten Seidenmoiré.

Döpfner bestätigte mir die Eitelkeit, die sich manchmal aus der größten Demut heraus bemerkbar machte. Die Demut aber war und ist in der katholischen Kirche neben dieser majestätischen Demonstration sehr viel weiter verbreitet als man meint, und das ist zu bestaunen. Hören wir den Kardinal Döpfner:

„Als ich am 15. Dezember 1958 in Rom von Papst Johannes den XXIII. zum Kardinal erhoben wurde, wurde diese Ehre auch einem der beiden sehr einflußreichen Jesuiten, die Pius den XII., dem Vorgänger zugearbeitet hatten, zuteil. Diese beiden Jesuiten hießen Bea und Leiber. R. Leiber (1887–1967) war 40 Jahre dem Nuntius Parcelli, später dem Kardinalstaatssekretär und endlich dem zum Papst Pius den XII. Gekrönten zur Seite. Sein Name taucht in keinem päpstlichen Jahrbuch auf und doch

hatte er den größten Einfluß. Er galt als Privatsekretär und war nominell Professor an der päpstlichen Universität, der Gregoriana. Leiber wurde bei der Kardinalserhebung übergangen. Bea wurde also am 15.12.58 Kardinal. Als ich, angetan mit der capa magna, und nachdem meine Assistenz den großen roten Hut mit den 30 Quasten, den der Papst bei meiner Weihe über mich gehalten hatte, an sich genommen hatte, traten wir vom Papstthron zurück vor die vielen Zuschauer . Da kam Pater Leiber, der als Zuschauer anwesend war, zu mir, gratulierte und sagte: „Wissen Sie, ich möchte ja nur 5 Minuten Kardinal sein, daß mir der Bea den Ring küssen muß."

Dieser unvorstellbare Abstand zwischen diesen demütigen Weisen und den Mächtigen kommt noch an anderen Beispielen zum Ausdruck. Döpfner erzählte, Pius der XII. hatte von 1939 bis 1958 einen weiteren deutschen Mitarbeiter, den Jesuiten Gustav Gundlach (1892–1963). Gundlach war ein herausragender Universitätsprofessor, dessen Soziallehre der Kirche entscheidende Impulse schenkte. Gundlach mußte Jahr für Jahr von Frankfurt, später von Rom aus, dem Papst Vorschläge zur Weihnachtsansprache schicken. Korrekturen und andere Vorschläge wurden erbeten, es gab immer einen lebhaften schriftlichen Gedankenaustausch, aber Gundlach ist dem Papst nie persönlich, auch in Rom nicht, begegnet. Nur 1957 anläßlich einer Generalaudienz hat er ihn von ferne gesehen. Gundlach war ein profunder Philosoph und ein wortgewaltiger Gegner des Nationalsozialismus. War am Jahresende eine solche Arbeitsgemeinschaft wieder einmal für Monate abgeschlossen, schickte seine Heiligkeit Gundlach ein Kistchen Zigarren, das mit großem Hallo verteilt wurde. Als Pius der XII. entschied, es werden im Vatikan Personalausweise mit dem Photo eingeführt und ihm vorgelegt, da kam ihm auch der Ausweis Gundlachs vor die Augen. Da äußerte der Papst zu Leiber: „Den habe ich mir ganz anders vorgestellt." Alle diese der Öffentlichkeit verborgenen einflußreichen, ja mächtigen Persönlichkeiten waren sich ihrer Bedeutung wohl bewußt, das tat aber ihrer Bescheidenheit keinen Abbruch. Eines Nachmittags brachte ich den rekonvaleszenten Kardinal zum Frankfurter Flughafen. Da traf er den Jesuiten Karl Rahner. Sein

Name war zu seinen Lebzeiten in aller Munde. Die Herren hatten noch etwas Zeit und kamen ins Gespräch. Rahner stichelte gern etwas, wenn er sagte, ja, wir fliegen jetzt beide nach München, aber wir sind ja ganz verschiedene Menschen. Eminenz fliegen sicher in der Ersten Klasse und ich tourist class. Da täuschen Sie sich, war die Antwort, hier fliegt der Privatmann, da sind wir alle gleich. Darauf Rahner: Alles gut und schön, aber ich genieße den Unterschied der Menschen doch. Haben Sie nicht auch manchmal „das saudumme" Gefühl, wenn Sie zu einem Kongreß gehen und alle diese Redner hören, also eigentlich bin ich hier doch der Gescheiteste.

Seit seiner Jugend spielte beim Kardinal Döpfner in seiner Freizeit das Bergsteigen eine große Rolle. Er konnte lange und begeistert erzählen, wobei er nicht vergaß zu erwähnen, daß auf diesem Gipfel vor ihm noch nie ein Mann seines Ranges gewesen sei. Schon zu meiner Zeit konnte er diesen von ihm so geliebten Sport nicht mehr ausführen, nur noch Spaziergänge in der Ebene waren möglich, aber darüber wollte er nicht reden oder gar daran erinnert werden.

Diesem profunden Kenner der Schriften und Vorschriften seiner Kirche war der Antisemitismus, der unaustilgbar über Jahrhunderte schwebte, nicht verborgen geblieben und er gab auf Befragen zu, wie schwer sich die Kirchenführer taten, diesem über Jahrhunderte weitergetragenen Unrecht abzuschwören. So konnten sie sich auf dem Zweiten Vatikanischen Konzil nicht entschließen, diesen Antijudaismus mit einem Condemnat, einem „verurteilt" zu belegen, wie das der Kardinal Bea vorgeschlagen hatte. Nein, sie blieben beim „deplorat" (beklagt) und „reprobat" (verwirft). Gewisse unglaubliche Antijudaismen verschwanden klammheimlich aus den Gebetbüchern (1953) nach dem Konzil. In der Karfreitagsliturgie bitten bis dahin die Gläubigen über Jahrhunderte mit vielen Anliegen, darunter auch „Oremus pro haereticis et schismaticis", also: lasset uns beten für die Irrgläubigen und Abtrünnigen... . Danach heißt es immer: Oremus: flectamus genua, wir beten, wir beugen die Knie. Dann heißt es: Oremus pro perfidis Judais, also: beten wir auch für die ungläubigen Juden und darunter kein „lasset uns beten" und es fehlt das „flectamus genua."

8. Kapitel

Niemand des Episkopats trat öffentlich für die verfolgten Juden ein, auch so eindeutig gegen den Nationalsozialismus Eingestellte, wie der Kardinal Konrad Graf Preising oder der Kardinal Clemens Graf Galen, der seinem Bischofsspruch „nec laudibus nec timore", weder durch Lob noch durch Furcht, doch sonst so eindrucksvoll gerecht wurde. Bis heute, 1997, sind diese Vorwürfe, nichts oder nur wenig für die Juden getan zu haben, vor allem gegenüber Papst Pius XII., nicht verstummt und halten weiter an.

Nachdem der Kardinal Döpfner am 24.07.1976 verstorben war, merkte ich erst, wie sehr er mich, trotz mancher kritischer Worte, geschätzt hatte. Er war ja ein verschlossener Mann, und er war sehr vorsichtig. Widmungen in Bücher wurden nie mit dem Namen des Beschenkten versehen, sondern ganz allgemein gehalten. Ich war deshalb ganz überrascht, als ich aus dem Nachlaß sehr persönliche Bücher und Gegenstände geschenkt bekommen habe. Sicher war dabei sein tüchtiger Sekretär Obermeier am Werk.

Döpfners Mut, seine Überzeugstreue und sein großer Charakter wurden nach dieser kurzen Begegnung von drei Jahren mit diesem außergewöhnlichen Mann erst 1995 wieder in die Erinnerung gerufen. In einem kleinen Büchlein, das über die Anekdote die Erinnerungen an ihn wachhält (Hersg. von F. Bauer 1979), lesen wir mit Erstaunen:

Zum 80. Geburtstag des Papstes Paul VI. wurde am 26. September 1977 ein Bronzeportal an der Peterskirche geweiht. Der Bildhauer Minguzzi stellte zur Erinnerung an das Konzil, das dieser Papst ja prägte und beendete, in einem Relief zwischen den Konzilspäpsten Johannes und Paul auch die vier Moderatoren dar. Das waren die Kardinäle Agagianian, Döpfner, Lercaro und Suenens. Als der belgische Kardinal Suenens 1978 einen Blick auf das Portal warf, hatte man die Bronzeplatte ausgetauscht – Döpfner fehlte. Wir wissen von einer harten Auseinandersetzung über die Geburtenregelung mit Paul VI., der sich diesem Mehrheitsbeschluß auf Rat des Kardinals Ottaviani nicht beugte. Suenens fragte nach, niemand hat ihm eine Antwort gegeben. Dieses Verhalten ist also auch heute noch in unserer Welt zu finden.

Frankfurt am Main (1971–1976)

In Frankfurt kam ich mit vielen loyalen, tüchtigen Mitarbeitern zusammen, mit denen ich heute noch Verbindung halte. Von Hamburg kam mit mir Herr Priv. Doz. Dr. Kunath nach Frankfurt, der dort seine grundlegenden Untersuchungen über die Hiatushernie vertiefen sollte. Als Oberärzte übernahm ich von Herrn Geißendörfer Philipp Groß, Joachim Eisenbach und Karl Lennert. Alle erreichten schnell selbständige Stellungen. Das gilt auch für Herrn Karl Appel aus Krakau und für den Unfallchirurgen A. Schmidt, heute in Offenbach. In Frankfurt traf ich auch mit Herrn Dr. H.H. Hansen zusammen, mit dem ich bis heute wissenschaftliche Probleme verfolge, und auch mit Herrn Klaus Jäger, der mit mir nach Bonn ging. Wissenschaftlich habe ich in Frankfurt begonnen, die Frage zu klären, sind die seit 1934 als Krebsvorläufer beschuldigten Dickdarmpolypen (häufige, gutartige Geschwülste) tatsächlich „Vorstufen", wie allenthalben behauptet wird, oder sind es nur Mitläufer? Dieser Nachweis, daß es nur Mitläufer sind, gelang mir erst nach über einem Jahrzehnt, nachdem ich das ganze Schrifttum berücksichtigt hatte. Das hat sich aber wie so oft in der Wissenschaft noch lange nicht herumgesprochen. Dieses eigentümliche Verhalten der Menschen gehört in das Kapitel „Symbolische Chirurgie", auf das ich später noch einmal zusammenfassend eingehe. Meine Verbindungen zu den Anatomen Wolfgang Lierse in Hamburg wurden durch meinen Wechsel nach Frankfurt nicht unterbrochen. In der Frankfurter Zeit haben wir eine Untersuchung über die Ursache der Appendicitis (Wurmfortsatzentzündung, „Blinddarmentzündung") abgeschlossen. Nicht alle Probleme in der Medizin lassen sich über die anatomische Forschung lösen, aber doch einige. So gelang uns der Nachweis, die manchmal ja tödliche perforierte Wurmfortsatzentzündung liegt in der anatomischen Architektur dieses Darmabschnittes beschlossen. Sie gestattet dem erkrankten Organ eine Entzündung, also eine Abwehrreaktion, nur bis zu einem bestimmten Grad, wird dieser überschritten, so zerstört sich der Wurmfortsatz selbst. Er bringt sich suizidal zu Tode. Langwierige Untersuchungen, die Ursache des Mastdarmvorfalls zu ergründen und davon eine dauerhafte Therapie abzuleiten, führten, in Frankfurt begonnen,

8. Kapitel

lange nicht zum Erfolg. Wir untersuchten einfach eine falsche Stelle. Nach vielen Jahren ist mir aber dabei doch ein Erfolg beschieden gewesen (Lit.: Stelzner 1998). In Frankfurt war das Zusammentreffen, ich habe schon einmal darauf hingewiesen, mit dem Anatomen Dietrich Starck von ganz entscheidender Bedeutung. Meine Überlegung, die vergleichende Anatomie als Pfadfinder für die chirurgische Anatomie des Menschen einzusetzen, bekam durch das Lebenswerk dieses Mannes ganz entscheidende Impulse.

Dietrich Starck wurde 1908 in Stettin geboren. Er betonte mir gegenüber, daß er schon als Gymnasiast neben den von ihm geschätzten alten Sprachen eine ausgezeichnete naturwissenschaftliche Vorbildung genossen hatte. Er befaßte sich als Student mit der vergleichenden Anatomie und promovierte 1931 bei Bluntschli und H. Schreiber in Frankfurt über die Kaumuskulatur der Affen. Er wurde dann wissenschaftlicher Assistent am Anatomischen Institut in Köln und habilitierte sich 1936 über „Entwicklungsvorgänge am Kopf von Urodelen." Als sein Lehrer Veit 1939 in Köln zwangspensioniert wurde, wies das Kultusministerium in Berlin den primo loco genannten Starck als Nachfolger zurück. Starck ist ein tapferer Mann, dessen großer Intellekt ihn nie verführte, sich charakterschwach anzupassen. Er wurde dann 1945 nach Frankfurt versetzt und dort, nach dem Ausscheiden von Schreiber aus politischen Gründen, in Frankfurt Ordinarius. Mag Schreiber gefehlt haben, seine wissenschaftliche Leistung, z.B. über die Gallengangsverschlußzone, ist zu Unrecht vergessen. So erleben wir nicht selten persönliche Tragik auf beiden Seiten. Starck blieb trotz dreier Rufe Frankfurt treu, und dort schuf er seine von uns bewunderten Werke, er wurde hoch geehrt mit Ehrendoktorat und Ehrenmitgliedschaften. Seine umfangreichen internationalen Verbindungen gingen in sein Lebenswerk „Die vergleichende Anatomie" ein. Seine Publikationen bestätigen seine ungewöhnlich umfangreichen Interessenssphären. Humananatomie, Embryologie, vergleichende Plazentaforschung, Phylogenie und Evolutionsbiologie. Mit seinem dreibändigen Monumentalwerk „Vergleichende Anatomie der Wirbeltiere" leistete er einen grundlegenden, allgemein bewunderten Beitrag.

Seit meiner Bekanntschaft mit ihm werde ich nicht müde zu betonen, wie viele Anregungen ich aus seinen Arbeiten gewonnen habe. Eigentüm-

Frankfurt am Main (1971–1976)

lich für mich war und ist, daß er die Brücke zum kranken Menschen selbst nie geschlagen hat. Das hat er dem Kliniker, z.B. mir, überlassen. Das galt aber nur für seine Forschungen; im Unterricht hat er, wie Hans Frick, sein alter Mitarbeiter, jetzt in München schreibt, „Kenntnis und Nutzen morphologischer Strukturen und Formen als Basis der praktischen Medizin" hervorragend vermittelt. Er hielt eine meisterhafte Vorlesung und hatte eine hohe zeichnerische Begabung. Spezielle Untersuchungen mit dem Starck'schen Institut pflegte ich mit seinem Mitarbeiter Schneider über das Abschlußsystem bei den beckenlosen Beuteltieren, den Kängurus, und mit Untersuchungen von Kuhn und Müller über den Nervus recurrens in Verbindung mit dem craniopharyngealen, dem oberen Abschlußorgan beim Menschen (Lit.: Stelzner 1998). Auch für den Abschlußmechanismus der Speiseröhre erhielt ich Hinweise aus dem reichen Starck'schen Erfahrungsschatz.

In Frankfurt begann eine für Deutschland typische Entwicklung der Forschung auffällig zu werden. Am häufigsten war, wie in allen medizinischen Fächern, die Reproduktion am Werk. Wer als Erster das Neueste, meist vom Ausland, mitbrachte, also erfahren hatte, überprüfte es und trat damit an die Öffentlichkeit. Selten waren – wie immer – die Produktiven, die einen originellen Gedanken hatten, wie Küntscher z.B. mit seinem Marknagel oder wie Enderlen und Zukschwerdt mit der Bedeutung des Magenantrums für die Magenresektion beim Magengeschwür. Da kamen einige Großordinarien auf die Idee, die Forschung einer besonderen Abteilung anzuvertrauen. Darüber war ich ganz entsetzt. Wie soll denn meine originelle Gedankenführung von einem anderen, der den Kranken zum letzten Mal als Student gesehen hat, sozusagen stellvertretend in die Tat umgesetzt werden? Hatte ich schon bei den Anatomen die Gewissheit gewonnen, daß der Kliniker ihnen einen, seinen Gedanken unterbreiten muß, um dann mit den Morphologen zusammen ein Rätsel zu lösen. Das hat sich bei meinen Bemühungen sehr oft bewährt.

Mit dieser neuen Organisationsform – experimentelle Chirurgie, wie es zuerst hieß –, die von Chirurgen ausging, denen die eigentliche Forschung nicht so sehr lag, war jetzt ein Fach „experimentelle Chirurgie" entstanden. Sie war so gedacht, daß der Kliniker, wie oben erwähnt, die Anregung dem Experimentator weitergab, der fand die Lösung und dann wurde gemeinsam an die Öffentlichkeit gegangen. Aber es kam ganz anders. Ganz im Sinne moderner Entwicklung im Rahmen der funktionellen Chirurgie wurden immer Physiologen, niemals ein Morphologe, an die Spitze solcher Abteilungen gesetzt. Da waren schon originelle Köpfe darunter, aber die gingen dann eigene Wege. Offenbar störte das manche Großordinarien gar nicht, die diese experimentelle Chirurgie „abgaben", vor allem, wenn ihnen selbst niemals etwas Neues eingefallen ist. Ein ganz außergewöhnlich erfolgreicher experimenteller Chirurg war der Physiologe Bretschneider in Köln, der wurde nicht viel später Ordinarius für Physiologie in Göttingen, und das ganz zu Recht. Dort setzte er seine wichtigen Forschungen (z.B. den künstlichen Herzstillstand) fort und wurde hoch geehrt, auch u.a. von der Jung-Stiftung. Diese Entwicklung, einen Mann wie Bretschneider zu finden, war aber nicht die Regel. Gewöhnlich kamen keine großartigen Anregungen von der Klinik und es kamen auch keine großartigen Ergebnisse aus der experimentellen Chirurgie heraus.

Noch in meiner Hamburger Zeit wurde ich in das Entscheidungsgremium der so hoch dotierten Jung-Stiftung berufen. Diese Mitglieder mußten sich einigen, wem die hohe Ehre der 300000,– DM als Forschungspreis zuerkannt werden sollte.

Schon im Jahre 1967 entschloß sich der 1896 geborene Ölkaufmann Ernst Jung, eine Stiftung für die Förderung der Medizinischen Wissenschaften einzurichten. Er wollte sie eng an die Universität binden. Im Falle der Auflösung der Stiftung sollte das große Vermögen an die Universität fallen. Beunruhigt durch das Aufbegehren der Studenten und die demonstrierte Hilflosigkeit der Professoren entschloß sich Ernst Jung zu einer Satzungsänderung. Die Stiftung agiert jetzt unabhängig. Sie ist ganz auf den Bereich Humanmedizin verlagert. Bis zu meinem satzungsgemäßen Ausscheiden haben sich alle Verantwortlichen Mühe gegeben, wissenschaftliche Leistungen zu prämieren, die dieses Preises würdig waren. In der Rückschau ist uns das gelungen. Das Zusammentreffen mit den vielen Kollegen, die auswählten und die ausgezeichnet

Frankfurt am Main (1971–1976)

wurden, war ein großer Gewinn. Nicht zuletzt blieb man immer über die neuesten Entwicklungen unterrichtet. Seit 1989 werden Mitteilungen der Stiftung veröffentlicht, die über Preisträger, Symposien und wissenschaftliche Veröffentlichungen unterrichten. Ich war gar nicht erstaunt, wenn auch betrübt, daß fast nur Damen und Herren des angloamerikanischen Forschungskreises zum Zuge kamen. Das war doch nur die Bestätigung meines Eindrucks, die Deutschen rangierten in der Forschung in der Medizin unter „ferner liefen." 1996 war zum 100. Geburtstag des Stifters eine Einladung an alle Träger des Jung-Preises seit 1976 ergangen. Es waren:

16 Amerikaner
4 Engländer
9 Deutsche
4 Schweizer

Mein Vorgänger Geißendörfer hat mir auch nach der Übernahme seines Ordinariats durch mich in Frankfurt alle erdenkliche Hilfe angedeihen lassen. Oft saß ich am Wochenende in seinem Haus „Am Lerchesberg" und er erzählte mir aus seiner reichen Erfahrung. Geißendörfer hat sich mir auch zu einem schweren operativen Eingriff anvertraut, obwohl ich ihn gebeten hatte, sich zu überlegen, ob er sich nicht vielleicht lieber von einem seiner Freunde operieren lassen wolle, ich stellte diesem gerne alles zur Verfügung. Geißendörfer hat den Eingriff gut überstanden. Er ist 1973 verstorben. Mit ihm wurde ein aufrechter, charaktervoller Mann zu Grabe getragen.

In Frankfurt hätte man gut leben und arbeiten können, wenn nicht die demokratischen Organe den Bogen der Gleichschaltung im Laufe der Zeit überspannt hätten. Die Entmachtung der Chefs strebte einer Spitze zu, als die neue Abgabenregelung an den Universitäten Hessens diskutiert und später auch codifiziert wurde. Danach sollten die Mitarbeiter einen erheblichen Prozentsatz der Privateinkünfte des Leiters erhalten und diese, nach ihrem Dienstalter gestaffelt, überwiesen bekommen. Wieviel jeder bekommt,

8. Kapitel

das würde eine Kommission ohne den Leiter bestimmen. Mit anderen Worten, der älteste Assistent bekäme am meisten, auch wenn er nicht gerade der Eifrigste gewesen war.

Niemand konnte uns da einen Vorwurf machen, wenn sich jetzt andere Fakultäten für uns interessierten, und uns mit verlockenden Angeboten abzuwerben versuchten.

So ging der Dermatologe Nasemann nach Hamburg, der Otologe Vossteen nach Düsseldorf, und ich hatte ganz schnell zwei Rufe, einen nach Wien und einen nach Bonn. Ich erinnere mich noch, wie die Staatssekretärin im Hessischen Kultusministerium, Frau Dr. Vera Rüdiger, uns, die mit diesen Rufen Ausgestatteten, reihum zum Tee nach Wiesbaden einlud, um sich mit uns zu unterhalten. Diese kluge, charmante Persönlichkeit zeigte volles Verständnis, das aber immer bei der eben unüberwindlichen Gesetzeshürde enden mußte, die ihre Partei, die SPD, mehrheitlich, das betonte sie immer, aufgerichtet hatte. Der automatische Professorenschub zur Entmachtung der Ordinarien hat in Hessen wie in Hamburg jede Berufungspraxis nach dem Leistungsprinzip lahmgelegt, und so ist es bis heute zum Schaden der Lehre und Forschung geblieben.

In Frankfurt kam ich mit einem Chirurgen ins Gespräch, der mir als ehemaliger Präsident der Deutschen Gesellschaft für Chirurgie und als deren langjähriger Generalsekretär schon lange bekannt war. Herbert Junghanns, geb. am 15.11.1902 in Zwickau. Junghanns kam über den Ordinarius für Chirurgie Payr, Leipzig, zu Schmieden nach Frankfurt an die dortige Chirurgische Universitätsklinik. Er war einer der letzten hervorragenden Allgemeinchirurgen, die die damalige Chirurgie umfassend beherrschten. Sein wissenschaftlicher Schwerpunkt lag auf einem lange vernachlässigten Gebiet der Pathologie, der für die Untersuchungen so schwer zugänglichen Wirbelsäule. Schon in den 20er Jahren erarbeitete Junghanns seine originellen wissenschaftlichen Erkenntnisse darüber bei dem Pathologen Schmorl in Dresden. Das war der einzige Pathologe, der sich mit der Wirbelsäule beschäftigte. Nach dem Tode des Chirurgen Schmieden 1945 übernahm Junghanns ein Krankenhaus in Oldenburg, wo er 17 Jahre fruchtbar arbeitete. Leider ist es ihm nicht gelungen, in einem akademischen Bereich zu arbeiten. Der Plan, in Oldenburg wenigstens eine

Frankfurt am Main (1971–1976)

Medizinische Akademie einzurichten, scheiterte. Nach seiner Oldenburger Zeit übernahm er ein neues Unfallkrankenhaus in Frankfurt/Main mit einem Forschungsinstitut für die Pathologie der Wirbelsäule. Seine Monographien darüber waren für uns alle sehr aufschlußreich. Seine neugewonnenen Erkenntnisse haben jetzt noch Bestand. Vielleicht, weil dieses Forschungsgebiet so ganz allmählich von den Orthopäden vereinnahmt wurde, haben die Chirurgen Junghanns nach dem Krieg nicht so gewürdigt, wie er es verdient hätte. Das ist sehr bedauerlich, denn Junghanns war nicht nur ein hervorragender Chirurg und Forscher, sondern er war auch ein hervorragender Lehrer.

Im Mai 1975 begann eine intensive Fühlungnahme der Wiener Medizinischen Fakultät mit mir. Wieder war es der Anatom, hier Professor Ferner, der mich von Hamburg her kannte und der sich erfolgreich für mich einsetzte. Auch der Vorgänger, der Chirurg Paul Fuchsig (1908–1977) war mir sehr gewogen und hat sehr viel für mich getan.

Am 31.08.1976 bekam ich von der damaligen Kultusministerin, Frau Dr. Herta Firnberg, den Ruf, das Ordinariat der Ersten Chirurgischen Universitätsklinik in Wien zu übernehmen. Zuvor war ich von der Berufungskommission eingeladen worden, mir die Klinik anzusehen und beim Ministerium vorzusprechen. So besuchte ich am 23. und 24.03.1976 die mir in Aussicht gestellte Klinik. Wie immer bei einem Wechsel waren die an der Klinik verbliebenen älteren Mitarbeiter nicht untätig, von den 119 Betten für ihre speziellen Wünsche einige für sich zu reservieren. So lese ich in meinem Brief am 29.03.1976: 46 Betten waren wegen Schwesternmangels gesperrt, 25 waren „in festen Händen" des hervorragenden plastischen Chirurgen Millesi, einige sollten für einen dort arbeitenden Onkologen „rückintegriert" werden. Dem neuen Vorstand würden dann 48(!) verbleiben. Ein Neubau einer Klinik sei in Planung. Damals war die Erste Chirurgische Universitätsklinik noch in dem ehemals berühmten „Allgemeinen Krankenhaus" in der Alserstraße untergebracht. Es war von Josef II. „vor der Stadt" gegründet und irgendwie war ich schon bedrückt, daß hier 200 Jahre baulich fast nichts geschehen war. Nie wäre mir eingefallen, wie ich das so oft hörte, zu sagen, ich hätte den

8. Kapitel

Lehrstuhl Billroths angeboten bekommen. Obwohl es zutraf, war mir diese Eitelkeit peinlich. Von Tradition allein kann man sich keinen Fortschritt versprechen. Zuständig für die Universitätskliniken war nicht das Wissenschaftsministerium, sondern die Stadt Wien. Das war ebenso mißlich, wie bei uns in Frankfurt/Main. So war es in Wien ganz selbstverständlich, daß viele Mitarbeiter ab 14.00 Uhr nicht mehr greifbar waren, sie gingen ihren eigenen Obliegenheiten nach, und dagegen konnte der Vorstand nichts unternehmen. Bei meinen Verhandlungen mit dem Herrn Ministerialrat Roesner im Wissenschaftsministerium, Minoritenplatz 5, wurde die historische Erinnerung bei mir mächtig angeregt.

Von meinen Vorfahren aus der k.u.k.-Monarchie wußte ich, obwohl sie nie auch nur in die Nähe dieses Ministeriums gekommen waren, daß dieses seit über 100 Jahren auf dem Minoritenplatz 5 in dem imposanten früheren Palais der Fürsten Starhemberg untergebracht war. Die Front im aufwendigen Barockstil ist der großen, aber schmucklosen Minoritenkirche, in der Mitte des Platzes gelegen, zugewandt. Nun stand ich, der Abkömmling von Kleinbürgern aus der entferntesten Provinz des ehemaligen Kaiserreiches, vor dem riesigen Eingangsportal, das offen war. Im Hintergrund des Vestibüls sah ich eine Fahrstuhltür, die ein Diener offen hielt. So ganz selbstverständlich versuchte ich, durch dieses Hauptportal zu meinem Verhandlungspartner zu kommen.

Als ich den Pförtner passieren wollte, machte mich dieser höflich darauf aufmerksam, daß durch dieses Portal nur die Frau Minister ginge. Ich wurde von ihm auf die Rückseite des Palais geführt, wo ich über eine bescheidene Wendeltreppe die Diensträume des Herrn Ministerialrates erreichte.

Im Laufe des Gespräches gab ich zu erkennen, wie gerne ich nach Wien kommen würde, nicht zuletzt, welche nostalgischen Gefühle einen Nachfahren aus der versunkenen großen Zeit der Monarchie bewegen, wenn er gerade in diesem Gebäude sitzt. Der Herr Ministerialrat fragte mich dann, warum meine Augen beim Gespräch immer zur Zimmerdecke glitten. Ich sagte ihm, ich fände es eigentümlich, daß die Fenster seines Dienstzimmers im oberen Viertel der Wand angebracht seien. Er entgegnete, das sei ihm

Frankfurt am Main (1971–1976)

eigentlich noch gar nicht besonders aufgefallen. Dann forderte er mich auf, einmal die Zimmer seiner Nachbarn aufzusuchen, um auch da nach der Position der Fenster zu schauen. Er klopfte, öffnete die Tür und nach den üblichen Begrüßungs- und Entschuldigungsfloskeln konnten wir überall die gleiche Fensterlage feststellen. Durch Zufall trafen wir den Herrn Sektionschef (Staatssekretär) Brunner, der, wie er sagte, sich die Gelegenheit nicht entgehen lassen wollte, nach meiner Vorstellung mit mir auch einige Worte zu wechseln. Der Staatssekretär bat mich dann in sein Zimmer. Das war ein mit dunklem Holz getäfelter, repräsentativer, großer Raum mit vergoldeten Rokokoornamenten, die die Holztafeln rahmten. Wandleuchter waren angebracht und ein Kristall-Lüster strahlte große Würde aus. Der Herr Sektionschef nahm in einem Barockfauteuil Platz und ich daneben in einem anderen. Da hatte ich einen Blick frei auf das Bureau-plat aus Mahagoniholz, mit schweren Bronzen verziert. Die Fenster gingen, groß wie Türen, auf den Minoritenplatz hinaus. Sie hatten goldene Rahmen und schwere Messingbeschläge. Ich bewunderte alles gebührend, aber der Grundtenor dieses hohen Beamten war: begrenzte Mittel in Österreich und der Reichtum des Landes, aus dem ich gerade käme.

Herr Rösner, der Ministerialrat, nahm mich dann wieder in Empfang und erklärte mir den Grund der Lage der Fenster seiner Diensträume: Diese Zimmer gingen alle zum Minoritenplatz hinaus und zierten die Palaisfassade. Es waren früher die Räume für die Bediensteten und damit die mit ihren Dutzendgesichtern beim Hinausschauen diese Fassade nicht verunzieren konnten, hinderte sie daran die hohe Lage der Fenster.

Nachdem ich wieder auf dem Platz vor dem Gebäude stand, war das Hauptportal geschlossen, die Frau Minister war wohl inzwischen eingetroffen. Irgendwie war in diesem Österreich, meinem Vaterland, die Zeit für mich stehengeblieben. Die Republik übernahm Vieles, Äußerliches und Ideelles. So war der Adel abgeschafft, aber der Hofrat, ja, sogar ein Wirklicher Hofrat wurde bei aller Nivellierung auch in der Republik wieder eingeführt. Der Titel durfte aber zu meiner Zeit einem ordentlichen Professor, wie

8. Kapitel

ich ja dort einer werden sollte, nicht mehr verliehen werden. Sinnend ging ich dann vom Minoritenplatz zum Heldenplatz, wo auf dem sich in der Levade aufbäumenden Rosse der Prinz Eugen das siegreiche Österreich demonstrierte. Das war 300 Jahre her. Ich schlenderte über den Stubenring und sah vor dem Riesenbau des neobarocken Kriegsministeriums das vor ihm stehende Denkmal des Feldmarschalls Radezky mit der nach vorne weisenden Hand, unter dem mein Großvater noch gedient hatte, der vor über 100 Jahren den letzten Sieg Österreichs bei Novara gegen eben die Dynastie errang, der dieser Prinz Eugen entstammte und der, weil man in Frankreich und in Italien nichts von ihm hielt, im Solde Habsburgs so ruhmreich kämpfte. Dieses Stehenbleiben der Zeit habe ich auch in den Büchern des früheren Wissenschaftsministers Heinrich Drimmel lesen können, der vor Frau Dr. Firnberg seines Amtes waltete, als die ÖVP an der Regierung war. Ein besonders eindrucksvolles Buch von ihm heißt: „Die Häuser meines Lebens." In dieser Autobiographie schildert Drimmel seinen kompromißlosen Lebensweg vom Geburtshaus bei einem kleinen Beamten bis eben zu diesem Palais am Minoritenplatz, aus dem ich gerade gekommen war. Immer wieder, so auch jetzt, schaue ich mir diese schönen Museen in der Donaumetropole an, aber auch da ahnt man dieses Anhalten der Zeit. Ich habe mich einmal auf die Suche nach einem Cezanne in Österreich gemacht. Ich fand ein mittelgroßes Aquarell in einer staatlichen Filialgalerie, der Stallburggasse im Hofburgbezirk. Dabei wurde mir klar, daß alle diese tüchtigen Nachfahren für diese Umstände, in die sie hineingeboren wurden, gar nicht verantwortlich waren. Sie mußten eben das Beste daraus machen, aber das fand im Vergleich zu einer glücklicheren Welt im Westen hier bald eine Grenze. Mir wurde damals auch völlig klar, ich gehörte einem Volk und einer Generation an, für die es eigentlich nur Niederlagen gab. Was für ein Gegensatz zu England, das ich ja kennenlernte, und den USA, das ich noch kennenlernen sollte. Ich war auch schon damals so einsichtig zu wissen, wie hoch mich das Schicksal in der wissenschaftlichen Hierarchie plaziert hat. Meine organisatorischen Fähigkeiten waren begrenzt angelegt, aber meine gedanklich schöpferischen keineswegs. Um sie in

Frankfurt am Main (1971–1976)

die Tat umzusetzen, brauchte ich eine überschaubare, aber sichere Grundlage, könnte ich die je in Österreich erlangen?

In diesem Jahr 1976 befand ich mich in einer selten hervorragenden beruflichen Position. In Deutschland war es seit der Weimarer Republik nur möglich, einen einzigen Ruf auf einen Lehrstuhl zu bekommen, und das war selten genug. Dann war man – bis man sich entschieden hatte – „gesperrt." Hatte man zugesagt, hielt diese „Sperre" noch drei weitere Jahre an. Erst dann konnte man wieder berufen werden. Eine Ausnahme war ein Ruf nach Westberlin, damals eine „vermauerte" Stadt. Von Berlin konnte man gleich wieder wechseln, was ganz Geschickte tatsächlich zustande brachten. Eine weitere große Ausnahme war auch der Ruf vom Ausland, das hielt sich an keine Sperre, das war ein sehr seltenes Ereignis. Man wird es mir sicher nachsehen, wenn ich in dieser Lage versuchte, „mit meinem Pfunde zu wuchern."

Inzwischen hatte sich auch die Bonner Fakultät mit mir in Verbindung gesetzt, und wieder waren es die Anatomen, Fleischhauer und Wartenberg, die sich für mich einsetzten. Zusammen mit dem Otologen Becker und dem Internisten Dengler, den ich noch aus Erlangen kannte, gab es offensichtlich kein Problem bei der Wahl, mich primo loco auf die Berufungsliste zu setzen. Beeindruckend für mich war, daß in dem auch von der SPD regierten Nordrhein-Westfalen trotz der auch hier schon eingeleiteten Nivellierung der Macht der ordentlichen Professoren noch über ein Jahrzehnt geschickte Administratoren der Universität Bonn die fragwürdigen Tendenzen der Politiker aufhalten konnten. In Bonn haben sich die Betroffenen eben nicht gefügt und sie hatten sehr lange Zeit Erfolg – solange ich in Bonn tätig gewesen bin, über ein Jahrzehnt.

Am 04. Februar 1976 bekam ich vom damaligen Wissenschaftsminister Rau einen Ruf auf den Lehrstuhl für Chirurgie an der Universität Bonn.

In Bonn, auf dem Venusberg, wurde mir eine Klinik wie aus dem Bilderbuch angeboten. Sie war in den 50er Jahren von meinem Vorgänger, A. Gütgemann (1907–1985), fast vollständig neu erbaut worden. Weiß und himmelblau gekachelt ragt ein Betten-

8. Kapitel

turm in die Höhe, an den sich über einen Verbindungstrakt das Funktionshaus mit den Operationssälen anschließt. Im Funktionshaus war im Erdgeschoß eine übergroße Poliklinik untergebracht; ideal konzipiert von einem früheren Oberarzt von Gütgemann, Schriefers, damals schon Chefarzt in Koblenz. Vom verbindenden Zugang zwischen Bettenhaus und Operationssaal gab es im Ersten Geschoß fünf parallel angeordnete Gänge, von denen aus die Raumeinheiten erreicht werden konnten. Das waren:

1. Ein langer Gang für den Zu- und Rücktransport der Kranken.
2. Parallel zu ihm eine Reihe Vorbereitungszimmer für die Anästhesisten.
3. Wiederum gleichlaufend ein langer Gang zur Verteilung der gelagerten Patienten zu den Operationssälen.
4. Die parallel aufgereihten Operationssäle.
5. Ein langer Gang mit großen Fenstern als Zubringer für die Instrumente aus einem großen Vorbereitungsraum am Anfang dieses Ganges.
6. Im zweiten Stock dieses Gebäudes war eine Besuchergalerie untergebracht mit schrägen, großen Fenstern für zwei Operationssäle, wo man den Operationen folgen konnte.

Das war wirklich eine moderne Hochleistungsklinik.
Am 01.11.1976 unterschrieb ich meine Berufungsvereinbarung. Ich übernahm 168 Betten, einschließlich Kinderchirurgie, Traumatologie, Thorax- und Gefäßchirurgie, so wie man sich eben in dieser Zeit die Allgemeinchirurgie noch einrichten konnte.

Auch die emeritierungsfähigen Sonderzuwendungen wurden großzügig erledigt, ebenso der Kliniketat und die Vorlesungsgarantie festgeschrieben.

Unter diesen Umständen war es nicht schwer für mich, nach Bonn zu gehen und in Wien abzusagen.

9. Kapitel
Bonn (ab 1977)

Am 01.04.1977 habe ich meinen Dienst an der Chirurgischen Universitätsklinik Bonn-Venusberg aufgenommen. Unter gleichem Datum wurde ich wieder zum ordentlichen Professor ernannt.

Die erfolgreichen Mitarbeiter meines Vorgängers waren inzwischen alle längst in Chefarztstellungen untergekommen, einer, Herr Schreiber, wurde mein Nachfolger in Hamburg auf dem Umweg über ein Hamburger Krankenhaus. Andere der früheren Mitarbeiter meines Vorgängers folgten ihm in den nächsten Monaten und Jahren und nur wenige reihten sich in meinen Mitarbeiterkreis ein. Das große Krankengut der Klinik mit Patienten, die an Speiseröhrenkrampfadern litten, wurde auch von uns weiter betreut und die Herren Paquet, Kliems und Schneider haben sich z.B. um die endoskopische Verödung dieser lebensgefährlich blutenden Speiseröhrenvenen große, bleibende und anerkannte Verdienste erworben.

Die schon unter meinem Vorgänger eingeleitete Abtrennung von Spezialgebieten wurde von mir weiter fortgesetzt. Man kann sich gar nicht vorstellen, was unter diesem chirurgischen Lehrstuhl früher alles gearbeitet hatte. Die Urologie, die Nuklearmedizin, die klinische Biochemie, die Nierentransplantation, die Herzchirurgie, sogar die Orthopädie und auch die Anästhesie. Die wurden alle oder waren schon selbständig. Einen merkwürdigen Weg ging die sogenannte Experimentelle Chirurgie. Sie wurde auch unter meiner ganzen Ära von einem Physiologen geleitet, Herrn Professor Dr. Norbert Hahn, und daneben gab es, von meinem Vorgänger eingerichtet, eine Abteilung für experimentelle Tiertransplantationsforschung, die sich weder bei mir noch bei meinem Nachfolger glücklich entwickelt hat.

Mein Vorgänger hatte die Organtransplantation in Angriff genommen und auch die theoretischen Voraussetzungen dafür geschaffen. Diese hatte ich übernommen, aber ich kam im Laufe der Zeit zu anderen Schlußfolgerungen.

1967 hatte mein Vorgänger Herrn Dr. Tschong-Su-Li für die Leitung der Experimentellen Chirurgie, aber nicht lange danach nur für die tierexperimentelle Transplantationsforschung eingestellt. Herr Li hatte einen entscheidenden Anteil bei der Organisation der Nieren und Lebertransplantation, die damals weltweit begonnen hatte.

Während bei einer mißglückten Nierentransplantation der Patient durch die Dialyse am Leben erhalten werden konnte, war das nach einer Herztransplantation oder nach einer Lebertransplantation, die nicht gelungen war, leider nicht der Fall. Besonders schwierig gestaltete sich die Entwicklung der Lebertransplantation, denn während eine Herztransplantation sich in einem keimfreien Milieu abspielt, gehört zur Leber auch ganz physiologisch der unter Umständen infektionsauslösende Keim.

Herr Li hielt enge Verbindung zu Calne in Cambridge und zu Starzel in Denver (USA), der bis Februar 1970 die meisten Lebertransplantationen versucht hatte und so über die größte Erfahrung auf der Welt verfügte. Nach dem Schrifttum wurden seit 1963 bis Februar 1970 103 sogenannte orthotope Lebertransplantationen publiziert. Sie führten damals häufig nicht zum Erfolg. Wenige Tage, ganz selten einmal wenige Wochen, haben solche Kranken mit einer Leber von einem anderen Menschen überlebt. Wir können aber diese Publikationen der Mißerfolge dieses schwierigen Eingriffes nicht hoch genug einschätzen, denn aus den Mißerfolgen lernten alle. Starzel hatte dann am (09.02.)1968, am (20.07.)1968, am (25.07.)1969 und am (20.09.)1969 monatelange Überlebenszeiten, solche Erfolge konnte auch Calne 1969 mitteilen. Damit war der Beweis erbracht, daß auch die Lebertransplantation grundsätzlich möglich sein wird. In Bonn wurde unter der gründlichen Vorbereitung von Herrn Li am 18.06.1969 auch eine Leber wegen einer bösartigen Lebergeschwulst transplantiert und dieser Operierte überlebte neun Monate bis zum 01.09.1970. Weniger die Technik als die Unterdrückung der Abstoßungsreaktion durch neue Medikamente (Cyclosporin) ließen dann diesen Eingriff immer häufiger gelingen. Damals waren diese sehr selten erfolgreichen Fälle oft mit dem Erfolgszufall verbunden, und der Erfolg ließ sich nicht einfach wiederholen. Ich war fest davon überzeugt, daß dieses Gebiet nicht so nebenbei an einer großen Klinik entwickelt werden konnte, man mußte sich darauf konzentrieren. Als Zaungast hatte ich ja schon Erfahrungen mit der Neurochirurgie in Erlangen und mit der Herzchirurgie in Hamburg. Der finanzielle Aufwand war bald an einer Grenze.

Wir verbrauchten z.B. über DM 50000,- für einen einzigen Lebertransplantierten an Blutkonserven und Blutgerinnungsstoffen, und dieses Geld fehlte uns für alltägliche Aufgaben. Ich habe mir damals auch überlegt, daß es für eine Neuentwicklung nicht günstig ist, wenn aus Prestigegründen durch allzuviele Versuchsplätze das Fallangebot für die Interessierten so verdünnt wird, daß gesammelte Erfahrungen einfach nicht gewonnen werden können. Da ist es doch viel vernünftiger, wenn sich solche Patienten an wenigen Zentren einfinden, und so hat sich das auch heute entwickelt. Es war deshalb begrüßenswert, daß sich ab 1970 z.B. Rudolf Pichlmayr in Hannover mit großem Erfolg der Organtransplantation angenommen hat. Heute, 1998, ist die Entwicklung der Organtransplantation so weit fortgeschritten, daß ein Erfolg viel häufiger zu erwarten ist, die Indikation hat sich geändert, heute werden z.B. für eine Lebertransplantation weniger Krebskranke, sondern vielmehr chronisch schrumpfende Leberentzündungen ins Auge gefaßt, denn die heute viel bessere Unterdrückung der Abstoßungsreaktion provoziert das rückfällige Krebswachstum ganz entscheidend. So hat jetzt mein Nachfolger Hirner in diese Entwicklung erfolgreich eingegriffen.

Zu Beginn meiner Bonner Zeit nahmen die Sitzungen im Kuratorium zur Vergabe des so hoch dotierten Jung-Preises in Hamburg seit 1976 meine Aufmerksamkeit auch in Anspruch. Wie schwierig war es weltweit, die Würdigsten für diesen Forschungspreis zu finden. Als einziger Chirurg in diesem Gremium, dessen Forschungsschwerpunkt die angewandte Morphologie ist, erwartete man natürlich auch von mir Vorschläge, über die man diskutieren konnte. Der Jung-Preis wurde seit 1976 in Hamburg anläßlich einer Feierstunde erstmalig verliehen und die Preisträger vorgestellt. Bei dieser Demonstration kommt dann der Zuhörer,

9. Kapitel

vor allem, wenn er für die Auszeichnung Verantwortung mitträgt, zu der Erkenntnis von Karl Ernst von Baer: Die Wissenschaft ist ewig in ihrem Quell, unermeßlich in ihrem Umfang, endlos in ihrer Aufgabe und unerreichbar in ihrem Ziel. Heute, 20 Jahre später, darf ich mir erlauben, darauf hinzuweisen, wie schwierig eine solche Entscheidungsfindung war, ist und immer sein wird.

1978 hat man auch mich, den morphologischen Chirurgen gefragt, ob ich nicht eine Persönlichkeit nennen könnte, die dieser hohen Auszeichnung würdig wäre. Ich beredete mich mit meinem anatomischen Kollegen Fleischhauer in Bonn. Das ist der große Vorteil, einer Universität anzugehören, da kann man sich doch bei diesen meist sehr speziellen Fragen wirklich objektiv unterrichten. Ohne einen Augenblick zu zögern, nannte mir Fleischhauer die Namen Hubel und Wiesel von der berühmten Harvard-Universität in Boston. Diese hatten in sehr vielen Tierversuchen sich mit der Prägung der Gehirnarchitektur befaßt und wie sie in der Entwicklung des Neugeborenen durch äußere Reize gesteuert wird. Sie haben nachgewiesen, daß in einer zeitlich begrenzten Phase der Gehirnreifung nach der Geburt diese von äußeren Reizen lebenslang geprägt wird. Das war ganz überraschend und neu. Hubel und Wiesel haben sich vor allem mit der reizabhängigen Prägung des Sehfeldes im Gehirn befaßt. Einfacher zu erklären sind die in die gleiche Richtung zielenden Ergebnisse von Durcham und Wolsey (1985). Entfernt man, wie sie das getan hatten, sofort nach der Geburt einseitig die Tasthaare an der Nase von neugeborenen Mäusen, so bleibt das dazugehörige Hirnareal endgültig unterentwickelt. Als Kontrolle hatte man die unberührten Haare der anderen Seite. Die von mir angegebene Literatur in diesem Buch ist nur ein Bruchteil der von Hubel und Wiesel veröffentlichten Resultate. Die Verpflichtung zur Vertraulichkeit verbietet es mir, auf Einzelheiten der Entscheidungsfindung einzugehen. Ich hatte aber in Hamburg mit diesem Vorschlag keinen Erfolg und war enttäuscht, denn ich war und bin von den Ergebnissen so beeindruckt, daß ich zuerst gar nicht auf die Idee kam, ich könnte abgelehnt werden.

Ich schlug dann den Züricher Chirurgen Åke Senning vor. Er hat den Herzschrittmacher erfunden, das leuchtete allen ein. Aber das war nur eine seiner großen Leistungen. Der Schwede Senning wurde nach Zürich in die Schweiz berufen und diese Fakultät konnte man zu diesem Entschluß nur beglückwünschen. Das sind Berufungen, wie sie sein sollen.

Als Chirurg habe ich dann bei der Verleihung des Jung-Preises an Senning 1979 die Laudatio gehalten, die diese Auszeichnung begründet. Ich bringe sie nachfolgend wörtlich:

> Laudatio
> Prof. Dr. med. Friedrich Stelzner
> auf
> Prof. Dr. med. Åke Senning
> Meine Damen und Herren!
> Herr Prof. Senning ist Chirurg. Er begann seine Laufbahn 1944 in Stockholm. In Stockholm wurde er 1953 Privatdozent. Seit 1957 arbeitete er dort an der Thoraxchirurgischen Universitäts-Klinik. 1962 folgte er einem Ruf an die Universität Zürich, und seither ist er Ordinarius und Direktor der Chirurgischen Universitäts-Klinik in der Schweiz.
> Herr Senning verdankt das neu erstandene Gebiet der Chirurgie des Herzens grundlegende Förderung. Er war ein Mann des Erfolges der ersten Stunde. Fragen wir uns in der Rückschau, warum er das geworden ist. Er ist es geworden, weil er von Anbeginn persönlich eine Synthese von Theorie und Praxis zustande gebracht hat. Der Privatdozent für experimentelle Chirurgie war schon der praktisch tätige Chirurg.
> So kamen seine Entdeckungen sofort in das Licht des Erfolgs, und die Zeitgenossen können heute den unter ihnen Weilenden ehren. Das ist in meiner Disziplin die Ausnahme. Erinnern wir uns an ein Beispiel: Landsteiner entdeckt 1900 die Blutgruppen in Wien, und Lewisohn erfindet das Verfahren der Blutkonservierung in den Vereinigten Staaten. 1916 veröffentlicht Fischer diese Methode in München. 30 Jahre lang nahm die Praxis davon keine Kenntnis. Diese Großtat, ohne die auch Sennings Leistung nicht möglich gewesen wäre, blieb allzulange in der

9. Kapitel

Dämmerung der Geschichte.

Senning hat die Grundlagen mit dafür geschaffen, das lebenswichtige Herz, auf das wir keinen Augenblick verzichten können, trockenzulegen und durch eine Maschine vorübergehend zu ersetzen. So war es möglich, daß die Hand des Operateurs, zuerst seine Hand, ungestört und nicht getrieben durch Zeitmangel eine Wiederherstellung der gestörten Funktion, eine Berichtigung einer von der Natur verfehlten Anlage, zuwege bringen konnte. Neben der Praxis nützte Senning immer auch die theoretischen Möglichkeiten dieser neuen Methode. So bescherte sie der ganzen Chirurgie neue Aspekte.

Senning hat mit Hilfe seiner Herz-Lungen-Maschine neue Herzklappen aus körpereigenem Gewebe aufgebaut und kritisch über Spätergebnisse berichtet. Er hat in Mitteleuropa die Chirurgie der Herzkranzarterien eingeführt. Sie wissen, daß Erkrankungen dieser Schlagadern heute eine der häufigsten Todesursachen sind.

Weltweite Anerkennung fanden neue Operationsmethoden Sennings, wie eine Berichtigung einer sonst tödlichen Fehlbildung der großen Blut- und Schlagadern an der Herzwurzel.

Untrennbar ist der Name Senning mit der Erfindung und Erprobung des Herzschrittmachers verbunden. Bedenken Sie die Größe des Wagnisses, eine geniale Idee in die Tat umzusetzen. Senning hat diese lebensverlängernde Maschine nicht nur konzipiert und mühselig überprüft. Er hat diese Maschine, die ein versagendes Herz über viele Jahre wieder lebensspendend werden läßt, 1958 als erster in einen Menschen eingesetzt, und es war ein Erfolg. Es war sein Erfolg. Und für diesen Erfolg galt nicht der Satz, der Sieg habe viele Väter, aber die Niederlage sei eine Waise.

Seither verdanken Millionen Menschen Ihrem Ingenium Leben und Glück. Glück, jene imaginäre Größe, die wir nicht vermessen können, die wir aber alle zu ermessen imstande sind. Herr Senning, Sie machen es einem Laudator leicht. Sie sind einer der großen Chirurgen unserer Zeit.

Als ich mit meiner Frau zur Preisverleihung 1979 in Hamburg eintraf, eröffnete mir die Sekretärin der Jung-Stiftung, Frau Ostertag: „Haben Sie es schon gehört? Hubel und Wiesel haben den Nobelpreis bekommen."

Meine Freude war mit Verlegenheit vermischt. Selbst so kluge und als erfolgreiche Forscher ausgewiesene und objektive Persönlichkeiten, wie sie im Kuratorium der Jung-Stiftung versammelt waren, finden in ihrem Urteil offensichtlich eine Grenze.

Der Jung-Preis 1979 wurde damals an 3 Forscher verliehen. Mit Senning wurden Professor Karl Lennert, Pathologe aus Kiel, und Professor G.E. Pearse, Pathologe aus London, ausgezeichnet.

1980 bemühte ich mich um die Begründung eines Vorschlags, den Chirurgen Sir Alan Parks vom St. Marks Hospital in London durch den Jung-Preis zu ehren. Er wurde dann 1980 mit dem Ophthalmologen E. Dodt aus Bad Nauheim und dem Hämatologen B. Speck aus Basel geehrt. Auch die Laudatio für Sir Alan Parks aus London, die ich mir damals zurechtgelegt hatte, soll wörtlich wiedergegeben:

Laudatio
Prof. Dr. med. Friedrich Stelzner
auf
Sir Alan Parks, M.Ch., F.R.C.P., P.R.C.S

Sir Alan trat 1947 in das Guy's Hospital in London ein. Zum Chirurgen ausgebildet, arbeitet er seit 1959 als Consultant Surgeon am St. Mark's Hospital und im London Hospital in der britischen Hauptstadt.

1965 war er Hunterian Professor des Royal College of Surgeons, und seit 1979 ist er Vizepräsident dieser Gesellschaft. 1977 wurde Parks geadelt; dafür gibt es in England keine offizielle Begründung. Überrascht wird davon nur der Geehrte, alle wissen von seinen Verdiensten.

Sir Alan befaßt sich seit über 25 Jahren in Theorie und Praxis besonders erfolgreich mit der Chirurgie des Enddarms. Das Leitmotiv seiner Tätigkeit war von Anbeginn die Erhaltung der

9. Kapitel

natürlichen Körperfunktion trotz, ja mit Hilfe des chirurgischen Eingriffs. Die Chirurgie vor unserer Zeit war sehr oft gleichbedeutend mit lebenslanger Verstümmelung. Sie war oft der Preis für die Erhaltung des Lebens. Seit 100 Jahren, seit der Bekämpfung des Schmerzes, der Infektion und des Wundschocks entwickelte sich erst eine Wiederherstellungschirurgie. Sie fand bis vor wenigen Jahrzehnten ihre unüberwindlich erscheinende Grenze bei Organen, die natürlicherweise mit sehr gefährlichen Bakterien zusammenzuleben, und dies ist beim Enddarm der Fall. So tröstete ein Chirurg seine Krebskranken und sich selbst mit den Worten: Wir müssen gründlich sein, und nur dann sind wir auf die Dauer erfolgreich, wenn wir mit dem Mastdarmkrebs das ganze Abschlußsystem wegnehmen, und einen künstlichen Darmausgang am Bauch mit dem verkürzten Darm anlegen. Parks hat das große Verdienst, eine raffinierte Operationsmethode entwickelt zu haben, die das natürliche Abschlußsystem erhält und wobei trotzdem der Tumor gründlich weggenommen wird. Seine Methode kann auch bei Kranken angewendet werden, die vorher sicher auf diese für das Leben in der Gesellschaft so wichtige Funktion verzichten mußten. Ein besonderes Verdienst ist es, daß er den Beweis der Leistungsfähigkeit seiner Methode durch minuziöse objektive Überprüfung erbracht hat. Die Einwände seiner Kritiker sind heute widerlegt.

In unserer Zeit sind die infektiösen Darmerkrankungen wie der Typhus und die Ruhr ausgestorben. Aber an ihre Stelle sind ursächlich unbekannte Entzündungen des Dickdarms und des Enddarms getreten, die nicht selten auch das Leben bedrohen. Eine solche Colitis befällt meist junge Menschen, und bei sehr schwerem lebensbedrohlichen Befall muß der ganze Dickdarm mit dem Enddarm und dem Abschlußsystem mit weggenommen werden. Dann sind die Patienten sicher geheilt. Diese Kranken müssen dann lebenslang mit einem Dünndarmafter am Bauch leben. Damit kann man leben, wie die heute bei uns arbeitenden Vereinigungen solcher Kunstafterträger zeigen. Ein solches Leben ist aber sicher nicht einfach. Parks hat nun das Verdienst, für diese Operierten aus gesundem Dünndarm einen speicherfähigen Abschnitt als Enddarmersatz hergestellt zu haben, und diesen so hergerichteten Darmabschnitt pflanzt er in das natürliche Abschlußsystem wieder ein. Parks beschäftigt sich auch mit einer an sich gutartigen, aber oft als unheilbar geltenden Erkrankung, der Enddarmfistel. Er erarbeitete eine klare Systematik, die Heilung mit Funktionserhaltung in fast allen Fällen verspricht.

Die Voraussetzung für diese spektakulären praktischen Erfolge waren Parks anatomische und physiologische Untersuchungen über das Abschlußsystem. Neben seiner praktischen operativen Tätigkeit als Chirurg hat er diese theoretischen Untersuchungen immer wieder aufgegriffen. Seine Erkenntnis über einen besonderen hormonähnlichen Stoff, der den unwillkürlichen Teil des Abschlußsystems steuert, und seine Mitteilungen über die Ursache des rätselhaften spontanen Verlustes der Abschlußfunktion sind für Theorie und Praxis höchst bedeutsam.

Parks hat die Methoden der Anatomie, der Neurophysiologie, der Pharmakologie und der Elektronenmikroskopie für diese neuen Erkenntnisse mit großem Erfolg eingesetzt.

Wir ehren in Sir Alan auch die große Tradition englischer Chirurgie. Im Gegensatz zu Deutschland arbeitet ein Chirurg in England in der Regel in mehreren Krankenhäusern. So ist es möglich, daß ein Operateur wie Parks in einem Hospital ausschließlich eine höchst spezialisierte Tätigkeit ausübt, ohne als einseitig zu gelten. Das St. Mark's Hospital in London veröffentlicht seit 1835 lückenlos Jahresberichte. Es wurde in London kurz vorher deshalb gegründet, weil die Ärzte in der britischen Hauptstadt mit den Enddarmkrankheiten so schlecht zurechtkamen. Das hat zur Folge, daß heute, über 150 Jahre später, ein riesiges Krankengut ungeachtet der wechselnden Consulting Surgeons lückenlos für die Forschung zur Verfügung steht. Die Forschungsresultate dieses Krankenhauses sind unvergleichlich. Der Nutzen für die praktische chirurgische Tätigkeit ist in der ganzen Welt anerkannt. Der Widerhall des Ruhms dieses Krankenhauses und seiner Ärzte ist deshalb in der Tat und zu Recht weltweit. (s. S. 188)

9. Kapitel

Nach der Verleihung des Jung-Preises 1980 an Sir Alan Parks fiel mir ein eigentümliches Verhalten der Chirurgen in Deutschland gegenüber erfolgreichen Forschern aus dem Ausland auf. Der fachkundige Leser wird es vielfach bestätigt finden.

Mit der Auszeichnung von Sir Alan Parks hatte ich mich für einen Konkurrenten eingesetzt, denn sein Forschungsgebiet deckte sich mit meinen Bemühungen. Wir waren auch persönlich gut bekannt und Parks schätzte meine Ergebnisse und erkannte sie auch an. Er war bei seiner Tüchtigkeit und mit seiner Forschungsoriginalität auch eine bestrickende Persönlichkeit. Leider ist er schon 1982 verstorben.

Diese seltene Harmonie eines Charakters und die Tatsache, daß er der Gruppe weltweit führender, englisch sprechender Chirurgen angehörte, ließ mich dieses merkwürdige Verhalten meiner deutschen Kollegen beobachten. Parks's Nimbus war so groß, daß er z.B. in der DDR sowie bei uns und auch in Österreich immer wieder zu Operationen diffiziler Analfisteln eingeladen wurde, obwohl seine operativen Vorschläge leicht nachzulesen gewesen wären. Einmal erfand er eine Operationsmethode – wie er meinte besonders schonend –, die Haemorrhoiden zu entfernen. Ich habe ihm damals gesagt, diese seine Überlegung sei erstens nicht in die Tat umzusetzen und wäre sie es, käme der Operierte zu Schaden, er verlöre weitgehend seine Abschlußkraft. Parks hatte den von uns schon früher entdeckten Mastdarmschwellkörper unterschätzt, der unbedingt bei Eingriffen im Bereich des Enddarms erhalten werden muß. Er sah diese meine Kritik sofort ein und hat dann diesen Eingriff (die sogenannte submucöse Haemorrhoidektomie) nicht mehr ausgeführt. Aber merkwürdig, bis heute (1998) taucht, wie ich aus vielen Gerichtsgutachten weiß, dieser Eingriff „nach Parks" immer wieder auf, obwohl die Operateure ihn so, wie er ihn empfohlen hatte, selbst gar nicht mehr durchführen, ja gar nicht durchführen konnten. In der Aura seines Namens fühlen sich die Menschen wohl und das „name dropping" ist mit einem, wenn auch vermeintlichen Erfolg untrennbar verbunden. Dieses für uns Deutsche eigentümliche Verhalten, Ausländer zum Operieren einzuladen und auszuzeichnen, hat aber noch andere Hintergründe, die erst in den letzten Jahren besonders offensichtlich geworden sind. Den Deutschen macht es z.B. gar nichts aus, daß sie niemand zum Operieren, z.B. nach England, einlädt oder vergleichbar ehrt, auch wenn sie etwas Interessantes zu bieten hätten. Bei der Vergabe von Ehrungen sind wir, die Deutschen und die Österreicher, sehr großzügig. Ein kleines, von uns sehr geschätztes Land z.B., wo auch deutsch gesprochen wird, und deren Chirurgen nicht nur unsere Kongresse oft und regelmäßig und als sehr geschätzte Gäste oder gar Mitglieder frequentieren, und die auch von uns recht geehrt und beachtet werden, haben seit Menschengedenken von deutschen Chirurgen was Ehrungen oder Referateinladungen betrifft niemals Notiz genommen. Als mich vor sehr vielen Jahren ein Vorsitzender dieses kleinen Landes zu einem Hauptreferat einlud, wurde das nachher kritisiert mit der Bemerkung, so was könnten sie doch auch. Für dieses Verhalten finden wir keine Erklärung, was uns aber nicht anficht, in unserer Ehrungspolitik weiter fortzufahren. Wahrscheinlich brauchen wir das für unser Wohlergehen.

Es gibt Völker, die USA und die Schweiz, die dürfen offiziell keine Orden öffentlich tragen, wenn sie sie schon annähmen. Für Ehrungen sind sie offen. Sie haben also eine scheinbar andere Einstellung zu einer Auszeichnung, im Gegensatz zu England, wo es eine Unzahl von vorzuzeigenden Auszeichnungen gibt, allerdings meist nur für Engländer.

Die Deutschen schöpfen den ihnen innewohnenden Ehrungstrieb total aus: Eine Ehrung kann man verdienen, erdienen, erdienern und erdinieren.

Da erinnert man sich an die katholische Kirche, deren Diplomatie schon immer Unmögliches möglich machte.

Hat der Papst die Absicht, einen Jesuiten zum Kardinal zu ernennen, so muß dieser ablehnen. Als Ordensmann ist es ihm verboten, eine Ehrung anzunehmen. Da sagt der Papst: oboediat, er möge gehorchen und gibt ihm die Erklärung. In diesem Fall schmückt der Purpur nicht den Erkorenen, sondern die Kirche schmückt sich mit dem Auserwählten und bringt dies mit der Bedingung zum Ausdruck, daß er den Purpur trage. So ähnlich müssen wir uns das wohl auch mit unserem so einseitig ablaufenden Ehrungsmodus ohne Gegenleistung vorstellen. Wir sind kein Schmuckelement für die anderen.

Welche Begründung bei uns eine Ehrung zustande bringt, habe ich kürzlich erfahren und so wieder eine neue Variante kennengelernt. Ein sehr verdienter allgemeinchirurgischer Ordinarius wurde von einem Präsidenten eines allgemeinchirurgischen Kongresses, der – denn Gerechtigkeit muß sein – ein führender Kinderchirurg war, zum Ehrenmitglied der Gesellschaft für Kinderchirurgie ernannt. Der Geehrte hat die Kinderchirurgie nie ausgeübt, sondern sie eben diesem Kinderchirurgen großzügig überlassen. Sie können also auch geehrt werden, wenn Sie für ein Fach aktiv gerade nichts tun.

Zwischen dem 7. und 9. November 1975 hat der Sudetendeutsche Rat, ein Führungsgremium der aus der Tschechoslowakei Vertriebenen, beschlossen, auch mit den ausgesiedelten Wissenschaftlern zu sprechen. Man kam zu dem Entschluß, eine Sudetendeutsche Akademie der Wissenschaften und Künste neu zu gründen. Eine solche Vereinigung war schon am 04.03.1891 als „Gesellschaft zur Förderung deutscher Wissenschaft, Kunst und Literatur in Böhmen" in der k. u. k.-Monarchie gegründet worden. 1919 wurde sie in der Tschechoslowakei als „Deutsche Gesellschaft der Wissenschaften und Künste für die Tschechoslowakische Republik" weitergeführt. Im alten Österreich war diese Vereinigung sehr aktiv, 1153 wissenschaftliche Vorhaben wurden mit 1 664 000 österreichischen Kronen gefördert. Weltberühmte Namen gehörten dieser Vereinigung als Mitglieder an.

Die Neuschöpfung jetzt in Bayern gab sich eine Satzung. In § 2 heißt es dort, diese Vereinigung diene der Pflege von Kulturwerten. Sie will das Schaffen des Sudetendeutschtums (umfangreich) repräsentativ, d.h. für die Allgemeinheit, erkennbar darstellen.

Der Akademie sollten nicht mehr als 90 in geheimer Wahl Berufene angehören, die sich durch ihre Leistungen ausgezeichnet haben.

Diese ordentlichen Mitglieder bilden drei Abteilungen:
a. eine geisteswissenschaftliche
b. eine naturwissenschaftliche
c. die Abteilung der schönen Künste

Bonn (ab 1977)

An der Spitze steht ein Präsident.
Tagungen, Jahrbücher usw. dokumentieren die Aktivität der Gesellschaft.
Am 22. November 1980 wurde ich zum Mitglied gewählt. Seither habe ich an den Jahresversammlungen und durch Beiträge und Vorträge aus meinem engeren Fachgebiet immer aktiv am Leben dieser Vereinigung teilgenommen. Diese Akademie gibt sich, und das muß ganz besonders hervorgehoben werden, keineswegs nationalistisch, sondern sie ist auf einen friedlichen Ausgleich bei diesen schon alten Spannungen zwischen Deutschen und Tschechen bedacht. Dies beweisen die inzwischen erschienenen Schriften, die in den Jahrbüchern der Allgemeinheit öffentlich vorliegen. Das Land Bayern hat die Schirmherrschaft übernommen und fördert diese Einrichtung der Vertriebenen durch pekuniäre Zuwendungen.
Bald kam ich zu der Erkenntnis, daß die naturwissenschaftliche Klasse eigentlich immer nur ein Thema behandeln kann, das außer der zufälligen Geburt des Autors in dieser Randregion der Monarchie keine, noch dazu keine kreative sudetendeutsche Bindung aufzuzeigen imstande ist. Ich hörte und höre und lese immer mit großem Interesse die Vorträge und Jahrbuchbeiträge der geisteswissenschaftlichen Klasse und erlebe auch deren aktiven Bemühungen um eine Kooperation zwischen Tschechen und Deutschen. Vor allem das Thema eines friedlichen Sichzusammenfindens ist ja bis heute nicht abgeschlossen und offensichtlich unerschöpflich. Bald kam ich zu der Überzeugung, daß wir, die Sudentendeutschen, ja nur ein winziges Gewicht in der großen Politik der Welt darstellen. Wieder erlebte ich, daß, wie auch in meinem engeren Fachgebiet, über manches nicht so gerne diskutiert wird. Viel wirksamer erweist es sich immer, Unangenehmes, Strittiges einfach mit Schweigen zu übergehen. Zum Beispiel gingen bei uns die Wogen hoch, als die Tschechen, die den Sudetendeutschen bei der Vertreibung ein Milliardenvermögen abgenommen hatten, plötzlich Entschädigungsansprüche für den Terror der Deutschen von 1938–1945 verlangten und die Bundesregierung diesen Ansprüchen nicht ablehnend gegenüberstand. Alle schwiegen, auch die

9. Kapitel

Sudentendeutsche Akademie, bis auf ganz wenige Stimmen, z.B. die des Akademiemitgliedes Professor Dr. Lorenz Schreiner, meines Kollegen aus München; niemand hat diese Stimme gehört. Einmal war ich persönlich von der Entscheidung, „satzungsgemäß" zu verfahren, betroffen. Als Chirurg, der sein ganzes Wissen nicht im Zusammenhang mit dem Sudetenland erworben hat, der aber treu und brav in den Sudetendeutschen Jahrbüchern seine Fachbeiträge publiziert, versuchte ich einmal eine bescheidene geldliche Unterstützung für ein vor dem Abschluß stehendes umfangreiches Forschungsvorhaben, das praktisch meine Lebensarbeit zusammenfassend darstellte, zu bekommen. Ich erklärte den Herren im Entscheidungsgremium, es würde doch wohl auch auf die Tüchtigkeit eines Sudetendeutschen verweisen, wenn im Vorwort dieses Buches die Hilfe der Akademie dokumentiert worden wäre. Da wurde ich belehrt, daß meine wissenschaftliche Arbeit mit dem Sudetendeutschtum überhaupt nichts zu tun habe. Habe ich, was der Fall war, z.B. die Ursache der „Blinddarmentzündung" entdeckt, schön und gut; ich hätte mich aber mit der sudetendeutschen Blinddarmentzündung auseinandersetzen müssen, vielleicht im Hinblick auf deren Verlauf bei den Tschechen oder bei den gerade vertriebenen Deutschen, dann hätte ich eine Unterstützung bekommen.

Jede Akademie ist natürlich stolz, wenn sich besonders Hervorragende bei ihr einfinden, auch wenn sie eigentlich gar nicht dazugehören. Man findet schon Wege, sie bei ihr aufzunehmen. Mit einem solchen Mitglied kam ich an einem Samstag anläßlich einer Jahresversammlung in München ins Gespräch. Es war Seine Durchlaucht, der Regierende Fürst von und zu Liechtenstein, Franz Josef II. Dieser überaus charmante Herr, dem seine Mutter, eine blauäugige österreichische Erzherzogin, aus dem Gesicht blickte, war am 16.08.1906 auf Schloß Frauenthal in der Steiermark geboren, also von den Sudentendeutschen weit entfernt. Er war zugewählt worden. Der Fürst hatte große Ländereien in der Tschechoslowakei, die ein Verwalter namens Katz sehr erfolgreich bewirtschaftete. So ohne weiteres konnte kein tschechoslowakischer Staat dieses riesige Vermögen einfach konfiszieren, auch wenn Liechtenstein gegen einen Staat keine Divisionen mobilisieren konnte, ja mit dem er befreundet ist. Aber diese Besitzverhältnisse waren doch nicht so ganz geklärt, deshalb saß Franz Josef II. in der Akademie und ergriff auch hie und da ganz allgemein das Wort. Als er verstorben war, hat sein Sohn und Nachfolger Hans Adam die auch ihm angetragene Mitgliedschaft im Kuratorium brüsk abgelehnt. Er wollte mit der Akademie nichts zu tun haben. Offenbar setzt er auf eine andere Karte, wollen wir hoffen, daß er Erfolg hat.

In einem Festvortrag am 24.09.1992 habe ich in einer Jahresversammlung der Sudentendeutschen Akademie mein Weltbild zur Medizin und zur Naturwissenschaft im Hinblick auf meine Herkunft zum Ausdruck gebracht. Merkwürdig, da war ich plötzlich ein gefeierter Redner, obwohl diese, meine dort zum Vortrag gebrachten Erkenntnisse überwiegend gar nichts mit dem Sudetenland zu tun hatten. Der Titel: „Bleibendes und Ephemeres aus Medizin und Naturwissenschaft."

Damals habe ich ausgeführt:

Gerade die letzten 50 Jahre haben gezeigt, daß auch die Medizin und die Naturwissenschaft sich nur in Freiheit entwickeln kann. Ist diese Freiheit mit einem sehr großen Volk, und dazu noch mit einer gemeinsamen Sprache und Kultur, bei uns der englischen, am Werk, die auch kleinere Völker einschließt, so kann ein Zaungast diesen Höhenflug nur mit Bewunderung verfolgen (Stelzner 1992).

Sie fragen zu Recht, warum sind gerade Sie ausgewiesen, so und über dieses Thema hier zu reden?

Heute, über 70 Jahre alt, am Ende des 20. Jahrhunderts, hatte ich Lehrer und Freunde noch aus dem 19. saeculum und als emeritierter Chef dreier chirurgischer Universitätskliniken habe ich auch jetzt noch in Theorie und Praxis die Hand am Puls der Zeit. Bei kurzer Zukunft habe ich also eine lange Vergangenheit. Ich gehöre einer Generation an, die ehrfurchtsgeschult und ahnensicher ist (Pfohl 1987). Wir haben unter den Toten immer noch Gesprächspartner. Diese sind, einfühlsam befragt, oft beredter als Lebende. Und heute im Alter klopft in grauen, nebligen, verhängten Träumen die Vergangenheit viel häufiger bei mir an, als das in meiner Jugend der Fall gewesen ist.

9. Kapitel

Mein in Langendörflas bei Tachau 1847 noch unter dem Kaiser Ferdinand geborener Großvater reichte mit seiner lebhaften Erinnerung gar ins 18. Jahrhundert zurück. Da war Österreich noch eine Weltmacht. Aber das stolze AEIOU – alles Erdreich ist Österreich untertan – wurde schon mit – allzuviel Erdreich ist Österreichs Untergang – übersetzt. Und wie recht hatten diese ohnmächtigen Kritiker. Sie haben mein heutiges Weltbild mit geschaffen. Daran änderten auch die Witzworte nichts, die mit dieser Vokalfolge AEIOU im alten Kaiserstaat mir von meinem Großvater überliefert worden sind. So sollte diese Reihenfolge auch heißen: Austria est in orbe ultima – Österreich ist auf der Welt das Letzte. Oder – alte Esel jubeln ohne Unterlaß.

Hier und jetzt bleibe ich vorwiegend im Rahmen meines Berufs, der Chirurgie. Hier ist meine Erlebniswelt am tiefsten gegründet. Sternstunden und häufiger Sternschnuppenmomente gaukeln uns Menschen auch in der Wundheilkunst viel öfter Ephemeres – Vorübergehendes – als Bleibendes vor. Dann folgt Enttäuschung, ja Zorn, aber wie Sie hören werden, damit müssen wir wohl leben. Bleibend ist der hohe Rang meines Faches heute. Das liegt in seiner Natur, aber das war nicht immer so. Jahrhundertelang operierte kein Arzt, es war ihm verboten. Ecclesia abhorret a sanguine – die Kirche schreckt vor dem Blut zurück –, das Unumgängliche erledigte ein Feldscher oder ein Bader. Theophrast von Hohenheim, der sich sehr selbstbewußt Paracelsus nannte, d.h. dem Aulus Cornelius Celsus, einem berühmten Arzt des Altertums ebenbürtig, sagte schon in der Renaissance: Chirurgia inter omnes partes medicinae evidentissimus. Er ahnte also unsere große Zukunft und war schon zu seiner Zeit von ihr überzeugt (Stelzner 1985).

Wir müssen uns daran erinnern, daß es bis zum 19. Jahrhundert nur ganz ausnahmsweise eine sinnvolle Diagnostik und Therapie gab. Die Ärzte wurden geschmäht und verachtet, aber nicht, oder nur selten, verklagt. Das ist heute anders (Allgöwer 1990).

Bleibend sind die großen Säulen, auf denen die Chirurgie heute ruht. Sie werden repräsentiert durch die Beherrschung der Infektion, durch die Beherrschung des Schmerzes, die Beherrschung des Schocks und durch die Akzeptanz fremder Gewebe und Organe. Keiner dieser Grundpfeiler wurde sofort tragfähig und keiner von den Chirurgen geschaffen (Stelzner 1985).

Bonn (ab 1977)

*Vor 150 Jahen wüteten in den Hospitälern Wundseuchen. Simon sagte: „Ein Patient, der sich auf den Operationstisch eines Krankenhauses legt, schwebt in einer größeren Gefahr zu sterben, als ein Soldat in Waterloo."
Da entdeckte 1847 Ignatz Philipp Semmelweis in Wien (von Brunn 1928; von Brunn-Fahim 1662) den Weg der Wundinfektion und mit den Chlorkalk gewaschenen Händen konnte er sie verhüten. Niemand hörte auf ihn, obwohl er und Balasse erfolgreich so vorbereitet operierten, obwohl er seine Methode und seine Erfolge in der Zeitschrift der k. u. k.-Ärzte in Wien publizierte und 1861 ein Buch darüber geschrieben hatte. 1865 ist Semmelweis gestorben und die Frauen erlagen weiter dem Kindbettfieber. 1867 erst kam der englische Chirurg Lister auf die Idee, die Wunden mit Karbol zu verbinden (von Brunn-Fahim 1951). Dieses Karbol verwendete die Stadt Carlisle zur Sanierung ihrer fauligen Abwässer. Lister ging wie Pasteur von der falschen Voraussetzung aus, die Wundinfektion käme aus der Luft. Von einer Händewaschung ist bei ihm gar nicht die Rede. Trotzdem wurde seine viel schlechtere Methode sofort über die ganze Welt verbreitet. Auch sie war letztlich ephemer und wurde von unserer jetzt noch geübten, also bleibenden Aseptik abgelöst.
Die Infektionsabwehr findet heute ihren Höhenpunkt in der Anwendung sogenannter antibiotischer Mittel, die im Zweiten Weltkrieg erstmalig in der 21. englischen, der Italienarmee, zur Verfügung gestellt wurden und dort ihre Wunderwirkung erkennen ließen (Allgöwer 1991).
Ähnliches beobachten wir bei der Narkose (von Brunn 1953). Früher hat niemand ein Wort über den Schmerz bei der Operation verloren. In der preußischen Armee sollte ein Verwundeter nur laut klagen, wenn bei der Amputation der Gliedmaße ihm der Knochen durchsägt wurde. Ja, in dem Schrifttum dieser Zeit ist vermerkt, daß nach der Herauslösung des Beines in der Hüfte ohne Narkose der Patient den vor ihm sitzenden erschöpften Operateur tröstete. Es war Sir Astley Cooper, Surgeon of the King in London, der das erlebte (Stelzner 1985, 1990). Es war die erste gelungene Operation dieser Art. All das habe ich von Lord Brock of Wimbledon erfahren. Nur Gustave Flaubert schildert in seinem Meisterroman „Madame Bovary" das Schreien und Jammern des Hippolyt Tutain, als ihm sein Bein amputiert werden mußte (Stelzner 1985, 1990). Obwohl Michael Faraday, der vom Laborgehilfen zum weltberühmten Physiker Aufgestiegene, 1818 in London die betäubende Wirkung von Äther und*

9. Kapitel

Lachgas veröffentlichte, obwohl Henry Hill Hickman Mäuse und Hunde mit sauerstoffarmer Luft betäubte und operierte, konnten erst Jackson und Morton am 16. Oktober 1846 in Boston erstmalig öffentlich eine erfolgreiche Äthernarkose bei einer chirurgischen Operation demonstrieren (von Brunn 1953). Heute bleibend ist die Anästhesie so hoch entwickelt, daß sie ganz entscheidend zur Ungefährlichkeit jedes operativen Eingriffes beiträgt. Heute gibt es kaum mehr eine Operationsletalität.

Nachdem Infektionsbekämpfung und Anästhesie das Zeitalter der ungefährlicheren Chirurgie eingeläutet hatten, fehlte noch die Überwindung des letzten großen Hindernisses, die Bekämpfung des Wundschocks, des Wundschlags. Er begrenzte früher die Ausdehnung eines operativen Eingriffes. Heute ist der Wundschock durch einen raffinierten Ersatz des verlorengegangenen Blutes vermeidbar, aber auch hier, welch' ein merkwürdiger Umweg. Die Voraussetzung, Blut zu übertragen, schuf Karl Landsteiner, ein Wiener Pathologe, im Jahre 1900 (Stelzner 1992). Er hat die Blutgruppen entdeckt. Sie sind die Voraussetzung, daß man nach einer Voruntersuchung Fremdblut sicher und nutzvoll übertragen kann. Überzeugt von seiner großen Erkenntnis, wollte er sich mit diesem Thema habilitieren (Speiser 1961). Sein Chef, der Pathologe Weichselbaum, schickte ihn skeptisch zu dem jungen, am 01.01.1901 die Lehrkanzel der Chirurgie zierenden neuen Wiener Ordinarius. Der war noch skeptischer und sehr höflich: „Wissen's", sagte er, „nehmen's lieber etwas Sichereres." So habilitierte sich Landsteiner über die „trübe Organschwellung." Nicht genug damit, noch 1929 konnte sich in Landsteiner's Vaterland – er war, in Österreich als 52jähriger zwangspensioniert, in die USA ausgewandert – ein hoffnungsvoller junger Chirurg in Graz mit dem Thema „Vom Nutzen der Transfusion von Kalbsblut" habilitieren und er wurde dort Dozent für Chirurgie. Ich habe nachgelesen, Landsteiner kommt in dieser Habilitationsschrift nicht vor (Kunz 1929). Aus heutiger Sicht sollten wir eine solche Meinung aber nicht als töricht abwerten. Auch wir wären vermutlich dem Zug der Zeit erlegen, der Zug der Zeit ist immer übermächtig. Landsteiner bekam dann in den Vereinigten Staaten 1934 den Nobelpreis, nachdem sich sein österreichischer Landsmann, auch ein Nobelpreisträger, der deshalb ein Vorschlagsrecht hatte, sich massiv in Stockholm für Landsteiner verwendet hatte. Das war der Psychiater Wagner-Jauregg.

Kommen wir zur bisher letzten großen Säule, auf der die Chirurgie heute ruht, die Toleranz fremder Gewebe, Materialien und Organe. Bei der Einheilung von Nahtmaterial, angewendet seit Ambrois Paré im 17. Jahrhundert, war den Operateuren kaum bewußt, daß sich dahinter ein ganz entscheidender Fortschritt der Wundheilkunst verbirgt. Themistokles Gluck in Berlin berichtet 1890 über die Einpflanzung toten Materials, z.B. von Elfenbeinstiften, als einzuheilende Stütze (Gluck 1890). Er übertrieb dabei allerdings ein wenig. Schroffe Ablehnung; und es taucht, wie so oft, die Autorität auf, die das vernichtende Witzwort findet. Thiersch, Leipzig, sagte damals in der Diskussion: „Der Unterschied von Herrn Gluck und von uns ist, er will totes Gewebe einheilen, aber wir nehmen es heraus." Ohne Zweifel hatte Gluck noch nicht das richtige Material und er war zu euphorisch, aber er hatte den richtigen Weg, er wurde alt genug, um späte Anerkennung zu erleben (Gluck 1927). Heute ist diese sogenannte Xenotransplantation hochentwickelt. Denken Sie an die künstlichen Hüftgelenke und an die gewebten Arterien. In meiner Jugend sahen wir noch hinkende alte Menschen am Stock gehen. Das sieht man heute nicht mehr. Früher wurden alle Knochenbrüche konservativ behandelt. 1/3 bis zu 2/3 der so versorgten Unterschenkel- und Oberschenkelfrakturen hatten danach einen rentenpflichtigen Dauerschaden. Seit der Belgier Robert Denis die sofortige Verplattung und Verschraubung der Knochenbrüche in den 30iger Jahren entwickelt hatte, haben sich diese Dauerschäden sehr vermindert. Schweizer Chirurgen haben das große Verdienst, hier für diese operative Knochenbruchbehandlungsmethode bahnbrechend gewirkt und auch das Instrumentarium erfunden zu haben. Nur die schwere Schädel-Hirn-Verletzung ist heute noch eine terra incognita. Es heißt also nicht mehr: ein Schwerkranker ist zu krank, um operiert zu werden, nein, es heißt: er ist zu krank, um nicht operiert zu werden (Allgöwer 1991).

Seit 100 Jahren ist in bescheidenem Umgang die Überpflanzung sogenannter bradytropher Gewebe, d.h. etwa stoffwechselträger lebendiger Körperzellen innerhalb eines Individuums möglich, z.B. von Deckgewebe, Epithel durch Reverdin, Genf 1867. Wir sprechen von der Autotransplantation. Eine Allotransplantation, also ein Gewebstausch zwischen verschiedenen Menschen, war ebenso unmöglich wie eine Heterotransplantation, eine Übertragung von Geweben zwischen verschiedenen Tiergattungen. Der Engländer Medawar entdeckte, daß die Immunschranke, die ein Individuum als einmalige Schöpfung kennzeich-

9. Kapitel

net, erst im Laufe seiner Entwicklung, am Lebensbeginn, erworben wird. Der einzige Mensch in zweifacher gleicher Auflage ist nur der eineiige Zwilling. Dieses wissend, überpflanzte Murray an der Harvarduniversität in Boston 1953 mit Erfolg eine Niere zwischen solchen Paarlingen. Die Entdeckung des Cortisons (Reichstein, Basel und Kendall, Rochester/ USA) erlaubt seit 1953 eine Unterdrückung der Gewebsabstoßungsreaktion auch bei nicht identischen Menschen in bescheidenem Maße und dieser folgten dann wirksamere Medikamente, 1961 das Azothiaprin. Und so konnte 1963 die schon in diesem Buch vermerkte erste Lebertransplantation gelingen (Starzel, USA). 1967 die Herztransplantation (Barnard, Johannesburg). Heute ist das in Basel von Staehelin und Borell entwickelte Cyclosporin das wirksamste Immunsuppressivum mit wenig Nebenwirkungen (Allgöwer 1991).

Sie sehen, mit Ephemeren ist durchaus auch einmal ein Fortschritt verbunden. Alle diese Fortschritte haben die Wundheilkunst erfolgreicher und ungefährlicher gemacht. Sie sind erheblich daran beteiligt, daß wir heute so lange leben. Steigerung der Lebenserwartung in 100 Jahren um 100%. Natürlich versuchen die Menschen, den Chirurgen auch heute noch zu meiden, wenn ein Medikament schmerzlos hilft, denn ein Chirurg fügt auch heute noch so oft Schmerzen zu. So ist ein großes Kapitel der operativen Medizin die Behandlung des chronischen Magen-Duodenal-Geschwürs ephemer geworden, seit die säureunterdrückenden Medikamente entwickelt worden sind oder gerade jetzt, wo ein wichtiger Wegbereiter des Geschwürs, ein Bazillus, leicht vernichtet werden kann.

Vom Siegen ermattet hat bei uns die forschende Wissenschaft nicht den Stellenwert wie in den leiseren Fächern. Der gelungene Eingriff vermittelt dem Operateur ein Selbstbewußtsein, das manchmal in Erhabenheit umschlägt. Er meint, er könnte alles heilen. Die Operateure sind schon rerum novarum cupidus, neuerungssüchtig, aber sie lieben eher die strenua inertia, den geschäftigen Müßiggang. Die geniale Untätigkeit ist den Chirurgen eigentlich fremd. Ich zitiere das deshalb lateinisch, also in der Gelehrtensprache des vorhergehenden Jahrtausends, um Ihnen zu beweisen, daß dieses Verhalten den Menschen, und nicht nur den Chirurgen, schon immer eigen war. Es wird nur immer wieder und immer wieder vergessen. Nietzsche sagt: „Manche Tätigkeit ist verkappte Faulheit." Gerade heute, wo die früher so bedrückenden Mißerfolge sehr selten geworden sind, meint man, das Messer könne nahezu jede Krankheit auslöschen. Wieviel heilt nun die Handgreiflichkeit mit oder ohne Wundsetzung tatsächlich? Das wird oft nicht mehr hinterfragt und im Vertrauen auf diese Vordergründigkeit vergißt dann der Chirurg das eherne Gesetz des forschenden, kritischen Wissenschaftlers, das rerum cognoscere causas, den Ursachen der Probleme nachzuspüren. Weil Forschen Anerkennung verspricht, so forschen gerade bei uns manche Chirurgen locker in den Tag hinein und geben sich mit Aufgewärmtem zufrieden. Der Einzelautor ist dabei oft von einer ganzen Namensreihe abgelöst (Stelzner 1985, 1990). Sie hätten Schwierigkeiten herauszubekommen, wer denn eigentlich den Genieblitz gehabt hat. Das ist aber leicht zu beantworten: Niemand, nur donnern, das tun alle, und das beeindruckt immer wieder und immer wieder sehen Sie diese eigentümlichen Verhaltensweisen. So tummeln sich bei uns die Zahlenfetischisten und führen ephemere Scheingefechte. Sie messen Dinge, bevor sie eine Idee zu ihnen führt. Pfohl sagt: „Nur Dumme predigen die Meßbarkeit manches Unermeßlichen. Sie sind so vermessen, alles zu messen und sie haben sich dabei so oft vermessen (Pfohl 1991)." Die Zahl ist nicht der Weisheit letzter Schluß, aber sie macht einen großen Eindruck. Heute ist es z.B. modern, eine Unzahl von Labordaten bei allen Patienten, auch bei kaum Kranken, auch bei denen, die nur gerade einen Arzt streifen, durch einen Computer erstellen zu lassen. Diese Werte sind aller Erfahrung nach zu 99,9 % völlig normal, denn es werden Naturkonstanten untersucht. Ich sehe das seit Jahrzehnten im Krankenhaus. Den analen Sphinkterdruck zu messen, der von Mensch zu Mensch, von Geschlecht zu Geschlecht verschieden ist, das macht niemand, und die Folgen dieser Unterlassung sind in der Regel verheerend. Nach diesen Zahlengläubigen gibt es bei uns die Witterer der neuesten Methode. Immer werden Sie erleben, daß der Erfinder der übernommenen neuesten Methode einer Operation bald nicht mehr genannt wird. Dieser Erste ist aber nicht mehr einzuholen. Wie machen es nun die Nachfolger, um doch noch etwas von der bleibenden Ruhmeszone abzuzweigen? Man gaukelt sich vor, eigentlich ist man in seinem Land, in seiner Stadt, in seinem Krankenhaus ja doch der Erste gewesen! Also doch führend, herausragend und so überaus bedeutend, wenn auch nur in einer Zwergenwelt, und so wird man zur feierlichen Null, die nur eine Tugend aufzuweisen hat, sie war ein wenig schneller als andere. Vom Dauererfolg

9. Kapitel

gar nicht zu reden. Da genügt es, wenn der Patient ein knappes Jahr überlebt, um den Beifall nicht versiegen zu lassen. Wer kennt sie nicht, diese schreienden Zaungäste. Beliebt ist auch das boshafte Zitat der Arbeit eines Vorgängers, der zwar die Tat vorzuweisen hat, aber der keine Idee damit zum Laufen brachte. Modern ist es auch, sich auf den Kongressen rund um den Erdball zu tummeln und Bleibendes vorzutäuschen. Das ist das Reisläufertum zu den fachlichen Kriesschauplätzen unseres Säkulums mit der Einheitssprache englisch. Das ist unser Latein, die lingua sacra, die ein Thema schon erhöht, ja heiligt, weil es englisch vorgebracht wird. Und dabei feiert der symbolische Unsinn dort die gleichen fröhlichen Urständ wie bei uns, wie überall auf der Welt. Oft dauert es lange, bis solche Akteure die ephemere Mäßigkeit ihres Erfolges oder gar den Fehlschlag einsehen, denn es ist nicht alles Gold, was über den Ozean kommt. Die Geschichte wägt nämlich grundsätzlich nicht den Vorsprung, sondern die Leistung. Und plötzlich will, wenn es dann ein Fehlschlag war, niemand mehr daran erinnert werden. Nun fragen Sie mich vielleicht nach einem Beispiel ephemerer, aber unsinniger Chirurgie und ich bringe Ihnen eines aus der Vergangenheit. Da hat die Zeit das Urteil bereits gefällt, denn das Kind der Wahrheit ist nicht der Ruhm, sondern die Zeit. Ereignisse, die von allen deutschen Chirurgen nur ein Jahrzehnt etwa angestaunt wurden, um dann als ephemer gründlich vergessen zu werden, sind mit einem meiner Vorgänger in Bonn verbunden, mit August Bier. Sie werden merken, daß Ephemeres, hier der Unsinn, viel öfter an eine Person gebunden ist, das Bleibende aber löst sich oft von der Persönlichkeit. Die wird sogar vergessen. In Deutschland sind Sie des höchsten Ruhmes sicher, wenn Sie zum Verbum geworden sind: röntgen, pasteurisieren, küntschern, mendeln usw..

August Bier war ein erstaunlich selbstsicherer Mann (Vogeler 1941). Er war eloquent und schon von Ansehen her heroisch. Seine Ansichten über die Heilkunde, über die Chirurgie, über die Regeneration der Gewebe wiesen weit über die Wundheilkunst hinaus. Die Chirurgie versorgte ihn mit einem unversiegbaren Strom von Anregungen. Er war ein Meister des apodiktischen Aphorismus, der immer die Lacher auf seiner Seite hatte. Nur einige seiner markigen Sätze:

„Komplizierte Untersuchungsmethoden lehne ich zugunsten des gesunden Menschenverstandes ab."

Bonn (ab 1977)

"Das Mikroskop ist ein Instrument der Täuschung. Vor lauter Scheuklappen sieht man das Leben nicht."
"Ich kannte einen Fachgenossen, der war in der Anatomie erstaunlich bewandert, aber gerade deshalb war er ein zaudernder, schlechter Operateur."
Soviel Borniertheit und Unsachlichkeit wurde widerspruchslos hingenommen. Alles ging im frenetischen Beifall seiner Mitstreiter und Jünger unter. Sie fanden sich ja irgendwie in diesen Worten selbst bestätigt. Während sie aber von Skrupeln und Mißerfolgen geplagt wurden, die natürlich nicht ausblieben, erhob sich der Meister immer sieghaft und seine betörende Stimme wies zu neuen Ufern. In Bonn erschien die dritte Auflage seines heute vergessenen Buches „Die Hyperämie als Heilmittel" (Bier 1906). Tatsächlich gelingt es mit einer Blutstaubinde am Oberschenkel, ein rasend schmerzhaftes, sonst sicher versteifendes gonorrhoeinfiziertes Kniegelenk schmerzlos und beweglich auszuheilen. Das war damals ein Wunder. Bei der Migräne oder der Epilepsie aber den Hals abzuschnüren, oder die prinzipiell gefäßlose Knochentuberkulose anzustaunen und zu behaupten, das nütze, das stimmt nicht, das geht zu weit (Bier 1901). Sehr selten fand Bier harte Kritiker. Einmal einen Zoologen zum Thema Hyperämie und Kollateralkreislauf. Das war Krogh in Kopenhagen. Der bekam 1920 – zu Biers großem Ärger – den Nobelpreis. Niemand hörte in Deutschland auf Krogh (Block 1961).

Sicher, und das sei zu Bier's entschuldigendem Verständnis gesagt, er tat in der bedrückenden Hilflosigkeit diesen Krankheiten gegenüber damals irgendetwas, und das war offensichtlich besser, als gar nichts zu tun. Auch wenn es nur symbolisch gewesen ist und sinnlos war. Alle Welt erlag damals dieser Symbolik in Deutschland. So spritzte Bier Tierblut in Karzinome; Schaftsblut sei am besten. Er behandelte die Angina pectoris mit einer riesigen Wunde, die er mit einem Glüheisen, ein Glüheisen mußte es sein, über dem Brustbein setzte zur Ableitung, wie er sagte, um nur einiges Unsinniges noch zu nennen.

Schlußendlich war er kritisch und gab auf. Aber seine ihm hörige, bewundernde Gefolgschaft hielt er damit noch lange in Atem. Bier ist auch ein Beispiel dafür, wie sich so betörende Charaktere aus der ihnen direkt aufgezwungenen Rolle gar nicht mehr lösen können.

Eine von Bier's Ideen, wie wir heute wissen, die Verbesserung einer Überlegung des Neurologen Corning aus den USA 10 Jahre vorher, hat,

9. Kapitel

stark modifiziert, bleibend Bestand; die Rückenmarksanästhesie zur örtlichen Betäubung der unteren Körperhälfte (Bier 1899, 1906). Aber auch da war Bier vom Mantel des Heros umwallt. Heute noch können Sie lesen, er habe diese lumbale Anästhesie im Selbstversuch entdeckt und des Staunens und der Bewunderung ist kein Ende. Überprüfen Sie aber, was er selbst sehr korrekt in seiner Mitteilung 1898 geschrieben hat, so heißt es dort: „Zuerst spritzte ich über die kurz vorher von dem Kieler Internisten Heinrich Irenäus Quincke erfundene lange Hohlnadel Kokain in den Rückenmarkssack von sechs Schwerkranken. Sie operierte ich dann schmerzlos in dieser neuen örtlichen Betäubung." Der einzige Versuch danach an Bier selbst, ist durch seinen Assistenten Hildebrand nie zustande gekommen. Der Assistent hatte vor Aufregung die für die Nadel passende Spritze nicht zur Hand und brach den Versuch ab. Der Versuch an Bier wurde nie wiederholt. Dieser nie stattgehabte Selbstversuch steht in allen Büchern, als wäre er zustande gekommen. Auch die sechs Schwerkranken, die vorher zuerst betäubt wurden, werden regelmäßig verschwiegen. Die Welt will eben ihren Helden haben (Bier 1899, 1906).

Eine Prophezeiung einer Großtat, die bleibt, war früher wie heute und ist in Zukunft unmöglich. Der Genieblitz entzündet sich immer wieder, wie wir Alltagsmenschen empfinden, an einem unfairen Vorteil. Der Mann mit der guten fruchtbaren Idee erregt deshalb häufig eher Argwohn, und wieviel persönliches Geschick kommt hinzu und entscheidet über Glück und Unglück, über Anerkennung oder Vergessen. Die Erfolge der Wundheilkunst haben den Anspruch an sie enorm gesteigert, aber die Unwägbarkeit jedes Krankheitsverlaufs und die immer wieder entstehenden neuen Leiden oder die Verlaufsänderungen bekannter Krankheiten zwingen den Arzt zu einem Ausweg, und den findet er in der, wie ich sage, symbolischen Chirurgie. Die so effektvolle Methode, über eine Wunde zu heilen, ist eben ungefährlich geworden, also wird die Wunde als Placebo eingesetzt. Placebo heißt, ich schmeichle, ich täusche, natürlich in der besten Absicht. Ein klassisches Beispiel stammt schon aus den 30er Jahren.

Von tausend Schulkindern wurden von einer Ärztegruppe nach einer Reihenuntersuchung 2/3 zur Tonsillektomie (Entfernung der Gaumenmandeln) geschickt. Die verbleibenden Kinder wurden von 20 anderen Ärzten wieder untersucht. Von denen wurden bei der Hälfte der Kinder die Mandeln herausgeschnitten. Von der jetzt schon kleinen Restgruppe *wurden wieder von einer anderen Ärztegruppe in 50% die Anzeige zur Tonsillektomie gestellt. Jetzt wurde die Studie abgebrochen. 65 Kinder von 1000 wurden in Frieden gelassen (Allgöwer 1990). Diese symbolische Chirurgie erleben Sie auch heute immer noch bleibend und ephemer. Sie ist manchmal prinzipiell sinnlos, ein andermal allerdings die Quelle zu einer sinnvollen Entwicklung. Einen negativen Aspekt hat das Symbol, wenn es das Ende des Suchens bleibt, die Vernunft ausschließt und zur Tat verführt. Wir kennen aber das Symbol auch als Quelle der Kreativität, der echten Kreativität. Wolfgang Pauli (Stelzner 1992), ein ganz ungewöhnlich kritischer Physiker und Nobel-Laureat, hat darauf hingewiesen. Er untersuchte die Welt eines Mannes, der gerade den Umbruch erlebte, von der magisch-symbolischen zur quantitativ-mathematischen Naturbeschreibung. Das war der Astronom Johannes Kepler (1571 – 1630). Seine Empfindung der Schönheit in der Architektur des Himmels führte ihn danach erst zu dessen mathematisch formulierten Gesetzen. Geometria est archetypus pulchritudinis mundi. Die Geometrie ist das Urbild der Schönheit der Welt. Die moderne Quantenphysik betont wieder die Störung der Phänomene durch die Messung. Die Verknüpfung läßt sich nur noch durch Symbole erfassen, die die emotionale Seite mit dem tatsächlichen Erkenntnisprozeß verbinden. Symbol und naturwissenschaftliche Funktionen sind heute wieder eine Einheit geworden.*

Unser Wissen und unsere Möglichkeiten sind auch in der Chirurgie inzwischen so umfangreich möglich, daß ein Einzelner sie nicht mehr alle meistern kann. Wir müssen uns eher davor hüten zu meinen, wir durchschauten heute alles viel besser und solche merkwürdigen Umwege und Verzögerungen und Irrwege, wie eben genannt, gäbe es nur noch in Festreden. Dort tauchen sie einen Augenblick auf, um sofort wieder vergessen zu werden. In Achsenvölkern, so nennt sie Jaspers, finden Sie immer erstaunliche Einzelleistungen des Genies. Ganz gleich, ob die Umwelt noch primitiv, oder ob sie wie heute hoch entwickelt ist. Das wird nur immer wieder und immer wieder vergessen. Eratosthenes hat 400 vor Christus (dieses Achsenvolk waren die Griechen) mit fast 10%iger Genauigkeit die Erdgröße gemesssen. Wie hat er das gemacht? Er hat den Schatten eines Obelisken in Unterägypten gemessen, wenn in Oberägypten die Sonne den Grund eines tiefen Brunnens erleuchtet hatte (Jordan 1970).

9. Kapitel

Kommen Sie, wie wir an den Universitäten, über Ihren Beruf mit Persönlichkeiten in Berührung, die originell den Fortschritt fördern sollten, so wundern Sie sich auch heute, warum Ihnen eine augenblickliche Einsicht in die Bedeutung eines Ereignisses in der Regel versagt bleibt. Der Erfolg ist oft mit dem Zufall verbunden, aber den meisten Menschen begegnet der Zufall nicht (Stelzner 1985). Er begegnet nur dem Begeisterten und der kann, wenn er sich zur falschen Zeit bemerkbar macht, auch heute noch ganz allein bleiben und verkannt werden. Die Phantasie ist die Mutter der großen Tat. Nach der Phantasie kommt das Objektive, das Messen, Wägen und Einteilen. Ein zu bescheidener Titel einer hervorragenden Untersuchung genügt bisweilen, vergessen zu werden. Unterschätzen wir auch nicht das, was schon Seneca sagte, das Silentium livoris, das Schweigen des Neides oder die Anhedonie, die Unfähigkeit, begeistert zu sein (Stelzner 1992).

Otto Klein, Privatdozent an der Inneren Medizin der Universitätsklinik in Prag, veröffentlichte 1933 eine Arbeit mit dem Titel: „Über die Bestimmung des Herzminutenvolumens nach dem Fick'schen Prinzip" (Stelzner 1989). Daß er damit erstmalig bei diesen 11 Patienten mit einem Herzkatheter Blut aus dem rechten Herzen ansaugte und eine Gasanalyse vornahm, ahnt niemand aus der Überschrift. Für diese großartige Leistung und der damit verbundenen originären Beurteilung einer Krankheit gab es damals noch keine operative Chirurgie und so wurde diese bahnbrechende Tat vergessen. 10 Jahre später entwickelte sich über diese Methode die gesamte Herzchirurgie und hochbelohnt wurden die Epigonen, die das nur nachgemacht hatten (Stelzner 1989).

Andere Arbeiten gibt es gerade in diesem Zusammenhang, die in einem Wunschtitel das ausdrücken, was sie im Text gar nicht einlösen. Ich habe nachgesehen (Stelzner 1989). Die haben oft vielmehr Erfolg. Wie oft ist die Wirkung größer als das Werk. Bei allem spielt die Autorität eine Rolle. Sucht man bei solchen Zusammenhängen allerdings genauer nach, so findet man nie, daß dieser Warner, Spötter oder Hemmschuh persönlich eine Überprüfung der inkriminierten Methode vorgenommen hätte, nein, er war eben dagegen und sein Name bürgte für diese zweifelhafte Qualität. Es ist eben sehr schwer, andere anzuerkennen. Oft hat natürlich die Autorität recht, aber in einem einzigen entscheidenden Augenblick eben nicht und manchmal offenbart sich auch der schwankende Charakter der

Autorität. Hic haeret aqua – hier bin ich in Verlegenheit. Dem Ansehen der Autorität sind ihre Schüler dienlich. Diese Schüler sind durch vorauseilenden Gehorsam gekennzeichnet in der Hoffnung, von den Ruhmesstrahlen des Meisters einen für sich abzuzweigen. Solange diese Schüler, diese Gruftwächter leben, wird der Ruhmesofen zu allen passenden und weniger passenden Jubiläen, und sei der Ofen noch so klein, immer wieder angeheizt und alle wärmen sich daran. Schulen, in Deutschland besonders ausgeprägt, sind zur gegenseitigen Belobigung gegründete Gilden, die das Geld des Ahnherrn immer wieder und immer kleiner nachdrucken. Mit dem eher harmlosen Ordinarius für Chirurgie in Kiel, Friedrich von Esmarch, ist die Blutleere mit der Gummiwickelbinde und dem Gummiabschnürschlauch verbunden (Esmarch 1873). Ein Jahrhundert, bis heute, hören und lesen Sie: Hätte er nur dies erfunden, wäre ihm ein Platz im Ewigkeitsstempel sicher! Gehen wir einmal der Sache nach. Esmarch war der Schwiegersohn des berühmten Chirurgen Louis Stromeyer. Dieser brachte von Paris, einem damaligen Mekka der Chirurgie, das Knebeltorniquet und die Flanellauswickelbinde von Pean, Chirurg am Hôtel Dieu, mit. Bei den damals häufigen Operationen am Arm und Bein konnte man dann in Blutleere operieren. Aber es gab Nervendruckschäden und andere Störungen (Strohmeyer 1855). Da kam der Esmarchsche Operationsdiener Karsten Silberling auf die Idee, diese Instrumente aus Gummi zu machen. Das war ein sehr großer Erfolg. Esmarchs Oberarzt Neuber (Neuber 1910) riet dem Geheimrat zur Publikation. Der zögerte mit dem Hinweis, er hätte das doch gar nicht erfunden. Neuber erwiderte: „Das ist doch ganz einfach, bei Ihren Beziehungen zum Schleswig-Holsteinschen Hof – Esmarch war in zweiter Ehe, seit 1872, mit der Prinzessin Henriette von Schleswig-Holstein Glücksburg-Sonderburg, einer Tante der deutschen Kaiserin, verheiratet – verschaffen Sie dem Silberling die goldene Verdienstmedaille und dann publizieren Sie es." So wurde Silberling hoch belohnt, Esmarch publizierte allein. (Esmarch 1873). Das habe ich von meinem Vorgänger in Hamburg, Konjetzny, erfahren, der 1908 in die Chirurgische Universitätsklinik in Kiel als Assistent eingetreten ist. In diesem Jahr war Esmarch, 1899 emeritiert, gerade gestorben (Konjetzny 1955).

Alle diese in solcher Rückschau zu Recht oder nicht ganz zu Recht Erfolgreichen haben Charisma, das ist die Gabe, Gefallen zu erwecken.

9. Kapitel

Das kann niemand erklären. Das ist ein geheimnisvolles, fast dämonisches Ereignis. Wie schon gesagt, die Zeit spielt auch eine Rolle, in der solche Männer leben. Der Mann ist so groß, wie die Woge ihn hebt, die unter ihm brandet. Merkwürdig, es reiten immer nur wenige auf dieser Woge.

Sie gestatten mir zum Schluß noch einen Ausflug in die Biologie zu dieser Problematik. Einzelheiten über Johann Gregor Mendel, ein Sudentendeutscher, sollten uns auch immer wieder an die Ohnmacht der Wahrheit über Bleibendes und Ephemeres erinnern. 1865 hat Mendel seine Zahlengesetze im Februar und März nach acht Jahren intensiver Arbeit mit tausenden von Experimenten in einem kleinen Klostergarten in Brünn vorgetragen (Carter 1964). Dieser Vortrag umfaßte eine 40 Druckseiten lange Schrift, er wurde unter dem Titel „Versuche über Pflanzenhybriden" als Verhandlungen der Naturforschenden Vereinigung in Brünn an viele wissenschaftliche Institute und an verschiedene europäische Forschungseinrichtungen im Routine-Schriftenaustausch versandt. 35 Jahre war es still, bis drei Forscher gleichzeitig merkten, der bescheidene Augustinermönch hatte einen ganzen Kontinent entdeckt. Mendel schickte seine Arbeit 1865, also in dem Jahr seines Vortrags, mit einem Bittbrief an den größten Botaniker seiner Zeit, der sich mit der Vererbung befaßte, an Karl Wilhelm Nägeli in München. Der antwortete ihm nach Wochen gönnerhaft. Immer wieder erbat Mendel seine Bestätigung seiner doch ganz einfachen 1:3-Versuche. Acht Jahre währte dieser vergebliche Briefwechsel. Im Todesjahr Mendels 1884 erschien ein 800 Seiten dickes Buch von Nägeli über die Vererbung. Mendel kommt darin nicht vor. Das Buch ist längst vergessen (Carter 1964). Wie wir heute wissen, tauchte aus dem Nachlaß von Charles Darwin in Down die Mendelsche Veröffentlichung auch auf. Das broschierte Heftchen war nicht einmal aufgeschnitten.

Warum können wir auch jetzt nicht, vielleicht niemals, Ephemeres und Bleibendes weder in Medizin, noch in den Naturwissenschaften trennen? Wir haben den Eindruck, daß gerade durch das über uns hereinstürmende, oft vermeintlich sichere Wissen irgendwie unsere Sinnesorgane überlastet ihren Dienst versagen und wir uns deshalb willenlos mit Irrtümern und Ungereimtheiten abfinden, trotz, ja vielleicht wegen des allzuvielen gesicherten Wissens. Selbst wenn wir in der Geschichte sehr weit zurückblicken, scheint es, daß der Mensch nur eine begrenzte Erfahrungsfähigkeit hat. Wir halten es nach diesen Überlegungen z.B. für falsch, „vom

finsteren Mittelalter" zu sprechen. Hier überwog eben das seelische Empfinden das körperliche und füllte den Menschen vollständig aus, so daß er für anderes Denken und andere Vorstellungen keinen Platz hatte *(Stelzner 1990, 1992).*
Mit diesen Ausführungen haben wir versucht darzulegen, daß es auch bei uns, wie sonst in der Welt, Licht und Schatten gibt. Ja, daß mit der Mächtigkeit des Lichts, des Fortschritts auch die Mächtigkeit der Schatten unabwendbar verbunden sind. Das ist eben der Preis des Fortschritts. Auch bei uns spielt dabei die Persönlichkeit mit ihrem Charisma eine entscheidende Rolle. Ihr Glück ist in der Zeit eingebunden, es hat mit Gerechtigkeit nichts zu tun. Wenige sind glückliche Krieger. Viel mehr müssen sich bescheiden. Sind sie alt genug geworden, so wissen sie, welchen Rang sie sich zuzuordnen haben. Die Wahrheit ist so oft ephemer. Sie ist im Blick zurück manchmal eine Illusion, aber ohne Illusionen härmt sich die Seele. Eng mit der Illusion ist gerade in der Chirurgie das Prahlen verbunden, aber auch das wollen wir den Chirurgen nachsehen. Mundus vult decipi – die Welt will betrogen sein. Sie wünscht nicht, dauernd an Irrtümern und Ungerechtigkeiten erinnert zu werden. Der „G'wissenswurm", wie Karl Kraus und Rolf Hochhuth, wird als peinlich empfunden. Das alles ist eine bleibende Verhaltensweise. Selbsttäuschung ist offenbar eine Voraussetzung, glücklich zu sein.

Allgöwer, M.: Bestand und Wandel in der Diagnostik. Nova Acta Leopoldina 63, Nr. 272, 255 (1990).

Allgöwer, M.: Medizin, Technik, Zukunftsangst. 9. GEP Vorlesung am 24.1.91 ETH Zürich (1991).

Bier, August: Versuche über Cocainisierung des Rückenmarks. Dtsch. Zschr. f. Chir. 51, 361 – 369 (1899).

Bier, August: Über den Einfluß künstlich erzeugter Hyperämie des Gehirnes und künstlich erhöhten Hirndruckes auf Epilepsie, Chorea und gewisse Formen von Kopfschmerzen. Mitteilg. Grenzgeb. Med. Chir., 7, 333 (1901).

9. Kapitel

Bier, August: Weitere Mitteilungen über Rückenmarksanaesthesie. Lgbck. Arch. 64, 1, 236 (1906).

Bier, August: Hyperämie als Heilmittel. Verlag F. C. W. Vogel Leipzig, 3. Auflage (1906).

Block, W.: Gedächtnisrede auf August Biers 100. Geburstag. Lgbck. Arch. 298, 29 (1961).

von Brunn, W.: Kurze Geschichte der Chirurgie. Chirurgie, S. 277, Springer Verlag, Berlin (1928).

von Brunn-Fahim R.: Antiseptik und Aseptik. Ciba Zschr./Wehr Baden, 5, 50, 1662 (1951).

von Brunn, R.: Die Anästhesie. Ciba Zschr./Wehr Baden, 5, 60, 1986 (1953).

Carter, C. O.: Mendel, der Mann, den niemand begriff. Dokumenta Geigy »Genetik und Medizin« (1964)

Esmarch, F.: Über künstliche Blutleere. Volkmanns Sammlung klin. Vortrg. 58, 371–384, (Chir. Nr. 19) (1873).

Gluck, Th.: Naht und Ersatz von Defekten höheren Gewebes. Verhdlg. Dtsch. Ges. Chir. 19, 317 (1890):

Gluck, Th.: Medizin in Selbstdarstellungen. Hersg. v. L. R. Grote, 6. Bd., Verlag Meiner Leipzig (1927).

Jordan Pascual (Eratosthenes): Begegnungen. Verlag Stelling Oldenburg (1970).

Konjetzny, G. E.: mündl. Mitteilung (1955).

Kunz, Hubert: Transfusion artfremden Blutes. Dtsch. Zschr. Chir., 220 (1929).

Neuber, G.: Arbeit und Erfahrung. Als Manuskript gedruckt. Univ. Bibl. Kiel, Nr. 135, S. 17 (1910).

Pfohl, G.: Vom Glück der Krücken und Prothesen. natura – med. Ausblick, 3. Verlagsgesellschaft Neckarsulm (1987).

Pfohl, G.: Vermessenheit. Arzt und Krankenhaus 5, 12 (1991).

Reiser, S. J.: Medicine and reign of technology. Cambridge University Press (1978).

Speiser, Paul: Karl Landsteiner. Verlag Hollinck, Wien (1961).

Stelzner, F.: Eröffnungsansprache 102. Chir. Kongreß (Über die Wissenschaft). Lgbcks. Arch. 366, 3 (1985).

Stelzner, F.: Zur Geschichte der Katheteranwendung an den zentralen Kreislauforganen. Cardiol. Angiol. Bulletin 26, 87 (1989).

Stelzner, F.: Chirurgie – Wissenschaft, Wunsch und Wagnis, Hrsg. Verein der Freunde und Förderer der F. Sauerbruch Klinik (Wuppertal), S. 11 (1990).

Stelzner, F.: Bleibende und Ephemere Chirurgie. Akademische Chirurgie. Hrsg. Schweiberer, Itzbitzky. Springer Verlag, Heidelberg (1992).

Stromeyer, F.: Maximen der Kriegsheilkunst. 1. Auflage, S. 151/152. Hofbuchhandlung Hannover (1855).

Vogeler, Karl: August Bier, Leben und Werk. Lehmanns Verlag München-Berlin (1941).

9. Kapitel

1979 führte mich das Schicksal in Bonn mit einem Mann zusammen, der damals schon Wissenschaftsgeschichte geschrieben hatte und weiter schreiben sollte. Prof. Dr. Dr. h. c. mult. Reimar Lüst (geb. 1923) aus Hamburg. Lüst suchte bei mir Rat und Hilfe wegen eines lästigen, sehr störenden gutartigen Leidens. Beides konnte ich ihm geben und seither haben wir uns nicht mehr aus den Augen verloren. Damals in Bonn, als wir uns kennenlernten, war Lüst Präsident der Max-Planck-Gesellschaft (1972–1984). Zuvor war er seit 1963 der Leiter des Max-Planck-Instituts für extraterrestrische Physik in München-Garching. Mir war bekannt, daß Lüst nicht nur ein außergewöhnlich schöpferischer Forscher war, sondern auch ein Wissenschaftsdiplomat und Organisator hohen Grades. Ich fragte ihn damals als einer, dessen Neugier in umgekehrter Proportion zu seinen diplomatischen und organisatorischen Fähigkeiten entwickelt war, er möge mir doch einmal ein Beispiel erzählen, wo ein origineller Gedanke nur durch eine ebenso außergewöhnlich organisatorische Leistung in eine große, wissenschaftsbewegende Tat umgesetzt werden konnte.

Lüst brauchte da nicht lange zu überlegen. Er berichtete: „Schon eine geraume Zeit beschäftigte ich mich mit dem Erdmagnetismus. Ich hätte zu gern die Felder des Erdmagnetismus am Himmel sichtbar machen wollen und begann, nach der Idee die organisatorischen Voraussetzungen zu schaffen. Ich mußte meine Geldgeber davon überzeugen, daß ich zur Erreichung meines Zieles ungewöhnliche Forderungen, die sehr viel Geld kosteten, in die Tat umsetzen mußte. Ich brauchte eine Rakete, die tausende km von der nächsten störenden menschlichen Ansammlung entfernt in die Stratosphäre geschossen werden sollte. Dazu wählte ich die einsamste Stelle der Wüste Sahara. Um dahin zu kommen und dort zu experimentieren, erbat ich eine Abteilung von Fremdenlegionären. Alles wurde mir zugesagt. Diese Rakete mußte, zu einem ganz bestimmten Zeitpunkt abgeschossen, eine kleine Menge Barium an ihrer Spitze in den Weltraum ausstoßen. Tatsächlich haben wir bei diesen Versuchen, wie ich das erwartet hatte, die Magnetfelder der Erde wie Nordlichter gesehen. Alles war gelungen."

Der Zuhörer war nicht nur ideell begeistert, sondern ich erinnerte mich, zweimal in Hamburg am Neuen Wall spazierend bei sinkender Nacht, ein solches Nordlicht gesehen zu haben – ich hatte also davon auch eine visuelle Vorstellung.

Dieses Beispiel zeigt alles, was ein schöpferischer Naturforscher braucht; aber wie selten ist das zu finden. Lüst hat mit seinen Großtaten sofort die Augen der Welt auf sich gezogen. So wurde er von 1984 bis 1990 Generaldirektor der ESA in Paris und realisierte die europäischen Raumfahrtprogramme („Ariane-Rakete" u.a.). Er organisierte völkerverbindende Konzepte, die seit 1989 in der Präsidentschaft der Alexander von Humboldt-Stiftung gipfelten. In einer Laudatio der Leopoldina, die Lüst nach unser aller Meinung nicht gerade überstürzt eilig zum Ehrenmitglied machte, heißt es: Lüst sei liebenswürdig, offen, wahrhaftig und von „brüderlicher Härte" – ja, und das vermissen wir von sehr sehr vielen, die sich das nicht leisten können. Von der Leopoldina hatten wir den Eindruck, daß die Benennung des Asteroiden Nr. 4386 nach R. Lüst durch die Internationale Astronomische Union, also eines selbstleuchtenden Sternes, auf die vielen Planeten, die sich das Licht ausborgen, ihren Eindruck nicht verfehlte.

Mitte 1981 begann nach einer Anfrage der Kon-Kuk-Universität in Seoul, Korea, über meine vergleichend anatomischen Untersuchungen, die zu einer schonenden Radikaloperation des Mastdarmkarzinoms führten, ein Schriftwechsel. Man interessierte sich auch im Fernen Osten für diese Forschung und begrüßte eine Verbindung dieser Universität mit der unseren auf der politischen Ebene sehr. Ich war ganz überrascht zu erfahren, welche Beziehungen zwischen den beiden Staaten bestanden. Im Zuge dieser Entwicklung wurde ich am 27.10.1981 zum Ehrendoktor der Naturwissenschaftlichen Fakultät an der Kon-Kuk-Universität promoviert.

Mit Erstaunen erfuhr ich u.a., daß besonders enge Beziehungen dieser Universität zu der Landwirtschaftlichen Hochschule in Stuttgart-Hohenheim bestanden. Man versuchte, Grassorten in Südkorea heimisch zu machen, die eine Rinderzucht erlaubten. Diese gab es bis dahin noch nicht.

9. Kapitel

Diese Entwicklung zu meinen Gunsten wäre ohne die Hilfe meines Mitarbeiters Li nicht möglich gewesen. Ganz Südkorea ist, auch die Universität, bis zu deren Verfassung, ja bis zur Form der Talare, von den Vereinigten Staaten von Amerika geprägt. Nach dem Flug über den Pol betrat ich ein mir völlig fremdes Land, in dem man sich ohne Führer nicht zurechtfinden konnte. Keineswegs sprach jedermann englisch. Kaum hatte man den Flughafen oder das Hotel verlassen, fand man keinen Hinweis für eine verständliche Orientierung in der Stadt. Alle Beschriftungen waren koreanisch. Da Seoul relativ übersichtlich ist, rettete ich mich, außer in die Universität, in die modernen Museen, wo uns eine völlig fremde eigenständige, von China und Japan unterschiedene Kultur demonstriert wird. Die sehr schönen koreanischen blau-grauen Keramiken mit der zarten weißen Schlickermalerei erzielen heute auf den internationalen Auktionen astronomische Preise. Die Saatsreligion ist der Buddhismus, der z.B. die Organtransplantation ablehnt; ein unüberwindliches Hindernis für unseren Mitarbeiter Li, der selbst evangelischer Konfession ist, in seiner Heimat seinen Forschungen nachzugehen, was ich in der Rückschau als tragisch empfinde.

Auf dem Rückflug unterbrach ich in Taiwan die Reise. Ich wollte unbedingt die weltberühmte Porzellansammlung sehen, die Tschiang-Kaischeck nach dem Verlassen Chinas mit nach Taiwan gebracht hatte. Diese riesige Sammlung, man sprach von mehreren Güterzügen, war in einem modernen Museum untergebracht, das in einen Berg, also halb unterirdisch, hineingebaut war. Die mir bekannten Sammlungen von Chinaporzellan in London und Paris werden von dieser ehemals kaiserlichen Sammlung weit in den Schatten gestellt. In Taiwan waren nicht nur die Originale der Porzellane, sondern daneben die ebenso hervorragenden Fälschungen aus den verschiedenen Jahrhunderten zum Vergleich präsentiert. Alles war minutiös chinesisch und englisch beschrieben. Es gab auch sehr aufwendig gedruckte Bücher mit sehr schönen Bildern. Was China auf diesem Gebiet, da kamen noch Bronzen, Holzarbeiten und Steinschnitzereien (Jade) dazu, geleistet hat, ist atemberaubend. Das Problem der Orientierung war in Taiwan für einen Fremden ganz einfach gelöst. Ich war in einem riesigen Hotel, dem Mandarin, im chinesischen Stil erbaut, und weithin sichtbar auf einem Hügel gelegen, untergebracht. In der Stadt gab es auch nur chinesische Beschriftungen. Der Hotelportier drückte mir eine Stadtkarte und eine Streichholzschachtel mit einem Bild des Hotels in die Hand. Wenn ich in Taiwan in ein Taxi stiege, so sagte er mir, sollte ich nur das Bild auf der Streichholzschachtel zeigen, dann brächte mich der Fahrer schon wohlbehalten in meine Behausung zurück, und so war es auch.

In Taiwan fuhr ich mit einem Omnibus auch etwas in das Land hinaus. Ich erfuhr, daß Formosa ein Hauptexportland für Schmetterlinge sei, die ich im November allerdings nur in Kästen aufgereiht bewundern konnte. Ebenso wie in Seoul erklärte man mir in Formosa auch die Bestattungsbräuche der Toten. Es gibt keine Friedhöfe. In herbstlicher Landschaft sieht man verstreut völlig schmucklose, mit Gras überzogene größere und kleinere Grabhügel. Daneben auf einer Tafel eine Inschrift, alles eine sehr eindrucksvolle Demonstration der Erinnerung, wie wenn diese Toten die herrliche Landschaft über Jahrhunderte genießen sollten.

Nach einigen Tagen flog ich weiter nach Hong Kong, damals noch britische Kronkolonie. Bekannte erklärten mir die Präsenz Englands. Ich war in einem schönen Hotel am Meer untergebracht, mitten in dieser riesigen Stadt. Hier besuchte ich im Queen Mary's Hospital den chinesischen Chirurgen Ong, ein weltbekannter Experte der Speiseröhrenchirurgie. Ich erlebte bei ihm alles, was ich in seinen Veröffentlichungen schon gelesen hatte. Das war eine hervorragende Chirurgie, hier sehr einfach, sehr durchdacht, sehr effektvoll. Ong sagte mir, er wisse schon, er war öfter in Deutschland, in Heidelberg bei Professor Linder, seine Chinesen mit ihrem zarten Körperbau seien für die Chirurgie an der Speiseröhre viel geeigneter, als die mächtigen und so oft übergewichtigen Europäer. Auf die Frage, ob er in dem Queen Mary's Hospital auch englische Patienten hätte, sagte er: „Wo denken Sie hin, ein Engländer fliegt nach London, der läßt sich doch nicht von einem Chinesen operieren." Neben chinesischen Kranken kommen zu mir höchstens ein paar arme Portugiesen aus der winzigen Kolonie Guam

9. Kapitel

z. B.. England herrschte in Hong Kong aber klug zurückhaltend. Ich sah keine Uniform, es gab kein Museum mit militärischen Effekten. Man machte mich darauf aufmerksam, daß die imposante Hochhauskulisse Hong Kongs am Hafen eine lange Schneise zum Gouverneurspalast hoch am Hang des einzigen riesigen Berges der Hauptinsel am Peak Victoria hat. Dort darf nicht gebaut werden, denn Her Majesty's Vertreter muß jederzeit den Hafen überblicken können. Gerade zu meiner Zeit gestattete man einem Chinesen, auf dem herrlich bewaldeten Peak zu wohnen, er hätte sonst den Titel „Sir" abgelehnt. Bei einer Rundfahrt zwischen den Inseln und dem Festland fiel mir eine große Baustelle auf, wo am Meer ein sehr großer Platz durch Aufschüttung geschaffen wurde. Hunderte chinesischer Arbeiter waren hier am Werk. Das wurde die Pferderennbahn – für die Engländer.

Da Sonntag war, ging ich am späten Nachmittag in die neben dem Gouverneurspalast gelegene anglikanische Kirche. Es begann gerade der Evening Song. Ich fragte den Pfarrer, ob ich dabeisein könnte, was er sehr freundlich gestattete. Vorne in den Bänken saßen die Engländer und weit hinten getrennt einige bescheidene Chinesen. Nach dem Ende des Gottesdienstes zeigte mir der Pfarrer das aufgeschlagene und jeden Tag einmal umgeblätterte Buch mit den Namen der im Dienst der Krone Umgekommenen. An diesem Tag war auf dem Blatt der Name eines sailors, eines einfachen Matrosen, zu lesen. Nach fünf Jahren im Dienst für seine Majestät The King war er auf der Heimfahrt mit seinem Schiff untergegangen.

Überreich an Eindrücken kam ich wieder nach Bonn zurück.

Vom 03. bis 07. September 1983 war ich Vorsitzender der Niederrheinisch-Westfälischen Chirurgenvereinigung in Bonn. Wie immer auf solchen Regionaltagungen hat der Vorsitzende mit seiner Mannschaft die Gelegenheit zu demonstrieren, was seine Klinik in diesen fünf Jahren geleistet hatte. Hier fiel mir zum ersten Mal besonders auf, daß sich die Zuhörer alles höflich anhören, eine Diskussion aber gibt es nicht mehr. Das beruht sicher mit auf der „Auseinanderentwicklung" von Teilgebieten, aber es liegt auch in unserer Mentalität.

Bonn (ab 1977)

Eines Tages, um 1985, kam in Bonn in meine Sprechstunde eine ältere Dame, zu der ich zu ihrem Erstaunen sofort sagte, bevor ich noch einen Blick auf ihren Namen auf der Ambulanzkarte geworfen hatte, daß ich sie kenne.

"Sie sind Frau Professor Dr. Margarethe Rohdewald" (1900–1994). Frau Rohdewald war Professor am physiologisch-chemischen Institut in Bonn. Sie war seit dem 01.08.1972 emeritiert. (In Bonn konnte ich keinerlei Daten mehr über sie finden. Die Gesellschaft Deutscher Chemiker in Frankfurt am Main hat mich dann später über Einzelheiten ihres Lebenslaufes unterrichtet). Ich sagte weiter zu ihr: „Ihr Bild als junge Assistentin habe ich in der Biographie von Richard Willstätter (1872–1942) gesehen", und zwar ist es die Tafel XXI. Ihre medizinische Frage an mich war ganz belanglos, aber die Frage von Frau Rohdewald, was mir denn in der Biographie von Willstätter einen solchen Eindruck hinterlassen hätte, daß ich sie, die damals ganz junge Assistentin, nach so vielen Jahrzehnten so sicher erkannt habe, diese Frage war in einem einzigen Gespräch gar nicht zu beantworten. Wir kamen deshalb noch öfter zusammen und ich erfuhr Dinge, die man aus dem Willstätter'schen biographischen Buch nur zwischen den Zeilen findet.

Die großen wissenschaftlichen Leistungen Richard Willstätters, sein Weg zu ihnen und sein beklagenswertes persönliches Schicksal als Jude sollte nicht in Vergessenheit geraten. Das alles bleibt doch von allgemeinem Interesse.

Richard Willstätter stammte aus einer vornehmen jüdischen Familie aus Karlsruhe. Er war Ordinarius für Chemie in Zürich, Direktor eines Kaiser-Wilhelm-Instituts in Berlin und zuletzt bis zu seinem freiwilligen Rücktritt 1925 Ordinarius für Chemie in München. Er hat sich um die Isolierung und Erforschung vieler organischer Naturstoffe sehr große Verdienst erworben. Etwa ab 1906 beschäftigte er sich mit der Natur des Blattgrüns, des Chlorophylls. Er entdeckte dessen Formel im Zuge seiner Untersuchungen von Blütenfarbstoffen, der Anthocyane. Dafür wurde er 1915 mit dem Nobelpreis ausgezeichnet.

Frau Rohdewald war seit 1928 seine Assistentin. Sie erfuhr viel Grundsätzliches zur Wissenschaft und zum Erfolg von ihm. Frau

9. Kapitel

Rohdewald zitierte einen Satz von Willstätter, der sich mir ins Gedächtnis eingeprägt hatte: „Die Natur verkündet ihre Geheimnisse nicht laut, aber sie flüstert sie ununterbrochen (John Owen)."

Willstätter hatte die Gabe, dieses Flüstern zu hören. In seiner Biographie schildert er (S. 66), wie tief befriedigt er gewesen sei, als er zwei Schlüssel für weiterführende chemische Reaktionen zuerst für sich entdeckte und sofort damals als noch junger Mann, deren Tragweite erkannte. Ist es nicht faszinierend, wie er verlauten läßt, daß ihm das Grün der Pflanzen die Idee eingab, sich um die Natur des grünen Farbstoffs in den Pflanzen zu kümmern? Nur nebenbei sei bemerkt, daß die Formel des Blattgrüns und des Haemoglobins, des roten Blutfarbstoffes beim Menschen, chemisch gar nicht so weit voneinander entfernt sind. Willstätter hat es auch verstanden, seine Ideen und seine Technik befruchtend weiterzureichen. Interessant, daß alle diese großen Chemiker, die einmal bei ihm waren, sich immer um dieselben Grundverbindungen bemühten und zwar mit größtem Erfolg; ob Kuhn in Heidelberg, Wieland in München, Reichstein in Basel, alles Nobelpreisträger, Arthur Stoll in Basel, um nur ganz wenige zu nennen. Diese Leute befaßten sich manchmal mit ganz „überflüssigen" Dingen. So spürte Reichstein, einer der Entdecker des Cortisons, den Duftstoffen des Kaffees jahrelang nach.

Frau Rohdewald berichtete, was Willstätter in der Chemie anfaßte, wurde zum Erfolg. Das war oft so verblüffend, daß er deshalb manchmal einer verdienten großen Belohnung verlustig ging.

So wurde Willstätter als berühmter Chemiker im Ersten Weltkrieg von der Deutschen Heeresleitung beauftragt, einen Neutralisationsstoff für die Gasmaskenfilter zu ersinnen, der alle damals bekannten Giftgassorten unschädlich machte. Der Giftgaskrieg war ausgebrochen und die damals angewendeten und auch uns noch im Zweiten Weltkrieg bekannten Kampfstoffe hießen: Weißkreuz, Grünkreuz, Blaukreuz und Gelbkreuz. In fünf Wochen hatte Willstätter die Lösung. Der alle Giftgase neutralisierende Stoff mußte aus Aktivkohle und Hexamethylentetramin bestehen. Das war das schon lange in der Urologie zur „Desinfektion" benützte Urotropin. Diese Entdeckung war ein voller Erfolg. Auf die Frage, wie er denn so schnell auf diesen ganz einfachen Stoff gekommen sei, antwortete er: „Weil alle ihre Giftgassorten aus ganz einfachen Verbindungen bestehen."

Wie das Kriegsministerium am 13.02.1917 schreibt, hat sich diese Ausrüstung an 30 Millionen Gasmasken bewährt. Das Kriegsministerium weigerte sich, obwohl Willstätter von verschiedenen Stellen zu einer Ehrung vorgeschlagen wurde, diesen nicht einmal mit dem Eisernen Kreuz II. Klasse auszuzeichnen. Erst ein Befehl Wilhelms des II. veranlaßte die Herren, daß Willstätter diesen niedrigen Orden bekam.

Diesem verdienstvollen Mann hat man im Dritten Reich alle Habe genommen, und nur seinen Schülern, vor allem seinem Freund, Professor Arthur Stoll, Chemiker bei der Firma Geigy in Basel, ist es gelungen, Willstätter 1939 nach vielen Demütigungen in eine Villa ins Tessin zu bringen, wo er schon 1942 verstorben ist. Sein Selbstbewußtsein und seine für uns unfaßliche Konsequenz auszuharren, waren ihm zum Verhängnis geworden.

Frau Rohdewald erinnerte sich noch an den damals allmächtigen Generaldirektor der IG Farben Beyer-Werke Carl Duisberg, der von Willstätter fachlich früher sehr viel profitierte. Dieser fragte im Dritten Reich: „Was macht eigentlich der Willstätter – ist er ganz gebrochen?"

Ich selbst habe Professor Arthur Stoll im Zweiten Weltkrieg in Würzburg auf Einladung der Medizinisch-Physikalischen Gesellschaft bei einem Vortrag gehört. Er berichtete über die Mutterkornalkaloide, ein Forschungsgebiet, das mit den Arbeiten Willstätters unmittelbar zusammenhängt. Stoll, ein sehr großer, dunkelhaariger Mann mit seinem schweren schweizer Akzent. Willstätter dürfte (1942) gerade gestorben sein. Ich wußte damals von ihm nichts. Ich kann mich aber nicht erinnern, in diesem Vortrag in Würzburg seinen Namen gehört zu haben.

In das Präsidium der Deutschen Gesellschaft für Chirurgie wurde ich zuerst als Vertreter der Ordinarien gewählt. Kurz darauf schlug man mich zum Präsidenten der Gesellschaft vor. Ich leitete

9. Kapitel

1985 den 102. Kongreß in München. Für meine Präsidentenrede konzentrierte ich mich nach den Begrüßungsworten auf die Wissenschaft, speziell die der Chirurgie, wie sie sich mir damals darstellte. Diese, wie jede solche Äußerung muß natürlich sehr subjektiv sein. Bei der feierlichen Eröffnung des Kongresses am 10. April 1985[1] sagte ich u.a.:

> *Eulen nach Athen tragen hieße es, wollte ich jetzt zur Praxis Eigenständiges sagen. Die Praxis, das zeigt ja unser Programm dieses Chirurgenkongresses, ist ausgelotet in allen Dimensionen. Die Öffentlichkeit nimmt Anteil an unseren Bemühungen. Wir finden aber nicht nur Beifall und so schwankt unser Charakterbild immer noch zwischen den Konquistadoren und den Wundertätern. Behandelt ein Chirurg doch nicht selten Kranke, die am Rande des Lebens stehen, er allein heilt sie. Aber ebenso oft ist er hilflos. Dabei ist man immer wieder und immer wieder versucht zu sagen, jetzt sei ein unüberschreitbarer Höhepunkt der Chirurgie erreicht, und immer und immer wieder ist das falsch. Schlimmer noch, was heute richtig scheint, kann morgen ein folgenschwerer Irrtum sein. Um diese Gefahren zu vermeiden, haben wir unverändert und unabweisbar die Verpflichtung, nicht nur ein ehrenwerter Arzt zu sein, sondern auch den wissenschaftlichen Aspekt unserer Handlung nie außer acht zu lassen, denn er allein ist Bürge unserer Leistung. Darüber will ich jetzt etwas ausführlicher sprechen.*
>
> *Die Beschäftigung mit der Wissenschaft ist heute viel wichtiger aber auch schwieriger als früher. Obwohl die Wundheilkunst der Wissenschaft viel verdankt, hat sie bei uns nicht so einen hohen Stellenwert. Die Deutsche Forschungsgemeinschaft bearbeitete 1983 184 Anträge von Internisten und nur 47 von Chirurgen. Warum empfindet der Chirurg die Wissenschaft nicht so gewichtig? Daran ist meines Erachtens das zentrale Ereignis der Operation schuld. Der Chirurg wird durch den gefährlichen Eingriff erheblich belastet. Die Zahl der Eingriffe ist gestiegen und ihre Länge und Vielfalt, und dies setzt dem Einzelnen eine Grenze. Der gelungene Eingriff vermittelt dem Operateur ein gewaltiges Selbstbewußtsein. Vielleicht ist er deshalb wissen-*

---

[1] Stelzner F.: Eröffnungsansprache 102. Chir. Kgr. (über die Wissenschaft) Langenb. Arch. 366, 3 (1985)

schaftlich merkwürdig urteilstaub. Er fühlt sich nämlich durch den gelungenen Eingriff rundherum bestätigt. Im Vergleich zu früher stimmt das auch. Wir können heute einen ganzen Kongreß nur über Leistung, ohne Fehler und Gefahren und schlimme Folgen auf den Weg bringen. Trotzdem könnten wir manches immer noch besser und humaner gestalten oder – und das ist besonders wichtig und das ist außerordentlich schwierig – wir könnten etwas sogar unterlassen. So ein Entschluß geht nur über die wissenschaftliche Erkenntnis. Sehen Sie bitte in diesem Hiatus scientificus chirurgicus recens keinen Tadel. Der Abstand zwischen der Wissenschaft und der chirurgischen Tätigkeit wird gerade heute immer größer und größer. Neben der Fülle des Wissens und der ärztlichen Tätigkeit taucht dazu die gewaltige paraärztliche, die Verwaltungsverpflichtung auf und ihr können Sie sich gar nicht entziehen. Mit Argusaugen werden Sie verfolgt, mit den Augen des mythologischen Riesen, denen der Schlaf fremd ist und der alles sieht. So tritt die anfangs unaufdringliche Wissenschaft bei uns in den Hintergrund.

Deshalb ist meine Generation, die Direktoren, schon lange nicht mehr wissenschaftliche Wortführerin auf unseren Kongressen, eher epitheton ornans. 90% der Erörterungen kommen in überreichem Maß von den Allerjüngsten, und die werden oft allein gelassen. Und merkwürdig, sie wollen gar nicht mehr geführt und beraten werden.

Was ist eigentlich Wissenschaft? Wissenschaft ist die Suche nach begründetem Wissen. Wie können wir den wissenschaftlichen Ansprüchen der Gegenwart am besten gerecht werden? Indem wir auch heute unsere Neugier planmäßig einsetzen. In der Heilkunde aber, und damit auch in der Chirurgie, lauert unserer, der dem Menschen eigenen Neugier, ein Irrtumsanteil auf, aus fünf Gründen:

1. *Niemals sind uns alle Faktoren, die zu einer Krankheit führen, die wir erkennen und dann behandeln wollen, bekannt.*
2. *Eine Krankheit kann sich unter unseren Augen und in unserer Zeit spontan wandeln. Meine Damen und Herren, der Morbus unterliegt einer generatio spontanea. Darüber habe ich bisher nirgends etwas gelesen.*
3. *Die Verführung ist groß zu glauben, daß unsere mechanische, so oft wundergleiche Tätigkeit auch funktionellen Störungen so ohne weiteres gerecht werden könnte.*

9. Kapitel

4. Die Belastung durch die tätige Hilfe kann unsere Kritik erschöpfen.
5. Ein operatives Wagnis, das Sie aufgrund einer vermeintlich neuen, besseren wissenschaftlichen Erkenntnis eingehen, kennt keine Amnesie und keine Amnestie, kein Vergessen und Naturgesetze kennen keine Gnade. In der Chirurgie heißt es ja oder nein –tertium non datur. Eine chirurgische Entscheidung belastet Ihr Gewissen, und so zögert der Chirurg, Neues anzuwenden.

Darf ich Ihnen einige Beispiele anführen, um Ihnen diese Hemmnisse und Irrungen in unserer chirurgischen Wissenschaft zu verdeutlichen.

Die Atomgesetze galten schon zur Zeit des Demokrit im klassischen Altertum, sie waren nur nicht bekannt. Eine ideopathische Colitis gab es aber früher nicht. Erinnern Sie sich an die vielfältigen Eingriffe am vegetativen Nervensystem, beim Bluthochdruck, bei dem angeborenen Riesendarm, bei der Colitis (Dickdarmentzündung) – verschwunden sind sie. Vergessen Sie nicht die Ära von der Anheftung wandernder und gesenkter Organe. Das alles sind ja symbolische Eingriffe gewesen.

Ebenso wie Krankheiten während unseres Chirurgenlebens ohne unser Dazutun verschwinden, die Kausalgie (brennende Schmerzen nach Schußverletzungen) und die akute posttraumatische Knochendystrophie (Knochenentkalkung) und die Tuberkulose erscheinen neue Leiden, die Enteritis regionalis und rätselhafte Nervenschmerzen. Diesen Wandel erleben Sie, wenn Sie aufmerken, jeden Tag. Warum ist die akute geschwürige Dickdarmentzündung jetzt fast verschwunden? Warum gibt es keine Chirurgie bakterieller Infektionen mehr, obwohl wir doch sehr sparsam mit antibiotischen Mitteln umgehen? Fragen über Fragen und die Frage ist natürlich berechtigt, gibt es dagegen kein Mittel, diesem Übel des bei uns spezifischen Irrtums zu begegnen? Wie sollen wir denn unsere Forschung einrichten, um möglichst Sicheres zu erfahren? Bedenken wir immer, es wird neue Krankheiten geben, die wir verkennen und die wir mit unserem gängigen Wissen verstehen und chirurgisch behandeln wollen, und das ist irrig. Neben diesen Hemmnissen, die in der Chirurgie selbst liegen, gibt es für die Wissenschaft der Heilkunde noch Hindernisse, die in unserer Zeit liegen. Wir hängen alle an dem großen Pendel der Zeit, unserer Zeit, das hin und her geht, bis es einmal für Sie und für mich stille steht und andere dem Pendelschlag der verinnenden Zeit unentrinnbar folgen müssen. Die

Wissenschaft ist in unserer Zeit und in unserer Gesellschaft groß geschrieben und jedermann ist von ihrer Bedeutung überzeugt. Unsere Bundesregierung gibt 7,1 Millarden Mark für Forschung und Technologie aus und noch eine Milliarde für Bildung und Wissenschaft dazu. Die Anleitung des Bundesministers (Riesenhuber 1984), wie das Geld zu verwenden sei, muß auch von uns sehr dankbar begrüßt werden. Früher gab es hunderttausende von Wissenschaftlern, heute sind das viele Millionen. Mit der Ausbreitung der Wissenschaft ging auch eine Teuerung (Hamm 1982) einher. Und da muß ich einfügen, daß uns in der Chirurgie nicht nur in der Wissenschaft, sondern auch in der Praxis die Bescheidenheit im Gebrauch der Mittel verloren gegangen ist. Eine wahre Orgie von Kunststoffmaterialien z.B. ist über uns hereingebrochen, die unseren finanziellen Ruin mitbedingt und oft könnten wir die gleiche Leistung einfacher und viel billiger erreichen. Das gilt auch für die Wissenschaft. Gewaltige Geldsummen werden also umgesetzt und nun schaltet sich hier ganz selbstverständlich der Staat ein. Er überprüft, ob denn in der Wissenschaft alles mit rechten Dingen zugehe, und diese Kontrolle muß sein, aber sie kann gerade dort versagen, wo ein besonders großer Fortschritt winkt. Die Überprüfung bestätigt sich, wo schon dem Ansatz nach nichts Wesentliches zu erwarten ist. Arbeit ist gehemmte Begierde. Nimmt es da wunder, wenn die wissenschaftliche Arbeit so große Geltung verspricht, die Begierde ohne Zweifel einem Wissenschaftler innewohnt, daß er der übergroßen Hemmung, nämlich der Überprüfung aus dem Wege gehen will, indem er kontrollierbare Pfade dem Wagnis vorzieht, ja manchmal vorziehen muß. Der Staat aber triumphiert dann, wenn er alles in den Griff bekommt und, wenn er selbst alle vier Jahre überprüft wird, sagen kann, seht an, nichts habe ich dem Zufall überlassen, alles durchschaue ich, also müßt ihr mich wiederwählen. Das Stichwort, der Kunstgriff, ich verkenne die gute Absicht nicht, die Kontrolle zu erreichen, heißt Nivellierung, zu deutsch Abflachung und damit ist ein Werturteil gesprochen. Mehr noch, diese ausnahmslose Kontrolle erreicht Vollendung, wenn sie die Kontrollierten ausweglos gemacht hat und sie ist im Schrift- und Wortwechsel gekennzeichnet durch Gefühllosigkeit. Das Herz aber sieht immer und allezeit mehr als der Verstand, auch in der Wissenschaft.

   Dem Wesen der Wissenschaft widerspricht es, überprüfbar zu sein. Im 17. Jahrhundert haben die Herrschenden viel Geld in die Alchemie und

9. Kapitel

Astrologie gesteckt, beides damals seriöse Wissenschaften (Grmek 1982/83). In der Rückschau unsinnig. Man versuchte sich an Scheinproblemen. Wie wir aber heute wissen, war diese Überlegung für die Alchemie nur zu früh angesetzt. Die Verwaltung will begreifen, was sie nicht begreifen kann, nicht zuletzt, weil der zu Kontrollierende sich seines Zieles nicht sicher ist und oft findet ein Wissenschaftler wirklich kein Ziel. Dies ist der Wissenschaft eigen. Sie ist ein Wagnis, wie das Leben selbst. Die Staatsmacht versucht aber trotzdem, die Wissenschaft zu verstehen und meint, sie verstanden zu haben, lehnt manchmal ab und behindert so die Forschung. Der Konflikt zwischen Staatsmacht und Forschung, Verwaltung, Laien und Wissenschaft ist unlösbar und uralt. Die Forschung kennt keine vorhersehbaren Zeiträume, sie braucht Freiheit und damit Vertrauen. Arbeitskontrolle bei Wissenschaftlern und erzwungener Freizeitausgleich sind dazu angetan, die Forschung abzutöten. Forschung ist kein 40-Stunden-Wochenprojekt. Der Forscher muß ideell geprägt sein, enthusiasmiert, d.h. von Gott besessen, von einer Idee bezaubert. Ideen stehen zwischen dem tempus der irdischen Zeit und der aeternitas, der Ewigkeit. Sie stehen im Aevum. Ideale, meine Damen und Herren, sind wie Sterne. Wir können sie nicht erreichen, aber wir können uns nach ihnen richten. Wir können sie aber nicht sinnvoll beaufsichtigen. Die Kontrolle muß dem Vertrauen zu den Vertrauenswürdigen weichen.

Wie weit dieses Vertrauen früher ging, dafür ein Beispiel aus der Zeit, wo nach dem Kaiserreich Bismarcks die Deutschen den Zenit ihres wissenschaftlichen Ruhmes erreicht hatten. Spemann (1953), der spätere Nobelpreisträger, fragt die Exzellenz von Harnack, den Präsidenten der Kaiser-Wilhelm-Gesellschaft, nach seinen Verpflichtungen. Darauf sagte die Exzellenz: Die Gesellschaft pflege den Herren keine Verpflichtungen aufzuerlegen. Sie hoffe aber, daß sie erfolgreiche wissenschaftliche Arbeit leisten.

Darauf Spemann: Das könne er nicht versprechen.

Darauf von Harnack: Man nehme aber wenigstens an, daß sie fleißig seien.

Darauf wieder Spemann: Auch dazu könne er sich nicht verpflichten.

Darauf von Harnack abschließend: Dann wollen wir es mit unserem altbewährten Vertrauen allein versuchen.

Es gibt nicht nur einen Mißbrauch, sondern auch einen Lohn des Vertrauens (Gadamer 1981). Damit habe ich aber eine ideelle Kategorie angesprochen, und da steht es mit uns schlecht. Die Umfrage, um nur ein Beispiel zu nennen, nach empfundenem Berufsstolz wird in den USA von 84% bejaht, bei uns von kläglichen 15% (Noelle-Neumann 1982). Ich sehe darin eine unmittelbare Verbindung zu unserem Thema, gegründet auf Treu und Glauben von beiden Seiten. Ich widerspreche den Politikern leidenschaftlich, die sagen, uns interessiert die Wissenschaft nur insoweit, wie sie unsere technischen und sozialen Probleme löst. Was hätte sie wohl zu dem schon erwähnten Reichstein gesagt, der staatliches Geld „verschwendete", um dem Kaffeegeruch chemisch auf die Spur zu kommen? Diese Einstellung ist gefährlich vordergründig. Ich widerspreche auch Brecht, der seinen Galilei sagen läßt: „... das Ziel der Wissenschaft besteht darin, die Mühseligkeit der menschlichen Existenz zu erleichtern."

Das hätte Galilei nie gesagt, oder meinen Sie wirklich, daß seine Entdeckung der Monde des Jupiter die Mühseligkeit seines Zeitalters beeinflußt hätte. Fast möchte ich sagen, wer das Ziel sucht, wird es sicher nicht finden. Oder meinen Sie wirklich, daß Bloch vor 30 Jahren, als er die torkelnden Atome mit einem riesigen Magneten gerade richtete, wußte, daß er die Kernspintomographie erfunden hatte, die heute unsere Diagnostik revolutioniert? Ist es nicht vielmehr so, daß die politisch geprägte Verwaltung die Wissenschaft manchmal verkennt und daß wir ihr lästig fallen? So wie der Kardinal Barberini im Galilei des Brecht sagt: „Ich habe ein wenig Astronomie gelesen und das hängt mir jetzt an wie die Krätze." Und diesen Satz mußte ich leider manchmal bestätigen.

Bei der heute bestehenden sehr großen Zahl von Ärzten wird manchmal eine erzwungene Wissenschaft betrieben, die nicht mit der Begeisterung, nicht mit Enthusiasmus, sondern nur mit der Chancenverbesserung zusammenhängt.

Die ungeheure Zunahme unseres Wissens und damit unseres Könnens fordert sicher mehr Untersuchungen. Werden doch mit jeder Lösung immer neue Fragen aufgeworfen. Um dieser Entwicklung gerecht zu werden, müssen wir uns ins Bewußtsein zurückrufen, daß in der Medizin, wie in der Naturwissenschaft sonst der Fortschritt aus der Summe kleinster Schritte wächst (Sitte 1982). Und diese Schritte werden immer kleiner, wie ihre Zahl zunimmt und drohen neben Fortschritt in Sinnlosigkeit zu verdämmern. Mit Geduld und Bescheidenheit erreicht jeder Bemühte die Befriedigung seiner Wünsche und Pflichten und kommt

9. Kapitel

zumindestens in die Nähe eines Zieles, das er aber nicht zu hoch stecken sollte. Kommt er zu keinem Ergebnis, so soll ein Forscher seine Niederlage eingestehen und jetzt nicht anfangen, eine Niederlage in einen Erfolg umzudeuten. Wie oft höre ich auf meine Frage als Direktor einer großen Klinik: „Nun, haben Sie Ihren Geniestreich schon ausgeführt," die Antwort: „Ja, ich habe schon alles fotokopiert" – aber das Radam, Radam, Radam dieser modernen Gebetsmühlen, der Kopiermaschinen wird im Himmel der Wissenschaft nur taube Ohre finden.

Das Sammeln allein, das genügt nicht. Das ist das Einfachste. Das Erschauen von Zusammenhängen ist entscheidend. Gerade diesen zweiten Schritt vermissen wir heute oft. Niemals wird die praktische Leistung der Chirurgie ohne die theoretische Chirurgie gesteigert werden (Lorenz und Ohmann 1983). Hier lauern aber Scheinblüte und Wildwuchs (Max Planck 1974). Sie können die Erfahrung machen, daß der Versuch, einen Kollegen, auf dessen Wissen Sie angewiesen sind, für Ihr Problem zu interessieren, von diesem mit größter Bereitwilligkeit angehört wird, aber der Angesprochene delegiert Ihre Wünsche und bald finden Sie sich mit einem Doktoranden vereint. Nein, alle müssen sich persönlich einsetzen. Hingabe, Opfer, Idealismus heißt die Lösung. In der Medizin hat der operativ Tätige eine große Chance, Ideen zu erspüren. Hat doch unser Fach beim Eingriff in die Unversehrtheit eines Organismus zum Zweck der Heilung die Möglichkeit, Zusammenhänge zu erblicken, die weniger spektakulären Fächern immer verborgen bleiben werden. Wie wenig wird dieser Glücksfall genützt. Wie einseitig geht man methodisch an chirurgische Probleme heran, weil auch die Wertigkeit theoretischer Fächer von Zeit zu Zeit unterschiedlich eingeschätzt wird. Gibt es doch Methodikmoden, denen sich auch die Gralshüter in Stockholm nicht entziehen können. Schon habe ich gehört, die Anatomie könne man abschaffen. Das sei ja alles bekannt. Nun, wir haben uns auf diesem angeblich so bekannten Gebiet nicht ganz erfolglos betätigt und Neues gefunden. Die Welt der Formen findet ausgerechnet bei den Chirurgen sehr wenig wissenschaftliches Interesse. So habe ich kürzlich in der Herausgeberliste über die Chirurgie der Speiseröhre, die umfaßt weit über 30 Namen, nicht einen einzigen Anatomen gefunden. Auch für die experimentelle Chirurgie ist das Geheimnis der Gestalt ein Buch mit sieben Siegeln. Meine Damen und Herren, der Wundarzt erntet, aber der Kranke erduldet, was der Anatom und der Physiologe gesät haben. Anatomia – und davon bin ich zutiefst überzeugt – est clavis et clavus, Schlüssel und Steuerruder der Heilkunde. Die der Anatomie kürzlich aus ihren eigenen Reihen vorgeworfene Inhumanität ist ein ganz gefährlicher Irrtum. Hic mors gaudet succurrere vitae. Hier freut sich der Tod, dem Leben zu helfen. Mortui vivos docent. Die Toten lehren die Lebenden. Alle diese Weisheiten der Vergangenheit sind eine ewige Wahrheit.

Die Anatomie scheint aber als vergleichende Anatomie wieder etwas modern zu werden, denn hier hören wir die Botschaft des Genoms, und das ist im Moment in Mode.

Ich halte es auch für einen großen Irrtum zu meinen, daß kleinbetriebliche Wissenschaftsstätten modernen großen Forschungsanlagen grundsätzlich unterlegen wären und daß die Voraussetzung für jeden Erfolg immer eine Großinstitution sein müsse. Auch diese Riesenfabriken produzieren unter Umständen mehr Forschungsmüll als strahlende Erkenntnis, wenn der geistreiche Idealist fehlt, wenn uns die Zeit den schöpferischen Geist versagt, den auch eine noch so bewunderungswürdige Organisation eben nicht herbeizaubern kann. Das ist der Fluch des Zeitgeistes. Hinter einer Planung muß die Idee sich mit dem Fleiß verbinden. Manche Vielautorenplanungen heute, die aus einem einzigen Fach kommen und die der Idee ermangeln, sind gefährdet. Besonders wenn einer meint, der andere hätte die Arbeit schon getan. So eine Planung läuft dann in sechs Stufen ab:

1. *Begeisterung*
2. *Ernüchterung*
3. *Panik*
4. *Suche nach dem Schuldigen*
5. *Verurteilung Unschuldiger*
6. *Belohnung Unbeteiligter*

Meinen Sie denn wirklich, daß eine Arbeit nur dann Gewicht gewinnt, wenn eine Autorenlawine als Überschrift auftaucht? Der Geist schwebt in einer Arbeit für alle Wissenden sichtbar vielleicht als Dreieinigkeit, aber sicher nicht mit den 14 Nothelfern.

Aus drei Kraftquellen schöpft ein Forscher: dem goldenen Genie, dem silbernen Talent und dem bleiernen Fleiß. Es ist keine Abwertung, wenn

9. Kapitel

jemand fleißig ist. Aber es ist keine Wissenschaft, wenn ein aktuelles Thema ewig und ewig wiederholt wird und ein Forscher es als seine einzige Aufgabe ansieht, das immer gleiche Wissen der breiten Öffentlichkeit vorzustellen.

Ich sage immer, Tätigkeit ohne Sinndeutung genügt nicht. In der Darstellung für alle verständlich liegt die sehr wichtige Aufgabe der Medizinjournalisten. Sie erheben keinen Anspruch, Wissenschaft zu treiben, aber sie sind parteiisch, sie haben Günstlinge, und diese fehlen nur im Himmel.

In der Chirurgie gibt es drei Wege zur Wissenschaft und damit zur Wahrheit, die jeder mit den drei erwähnten Eigenschaften beschreiten kann:

Zuerst der numerische Weg. Er ist ein Prüfstein unserer Leistung. Er ist für den Akteur ungefährlich. Er ist befriedigend und er ist notwendig. Aber auch hier lauern Irrtümer, wenn die Sinndeutung übersehen wird. Nach allgemeiner Meinung ist ein Sphinkter geschlossen. Es gibt aber wichtige Ausnahmen. Zum Beispiel ein gesunder Dehnverschluß an der unteren Speiseröhre ist regelmäßig auch offen. Wir können also mit einer falsch interpretierten Messung einen Irrtum zementieren.

Der zweite Weg zur Wissenschaft ist für den Autor schon riskanter. Das ist der Weg der übernommenen neuesten Methode. Ich bewundere solche Autoren und ihren Einsatz. Sie bringen es manchmal fertig, die Lücken unseres Wissens wohnlich und behaglich zu gestalten und die Hörer liftartig mit sich empor zu heben, und wenn sie sich dann alle lange genug auf den üppigen Weiden der Symposien herumgetrieben haben, sind sie nie ohne ein Gänseblümchen heimgekehrt. Mißverstehen Sie mich nicht. Dahinter steckt schon eine anerkannte und nötige Leistung, wenn auch der Weihrauch dabei entwickelt wird, die Atmung der andächtigen Gemeinde manchmal leicht irritieren kann. Zu diesen meist energischen Tatmenschen gesellen sich Gleichgesinnte. Wir können dann von einer Macht solcher Eliten sprechen, und diese Macht ist groß. Die schlechtere Idee einer solchen Gemeinschaft wird akzeptiert und eine bessere von einer viel tiefer eingestuften Gruppe wirkungsvoll abgelehnt. Die Wirklichkeit holt viele später auf den Boden der realen Welt zurück. Die Geschichte wägt nicht den Vorsprung, sondern die Leistung. Das natürliche Kind der Wahrheit ist nicht der Ruhm, sondern die Zeit und dann hören nur noch die Alten den

scheppernden Nachhall solcher Neuheiten, der leiser und leiser durch die
Geschichte klirrt. Ausdrücklich betone ich den großen Nutzen jedes
Gedankenaustausches rund um die Welt, der heute möglich ist. Und noch
einmal, auch dieser Weg ist ein legaler und notwendiger. Zurückhaltung im
Vortrag und im Urteil dürfte ihm förderlich sein.
    Der dritte Weg zur Wahrheit, auch in der Chirurgie, ist ein neuer Weg.
Er ist so wertvoll und so selten und so oft unbegreiflich. Die wichtigsten
Erkenntnisse beschert uns das Glück. Umwälzende Entdeckungen können
über eine falsche Planung und unter falschen Überlegungen gewonnen
werden. Dabei kann dieser Zufall entscheidende Erkenntnisse bescheren,
wenn das so seltene Genie sich überraschen läßt und aus dem Zufall seine
Schlüsse zieht. Die Durchschnittsmenschen sind geneigt, nicht erwartete
Ergebnisse zurechtzubiegen, das ist bedenklich, oder sie zu verwerfen, das
kann falsch sein. Domagk hat mir einmal erzählt, daß er Farben suchte,
um Bakterien zu Tode zu färben. Das Wirkprinzip seiner Sulfonamide war
aber ein Stoff, der dem Wachstumshormon der Keime so ähnlich war, daß
sie sich narren ließen, die Vermehrung einstellten und der körpereigenen
Abwehr zum Opfer fielen. Hier ist ein Dämon am Werk. Genies kann man
nicht durch Bereitstellung von Mitteln vermehren. Bilder und Gedichte
werden dadurch auch nicht besser. Da nun vieles, ja das meiste Absurde
tatsächlich absurd ist und bleibt, wartet auf diese bedauernswerten
Entdecker mit fataler Regelmäßigkeit das dreistufige Gesetz des Neides.
Leben wir doch alle unter dem lebenserhaltenden Schutz der formatio
reticularis, jener Gehirnorganisation, die nur Gebahntes in unser Bewußtsein dringen läßt. Die erste Stufe des Neides bedeutet, den Schöpfer der
Idee zu ignorieren. Die zweite Stufe versteigt sich zu der Behauptung, die
Idee sei falsch und die dritte Stufe ist erreicht, wenn alle behaupten, diese
Idee sei schon dagewesen.
    Der produktive Individualist hat es immer schwer. Sein Konflikt ist
uralt, und er muß mit ihm leben. Und doch, er bewegt die Welt.
    Die Bürger lachten über den Thales von Milet, weil er in der Nacht
anscheinend durch eigenes Ungeschick in einen Brunnen gefallen war, aus
dem ihm dann eine freundliche Magd heraushelfen mußte. Sie haben nicht
begriffen, daß er die Sterne beobachten wollte, denn der Brunnen war das
antike Fernrohr (Gadamer 1981). Die Gefahr ist heute nicht von der Hand
zu weisen, daß das Publikum und mit ihm die Kontrolleure einen heutigen

9. Kapitel

Thales schadenfroh im Brunnen lassen. Diese Bedauernswerten irren auch in unserer Zeit umher, die von Gigantismus, Kosmopolitismus und nervösem Epigonentum gekennzeichnet ist. Typische Eigenschaften von Übergangsperioden, die sich selbst rastlos verzehren (Lichtenthaeler 1975). Erfinder neuer Wege sind aber in der Regel sehr von sich überzeugt, das ist ihr Schutz. Sie empfinden ihre Sendung mit viel Glücksgefühl, so daß sie mit Stolz sagen können, die Nachtigall bekommt eben keinen Preis auf der Geflügelschau.

Bei den ersten zwei Wegen zur Wissenschaft können wir helfen, beim kreativen, diesem so seltenen Weg leider nicht. Nur 5%, so schätzt man, gehören dieser schöpferischen Forschergruppe an. Sie ist gerade trotz der ungeheuren Vermehrung der Wissenschaftler relativ kleiner geworden. Besteht da nicht die Gefahr, daß bei der erzwungenen Reglementierung von uns, dem wissenschaftlichen Fußvolk, die Genies Schaden leiden? Das Geheimnis des Genialen bleibt uns immer verschlossen, ja es fordert unseren Widerspruch heraus und dies wird heute, und das möchte ich ganz besonders herausheben, nicht mehr polemisch auf unseren Kongressen vorgetragen, es wird geschwiegen, und ist das ein Gewinn?

Alle versuchen nun der Gerechtigkeit Genüge zu tun, indem sie sich beraten lassen. Aber es gibt keine Sicherheit, einen Irrtum oder eine Ungerechtigkeit zu vermeiden. Nur großzügige Duldsamkeit kann eine Ablehnung mildern. Leistungen sind moralisch neutral, sie sind nicht gut und nicht böse, sie sind gut oder schlecht. Aber niemand kann das sicher wissen, auch wenn er fest davon überzeugt ist, er wisse es. Ich halte z.B. nichts von der anonymen Auswahl von wissenschaftlichen Arbeiten, als ob man so gerecht sein könnte. Da gewinnen immer die Autoren, die die meisten Arbeiten anbieten und die dem Modetrend folgen, und die allein können gar nicht die Besten sein. Die Ablehnenden sollten sich nicht hinter ihrer Anonymität verschanzen, die es ja doch nicht gibt und deshalb als peinlich empfunden wird, oder sie sollten lieber ein Gespräch mit einem solchen Unglücksraben suchen, Tugenden sind manchmal zeitraubend, aber ein Richter ohne Tugend ist ganz undenkbar. Es sind viele hervorragende Arbeiten bekannt geworden, die gerade von renommierten Zeitschriften abgelehnt worden sind, weil die Beurteiler, und dazu gehören auch die Herausgeber, sie nicht begriffen haben. Herausgeber, sie müssen schon sein, sie sind ein notwendiges Übel, sind eigentliche eine negative Auslese. Wer bürdet sich denn eine solche Sysiphusarbeit auf, doch nur einer, der von originellen Ideen nicht gerade überwältigt wird. Jeder kennt genügend Beispiele.

Der von mir erbetene Freiraum für die Wissenschaft heißt nicht fragwürdige Selbstverwirklichung auf Kosten der Gemeinschaft und der numerische Weg vor allem verführt dazu. Wir können uns des Eindrucks nicht erwehren, daß die Zahl die Qualität ersetzen soll. Die Skepsis des Staates, der das Geld zur Verfügung stellt, ist hier berechtigt. Aber sie kann Wissenschaftlern guten Willens schaden. Ich wünsche mir, daß die Zahlensüchtigkeit ein Ende hätte. Ich wünsche uns, daß der Druck der Öffentlichkeit zur Massenproduktion nachläßt und daß der mit dem größten Operationskatalog nicht wie so oft als Star in Erscheinung tritt, denn er ist es nicht und er kann es gar nicht sein.

Die neueste Variante des Gütebeweises durch die Zahl ist die Bewertung durch einen Zitatenindex. Wer am meisten zitiert wird, der ist der Größte. Wie steht es aber mit der Wahrheit, wenn einer oft zitiert wird durch viele Nachuntersucher, die beweisen, daß er sich geirrt hat?

Nach all dem Gesagten kann es kein Zufall sein, wenn in der heutigen Zeit die Frage gestellt wird, kann man der Wissenschaft glauben, vor allem, wenn Fälschungen tatsächlich aufgedeckt werden (Board und Wade 1982). Die Veröffentlichungsflut erschwert eine Kontrolle, die sowieso in der Schwierigkeit der Materie liegt. Die manchmal unumgängliche Teamforschung kann ein Fluch sein, wenn sie als Selbstzweck grundsätzlich nur noch zu Wort kommt. Selbstverständlich können wir der Wissenschaft kritisch glauben. Aber leider verführt der heutige Betrieb gerade zur Fälschung. Die moderne Welt ohne Wissenschaft ist undenkbar, aber wo Licht ist, ist auch Schatten und das gibt es natürlich auch in der Forschung, auch in der Heilkunde. Vergessen wir auch nicht, die Wissenschaft ist eine hohe Form freien Lebens und nicht nur ein Weg zu Ergebnissen. Die Leistung der Medizin ist unbestritten. In 100 Jahren Steigerung der Lebenserwartung um 100% (Sitte 1982) und trotzdem zieht sich auch heute noch eine Bahn vom Wissenschaftsmythos zum Wissenschaftsaberglauben zur Wissenschaftsethik – dürfen wir das eigentlich alles – bis zur Wissenschaftsfeindlichkeit, denn die Wissenschaft hat auch ein unabsehbares Potential der Bedrohung geschaffen. Vergessen wir nie, daß wir selbst für das Ansehen unserer Wissenschaft Verantwortung tragen.

9. Kapitel

Ich bin mir bewußt, daß ich unsere Welt nicht ändern kann. Aber ich darf, ja ich muß meine Ansicht vortragen. Ich bin fest davon überzeugt, daß schon heute abend diese meine große Rede nur noch wie eine leise Trompete von einem fernen und immer ferneren Ufer an Ihr Ohr kommt, und trotzdem reut es mich nicht, Ihre Aufmerksamkeit gesucht zu haben. Wie unser Leben selbst von der Systole und der Diastole des Herzens bestimmt wird, so gilt das auch für ein Zeitalter, und wir müssen uns mit unserem Schicksal abfinden. Wir dürfen nicht mit ihm hadern, wenn wir einmal der Diastole angehören. Wir müssen unserer Aufgabe gerecht werden. Wir dürfen nicht nur fordern, wir müssen ebenso überzeugt geben, ja opfern. Nicht die Forderung allein, auch das Opfer bewegt die Welt.

In der Medizin und in der Chirurgie darf, und das ist schwierig, über dem Detail nie das Ganze vergessen werden. Bei uns ist der Arzt am Werk. Die vier Grundprinzipien der Heilkunst sind uns immer gegenwärtig: Die Vernunft, der Instinkt, die Magie und die Barmherzigkeit. Der Mensch ist ein hilfsbedürftiges Wesen, das nach Glück strebt. Der Kranke, der zum Chirurgen kommt, hat immer noch eine Verabredung mit dem Schicksal, und das wissen die Chirurgen.

Broad, W., Wade, N.: Betrayers of the truth. Simon and Schuster, New York (1982).

Gadamer HG: Wissenschaft und Öffentlichkeit, Universitas, S. 27 (1981).

Grmek, M.D.: Planung und Zufall in der Forschung – eine historische Betrachtung. In: Wittern, R. (Hrsg.): Jahrbuch des Instituts für Geschichte der Medizin der Robert-Bosch-Stiftung. Bd. I, Hippokrates, Stuttgart, S. 9 (1982/1983).

Hamm, R.: Die Forschung und die Problematik des Fortschritts heute. Universitas, S. 67 (1982).

Lichtenthaeler, Ch.: Die Geschichte der Medizin, Bd. I und II. Deutscher Ärzte Verlag, Köln (1975).

Lorenz, W., Ohmann, Ch.: Methodische Formen klinischer Studien in der Chirurgie. Chirurg 54: 189–195 (1983).

Noelle-Neumann, E.: Brauchen wir mehr Nationalstolz? Frankfurter Allgemeine 179: 6, 8 (1982).

Max Planck: Scheinprobleme der Wissenschaft. Joh. Ambr. Barth Verlag, Leipzig (1974).

Riesenhuber, H.: Ratgeber Forschung und Technologie. Der Bundesminister für Forschung und Technologie, Bonn (1984).

Spemann, H. in: Große Naturforscher. von Otto Mangold Bd. 11, Frickhinger HW (Hrsg.) Wissenschaftl. Verlagsbuchhandlung, Stuttgart (1953).

Sitte, P.: Das Weltbild der Naturwissenschaften als Aufgabe der Forschung. Universitas, S. 375 (1982).

Am 10. Juni 1987 schrieb mir der Präsident der Deutschen Akademie der Naturforscher Leopoldina, Bethge, daß man mich zum Mitglied dieser hoch angesehenen Gesellschaft gewählt habe. Ich war damals 65 Jahre alt.

Wohlmeinende Kollegen hatten mich schon viel früher vorgeschlagen – vergeblich. Bei aller Vertraulichkeit war zu hören, man müsse auf die Relation der Mitglieder zwischen den Ländern Rücksicht nehmen und – ich sei doch schon ein etwas älteres Semester. Da es eine geheime Wahl ist, hatte ich keinerlei Einfluß und wie ich aus dem mir nach meiner Wahl übersandten Mitgliederverzeichnis leicht ersehen konnte, ich gehörte keiner „Seilschaft" an. Eine Seilschaft bedeutet: Ein Chef schlägt seine tüchtigen Oberärzte vor oder ein Vorgänger auf einem Lehrstuhl seinen Nachfolger oder Schulen passen auf, daß sie in dieser alt ehrwürdigen Institution mehrfach präsent sind. Da die Leopoldina

9. Kapitel

weltumspannend in ihre Reihen beruft und diese Zahl begrenzt, gibt es in ihr nur 20 Chirurgen.

Beim Durchsehen des mir nach meiner Wahl übersandten Mitgliederverzeichnisses kam ich mir vor wie einer, der sich dreifach wundert, wenn er in den Himmel gekommen ist.

1. Ich wunderte mich, in der Leopoldina Leute anzutreffen, die ich dort nie erwartet hätte.
2. Ich wunderte mich, Leute in dem halleschen Olymp zu vermissen, die ich ganz sicher dort erwartet hatte und
3. Ich wunderte mich, daß ich so plötzlich selbst Mitglied geworden war.

Die Leopoldina heute, mit dauerndem Sitz in Halle, ist die älteste wissenschaftliche Vereinigung in Deutschland, die seit ihrer Gründung 1652 ununterbrochen die hervorragensten Forscher rund um die Erde zu ihren Mitgliedern zählt.

Leopold I. hat ihr einen (widerspenstigen) Namen gegeben: Sacri Romani Imperii Academia Caesarea-Leopoldina naturae curiosorum. Bemerkenswert ist, wie die moderne Zeit diesen Titel deutet. Sie stört das Wort curiositas; das klingt nach „Überflüssigem", wo wir doch dem Allgemeinwohl verpflichtet sind und damit dem anwendbaren Nutzen. Uns sollte aber die Curiositas auch heute nicht stören, denn aus ihr geht der Nutzen früher oder später bisweilen ganz unbemerkt immer erst hervor.

Trotz aller Schwierigkeiten hat sie auch in der DDR weiter an ihren Prinzipien festhalten können und sie nicht immer ganz glücklich hochgehalten. Auf den alle zwei Jahre stattfindenden Hauptversammlungen werden unter einem Grundthema meist hervorragende Experten zu einem Vortrag eingeladen. Die dann erscheinenden Jahrbücher lassen diese oft schwierigen Themen noch einmal in aller Ruhe nachlesen. Niveau und Form dieser Vorträge sind ein wahrer Genuß und ich war glücklich, jetzt regelmäßig an diesen Versammlungen teilnehmen zu können. Nie habe ich so viel Kluges und Originelles gehört und nie habe ich so viel nach meinen Universitätsstudien gelernt, und ich freue mich jedesmal von neuem, wenn ich die

Möglichkeit habe, mich nach Halle zu diesen Jahresversammlungen auf den Weg zu machen. Auch das persönliche Gespräch möchte ich bei diesen Treffen nicht missen. Diese vielen Anregungen sind oft in meine wissenschaftliche Arbeit eingeflossen. In der Festschrift 1994 zum 300. Gründungstag ist die Leistung dieser Akademie, auf die wir in Deutschland stolz sein können, ausführlich gewürdigt worden. Sehr nachdenklich wurde ich allerdings, als ich nach meiner Wahl mit der Aufforderung, meine wissenschaftlichen Unterlagen und meinen Lebenslauf einzuschicken, ein faksimiliertes Curriculum vitae Albert Einsteins (1879–1955) beigelegt fand mit der Aufforderung, sich dieses als Vorbild an Kürze und Klarheit zu nehmen. Diesen Lebenslauf hat Einstein 1932 geschrieben. Er war damals 43 Jahre alt. Seit seiner weltbewegenden Relativitätstheorie waren bald 30 Jahre vergangen. Einstein wurde ohne Datum, vermutlich schon 1933, also ein knappes Jahr später, „als Nichtarier gestrichen", wie man lesen kann. Mit diesem sehr traurigen Kapitel, das auch die Leopoldina belastet, befaßt sich ausführlich ein Beitrag von Sybille Gerstengarbe im Jahrbuch der Gesellschaft von 1993. Diese Untersuchung der Öffentlichkeit vorgestellt zu haben, ist der Leopoldina hoch anzurechnen. Entgegen sehr vielen Institutionen in Deutschland hat sie nicht geschwiegen.

Seit ich Mitglied der Leopoldina bin, habe ich bis zum heutigen Tag alle meine Bücher und Sonderdrucke an die Bibliothek der Akademie nach Halle geschickt, wie das gewünscht wird. Ich bin sehr froh, meine Arbeiten in so würdigen Händen zu wissen.

Die Hamburger Universität hat die oben angesprochene Bewältigung der Vergangenheit im Dritten Reich auch veröffentlicht. Das sind aber bei uns in Deutschland – wie gesagt – sehr große Ausnahmen.

Bei einem Besuch des Nordwestdeutschen Chirurgenkongresses 1991 in Hamburg hörte ich, daß die Hamburger Universität vom 23.02.91 bis 04.04.91 mit einer großen Ausstellung mit dem Untertitel: „Spuren Vertriebener und Verfolgter der Hamburger Universität" an die Öffentlichkeit getreten war. Ich besorgte mir sofort den Katalog. Der Titel der Ausstellung war etwas merkwürdig: „Enge Zeit." Zuallererst muß man den großen Verdienst der

9. Kapitel

Organisatoren herausstellen, sich dieses Themas so gründlich angenommen zu haben. Selten habe ich von ähnlichen Bemühungen an anderen Hochschulen oder gar in der Politik gehört. 57 Namen sind in Hamburg zu lesen, unschuldige Opfer einer traurigen, beklagenswerten Epoche von 1933 bis 1945. Nur mit einem Mann möchte ich mich näher befassen.

Das Opfer war der Hamburger Ordinarius für Physikalische Chemie, Otto Stern (1888–1969). Er bekam für die Entdeckung des Stern-Gerlach-Effektes, eines grundlegenden Verhaltens der Atome, den er in Hamburg veröffentlicht hatte, später, 1943, den Nobelpreis. Auch andere seiner ganz einfachen physikalischen Experimente, z.B. über die Atomflugbahnen, waren auch für den Nichtfachmann grandios. Schrödinger, ein Österreicher, ein anderer herausragender Physiker, hat sich u.a. dazu geäußert.

Otto Stern war zu Albert Einstein nach Prag gekommen und ging mit diesem 1913 nach Zürich. Nach dem Ersten Weltkrieg arbeitete Stern bei Max Born am Institut für Theoretische Physik in Frankfurt. Als Born nach Göttingen berufen wurde, schlug er Otto Stern als seinen Nachfolger vor, von dessen herausragender wissenschaftlicher Begabung er voll überzeugt war. Deshalb sollte das Gesetz der Hausberufung außer Kraft gesetzt werden.

Born schrieb 1920 an Albert Einstein: „Ich möchte natürlich Stern haben, aber W. (der experimentelle Physiker in Frankfurt) will nicht." Er sagte mir: „Ich schätze Stern, aber er hat einen so zersetzenden jüdischen Intellekt"! Es war wenigstens offener Antisemitismus. In einem anderen Brief schreibt Born: „Leider ist es mir nicht gelungen, Sterns Berufung durchzusetzen. Stern ist sehr traurig darüber ... denn seine Aussichten sind unter den heutigen antisemitischen Verhältnissn sehr betrüblich" (und das war 1920!). Trotzdem wurde Stern am 01.01.1923 nach Hamburg berufen. Am 12. Juli 1933 nahm Stern zum letzten Mal an einer Fakultätssitzung in Hamburg teil, um eine Habilitation zum Abschluß zu bringen. Er verließ die Sitzung und, so ist im Protokoll vermerkt, dann wurde gleich seine Nachfolge verhandelt.

Stern mußte 1933 emigrieren. Er war damals 45 Jahre alt und er ging in die USA, zunächst nach Pittsburg. Seit dieser Zeit verstummte dieser hervorragende Mann. Er ist trotz mehrfacher Einladungen nach 1945 nie wieder nach Deutschland zurückgekehrt.

Nach 1945 zog sich Stern nach Berkeley, Kalifornien, zurück, wo er 81jährig starb.

Erst am 03.11.1988 wurde eine Gedenktafel an seinem Hamburger Institut angebracht, wo man dieses zutiefst traurige Schicksal eines Genies nachlesen kann. Von der Unfähigkeit des so eindeutig antisemitischen Physikers W. hören wir von einem anderen Emigranten. Hans Bethe in seinem biographischen Buch „Prophet der Energie" schreibt: „W. in Frankfurt war ein reiner Dilettant...", aber er war nicht machtlos – damals.

In diesem Zusammenhang sei an das hier geschilderte Schicksal des Chemikers Willstätter erinnert. Man denke an den glänzenden Internisten Thannhauser, der, aus rassischen Gründen emigriert, Deutschland nie mehr betreten hat. An den weltberühmten Kunsthistoriker Panofsky, den die Hamburger Universität entließ und der allem Werben seiner alten Universität in Hamburg widerstand und bei Besuchen in Deutschland die Hansestadt gemieden hatte. Ich weiß, daß Einstein nach einer Anfrage, ob sein Bild auf eine deutsche Briefmarke kommen könne, empört ablehnte. Wir beobachten aber auch andere Verhaltensweisen. Erlittenes Unrecht zum Nutzen aller auch einmal zu begraben.

Bei dem Chirurgen Rudolf Nissen, den wir für seine Generation zu Recht zu den Bedeutenden rechnen, konnte ich das erleben.

Diese im Erscheinungsbild und in seiner Leistung herausragende Persönlichkeit kam nach dem Zweiten Weltkrieg aus der Emigration, den USA, zunächst regelmäßig zu Besuch nach Deutschland. Dort hatte man ihm 1933 bitter Unrecht getan, dem er als Junger auch beredt Ausdruck geben konnte.

Ich wunderte mich, wie er jetzt mit seinen alten Mitkollegen aus der Sauerbruch'schen Klinik, die im Dritten Reich zum Teil hohe SS-Ränge bekleidet hatten, fröhlich zu Tische saß. Einer dieser hat mir unter vier Augen versichert, er sei doch bei dem ersten Zusammentreffen sehr verlegen gewesen, aber sein Gegenüber sagte keine Silbe über diese Vergangenheit und ließ sich auch sonst nichts anmerken. Er hatte die Rufe nach Deutschland auf ein

9. Kapitel

Ordinariat alle abgelehnt, aber mit den Mitläufern Frieden geschlossen. Ich meine, alle waren zufrieden, und er hat sich nichts vergeben.

In der Schweiz war Nissen auf eine ihm adäquate Stelle berufen worden und dort kam sein klug abwägendes Verhalten und mit ihm sein großer Einfluß auf unsere Chirurgie zur Entfaltung.

Auch ich konnte mich seinem Charme nicht entziehen. Im persönlichen Gespräch bewunderte ich seine Fähigkeit, auf den so jungen Gegenüber einzugehen. Nie hatte man bei einem Briefwechsel den Eindruck, er hätte etwas erledigen lassen. Er griff persönlich zur Feder. Dieses kluge Verhalten war für den Zurückgekehrten von großem Vorteil, aber so zehrten auch seine Fachgenossen verständlicherweise von dieser großen Persönlichkeit.

Meine wissenschaftlichen Untersuchungen in Bonn betrafen weiterhin die praktische Chirurgie. Immer, oder oft im Hinblick auf die vergleichende Anatomie als Pfadfinder für neue Gedanken. Auch in Bonn ließ mich das Problem der Messung sehr langsamer Geschwindigkeiten, durch die ich mit der Entdeckung des unterbrochenen Wachstums eines Fingernagels bei einer Verletzung (s. S. 180) hingewiesen wurde, nicht los. Auch in Bonn fand ich für diese Idee zuerst keine Unterstützung. Die Messung eines Millionstel Millimeters in einer Sekunde, das wollte einfach nicht gelingen. Der Leser fragt vielleicht, wozu soll das nützlich sein? Die Antwort: Könnten wir diese enorme Verzögerung sichtbar machen, könnten wir z.B. Tumoren ad hoc beurteilen, oder die Verwitterung sehr genau registrieren. Eine neue Dimension der Weltsicht würde sich uns eröffnen. Daß diese Messung prinzipiell möglich sein müsse, darin bestärkt mich eine Veröffentlichung von David Hilbert aus dem Jahre 1930.

Auf der 91. Versammlung Deutscher Naturforscher und Ärzte in Königsberg in Preußen hielt David Hilbert, Mathematiker aus Göttingen, einer der Größten seiner Zeit, einen Vortrag unter dem bescheidenen Titel: „Naturerkennen und Logik." Er kommt zu dem Schluß, daß es für den menschlichen Geist ein unlösbares Problem nicht gibt. Diese im ersten Moment vermessene Behauptung gewinnt er aus der Beurteilung einer ganzen Reihe theoretischer und praktischer Beispiele, die die früher in der Philosophie viel umstrittene Frage, wie groß der Anteil des Denkens und wie groß der Anteil der Erfahrung an unseren Erkenntnissen ist, eigentlich gar nicht mehr stellen kann. Diese Anteile gehen immer ineinander über, sie ergänzen sich, ja eine Erkenntnis ist ohne beider Anteile eigentlich gar nicht mehr denkbar.

„Ich hatte," so sagt Hilbert, „die Theorie der unendlich vielen Variablen aus rein mathematischem Interesse entwickelt und dabei sogar die Bezeichnung Spektralanalyse angewandt, ohne ahnen zu können, daß diese Arbeit einmal später in dem wirklichen Spektrum der Physik realisiert werden würde." Hilbert bringt aber auch Beispiele des Erfolgs von Theorie und Experiment aus der Biologie. „Auf die Zahlen, die man bei Drosophilaversuchen dadurch experimentell findet, stimmen die linearen Euklidischen Axiome der Kongruenz und die Axiome über den geometrischen Begriff „zwischen" und so kommen als Anwendung der linearen Kongruenzaxiome, d.h. der elementaren geometrischen Sätze über das Abtragen von Strecken, die Gesetze der Vererbung heraus – so einfach und genau ... wie wohl keine noch so kühne Phantasie sie sich ersonnen hätte."

Diese hier so überzeugend formulierten, wenn auch etwas schwierig verständlichen Möglichkeiten der Leistung des Nachdenkens ist ja der Grund, die Forschung nie aufzugeben und diese bestimmt auch mein ganzes Leben.

In Bonn hatte ich das Glück, mit einem ungewöhnlich erfolgreichen experimentellen Physiker zusammenzutreffen. Das war Wolfgang Paul. Paul ist ein beredtes Beispiel dafür, daß beharrliches Suchen, große Wachsamkeit der Entwicklung seines Fachgebietes gegenüber und die Fähigkeit schöpferisch zu denken und ... lange genug zu leben zum Erfolg führen. Wie mir Paul erzählte, war der Anstoß für sein Suchen eine Frage anläßlich seiner Habilitation, die er damals nicht beantworten konnte: „Kann man Elementarteilchen (z.B. Elektronen) in einer Flasche einfangen?" Tatsächlich erfand Paul elektromagnetische Käfige für geladene und neutrale Elementarteilchen. Diese „Ionenfallen" waren die Lösung und die Antwort auf die Frage, die ihm in Göttingen als Assistenten von

9. Kapitel

Kopfermann 1944 gestellt wurde. Der Paul mit Dehmelt und Ramsey verliehene Nobelpreis 1989 war also nicht die Frucht eines glücklichen Zufalls, wie das gar nicht selten ist, sondern wahrlich ein Triumph des unermüdlich forschenden menschlichen Geistes. Da kann man nur staunen; es ist tatsächlich möglich, ein Elektron über Wochen in einer solchen „Falle" gefangen zu halten, um es zu untersuchen. Die Dimension dieser Welt der Elementarteilchen muß man sich einmal vorstellen.

Hätte der Atomkern die Größe eines Kirschkerns, dann hätte das Elektron die Größe eines Stecknadelkopfes und umkreise den Atomkern auf einer gigantischen Kugelschale, in der man leicht den Eifelturm (300 m hoch) unterbringen könnte. Diese Vorstellung ergäbe sich bei einer billionenfachen Vergrößerung eines solchen Systems.

Die praktische Folgerung der Paul'schen Entdeckungen war eine unglaublich verfeinerte Meßmöglichkeit von Naturereignissen. Was lag näher, als mit Herrn Paul mein Problem der Messung sehr langsamer Vorgänge zu besprechen. Zu meiner Überraschung erwiderte er, das sei ganz einfach. Ich lasse Ihnen eine kleine Maschine in unserer Werkstatt bauen. Da berechne ich die Übersetzungen des mechanischen Räderwerkes so, daß wenn Sie den Finger in der Maschine fixieren, der an einer Platte anstoßende Fingernagel sein Längenwachstum über die Platte dem Mechanismus mitteilen wird und damit wird die von Ihnen gewünschte direkte Beobachtung der Längenwachstumszunahme – ein millionstel Millimeter in einer Sekunde – möglich sein. Leider hatten wir damit aber keinen Erfolg. Es ist nämlich ganz unmöglich, einen Finger so zu fixieren, daß jede Störung vom Meßvorgang ferngehalten wird. Das erinnerte mich wieder an den Satz von Archimedes, der sagte: „Man gebe mir einen festen Punkt und ich hebe die Erde aus den Angeln." Wir hatten keinen festen Punkt, und wir haben ihn bis heute nicht für diese Messung. Herr Paul gab sich dann noch große Mühe, mit genau gleich belichteten Röntgenaufnahmen, auf denen verhältnismäßig schnell wachsende Tumoren abgebildet waren und deren gleiche Justierung durch Bleikügelchen möglich sein sollte, zu messen. Es war aber nicht möglich, qualitativ gleichwertige Röntgenbilder herzustellen, um dieser winzigen Wachstumsintensitäten habhaft zu werden. Als nach dem Tode von Herrn Paul Herr Althoff, einem seiner Nachfolger am Physikalischen Institut in Bonn, ein Museum mit den Ionenfallen und „Ionenflaschen" Pauls errichtete, sollte, so sagte er mir, auch unser Meßmaschinchen dort untergebracht werden, leider mit dem Zusatz, daß diese Überlegung ein Mißerfolg gewesen ist.

In die Zeit meiner Bekanntschaft mit Paul fiel der 100. Geburtstag des theoretischen Physikers Erwin Schrödinger (1887–1961). Ihn kannte Paul persönlich sehr gut. Bevor ich Herrn Paul kennenlernte, habe ich mit großem Interesse die immer kurz gefaßten Bücher von Schrödinger über das Naturgeschehen gelesen, der diese für Laien unter merkwürdigen Titeln veröffentlicht hatte, z.B. „Die Naturwissenschaften und der Humanismus", „Die Natur und die Griechen, „Was ist Leben?" Schrödinger gehörte zu den Denkern, deren Fähigkeiten weit über ihr engeres Fachgebiet der theoretischen Physik hinausreichte. Er beeinflußte auch die Biologie, und deshalb interessierte ich mich für Schrödingers Überlegungen. Schrödinger versuchte 1944 eine Antwort auf die Frage zu erhalten: „Wie lassen sich die Vorgänge in Raum und Zeit, welche innerhalb der räumlichen Begrenzung eines lebenden Organismus vor sich gehen, durch die Physik und die Chemie erklären?" Schrödinger kommt dabei auf den Vererbungsmechanismus zu sprechen und prophezeit die Molekularbiologie, also schon 1944! Dieses Buch hat Wilkens, den englischen Radiologen, veranlaßt, der Bedeutung der DNA (Stoff, der den Erbcode trägt) nachzuspüren. Wilkens hat deren kristalline Natur radiologisch nachgewiesen und ihr Vorliegen in zwei Strängen erkannt, dann erst kamen Crick und Watson, die seither in aller Munde sind, zum Zuge. 50 Jahre nach Schrödinger finden seine Gedanken eine glänzende Bestätigung und Weiterentwicklung (M.P. Murphy und L.A.J. O'Neill). Meine heute in meiner Monographie vorgestellten molekularbiologischen Überlegungen, repräsentiert in der vergleichenden Anatomie für die praktische Chirurgie, gründen auf diesen fundamentalen Erkenntnissen (Lit.: Stelzner 1998).

9. Kapitel

Der Österreicher Schrödinger war auch ein tapferer Mann. Er wurde 1927 Nachfolger von Max Planck in Berlin. Für seine Interpretation der Qantentheorie, die in seiner berühmten mathematischen Formel gipfelte, bekam er 1933 den Nobelpreis. Er trat 1933 aus Protest gegen die Nationalsozialisten freiwillig von seinem Amt als Ordinarius für theoretische Physik in Berlin zurück. Der letzte Grund, so sagte mir Paul, war der Ärger, er mußte nämlich bei jedem Besuch seiner Mutter in Wien einige tausend Mark Besuchsgebühr bezahlen. Schrödinger ging dann von Berlin nach Graz, wo er 1938 den dann dort neu eingezogenen Machthabern wieder auswich, um bis 1956 in Dublin in Irland zu wirken. Da entstanden auch seine Überlegungen zur Biologie.

Wissenschaftlich beschäftigten mich weiterhin alle Abschlußsysteme im visceralen Organismus. Ich kam zu der Überzeugung, daß im Inneren des Körpers nur regulierende Systeme entwickelt werden, z.B. der Magenausgangsschließmuskel. Zugang und Abgang aber, also der Eingang und der Ausgang des Organismus, sind von sehr komplizierten Verschlußeinrichtungen bewacht, die vom Gehirn und vom Rückenmark gesteuert werden. 1986 gelang uns mit Lierse die Entdeckung der Speiseröhreneingangsmuskulatur, auf den uns die Untersuchung des Seehundes brachte, denn bei diesem war ein besonders starker Abschlußmechanismus eingerichtet. Der Seehund schluckt ja in der Tiefe des Meeres seine Nahrung, und er schläft sogar manchmal dort. Dieser Gedankensprung vom Tier zum Menschen hat sich zur Entdeckung unauffälliger Strukturen und Organe beim Menschen sehr bewährt. Mit der Radikaloperation des Mastdarmkrebses habe ich mich auch weiterhin beschäftigt, immer im Hinblick auf die vergleichende Anatomie. Ich kam bald zu der Überzeugung, daß wir die Leistung einer Radikaloperation nur dann richtig beurteilen können, wenn wir ihr die Tätigkeit eines einzigen Operateurs zugrunde legen. Auch eine – heute so moderne – mathematisch einwandfreie Statistik kann den Zufälligkeiten vieler Operateure, die am Werke waren, nicht beggnen. Das ist inzwischen erwiesen. Das heute so beliebte Hochrechnen Eiliger, die sofort mitreden wollen, holt die Wahrheit nicht ein, es verfälscht sie. So habe ich seit 1962, ausdrücklich dann seit 1984, immer nur meine persönlichen Operationsresultate veröffentlicht und fast keine Sammelstatistiken zu Papier gebracht. In diese Zeit fallen auch die dann statistisch untermauerten Forschungen mit Fritsch und Fleischhauer nach den anatomischen Grundlagen der die Sexualfunktion des Mannes steuernden Nerven. Wir kamen zu dem Ergebnis, wir können sie schonen, ohne ihrer ansichtig zu werden und trotzdem in den allermeisten Fällen einen Mastdarmkrebs gründlich entfernen, häufig sogar unter Erhaltung der natürlichen Abschlußsysteme. Das alles wurde dann immer durch eine persönliche Statistik eines einzelnen Operateurs bestätigt.

Am 28. Februar 1987 wurde ich von der Frau Minister Anke Brunn in Düsseldorf, Nordrhein-Westfalen, emeritiert. Schon im Laufe des Dezember wurde mir – erstmalig – diese Urkunde nicht, wie alle früheren, mit der Post zugeschickt, sondern vom Rektor, dem Anatomen Professor Dr.Dr.h.c. Kurt Fleischhauer in der Universität überreicht.

Am 03.11.1986 war ich 65 Jahre alt geworden und gemäß § 224 Abs. 1 des Landesbeamtengesetzes aus dem aktiven Dienst entlassen, obwohl mir in meinen früheren Verträgen eine Emeritierungsgrenze von 68 Jahren zugesagt worden war.

Inzwischen hatte man auch – in Nordrhein-Westfalen klammheimlich – den ordentlichen Professor abgeschafft. Wir wurden als C4 (das ist eine Besoldungsgruppe), wie im ganzen übrigen Deutschland, jetzt weitergeführt. Während alle Bundesländer die Altersgrenze der unter altem Recht Berufenen bei 68 Jahren beließ, haben Hamburg und Nordrhein-Westfalen das 65. Lebensjahr bestimmt. Nivellierung muß sein! Nur die Richter des Bundesverfassungsgerichts bleiben auch heute bis zum 68. Lebensjahr im Amt, auch wenn sie der SPD nahestehen. Es sind andere Menschen. Die SPD in Hamburg als ewige Staatspartei hatte es da leichter. In Nordrhein-Westfalen hatte zu dieser Zeit die SPD eine Koalition mit der FDP und die fiel, wie wir das schon so oft gesehen hatten, um.

Da die damaligen Fakultäten in Nordrhein-Westfalen dank der Diplomatie ihrer Dekane, die sich noch aus den früheren Ordina-

9. Kapitel

rien rekrutierten, noch eine gewisse Macht hatten, konnte durch Verzögerung einer Neuberufung der Zeitpunkt des Ausscheidens leicht lang hinausgeschoben werden. Jetzt war das in Nordrhein-Westfalen anders. Ordinarien, denen man für ihre treuen Dienste gerade noch eine Urkunde (40jähriges Dienstjubiläum) überreicht hatte, mußten mit dem Glockenschlag verschwinden, selbst wenn ein Nachfolger noch lange nicht in Sicht war. Es wurden Oberärzte als kommissarische Vertreter eingesetzt, auch wenn diese von der Ordinariabilität meilenweit entfernt waren.

Mit meiner Chirurgie machte man aber eine Ausnahme, es könnten ja Kunstfehlerprozesse drohen, und so blieb ich im Dienst bis 1989.

Vorsorglich hatte ich mir, wie allgemein üblich, ein kleines Emerituszimmer in meiner Klinik reserviert, in das ich meine Habseligkeiten leicht unterbringen konnte. Diese dauernde Verbindung mit dem archivierten Krankengut, das Gespräch mit den Jüngeren, ist eben doch ein großer Vorteil der in diesem Sektor nicht angetasteten Universitätsstruktur mit seiner langen Tradition. Daß sie sinnvoll ist, habe ich auch durch meine weiterlaufenden wissenschaftlichen Untersuchungen zur Genüge bewiesen. Da ich noch der Fakultät und Klinik, also lebenslang, angehöre, kann das leicht in den periodisch erscheinenden Tätigkeitsberichten, die die Universität herausgibt, nachgelesen werden. Mein Nachfolger, Professor Dr. Andreas Hirner, hat mir jede erdenkliche Hilfestellung zuteil werden lassen, was ich immer sehr dankbar anerkennen werde. Man kann nicht alles kodifizieren, vieles muß unter dem Begriff Treu und Glauben laufen.

Meine praktische Tätigkeit habe ich im Jahre 1989 traditionsgemäß in meiner alten Klinik eingestellt und wechselte in das Evangelische Krankenhaus Bonn-Bad Godesberg über. Der Chefarzt, Professor Dr. Gerhard Ott, hat mich, sicher auch gegen warnende Stimmen, als aktiven Konsiliarius in seine florierende chirurgische Abteilung aufgenommen. Ich konzentrierte mich jetzt nur auf mein Forschungsgebiet, die Proktologie – das sind die Dick- und Enddarmerkrankungen. Recht schnell stellte sich heraus, daß die Kooperation mit einem Fachmann einer Abteilung nur zum Vorteil gereicht. Auch die Verwaltung des Krankenhauses in

Bonn (ab 1977)

Bad Godesberg war froh, daß der Konsiliarius zur Patientenvermehrung beitrug, ambulant und stationär. Dazu genügte eine dreistündige Sprechstunde an jedem Mittwoch. Ich hatte auch den Eindruck, daß die mir bei der Behandlung und Operation stationärer Patienten helfenden Oberärzte und Assistenten von Herrn Chefarzt Ott gerne etwas von einem älteren Fachmann lernen wollten. Auch die dem Konsiliarius helfenden Sekretärinnen, allen voran die sehr kompetente Chefsekretärin Frau Brigitte Santel, erledigten die bescheidenen Ansprüche leicht und ebenso wie das Operationsteam mit der Oberschwester Trude. Es gab also Vorteile, so meine ich, auf beiden Seiten. Als ich 1996 meine praktische, vor allem operative Tätigkeit einstellte, hat mir die Verwaltung und der inzwischen eingetroffene Nachfolger von Herrn Professor Ott, Herr Professor D.W. Schröder angeboten, weiter zu arbeiten. Mit 75 Jahren aber sollte man, so meine ich, auch aus physischen Gründen das Messer aus der Hand legen. Diese acht Jahre möchte ich aber nicht missen. Hatte ich durch die dankbar anzuerkennende Zusammenarbeit mit dem Gynäkologen Professor Herzog in diesem Krankenhaus eine wichtige wissenschaftliche Untersuchung über die zentralgesteuerten Abschlußsysteme der Bauchdecke zum Abschluß bringen können. Trotz der gewaltigen Fortschritte in den Erkenntnissen der Naturwissenschaften und der Heilkunde bleiben viele Fragen offen. Diese Entwicklung hat auch heute den Irrglauben nicht aus der Welt schaffen können. Er entsteht nicht nur als Antwort auf ungelöste Probleme, sondern auch Wahrheiten werden einfach so häufig nicht zur Kenntnis genommen und – wie ich nachfolgend formuliere – durch die symbolische Chirurgie unaustilgbar, wie es scheint, ersetzt. Ganz überrascht war ich, daß diese meine kritischen Äußerungen großen Anklang in der Öffentlichkeit fanden. Ob sie allerdings an den Tatsachen etwas geändert haben oder ändern werden, wage ich zu bezweifeln. Mundus vult decipi – die Welt will betrogen sein – ergo decipiatur – also wird sie betrogen.

10. Kapitel
Symbolische Chirurgie [1]

Bis tief in das 19. Jahrhundert gab es kaum eine konservative Therapie gefährlicher Krankheiten mit einem objektiv zu erwartenden anhaltenden Erfolg. Chinarinde gegen die Malaria, Quecksilber gegen die Lues (Syphilis) und die Digitalisanwendung (Abkochungen der Fingerhutpflanze) gegen die Herzinsuffizienz, das waren die Ausnahmen. Die Homöopathie und die Psychotherapie konnten den Pessimismus und den Nihilismus, der damals herrschte, höchstens mindern (Hoff 1961).

Die Schluckbildchen auf leichtem Papier mit einem Marienbildabdruck im Wallfahrtsmuseum von Altötting reichen noch bis in unsere Zeit. Selbst in unserem Jahrhundert fehlte lange ein Buch über die Therapie innerer Krankheiten. Auch heute kann es sehr schwierig sein, eine Heilmittelwirkung tatsächlich nachzuweisen. Wir kennen den doppelten Blindversuch, die Rolle des Plazebo sei angemerkt (beim doppelten Blindversuch weiß weder der Patient noch der Arzt, ob das Medikament gegeben wurde oder ein Ersatzstoff ohne Wirkung, der dem Medikament in der Verpackung nur gleicht).

In dem Augenblick, wo aber mehr objektiv wirksame Heilmittel entwickelt wurden, stieg auch die durch sie bedingte Gefahr. Sie liegt aber immer weit unter dem offensichtlich Nutzen und häufig fehlt sie ganz, z.B. bei erfahrungsgesteuerter Anwendung mancher Hormone.

Die Chirurgie war gegenüber der inneren Medizin prinzipiell immer erfolgreich, früher war sie allerdings oft sehr gefährlich und außerordentlich schmerzhaft. Heute treffen sich interne und externe Heilmethoden, ja in Ausnahmefällen können interne Heilmethoden gefährlicher werden als externe. Man denke nur an die den Organismus so sehr belastende Chemotherapie bösartiger Geschwülste.

---

[1] Nach einer Veröffentlichung des Verfassers aus Akt. Chir. 26 (1991)

Symbolische Chirurgie

Der Kranke kommt immer mit einem berechtigten Anspruch zu seinem Arzt und dieser versucht ihn auch zu erfüllen. Er kann das heute besser; aber die Wirklichkeit ist keinesfalls leichter mit dem Anspruch des Patienten in Einklang zu bringen. Der Arzt kann auch heute nur selten heilen, öfter helfen, aber immer trösten.

Die Medizin und speziell die Chirurgie erfreut sich eines sehr großen Fortschritts und der damit gesteigerte Anspruch des Patienten belastet aber auch jeden Erfolg und die beste Absicht. Der Anspruch wird niemals der Wirklichkeit vollkommen gerecht. Dem steht schon die Unwägbarkeit der Krankheit selbst entgegen, die wir z.B. chirurgisch behandeln. Diese Unwägbarkeit wird uns besonders in dem Augenblick bewußt, seit sich die Methoden der Wundheilkunst immer vollkommener entwickelt haben. Das vor 100 Jahren recht oft tödliche Risiko, das in der chirurgischen Methode selbst lag, ist heute verschwunden.

Zwischen Anspruch und Wirklichkeit steht neben der schon erwähnten Unwägbarkeit des Krankheitsverlaufs immer noch unser Wissensmangel vom Wesen vieler Leiden, die wir behandeln. Wie versucht nun der Chirurg, diese Wissenslücken im Augenblick zu schließen und der Peinlichkeit seiner Unsicherheit zu entfliehen? Wir meinen durch die symbolische Chirurgie. Die heutige Ungefährlichkeit chirurgischer Maßnahmen verführt dazu, auch die Wunde, also die Wundsetzung, als Placebo (Placebo – synonym = ich täusche[1] einzusetzen.

Für die symbolische Chirurgie ist kennzeichnend

1. die sinnwidrige Tätigkeit und
2. eine an sich sinnvolle Unternehmung, die unsinnig vervielfacht wird.

Sie führt den Operateur und auch den Kranken vor Augen, daß irgendetwas zu tun oder viel zu tun den Erfolg eher garantiert als eine ganz einfache Handlung, die nicht so auffällig ist. Sind wir Chirurgen nicht vom Primat der Tätigkeit schon von vornherein

---
[1] Vulgata: Vers 9, Psalm 14: Placebo domino in regione vivorum. Placebo = ich schmeichle

10. Kapitel

immer sehr beeindruckt, ja sind wir nicht dadurch verwöhnt? Charakteristisch für die symbolische Chirurgie ist, daß sie sich manchmal mit der ephemeren[1] Chirurgie verbündet, d.h. sie erscheint nur zeitlich begrenzt, also vorübergehend.

Symbolische Chirurgie kann durchaus einmal sinnvoll sein, aber sie ist oft überflüssig. Oft bedeutet sie eine vorübergehende, modische Anwendung, die vielleicht durchaus begründete Hilfe bringen kann. Aber früher oder später wird sie durch bessere, nach neuen Erkenntnissen erfolgreichere Unternehmungen abgelöst. Das Wort Mode ist ja ein Synonym für das Vorübergehende.

Symbolische Unternehmungen können ephemer sein, Ephemere aber auch symbolisch. Beide sind überflüssig, nur die eine ist sinnlos, die andere eine Spielart einer an sich sinnvollen Unternehmung, die nur vortäuscht, besser und effektvoller zu sein. Der Verdacht genügt oft nicht für eine klare Einordnung, erst die Zeit fällt, wie so oft, ein Urteil ohne Widerruf.

Zu diesen sinnlosen und überflüssigen Tätigkeiten gehört auch eine eigentümlich drohende Sprache, die die Chirurgen unter Umständen führen. Lange Zeit redeten die Chirurgen von der Ausrottung eines Krebses oder von einer Ausweidung des Darms, in England kann man hören, wie ein Chirurg sagt: „I whipped it out." Ich habe ihn herausgepeitscht, herausgegeißelt! Ähnlich zu deuten sind eigentümliche Verhaltensweisen wider die uns alle manchmal bedrückende Leere unseres Wissens, es sind die Verhaltensweisen der Propheten unter uns. Diese künden immer eine Tat an, sie führen sie aber nie zu Ende. Wir möchten sie mit einem Orchester vergleichen, das dauernd seine Instrumente stimmt, für alle hörbar, aber das „bedrohliche" Summen nimmt kein Ende und dabei bleibt es. Ist das nicht alles eine exorzistische, beschwörende Bedrohung eines Verhängnisses, das uns überlegen ist und das wir fürchten und das wir mit Worten zu beeinflussen suchen?

---

[1] Ephemer ἐπί = an ἡμέρα = Tag: An einem Tag, vorübergehend

Einige Beispiele für eine symbolische Chirurgie

Die Behandlung einer Wunde ist oft symbolisch, denn die Wunde heilt von selbst. Das Geheimnis der Wundheilung ist unerschlossen und in positivem Sinne auch nicht zu beeinflussen. Es ist sinnvoll, einer heilenden Wunde das ihr adäquate Milieu zu verschaffen. Sie muß feucht bleiben. Wunde, das ist urtümliches Leben. Alles Leben kommt aus dem Wasser. Also genügt ein feuchter Verband mit einer angepaßten Salzlösung oder viel besser: einfach ein künstliches Fett, Vaseline. Selten einmal muß man ein lokales Antibiotikum dazu mischen lassen. Alle Wundsalben sonst sind symbolisch. Ihre schillernden Farben beeindrucken alle, nur nicht die Wunde. Ebenso ist das Spülen von Wunden oder von chronischen Tiefwunden, von Fisteln, nur symbolische Beschäftigungstherapie. Die Zusätze zu Spülflüssigkeiten erfreuen nur den Hersteller. Besonders töricht ist das Einführen von Antibiotikakegeln in eine Fistel. Damit wird jedesmal der kostenintensive Beweis erbracht, daß die Fistel immer noch offen, also unheilbar geworden ist.

Symbolische Eingriffe an den Bauchorganen bei Bauchweh

Schmerzen im rechten Unterbauch oder im Mittelbauch treten nicht selten bei Jugendlichen, aber auch bei älteren Menschen meist periodisch auf.

Selbstverständlich wird der Arzt einen Hilfesuchenden genau ansehen, um eine diese Schmerzen verursachende Krankheit nicht zu verkennen. Um die nachfolgenden Überlegungen zu verstehen, müssen wir den rechtsgelegenen Dickdarmanfang, das Caecum oder den Blinddarm, das ist die wörtliche Übersetzung, von dem an ihm hängenden Wurmfortsatz unterscheiden.

Der Blinddarm ist gegen den in ihn einmündenden Dünndarm durch eine Ventilklappe abgeschlossen, die den Dickdarminhalt, Kot und Gas, die Rückkehr in den Dünndarm verwehrt. Die Blähung des Dickdarmendes ist häufig und diese Dehnung geht mit Schmerzen einher. Selbst ein im linken Dickdarm sitzendes Hindernis, z. B. eine Geschwulst, kann den Darmweg dort unterbrechen und rechts am Dickdarmanfang Schmerzen auslösen. Diese und manche andere Ursachen der Schmerzen müssen abgeklärt werden.

Am Blinddarm hängt der Wurmfortsatz, die Appendix vermiformis. Jeder kennt die akute Entzündung dieses Anhängsels und weiß, daß eine akute Appendicitis – auch heute noch – lebensbedrohlich verlaufen kann. Der vereiterte Wurmfortsatz muß operativ entfernt werden.

Im allgemeinen Sprachgebrauch wird die Appendicitis mit einer Blinddarmentzündung synonym gebraucht, d.h. die Begriffe werden durcheinandergeworfen.

Eine Blinddarmentzündung gibt es eigentlich gar nicht.

Nicht selten findet ein Arzt bei der Untersuchung bei Schmerzen im rechten Unterbauch oder im Mittelbauch keine handgreifliche Ursache. Dann nimmt er zu Diagnosen seine Zuflucht, die allesamt symbolisch gewesen sind und aufgrund derer aber operiert worden ist.

Diese Fehldiagnosen, das kann auch heute noch passieren, können sich erstens auf den Dickdarmanfang beziehen und umfassen einen ganzen Schiffskatalog von Namen. Einige seien genannt:

- Coecum mobile (beweglicher Dickdarmanfang)
- Pseudoappendicitis
- Typhlitis stercoralis (Blinddarmentzündung durch Kot)
- Typhlospasmus (Krampf des Blinddarms)
- Typhlitis ptotica (Entzündung des herunterhängenden Blinddarms)
- Typhlatonie (erschlaffter Blinddarm)
- Typhlektasie, Distensio coeci (überdehnter Blinddarm)
- Caecum pelvinum, Deviatio coeci, Coecum migrans (von der natürlichen Lage abgewichener Blinddarm)
- Coecum mobile dolorosum (beweglicher Dickdarmanfang, der Schmerzen verursacht)
- Coecum mobile fixatum (beweglicher Blinddarm, der festgewachsen ist!)

Nur der Raummangel und die bei dem Leser aufkommende Langweile hindert uns, weitere Diagnosen zu nennen, die es gibt (Junghanns 1947).

Die operativen Eingriffe, die auf diese Fehldiagnosen folgten, waren ebenso zahlreich und oft ganz widersinnig. So wurde ein angeblich zu bewegliches Caecum an die Bauchwand angenäht und ein andermal von ihr wieder abgelöst – alles sollte nützen und die Schmerzen beseitigen. Da diese unsinnigen Eingriffe nichts nützten, gab es nie eine Statistik – es wurde geschwiegen.

Der eindrucksvolle Erfolg nach der operativen Entfernung eines vereiterten Wurmforsatzes verleitete viele Ärzte zu der irrigen Diagnose chronische Appendicitis, „wenn sie sonst nichts fanden" außer eben diesen Schmerzen im rechten Unterbauch. Ja bei allen nur denkbaren Beschwerden wurde der Wurmfortsatz ursächlich beschuldigt. Zu allem Unglück für den Wurmfortsatz hat dieser als Abwehrorgan oft Narben entwickelt und der Pathologe bestätigt immer eine „chronische" Appendicitis, was den Irrtum noch kodifizierte. Die Franzosen definierten gar bei der „chronischen" Appendicitis eine forme gastrique, intestinale, pancreatique, hepatique, pulmonaire (Lunge), asthmatique, vesicale (Harnblase), renale (Niere) und nerveuse.

So war dieser „Unschuldswurm" der Prügelknabe für fast alle Krankheiten und wurde vor allem in den 20er Jahren viel zu oft entfernt, bis dann ein Präsident der Deutschen Gesellschaft für Chirurgie nach diesen nutzlosen Eingriffen sagen konnte – heute trägt man den Wurmfortsatz wieder (Stelzner 1982).

Die chirurgischen Attacken auf innere Organe pflegen periodisch zu verlaufen. Sie sind und waren fester Bestandteil der symbolischen Chirurgie. Heute, bei den mikroinvasiven Eingriffen rollt wieder eine Attacke auf diese Unschuldswürmer auf die Menschen zu.

Verkennen wir aber nicht die psychologische Schwierigkeit des einen, die Operation verweigernden Chirurgen gegen den kurzentschlossenen Operateur. „Den Wurmfortsatz möchte ich sehen, der nicht seinen Chirurgen findet", und da der Eingriff heute nahezu gefahrlos ist, der

10. Kapitel

Wurmfortsatz andererseits den Tod bringen kann, was soll diese ganze Diskussion?. Die Chirurgie als Placebo.

Ja, was soll denn der Arzt tun, wenn diese rückfälligen Schmerzen im rechten Unterbauch keine Ursache finden lassen. Unserer Erfahrung nach genügen leichte, krampflösende Medikamente und Beruhigungsmittel zugleich mit einer natürlichen Nahrungszufuhr unter Weglassen der so häufig gebrauchten Medikamente gegen die Darmträgheit.

Die symbolische Chirurgie kennt aber in der Vergangenheit noch Eingriffe, die inzwischen alle verschwunden sind. Es sind Eingriffe, angeblich herunterhängende Organe wieder hochzunähen. Die Ärzte sprachen damals von einer sogenannten Eingeweidesenkung, Enteroptose. Wir lesen mit großen Erstaunen die hervorragenden Erfolge der Anheftung des Magens an die Bauchwand im Jahre 1924 (Klapp und Riess 1924). Diese Autoren und viele andere ihrer Zeit waren völlig unbeeindruckt von der ganz eindeutigen Kritik des Chirurgen Roux 1903, der sich aber seiner Ablehung dieses unsinnigen Eingriffes auch nicht ganz sicher war und der sich deshalb ein Türchen offenließ: „Ihre präzise Indikation (Anzeigestellung) ist aber sehr selten" (Kocher und Quervin 1903). Nein, es hätte heißen müssen, die Annähung eines gesenkten Magens ist der bare Unsinn! Und diesen Satz konnte man nirgends lesen.

Zur symbolischen Chirurgie gehören auch viele Eingriffe an den Lebensnerven, z.B. beim Bluthochdruck oder beim übergroßen Dickdarm, bei der Dickdarmentzündung oder gar beim Asthma. Alle diese Eingriffe sind heute vergessen. Damals aber wurden sehr gute Ergebnisse mitgeteilt.

Die Zeit liegt noch gar nicht lange zurück, da wurden bei unklaren Oberbauchbeschwerden sehr viele Patienten an einem sogenannten Zwerchfellbruch (Hiatushernie) operiert. In der nie bewiesenen Vorstellung, es gäbe im Mündungsgebiet der Speiseröhre in den Magen ein Klappventil, wurde ein solches chirurgisch eingerichtet. Ausgezeichnete Ergebnisse wurden veröffentlicht. Ein Beweis war, daß der Rückfluß des Mageninhaltes in die Speiseröhre verschwunden war. Es hieß, der Patient ist jetzt geheilt. Heute wissen wir, daß es einen natürlichen Rückfluß des Mageninhaltes in die Speiseröhre gibt (Kunz und Gomes 1983; Schneider und Hertler 1985; Stelzner und Kunath 1978). Leider können wir Chirurgen, ebensowenig wie die Internisten, den verlorengegangenen regulierenden Verschluß, und ein solcher ist es, nie mehr wieder ideal herstellen, wenn er verlorengegangen ist. Dieser, wie wir entdeckt haben, natürliche Dehnverschluß (Stelzner und Kunatz 1978), der einen natürlichen Gegenverkehr der Speisen erlaubt, und zwar ohne Entzündung der Speiseröhre durch den rückfließenden Magensaft, gestattet uns eben nicht eine Einbahnstraße einzurichten, wo der Gegenverkehr natürlich ist. Die Mißerfolge ließen auch nicht auf sich warten. Eine ganze Krankheitsserie ist nach diesen Eingriffen definiert worden. Dann hat man dieses Klappenventil immer lockerer und lockerer gestaltet, dann nur halbseitig, am Schluß eigentlich nur noch symbolisch. Heute ist diese Operation eigentlich nur die Tarnung des Nachspannens der gelockerten Speiseröhre und das ist die einzige Möglichkeit, den verlorengegangenen Verschluß in etwa wieder einzurichten und trotzdem den Rückfluß, z.B. das Erbrechen zu gestatten.

Beispiele für symbolische Chirurgie, die nicht sinnlos, aber überflüssig sind

Dazu gehören die vielen technischen Erfindungen, die von den Chirurgen immer wieder und angeblich immer wieder neu vorgeschlagen werden. Die Naht z.B. ist ein solcher Tummelplatz überflüssiger Neuschöpfungen. Wir haben einmal geschrieben, wir können ja die Ehrfurcht ergriffener Schülerheere durchaus nachempfinden, aber es ist für die Wahrheit und für den Erfolg einer Naht gleichgültig, ob ein Herr X seinen Strickstrumpf zwei rechts, zwei links oder ein Herr Y den gleichen Strickstrumpf zwei links, zwei rechts zustande gebracht hat (Stelzner 1989).

Die heute so hoch im Kurs stehenden Endoskopiker haben den Beweis erbracht, daß die modernen Abführmittel einen Dickdarm in 24 Stunden total entleeren. Man sollte meinen, leer ist leer, aber weit gefehlt. Die Chirurgen haben die heroische sogenannte orthograde Darmspülung erfunden. Dabei werden die Menschen durch das Einfüllen von vielen Litern Flüssigkeit durch eine Sonde gequält und natürlich wird dann der Darm auch leer. Aber dieser dramatische Symbolgehalt ist so gewaltig, daß man den viel einfacheren Weg, der ganz undramatisch ist und den Patienten nicht belastet, einfach nicht anwendet (Wolter und Stelzner 1991).

Die vielen Eingriffe, sie werden immer wieder etwas abgeändert, versuchen, die beim Menschen im Laufe des Lebens ganz natürlich abnehmende Abschlußkraft am Darmausgang zu verbessern. Wie wir heute wissen, genügen einfachste Maßnahmen, aber die Kompliziertheit der empfohlenen Eingriffe, die alle nichts nützen, sind zu erstaunlicher Höhe entwickelt (Stelzner 1991; Wolter und Stelzner 1991).

Symbolische Verhaltensweisen im Umfeld des Chirurgen

Dazu gehört die Ausweitung diagnostischer Maßnahmen. Der moderne Chirurg braucht sowieso nur selten umfangreich zu diagnostizieren. Funktionen und Störungen von verschiedenen technischen Perspektiven her nur zu bestätigen, ist ohne Sinn, und es kostet Geld. Diese Maßnahmen sind nur erlaubt, wenn sich der Arzt wissenschaftlich mit einem Problem auseinandersetzt und dazu selbständig Daten erhebt. Das natürliche Abschlußorgan am Ende des Körpers ist ein besonderes El Dorado für diese übertriebenen Untersuchungen. Die einfache, in der Sprechstunde durchzuführende Abschlußdruckmessung am After hat sich noch lange nicht allgemein durchgesetzt. Sie ist sehr aufschlußreich, eigentlich gar nicht mehr wegzudenken, aber sie ist eben nicht symbolträchtig (Stelzner 1991). Das ist wie beim Elektronenmikroskop. Es hat für die Krebsforschung praktisch überhaupt nichts erbracht, aber Heerscharen haben sich damit habilitiert. Solche Habilitationsschriften begannen immer mit der Abbildung dieses meterhohen Mikroskops. Da sollte der Leser gleich „platt gemacht werden." Wie oft erinnerte ich mich, wenn diese oft kiloschweren Habilitationsbücher an mir vorbeizogen, an einen derben Spruch aus der

Zeit Luthers: „Schaut ein Affe in den Spiegel, kann kein Apostel herausschauen."

Zu den symbolischen Maßnahmen gehört auch der strenge, beruhigende Geruch von Desinfektionsmitteln, als ob die Bakterien sie riechen würden und vom Geruch überwältigt abstürben. Ein Operationsfeld mit Strömen eines Antiseptikums minutenlang wieder und wieder abzuschrubben ist sinnlos, wo doch ein einziger zarter Jodanstrich genügt und vielleicht ist der auch nur symbolisch. Hierher gehört die immer noch nicht abgeschlossene aktuelle Diskussion: Brauchen wir eine hochaseptische Operationseinheit, einen hochaseptischen Operationssaal, oder müssen wir nur „aufpassen" (Daschner 1990)?

Das Gemeinsame all dieser Unternehmungen und Verhaltensweisen in der von mir hier ausführlich besprochenen symbolischen Chirurgie ist, daß irgendeine Gewohnheit weitergetragen wird. Daß dabei meist irgendetwas getan, inszeniert wird, wenn es im Trend der Zeit liegt, auch wenn es eigentlich gar nicht in unsere Vorstellung paßt. Die Symbolkraft wird erhöht, wenn viel getan wird, z.B. wenn man kratzt, was ganz sinnlos ist, oder wenn etwas besonders eindrücklich dargestellt wird, wie durch Kurven, Litaneien von Labordaten, möglichst auf farbigem Papier, akustische Signale Tag und Nacht, das beeindruckt die Ärzte, und Gerüche, dann hat der Chirurg den Eindruck, jetzt ist seine Welt in Ordnung. Manchmal haben wir das sichere Empfinden, daß die zum Nachdenken nötige Ruhe und Untätigkeit manchen Mitarbeitern direkt unheimlich ist. Denken wir nur an die im Moment so moderne dauernde Musik in den Operationssälen. Sie ist vielen von uns ein Greuel. Die Alten sagten: „Praesente aegroto effugit risus, dum omnia dominat morbus." Gilt das heute nicht mehr? Wir Chirurgen sind bei unseren Eingriffen recht still geworden, aber heute piepst es bei den Betäubern fort und fort.

Wir verkennen nicht, daß manche wertvolle endgültige Erkenntnis einfach aus der Tat entstanden ist, vielleicht sogar aus einer ziellosen, vielleicht aus einer symbolischen Tat. Sobald wir aber den Widersinn erkannt haben, sollten wir auf einer Änderung bestehen. Man wird uns entgegnen, wenn es nicht schadet, warum denn? Diese Auffassung können wir nicht anerkennen. Wir verweisen darauf, daß es Ereignisse gibt, die wir nicht statistisch erfassen können, aber wir sind trotzdem nie sicher, daß wir durch unser Beharren dem Patienten schaden und wenn wir ihn nur enttäuschen, wir möchten nicht sagen quälen. Aber warum tun wir das, wenn wir es lassen oder ändern könnten? Ändern ist bisweilen viel schwieriger als einführen. Ist ein Problem nicht eindeutig lösbar, so bilden sich immer Parteien. Das Problem zieht sich aus der Beletage, wo die Kreativität wohnt, in das Souterrain zurück. Dort wird es durch Zungenfertigkeit und mit dem Gütesiegel der Druckerschwärze am Leben erhalten. Die Forschung hat längst aufgehört. Das tausendfache Echo findet Augen und Ohren, die es am Stirnhirn, am Sitz der Kritik vorbei, direkt zum Tätigkeitsfeld schleust. Das ist dann die symbolische Chirurgie. Über kurz oder lang breitet sich dann manchmal der Schleier des Vergessens darüber. Einige Symbole aber haben das ewige Leben.

Daschner, J.: Septischer Operationssaal? Erwiderung. Chirurg, BDC, 29, 168 (1990).

Hoff, F.: Glanz und Elend der Therapie. Dtsch. Med. Wschr. 86 1017 (1961).

Junghanns, H.: Der Sammelbegriff „Coecum mobile". Der Chirurg 17/18 580 (1947).

Klapp, R., B. Riess: Die Anheftung des gastroptotischen Magens an den Rippen. Langenbecks Arch. Chir. 118, 125 (1924).

Kocher, T., F. de Quervin: Encyklopädie der ges. Chirurgie. Verlg. Vogel, Leipzig (L–Z) S. 93 (Roux über die Gastropexie) (1903).

Kunz, R., A. Gomes: Der nuklearmedizinische Nachweis des asymptomatischen gastrooesophagealen Refluxes. Langenbecks Arch. Chir. 359, 191 (1983).

Schneider, B., M. Herter: Behandlungsergebnisse der Achalasie unter besonderer Berücksichtigung des gastrooesophagealen Refluxes. Chirurg 56, 589 (1985).

Stelzner, F., U. Kunath: Die funktionelle Anatomie der unteren Speiseröhre bei der Refluxkrankheit. Langenbecks Arch. Chir. 347, 271 (1978).

Stelzner, F.: Die Appendicitis. Hdbch. Inn. Med. 5. Auflg. III S. 809, Springer Verlag (1982).

Stelzner, F.: Über Tradition und Ungereimtheit chirurgischer Nomenklatur. Chirurg 60, 371 (1989).

Stelzner, F.: Die anorektale Inkontinenz. Chirurg (1991).

Wolter, F. Stelzner: Vergleich der Darmvorbereitung mit der orthograden Spülung und Prepacol. Akt. Chir. 27, 13 (1991).

Nach meinem Ausscheiden aus dem aktiven Universitätsdienst konnte ich meine wissenschaftlichen Untersuchungen verbreitern und vertiefen. Für Literaturstudium und Kongreßbesuche hatte ich jetzt viel mehr Zeit. In aller Ruhe konnte ich die über Jahrzehnte von mir selbst registrierten und zum Teil umfangreich dokumentierten Beobachtungen persönlich auswerten.

Die Einmannstatistik hat Zukunft, nicht das Teamwork der Trittbrettfahrer. Ich habe mir einmal das Vergnügen gemacht, bei Vielautorenvorträgen einen gegen Ende der Namensreihe im Titel Auftauchenden zu fragen, wohin denn sein Zug führe, da wußte mancher gar nicht, daß er in diesem Zug sitzt. Im Augenblick gehen wieder einmal die frechen Fälschungen wissenschaftlicher Resultate durch den Blätterwald der Zeitungen. Das ist Betrug, sagen die Juristen. Großjuristen sagen sogar heute, es ist auch Betrug, wenn sich der Klinikdirektor als Schlußlicht hinter jede Arbeit eines (auch heute noch wehrlosen) Assistenten schreibt, an der er überhaupt keinen Anteil hat. Ob wir es noch erleben werden, daß dieser Unfug einmal aufhört?

Das Telefon und der Computer erleichtern uns heute Nachuntersuchungen sehr. Da genügt ein Vormittag am Telefon und die Nutzung eines FAX-Gerätes, um in anderen Krankenanstalten oder bei den praktischen Ärzten alle nötigen Auskünfte zu bekommen. Es ist da eine große Ausnahme, auf diesem Weg nichts zu erfahren. Ich habe allerdings die Erfahrung gemacht, daß manche „modernen" Universitätskliniken ihre Krankenakten schon nach 30 Jahren vernichten, das ist ein großer Fehler. Was habe ich z.B. von der Erlanger Chirurgischen Universitätsklinik noch nach 40 und mehr Jahren dank dem Entgegenkommen ihrer Direktoren Gall und später Hohenberger erfahren können. Nicht nur die Ärzte, auch die Patienten leben ja heute viel länger, und das sollten wir nie vergessen. Wir sind nach diesen sehr lange Zeit zurückliegenden Eingriffen zu der Erkenntnis gekommen, daß Mißerfolge nach einem „gelungenen" Eingriff oft erst nach vielen Jahrzehnten auftreten. Ein Beispiel: Ist ein Leistenbruch, wie wir meinen, ursächlich auch mit einer Mißbildung der Bauchdecke verbunden (wir haben darauf hingewiesen, daß dabei der Muskelvorhang an der Bauchdecke zu kurz angelegt ist), dann muß es zu einem Rückfall kommen, wenn die durch eine zerrende Naht funktionell zerstörte Bauchdecke evtl. erst nach Jahrzehnten neuerlich eine Lücke in der Narbe freigibt. Das ist heute bewiesen, und trotzdem wird das nicht überall begriffen, und es werden keine Folgerungen daraus gezogen. Im Gegensatz zu den exakten Wissenschaften spricht natürlich die Praxis in der Medizin immer das letzte Wort, und manchmal müssen wir uns mit dem Resultat „nicht ganz unzufrieden" bescheiden.

Die vergleichende Anatomie beschert uns viele neue Erkenntnisse, sie wurden nicht genutzt. Die völlig zu Unrecht als „überflüssige" Venen angesehenen Haemorrhoiden entpuppten sich durch unsere Untersuchungen als ein sehr komplizierter Schwellkörper, der von der Natur als Prinzip, wie zu erwarten, auch anderweitige Verwendung bei anderen Organismen findet. Wir fanden z.B. ein vergleichbares Organ im Schwellkörper mancher Vogelzungen, die dadurch in der Lage sind, Samen zu entkernen. Wir haben auch kritische Stimmen nicht überhört, die mahnten, das sei doch alles sehr kompliziert. Nein, der Weg das zu finden ist kompliziert, es zu begreifen noch komplizierter, aber im Prinzip ist alles ganz einfach. In der Morphologie (der Lehre von der Gestalt, der Anatomie) werden exakte Beobachtungen sehr selten vorgetäuscht und Erkenntnisse sind dann oft Axiome. Das sind Lehrsätze, die eines Beweises nicht mehr bedürfen. Wäre alles wirklich so einfach zu bemerken, bedürfte es keiner originellen Forschung und Überlegung.

Meine ununterbrochene Tätigkeit in der Forschung hat in den folgenden Jahren auch ihren Niederschlag in vielfältigen Ehrungen gefunden.

1989 wurde ich Ehrenmitglied

1. der Bayerischen Chirurgenvereinigung
2. der Niederrheinisch-Westfälischen Chirurgenvereinigung
3. der Vereinigung Nordwestdeutscher Chirurgen

1990 wurde ich Ehrenmitglied der Österreichischen Chirurgenvereinigung.

Am 27.11.1992 wurde mir von der Ludwig-Maximilians-Universität in München der medizinische Ehrendoktor verliehen. In der Begründung verwies mein Fachkollege, Professor Leonhard Schweiberer, auf meine Bemühungen um die vergleichenden anatomischen Untersuchungen zu einer Anatomia animata des Menschen. In meiner Dankesansprache, die ich nicht nur zu meinem, sondern, wie ich hoffe, zu aller Vergnügen auch teilweise lateinisch gehalten habe, konnte ich darauf hinweisen, daß ich jetzt mit allen drei Bayerischen Landesuniversitäten verbunden bin. In Würzburg wurde ich promoviert, in Erlangen bin ich Chirurg geworden und sah mein Lebensziel in der Forschung und jetzt bin ich Ehrendoktor dieser illustren Universität in München.

1995 wurde ich Ehrenmitglied der Sächsischen Chirurgenvereinigung und im gleichen Jahr Ehrenmitglied der Deutschen Gesellschaft für Chirurgie.

10. Kapitel

Am 19. Mai 1995 hat mir die Jung-Stiftung für Wissenschaft und Forschung in Hamburg, in deren Kuratorium ich vor 20 Jahren mitgewirkt hatte, die Ernst-Jung-Medaille in Gold verliehen. Der Laudator, Herr Kollege Herfarth aus Heidelberg, hat in sehr einfühlsamer Weise meine Methode vergleichend anatomisch chirurgischer Forschung gewürdigt.

In meiner Dankesrede habe ich meine Überlegungen zur Forschung zusammengefaßt und einige Beispiele meiner speziellen Untersuchungen vorgetragen. Ich führte aus:

Die Forschung ist und bleibt ein Wagnis. Warum nehmen wir diese Mühsal auf uns, Unsägliches mißrät ja? Der Grund ist ein dreifacher: die Freude, das Wissen und der Nutzen. Die Freude, die Begeisterung, steht ganz oben an (Stelzner 1991). Wie erlebt man sie? Für die Wissenschaft ist der Satz richtig: Wenn es alle so machen, sollte man sich heraushalten. Aber das Gegenteil wird exerziert. Damit hatte ich nie Schwierigkeiten. Ich halte diese Überlegung überhaupt für eine der Vorbedingungen, auf den Erfolg warten zu können. Es ist einfacher, wenn man die Mitforscher in statu nascendi entbehren kann. Da kommt einem eigentlich immer der Zufall zu Hilfe. Wer nicht begeistert ist, dem begegnet der Zufall nicht. Die Freude an der Wissenschaft ist bedingt durch die Fähigkeit, Phantasie zu entwickeln. Sie wird genährt durch das Gedächtnis. Der Physiologe Hering hat um 1870 schon gesagt: Wieviele bewußte Eindrücke gehen für immer verloren, aber oft ist es ein Sekundeneindruck, der nach einem halben Leben wiederkehrt, und der ist entscheidend. Aber die größten Ideen sind leer, wenn sie nicht erhört werden. Das bewußte Gedächtnis des Menschen erlischt mit dem Tode. Aber das unbewußte der Natur bleibt unaustilgbar, und wem es gelingt, in ihm dort die Spuren seiner Erkenntnis zu verankern, dessen gedenkt sie mit dem jetzt wissenden Menschen für immer (Hering 1876, Stelzner 1995).

Diese Begeisterung ist aber nicht nur eine Gefühlsqualität einer objektfernen Dimension, sondern sie ist tatsächlich allein kreativ und führt, richtig erlebt, direkt zu neuem Wissen. Der Leitstern kann sogar ein Symbol sein.

Wir können ein Symbol in unserer Phantasie an den Anfang stellen und dann versuchen, durch exakte Untersuchungen dieser Vorstellung näher

Symbolische Chirurgie

zu kommen (Pauli 1952) (s.S. 285) oder wir können das Symbol an das Ende setzen.

Der Physiker, der Nobellaureat Wolfgang Pauli, hat den Einfluß des Symbols auf das Wissen am Anfang untersucht.

Der Schöpfer der Anatomie des Menschen, Andreas Vesalius, hatte mit dem Symbol am Ende großen Erfolg. So sieht uns bei Vesal ein Skelett wehmütig an und seine linke Knochenhand öffnet sich demütig. Der Kopf ruht nachdenklich in der Skeletthand und betrachtet den Schädel; deshalb war der Erfolg seines 1543 erschienen Werkes „De humani corporis fabrica libri septem" so groß. Vesal vermochte mit dem Zeichner, wahrscheinlich war es Heinrich von Kalkar, die Teile des zerlegten Toten zu beseelen, um so durch sie den lebenden Menschen zu erkennen. Diese Skelette des Vesal haben etwas vom Leben in sich und symbolhaft tritt uns aus ihnen das Geheimnis der Schöpfung entgegen. Der Erfolg kam aber nur langsam zu Vesal. Endlich verklang die Ablehnung und der Gedanke des Mannes aus Wesel triumphierte. Er selbst war schon lange tot (Autrum 1967).

Diese Verkettung – Idee, Symbol, Begeisterung und Wissen – ist heute noch wirksam. Ein Beispiel aus der vergleichenden Anatomie der Chirurgie: Der durchsichtige Fisch Brachydanio hat vordergründig weder eine Beziehung zum Menschen noch zu dem dort entstehenden Mastdarmkrebs. Meiner Phantasie gelingt es aber, den Bauplan des Fisches auch im Menschen zu entdecken. Der Fisch besteht aus einem viszeralen „Individuum", da sind alle Organe in der Einzahl und liegen asymmetrisch, z.B. Darm, Magen, Leber usw. Dieses viszerale „Individuum" ist eingehüllt vom somatischen „Individuum", da sind alle Organe bilateral symmetrisch liegend und doppelt, z.B. zwei Augen, zwei Nieren, zwei Arme, zwei Beine usw. Beim Menschen findet sich die gleiche Zweiteilung, nur verborgen. Da gewinnt dieser Bauplan eine große praktische Bedeutung. Ein bösartiger Tumor, ein Krebs, hält sich nämlich nur im viszeralen „Individuum" auf und kann chirurgisch unter Schonung des somatischen „Individuums" entfernt werden, obwohl beide „Individuen" scheinbar vereint im kleinen Becken liegen. Der Heilerfolg ist der Beweis für die Richtigkeit solcher im ersten Moment völlig unsinnig erscheinender Überlegungen.

Ich habe mich fast mein ganzes wissenschaftliches Leben mit der vergleichenden Anatomie als Pfadfinder für die anatomische Situation

10. Kapitel

beim Menschen auseinandergesetzt. Ich bin mir bewußt, das immer mit großer Kritik zu tun. Ich weiß, daß auch hier nicht nur der Irrtum lauert, sondern daß eine falsche, vorgefaßte Meinung die Wahrheit lange Zeit verdecken kann. Ein Beispiel: Der Beilbauchfisch hat an seinem Schultergürtel den raffiniertesten Flugapparat mit einer mächtigen Flossenmuskulatur entwickelt. Weil niemand einen solchen Fisch, den man gut im Aquarium halten kann, fliegen sah, behaupteten alle, er könne gar nicht fliegen. Wehe, einer behauptete das Gegenteil. Nach vielen Jahren sah man in der freien Natur diese Fische immer gegen die freie Wasseroberfläche auffliegen. Da erst erkannte man den Hemminstinkt des Fisches, auf dem Trockenen zu landen und der war im Aquarium voll wirksam. Falsche Versuchsbedingungen, falsche Schlüsse. Da fragt man sich, wer ist hier gescheiter? Der Mensch oder der Fisch? (Stelzner 1995)

Bei Vesal habe ich soeben gesagt, daß eine unumstößliche Wahrheit oft lange auf Anerkennung warten muß. Warum? Die Zeit muß reif sein. Konjetzny, einer meiner Vorgänger als Ordinarius für Chirurgie in Hamburg-Eppendorf, hat vor 50 Jahren auf die entzündliche Ursache der Magengeschwüre hingewiesen. Er sprach damals von einer herdförmig bakteriellen Schleimhautentzündung. Seine Heilmaßnahme: Geschwürsheilung durch Entzündungstherapie. Aber damals lief gleichzeitig eine Forschungslawine, die nur mit einer schwierigen Operation, der Magenresektion, dem Geschwür beikommen konnte. Niemand hörte auf Konjetzny. Heute ist die Chirurgie fast vergessen und Konjetzny's viel einfacherer und wirkungsvoller Vorschlag ist Routine geworden (Konjetzny 1947).

Diese fruchtbare Erkenntnis: Freude, Wissen, Nutzen ist nicht zuletzt, weil mit Erfolg und Prestige verbunden und belohnt, eingebettet in einen riesigen Wissenschaftsbetrieb, der durch Leerlauf gekennzeichnet ist. Dieser grandiose Leerlauf ist aber unumgänglich und unvermeidlich und muß auch positiv als ein freies Spiel der Gedanken gesehen werden. Er war und ist immer ein Kennzeichen der Wissenschaft. Ja durch eine auch bei uns wichtige Voraussetzung, die für jede Wissenschaft gilt, die Freiheit, wird der Leerlauf noch gefördert. Um den zu steuern, sind solche Bastionen wie eben die Jung-Stiftung, die mich geehrt hat, nötig. Kein Wort ist zu stark, um solche Stiftungen zu feiern und den Verantwortlichen

Symbolische Chirurgie

zu danken. Trotzdem, wir sind dem Leerlauf verfallen. Unser Wissen wird immer größer und unverständlicher, aber wir können es nicht entbehren. Dieses riesige Wissen muß verwaltet werden, aber dafür kann man nicht immer solche finden, die dieses Wissen auch schaffen. So gängelt in unserer Demokratie die Majorität der uniformen Verwalter, die multiforme Minorität, die allein für den Fortschritt so bitter nötig ist.

Ich habe mir überlegt: Auch dieser uns so rundum schon immer beherrschende Leerlauf muß doch ein Vorbild haben, und ich meine, ihn in der Evolution zu sehen. Was wird da nicht alles sinnlos über Jahrmillionen weitergetragen! Darwins Idee vom Überleben des Angepaßten wird durch unser heutiges großes Wissen über Einzelheiten sehr, sehr eingeschränkt. Denken Sie nur an den Urfisch, die sogenannte Latimeria chalumnnae, einen seit 300 Millionen Jahren bei den Komoren lebenden Quastenflosser. Er nimmt seither an der Entwicklung nicht teil. Betrachten Sie dagegen den Menschen, der, bezogen auf die Erdzeitalterzonen, in einer Sekunde zum beherrschenden Geschöpf der Erde wurde. Die unsinnige Launenhaftigkeit der Evolution entwickelt eine Unzahl von Formen, z.B. bei den Vögeln, Schmetterlingen und Fröschen, die dadurch sogar behindert werden, oder sie hält ein Flugprinzip nur durch die Entwicklung überlanger Finger seit den Sauriern bis heute durch und läßt die Unterarmknochen unbeachtet, obwohl deren Einbeziehung einen Flügel wirkungsvoller gestalten würde. Warum wird beim Quetsalcoatlus nur der vierte Finger als Flügelträger doppelt so lang wie das ganze Tier, nämlich sechs Meter? Mit den Fingern fliegen Fledermäuse heute noch.

Wir haben auch eine ganz falsche Vorstellung von Übergangsformen bei den Tieren. Der Archaeopteryx, der Urvogel, Bindeglied zwischen Reptil und Vogel wurde 1861 in Solnhofen und nur an dieser einzigen Stelle siebenmal, sonst nirgends mehr auf der Welt gefunden (Wesson 1991). Wer gibt diese Befehle? Das Genom, sagen wir heute, das auch von der Umwelt gesteuert werden dürfte. Sehen Sie es mir bitte nach, wenn ich den Symbolbegriff als Initiator der Phantasie, mit ihr des Wissens, hier recht weit fasse.

Es gibt aber eine viel umfangreichere Symbolik, die unser Unwissen bemäntelt. Das ist die auf den vorigen Seiten besprochene symbolische Chirurgie (s.S. 326). Sie handelt vom kleinen, mittleren und großen Unsinn. Dazu gehört neben fragwürdigen Eingriffen auch die Sucht des

10. Kapitel

Abbildens, Messens, Wägens und Kontrollierens. Sie nimmt heute enorme Ausmaße an. Kennzeichen dieser sterilen Reduplikation ist die völlige Nutzlosigkeit. Vergessen Sie dabei auch nicht unsere riesigen Bibliotheken. Nichts bewegen solche gigantischen Speicherungen. Was ist dagegen ein neuer Gedanke? Jahre vergehen, ehe er einem Kopf entspringt und Jahrhunderte wartet er schweigend, sagt Max Weber (1919).

Eichendorff sagt das Gleiche aus seinem Herzen, geltend für unser Leben.

„Schläft ein Lied in allen Dingen,
Die da träumen fort und fort,
Und die Welt hebt an zu singen,
Triffst Du nur das Zauberwort."

Nur die riesengroßen, die englisch sprechenden Völker, haben das Problem Leerlauf besser im Griff. Sie verdünnen so diese Heerscharen hinderlicher Harmloser, und Wissende werden wirkungsvoll. Dort kann man sich diese Publikationsparanoia offenbar leisten. Das ist die Erfolgsformel der anglo-amerikanischen Welt und deshalb ist sie uns überlegen. Dort redet man auch viel mehr miteinander. Bei uns, ich habe da Erfahrung, werden Sie mit Gleichgültigkeit, in Freundlichkeit verpackt, sofort an den Letzten delegiert, sollten Sie nach Hilfe fragen (Stelzner 1985, Stelzner 1995).

Ich habe als älterer und immer noch eifrig Bemühter vornehmlich über die Wissenschaft gesprochen. Trotz all dieser Widrigkeiten ist ja ihr Nutzen außer jeden Zweifel. Der kranke Mensch ist das Alpha und Omega in der Medizin. Seinen fragenden Augen kann sich der wahre Arzt nicht entziehen. Das erlebe ich heute noch. Manchmal wissen wir eine Antwort. Um sie zu finden, wagen wir das Abenteuer Wissenschaft (Stelzner 1985).

Wir müssen uns ein Herz fassen, unsere Anteilnahme, unsere Begeisterung uns zu erhalten, auch im Alter und im Janusgesicht dieses Alters sehe ich bei einer solchen Gelegenheit einer Ehrung wie heute, nicht die Bürde, sondern die Glorie (Stelzner 1985).

Autrum, H.J.: Andreas Vesalius. Aus: Der Natur die Zunge lösen (Leistungen großer Naturforscher). Hrsg. W. Gerlach, Ehrenwirt, München (1967).

Hering, E.: Über das Gedächtnis als allgemeine Funktion der organischen Materie. (Vortrag vor der Akademie der Wissenschaften in Wien am 30.5.1870). Akademieverlag, Wien (1876).

Konjetzny, E.: Die Geschwürsbildung im Magen, Duodenum und Jejunum. F. Enke, Stuttgart (1947).

Pauli, W.: Der Einfluß archetypischer Vorstellungen auf die Bildung naturwissenschaftlicher Theorien bei Kepler. Aus: Naturerklärung und Psyche. Hrsg. von C. G. Jung, Rascher Verlag, Zürich (1952).

Stelzner, F.: Eröffnungsansprache: „Über die Wissenschaft" Langenb. Arch. 366 (Kongreßband) 3 (1985).

Stelzner, F.: Symbolische Chirurgie. Aktuelle Chirurgie 3, 157 (1991).

Stelzner, F.: Bleibendes und Ephemeres aus Medizin und Naturwissenschaft (Festvortrag 1992). Sitzungsberichte der Sudd. Akademie Bd. 16. (1995). Verlagshaus Sudetenland München (1994).

Stelzner, F.: Die Forschung in der Chirurgie im Lichte des Erfolgs, der Gleichgültigkeit und des Irrtums. Langenb. Archiv. Suppl. II., Kongressband S. 800 (1995).

Weber, M.: Vom Beruf der Wissenschaft. Aus: Wissenschaft als Beruf. München und Leipzig (1919).

Wesson, R.: Die unberechenbare Ordnung. Artemis (1991).
Winkler, München (1994).

10. Kapitel

Die Forschung ist in Deutschland durch das neue Tierschutzgesetz schwer geworden. Hier zeigt sich wieder das Problem, daß Leute zu einem Urteil aufgerufen werden, die selbst nicht das mindeste von der Forschung verstehen, weil sie sich nie damit, auch nicht im Ansatz, beschäftigt haben.

Jahrelang war ich in der Tierschutzkommission, die laut Gesetz vom Regierungspräsidenten hier in Köln eingerichtet werden mußte. Diese Kommission berät den Regierungspräsidenten, für den ein Tierarzt die Entscheidung fällt, ob ein Versuchsvorhaben genehmigt wird oder nicht.

Dieser Richter war während meiner Zeit in der Regel eine soeben flügge gewordene, sehr junge Dame, die, was Forschung betrifft, von ihrem Fach der Veterinärmedizin keine Ahnung hatte, geschweige denn von der Wissenschaft der Humanmedizin. Der Vorsitzende der Kommission, die berät, war ein sehr bemühter Veterinär, der die Versuchstiere einer Universitätsklinik in Nordrhein-Westfalen betreute. Zur Kommission gehörten noch zwei Persönlichkeiten der Tierschutzverbände, das waren Laien, die immer mit Staunen zuhörten, was den Medizinern so alles einfiel, um dann meist dagegen zu sein. Zur Kommission gehörte auch ein Pharmakologe eines pharmazeutischen Unternehmens, dessen gediegendes Wissen und Können durch jahrelange Beschäftigung mit der Materie über jede Kritik erhaben war. Ohne sein wissenschaftliches Renommee wäre die ganze Komission arbeitsunfähig gewesen. Dazu kam ich als Chirurg, der sich bei recht oft auftauchenden, einen operativen Eingriff betreffenden Fachfragen zu äußern hatte. Die bei den routinemäßigen Zweifeln der Tierversuchsgegner gestellte Frage des Pharmakologen, ob sie denn auch die modernen hochwirksamen Medikamente, die durch Tierversuche entwickelt worden waren, ablehnten, wurde mit Achselzucken beantwortet und – man war trotzdem dagegen. Die junge Veterinärin hat sich schon häufiger an den Rat der Kommission gehalten, einen Tierversuch zu genehmigen, und die Anhörung der Ansuchenden in den Sitzungen verlief in der Regel fair. Trotzdem ist der Umstand sehr zu beklagen, daß bei uns solche Hindernisse aufgebaut werden, nur um vermeintlichem Mißbrauch, den ich nicht ableugnen will, zu begegnen. Sehr oft hatte ich den Eindruck, daß auch hier der Listige die Nase vorn hatte. Da darf es uns nicht wundern, daß potente Forschungseinrichtungen ins Ausland ausweichen, früher war das die DDR, heute geht man nach den USA, wo es solche Behinderungen nicht gibt. Auch hier werden besonders erfolgversprechende Pläne, die eben ein Dutzendgehirn nicht begreift, vielleicht einmal zu Fall gebracht, aber sicher seltener.

Ist das nicht das gleiche Verhalten wie bei der vorgetäuschten Suche nach der ersten Geige in den Fakultäten? (S. S. 223).

Ein Spiegel, in dem wir das Ringen um die Erkenntnis betrachten können, sind unsere Fachkongresse. Sie haben sich so entwickelt, daß sich die Unterrichtung der Allgemeinheit immer weiter von ihr entfernt. Ob wir das wohl ändern könnten?

Darüber habe ich einen Hauptvortrag 1997 auf dem Deutschen Chirurgenkongreß in München gehalten und ein Buch über den Wandel unserer Zusammenkünfte nach dem Zweiten Weltkrieg verfaßt (Lit.: Stelzner 1997). Ich habe darüber auch einen Videofilm in der Videothek der Deutschen Gesellschaft für Chirurgie erstellt. Daraus kann man ganz eindeutig Gesetzmäßigkeiten unseres Fortschritts, aber auch unserer Stagnation und Behinderung ablesen.

Diesen Ausführungen habe ich den Titel gegeben:

11. Kapitel
Itinerarium durch 150 Jahre Deutsche Chirurgenkongresse

Wissenschaftliche Gesellschaften haben die Aufgabe, die Welt ihres Faches nach dem Fortschritt abzuhorchen. Einen Fortschritt gibt es immer nur an einer winzigen Stelle in einem Meer der Vergeblichkeit (Wesson 1994). Der Fortschritt ist die Folge originärer Neuheiten. Auch wichtige Neuheiten, es gibt zu allem Überfluß sehr viele unwichtige, sind oft mit Erfolgslatenzzeiten verbunden. Sie werden vom Trend der Zeit regiert. Diesem Trend sind wir alle unterworfen, er ist eine gewaltige Macht, verwoben aus Wahrheit und Mythos. Dieser Epochenakkord aber schmeichelt allen Ohren. Vor 20 Jahren hätte ein chirurgischer Reich-Ranitzky ein Buch über die laparoskopische Chirurgie (mikroinvasive Chirurgie) in der Luft zerrissen. Die Physik, eine exakte Naturwissenschaft, kann die meisten ihrer komplexen Strukturen mit unglaublicher Präzision beschreiben. Das ist in der Medizin ganz anders. Wahrheiten von gestern können der Irrtum von morgen sein. Wahr ist in der Medizin, was die Mehrzahl innerhalb der nie vollkommenen Erkenntnis gerade als wahr ansieht (Stelzner 1995).

Unsicherheit im Wissen wird dann durch Glauben aufgewogen (Kapferer 1987/95). Die sichere wissenschaftliche Erkenntnis oder auch der Glaube an sie, die kommen auf den Kongressen vor allem durch das Wort zu uns. Das hat sich in 125 Jahren geändert. Heute kommt zum Wort das Bild hinzu. Oft wollen wir die Wahrheit aber trotzdem gar nicht wissen. Warum ist das derartig eingerichtet? Unser Gehirn ist so entwickelt, daß wir in gewohnten Bahnen am besten leben und alles Neue zuerst als störend empfinden. Es wird von einem Gehirnareal, der formatio reticularis, dem Bewußtsein, ferngehalten (Stelzner 1985). Das Schrifttum und unsere Kongresse sind die große Drehscheibe der Mühe, der Wahrheit zum Siege zu verhelfen. Nicht selten haben wir allerdings als Hörer den Eindruck, es sei eigentlich alles schon gesagt, aber eben noch nicht von allen. Der in jedem Augenblick unmerkliche Fortschritt ist oft hinter einer Wolke von Teilwissen verborgen. Dabei narrt uns unser Teil- und Fehlwissen, das heute den zureichenden Erfolg unserer Eingriffe nicht

Itinerarium durch 150 Jahre Deutsche Chirurgenkongresse

grob stören muß, auch wenn wir die neuesten Erkenntnisse der Anatomie und Physiologie nicht so genau berücksichtigen. Diese neuesten Erkenntnisse könnten angewendet aber unsere Erfolge noch erheblich verbessern. Unsere großen Vorstellungsreserven wiegen uns da in einer falschen Sicherheit. Jeder Irrtum muß früher oder später Schaden stiften. Das gilt für den Irrtum im kleinen wie im großen, wo ganze Völker dafür büßen müssen.

Vor allem wiegt uns der sprichwörtlich fortschrittsversperrende gesunde Menschenverstand, der auch einmal recht behalten kann, in der Regel in einer falschen Geborgenheit. Er verhilft Irrtümern manchmal zum ewigen Leben (Stelzner 1991). Wir fühlen uns in der Seilschaft, zu der wir gehören, am wohlsten, denn dort brillieren wir, auch mit unserem Scheinwissen besonders, und verschweigen manchmal längst getroffene wichtige Entscheidungen, weil sie uns stören. Wie oft wird so das Rad immer wieder neu erfunden (Stelzner 1995).

In der Regel ist der Fortschritt das Werk Mehrerer. Aber früher wurde oft ein einziger Mann herausgehoben, der zwar auch als Zwerg auf den Schultern von Riesen stand: Nanus in humero gigantis. Die Welt wollte damals einen Heros haben. Das ist heute etwas anders geworden. Der Einzelautor ist nahezu ausgestorben. Berichte gehen heute in der Anonymität vieler unter.

Kongresse zeichnen immer besonnte Gefilde, aber unser Leben begleiten Tag und Nacht. Es gibt Irrtümer, die ohne Bedeutung sind, z.B. die westindischen Inseln. Aber nicht in der Medizin. Altersadenome des Colon proben nur den Aufstand. Sie erreichen das Ziel, den Krebs, eigentlich nie. Der lebensgefährliche Polypektomieeifer (die Polypen mit dem Endoskop zu entfernen) wäre vermeidbar (Koretz 1993; Niv und Fraser 1994; Stelzner 1992; 1997/98; Thorson et al. 1994) und die jetzt so moderne Attacke auf das sogenannte Mesorektum (Mastdarmgekröse) in jedem Fall, mit der irrigen Vorstellung des Lymphorgans, bringt nach der Multivariantenanalyse über 23 Jahre australischer Autoren 1997 eben keinen Radikalitätsvorteil (Bokey et. al. 1997). Trotzdem wird die symbolische Chirurgie, ich habe darauf schon hingewiesen (Stelzner 1991), nicht aussterben. Da nützen auch unsere Kongresse nichts, im Gegenteil, sie wird auch heute noch dort gepflegt; natürlich in der besten Absicht. Ich habe noch nie erlebt und in diesen 125 Jahren auch nirgends kodifiziert gefunden, daß jemand

11. Kapitel

seinen Irrtum so vehement widerrufen hätte, wie er ihn früher auf dem gleichen Podium vertreten hatte. Vom Siegen ermattet hat er geschwiegen. Auch das kompetente Widerwort ist heute unzeitgemäß.

Bei einer Rückschau sehen wir leichter beide Seiten. Aber gerade daraus entspringt unsere Duldsamkeit und Vorsicht der Geschichte gegenüber. Herbe Kritik, Häme und Triumph sind immer schlechte Ratgeber.

Unsere Kongresse befassen sich weit überwiegend mit Ergebnissen, seltener mit dem Weg zu ihnen. Das, so die allgemeine Meinung, erfordere die Praxis. Deshalb nehmen unsere Kongresse nur ausnahmsweise Einfluß auf unser Fach, aber sie reflektieren seine Entwicklung. In dem Moment, wo eine Nova hier aufflammt, wird sie unbemerkt verlöschen. Jahre kann ein neuer Gedanke schweigend warten. Sehr oft erscheint die richtige Idee zur falschen Zeit. Diese Ergebniswelt, die vorwiegend auf unseren Kongressen zur Sprache kommt, ist lernbar und damit auch mitteilbar. Das Auffinden von Neuem nicht. Hier kommt das schöpferisch irrationale Element wesentlich zum Ausdruck (Pauli 1989). Aber das kann die Gesellschaft stören (Stelzner 1985). Die eigentliche zentrale Aufgabe des Geistes ist ja der Widerspruch. Aber wer will schon mit ihm leben, wenn es auch ohne ihn zu gehen scheint (Stelzner 1995).

Ich will Ihnen nun einige Beispiele der Unterrichtung über den Fortschritt, die mit unseren Kongressen verbunden waren, vorstellen.

Unsere Kongresse beginnen 1872, 30 Jahre nach der Entdeckung der Anästhesie und 10 Jahre nach Virchows Zellularpathologie. Sie erst machte viele Krankheiten mit der Hand greifbar. Aber diese Chirurgie war immer noch lebensgefährlich, durch die Wundinfektion. Die eindeutigen Resultate ihrer Verhütung von Semmelweiß überzeugten die Praxis noch lange nicht. Erst als sich die Chirurgen mit den Bakteriologen verbündeten, hielt die Antiseptik ihren Einzug. Hand in Hand ging in Europa damals ein allgemeiner Zug zur Sauberkeit und Hygiene (Tröhler 1993). All' das war der Einführung dieser Methode günstig. Die erste Periode der mordernen Chirurgie, die lokalistische, die anatomische, hatte begonnen. Sie dauerte bis zum Ersten Weltkrieg. Gleich auf unserer ersten Zusammenkunft war der erste Vortrag von Volkmann, Halle, 1872 (Volkmann 1872) mit den Wunden im Frieden und im Kriege befaßt. Der Idee der Antiseptik aber war sich der Autor noch nicht so ganz sicher, obwohl sie längst ihren Siegeszug angetreten hatte. Erst 1892 hielt Neuber, Kiel, auf *unserem Kongreß einen Vortrag über seine aseptische Wundbehandlung (Vernichtung der Bakterien durch den Wasserdampf) (Neuber 1892). Er hatte vorher zwischen 1884 bis 1886 das erste Krankenhaus auf der Welt in Kiel mit einer septischen und getrennt von dieser einer aseptischen Abteilung eingerichtet (Konjetzny und Heits 1950).*

Kennzeichnend für all diese Vorträge war die lebhafte Spontandiskussion. Zu Volkmann's Vortrag sind 8 Redner zur Aussprache im Protokoll zu finden (Volkmann 1872). Es konnten aber auch alle mitreden. Die Gesellschaft hatte nur wenige Mitglieder. An diesem 10.04.1872 waren 81 versammelt (Trendelenburg 1923). Die lebenswichtige Bedeutung der Schilddrüse, 1883 (Kocher 1883) vorgestellt, wurde von einer Autorität (Bardeleben 1883) aufgrund eigener Versuche vehement abgelehnt. Endokrine Drüsen waren damals noch unbekannt. Beim Hund, dem Versuchstier, muß die Schilddrüse nicht einen geschlossenen Gewebskomplex darstellen. Und eine andere Autorität hänselte in satirisch humoristischer Weise den Redner, den großen Chirurgen Kocher aus Bern, noch beim Festessen, wie man nachlesen kann (Trendelenburg 1923). Dieser hat geschwiegen und recht behalten. Diese Verkennung der wahren Tatsachen gilt auch für die Übertragung von Blut, die seit 1874 auf unseren Kongressen noch lange als Tierblutübertragung abgehandelt wurde (Trendelenburg 1923). Niemand nennt bis 1923 Landsteiner, der schon 1900 die Blutgruppen entdeckt hatte (Küttner 1924; Roitt et al. 1987). Der junge Chirurg Gluck hielt 1890 seinen Vortrag „Naht und Ersatz von Defekten höheren Gewebes" auf unserem Jahreskongreß (Gluck 1890). Ihm widersprach der gesunde Menschenverstand, besonders heimtückisch verpackt in Humor. Der Unterschied, so ließ sich eine Autorität vernehmen, zwischen Herrn Gluck und uns ist: was er hineinsteckt, das nehmen wir heraus (Gluck 1927). Stürmische Heiterkeit ist vermerkt. Gluck hatte das Glück uralt zu werden, alle Widersacher zu überleben und seinen Erfolg, er kam 1931 noch einmal ausführlich auf dem Kongreß zu Wort, noch zu genießen (Gluck 1931). Da erinnert man sich an den Ausspruch von Max Planck, der sagte: „Recht bekommen Sie in der Wissenschaft oft erst dann, wenn Ihre Gegner verstorben sind."

Diese seltenen Ausnahmen der fatalen Verkennung werden sehr weit vom Nutzen unserer Zusammenkünfte in den Schatten gestellt. Alle unsere Kongresse mit ihren Mitteilungen haben schon damals und bis heute

11. Kapitel

immer schon das Neueste, das Beste und in der Regel auch Bleibendes vermittelt. Es ist soviel, daß man in einem Vortrag nicht alles aufzählen kann.

Von den 55 Kongreßthemen früher sind heute nur noch ein Bruchteil in der Diskussion. Erinnert sei an die vergangene Chirurgie der Tuberkulose, an die operative Bekämpfung der Infektionen. Sie sind heute, wenn überhaupt, eine gemeinsame Aufgabe mit anderen Disziplinen. Lange Zeit war die Chirurgie noch eine Heilmaßnahme für die Oberfläche des Körpers und erst ganz langsam eröffnete sie bis zum Ersten Weltkrieg alle Körperhöhlen (Tröhler 1993). Diese anatomische Periode war das Zeitalter der Resektion, die besonders umfangreich als Krebschirurgie in Erscheinung trat (Krudup 1990; Tröhler 1993). Die Operationsletalität nahm in diesem Zeitabschnitt ab. Bei seinen letzten 1000 Kropfoperationen hatte Kocher, Bern, nur noch eine Letalität von 0,7% (Tröhler 1993). Heute ist die Operationsletalität kein Thema mehr.

Da erschien 1920 von Franz Rost aus Heidelberg unbemerkt ein Schlüsselwerk. Auf unserem Kongreß kam der Oberarzt der Chirurgischen Universitätsklinik Heidelberg darüber nicht zu Wort. Sein Buch heißt: „Pathologische Physiologie für den Chirurgen" (Experimentelle Chirurgie) (Rost 1920). Es wurde dreimal aufgelegt und ins Englische übersetzt. Vieles blieb bei Rost im Ansatz, aber er läutete die große zweite Periode unseres Faches ein, die funktionelle Chirurgie, Pathophysiologie und Pharmakologie. Das war eine neue Sicht, die bei den Angloamerikanern Gehör fand. Bei uns kam sie erst nach dem Zweiten Weltkrieg in der Forschung und Praxis zur Sprache. Warum?

Das Jahr 1933 war in Deutschland mit einer Zäsur verbunden. Sie erfüllt uns heute mit Trauer und jagt uns Schamröte ab. Lesen wir die Kongreßbände von 1933 bis 1944 nach, so sehen wir, die Chirurgen befassen sich mit der Chirurgie wie immer. Die Vorsitzenden aber finden zur Politik hymnische Worte, obwohl sich Unfaßbares ereignete (Roepke 1933; Kirschner 1934; Stich 1937). Mit dieser ideologischen ging die fachliche Isolierung Hand in Hand. Schon 1943 waren alle Brücken zum Ausland abgebrochen. Wie seit Jahrzehnten erschienen jedoch unsere Referatenblätter bis 1945 vierbändig weiter. Aber niemand nahm von den ausländischen Beiträgen Notiz. Vielbändige, herrlich ausgestattete Operationslehren wurden gedruckt, ohne eine einzige Schrifttumsangabe. Ich bin

Itinerarium durch 150 Jahre Deutsche Chirurgenkongresse

einer der letzten der Generation der Besiegten, die den Vorwurf der Nemesis als Nachhall noch erlebt haben. Sie wissen, die Nemesis, die Rachegöttin, ist nicht die Meisterin der Geschichte. Manche Untaten erreichen auch ihre Schwester, die Justiz, nicht und wenn, so leistet die verfließende Zeit heute der Gnade Vorschub. Wir Jüngeren haben auch nie nachgefragt. Sie glauben gar nicht, was damals eine Autorität war. Ein Chefarzt, ein General, ein Ordinarius, das waren Menschen von einem anderen Stern. Wir sind uns einig, diese Vergangenheit, die nie vergehen will, ist ein Alptraum. Es gibt immer den Herostrates, der ein Problem lostritt und der sich dann angesichts der zerstörenden Lawine ins Fäustchen lacht und der nichts zu einer fairen Lösung beiträgt. Vergeben und nicht vergessen, das ist heute die Devise.

1939 hielt Küntscher seinen Vortrag „Die Marknagelung der Knochenbrüche" (Küntscher 1940). Er zitierte sehr genau den vergessenen Müller-Meernach, der vor ihm schon einen Metallstab in die Markhöhle eingebracht hatte (Müller-Meernach 1933). Mit einer Ausnahme waren die Autoritäten mit dieser Neuheit nicht einverstanden. Mit Küntscher, meine Damen und Herren, begann ganz unbemerkt die dritte Periode der Chirurgie; die der Implantation, Rekonstruktion, die viel später zur Transplantation der Organe führte. *Keine dieser hier drei genannten Methoden der Chirurgieentwicklung ist je abgeschlossen. Sie wirken mit verwischten Grenzen weiter. 1943, auf dem Deutschen Chirurgenkongreß in Dresden, hielt Löffler, damals in Leipzig, einen in die Zukunft weisenden Vortrag „Arteriographie der Lunge und Kontrastdarstellung des Herzens am lebenden Menschen mit einem Herzkatheter" (Klein 1930; Löffler 1943; Stelzner 1989). Nur ganz wenige gedruckte Kongreßberichte von diesem sehr ausführlichen und schön bebilderten Referat erreichten nach dem Dresdner Inferno noch die Leser.*

Der Forschungsbetrieb ist so oft mit Überraschungseffekten verbunden. Der Weg dazu wird durch Amnesie sicherer verbürgt als durch Erinnern. Es gibt da wahre Amnesievirtuosen. Da genügt es, daß etwas in ihrer kleinen Welt wiederentdeckt wird, was alle Welt schon lange wußte, um den Ruhm für einen Augenblick zu erhaschen. Für den, der sich an nichts erinnert, ist vieles neu. Es gibt jedoch immer einige, die diesen kalkulierten Gedächtnisverlust sehr wohl bemerken. Sie sind allerdings nicht so beliebt wie Nesthygieniker.

353

11. Kapitel

Nach dem Zweiten Weltkrieg beginnen unsere Kongresse erst 1949 wieder, und da haben uns die Angloamerikaner, die seitdem führenden Chirurgen der Welt, sofort geholfen (Stelzner 1997). Jeder meiner Generation konnte mit ihnen in Verbindung treten. Das schlug sich auch unmittelbar auf unserem Kongreß nieder. Die Referate der Eingeladenen, besonders zur Thorax-, Herz- und Gefäßchirurgie, waren Höhepunkte. Das blieb lange so. Wir wollen auch unsere französischen, Schweizer, unsere holländischen und skandinavischen Kollegen dabei nicht vergessen. Alle haben uns geholfen. Sicher ist das noch in aller Erinnerung. In dem Buch „Chirurgie im Wandel zum 100. Kongreß" haben 47 unserer Mitglieder diese unglaublich breit angelaufene Entwicklung sehr überzeugend dargestellt (Schreiber und Carstensen 1983). Die Antibiotika wurden auf den ersten Nachkriegskongressen sofort, wie 100 Jahre vorher die Antiseptik, abgehandelt. Aber auch hier etwas zögerlich und zuerst für die Alltagswunde bevorzugt, bis sich bald ihre heutige Indikation offenbarte. 20 Jahre mühte man sich dann bei uns mit der Chirurgie des vegetativen Nervensystems ab, wie wir heute wissen überholt durch die Pharmakologie (Stelzner 1997). 1951 befaßte man sich auf unserem Kongreß mit dem Magen-Duodenal-Ulcus. Alle redeten von der peptischen Genese und von der Magenresektion (Stelzner 1997). Nur einer widersprach, Konjetzny, einer meiner Vorgänger in Hamburg. Er ging damals nicht auf Einzelheiten ein, aber wenn Sie seine Monographie nachlesen (Konjetzny 1947), stellt er die Magenschleimhaut für die Entstehung des Magengeschwürs in den Vordergrund und beschreibt Bakterienschwaden am Geschwür, und das ist richtig. Heute ist die Magenschleimhautentzündung, bedingt durch ein Bakterium Helicobacter, bekannt geworden und deshalb kann man heute das Geschwür erfolgreich konservativ behandeln.

Eine Weiterentwicklung, ja Neuschöpfung, die ihre Wurzel noch in der Vorkriegszeit hatte und die auf unseren Kongressen mit aus der Taufe gehoben wurde, war die moderne Osteosynthese mit den Namen Willenegger, Müller und Allgöwer ab 1962 verbunden, ihr Vortrag regte damals keine Diskussion an (Willenegger et al. 1962).

Nach über 100 Jahren ist die Zahl unserer Mitglieder jetzt über 5000. Die Vielzahl der Probleme und Vorträge erfordert die Parallelsitzung. Es gibt heute niemanden mehr, der unsere ganze Chirurgie beherrscht. Dem trugen unsere Kongresse Rechnung, indem sie höchst fruchtbar Detailge-

biete zu Wort kommen ließen. Vor dem Zweiten Weltkrieg wurde diese Absonderung beklagt, nachher begrüßt. Viele offene Fragen, so wissen wir heute, können nur noch gemeinsam beantwortet werden, aber die Spezialisierung hatte zur Folge, daß die Fachleute unter sich bleiben und die früher so lebhafte fruchtbare Diskussion eines Plenums, die gibt es heute nicht mehr. Die chirurgische Forschung liefert die Grundlage vieler preisgekrönter Arbeiten bei uns. Sie ist aber sehr kompliziert und praxisfern geworden. Der über jeden Zweifel an seiner Klugheit erhabene Einstein hat zu dieser Forschung schon einmal gesagt: „Das sei ja alles sehr geistreich, aber durch große Kompliziertheit gegen den Beweis der Unrichtigkeit hinreichend geschützt" (Einstein 1987). Hätten die Vortragenden nicht die Pflicht, sich für alle verständlich zu äußern? Wir würden an so etwas Wichtigem sehr gerne Anteil nehmen.

Bei unseren Kongressen nach dem Zweiten Weltkrieg spielt neben dem Wort das Bild eine immer größere Rolle. Es ist meist abstrakt, schematisch, oft erborgt und recht oft unzutreffend. Das stört aber im Zeitalter der Funktion kaum jemanden. Auch der moderne Redner ist ohne das Bild gar nicht mehr denkbar. Selbst Manuskripte erscheinen in der aufkommenden Dämmerung zu Vortragsbeginn im Diareigen der Doppelprojektion. Das einzige, was von dieser als frei vorgegaukelten Rede bleibt, ist manchmal die Überschreitung der Redezeit. Neu ist in unserer Zeit die wissenschaftliche Ausstellung. Sie ist ein wahres Sinnenfest von Wort und Ton und Bild. Diese Darstellungen werden zu Recht prämiert. Neu ist auch die Posterausstellung mit der Möglichkeit, über einen Moderator mit dem Autor ambulando ins Gespräch zu kommen. Leider finden sich da immer nur ganz wenige Teilnehmer ein. Dieser Gedankenaustausch ist bedauerlicherweise kein Ersatz für die fehlende Diskussion im Plenum. Diese kann auch das Rundgespräch nicht ideal ersetzen, denn nehmen an dem Rundgespräch nicht immer nur die teil, die das Thema sowieso besonders gut beherrschen?

Eine große Zäsur für die Existenz unserer Kongresse bedeutete die Teilung unseres Vaterlandes. 40 Jahre mußten vergehen. Alle Fehler und Drangsale, die unser ganzes Volk seit 1933 in den Abgrund geführt hatten, wiederholten sich. Die Deutschen kontrollierten sich wieder einmal und das Ergebnis war tieftraurig. Nichts haben sie aus der Geschichte gelernt. Lange wird es dauern, bis sich die Harmonie wieder einstellt. Es ist ein schwacher Trost, daß sich solche Katastrophen immer wiederholen.

11. Kapitel

Immer wieder gibt es Fragen, die wir wohl nie beantworten können. Warum hat der schon 1895 erfundene Murphyknopf (das ist ein auf dem Druckknopfprinzip bestehendes Instrument für eine Verbindung von durchschnittenen Darmstücken) erst 100 Jahre später eine heute nicht mehr wegzudenkende Verfeinerung erfahren? Die heute allerorts üblichen Nahtmaschinen für Darmverbindungen z.B. hätte man schon damals entwickeln können (Stelzner 1997). Das CT (moderne Röntgenbildtechnik, die Gewebsschichten im Inneren des Organismus abbildet) dagegen wurde sofort anerkannt.

Die nach dem Zweiten Weltkrieg zu den Hauptthemen erbetenen ergänzenden oder einleitenden Referate anderer Fachrichtungen haben mit Ausnahme der Mitteilungen von Internisten, die von den Drüsen über innere Sekretion sprachen (Schilddrüse usw.), im Plenum keine große Resonanz erlebt. Den besten Erfolg solch übergreifender Referate hat immer der, der als Chirurg auch die theoretische Seite beherrscht, wie z.B. Starzl in seinem zukunftsweisenden Vortrag auf den deutschen Chirurgenkongressen 1995 zur Organtransplantation.

1960 wurde durch Müller-Osten der Berufsverband gegründet. Er kommt seitdem mit immer größerem Einfluß auf unseren Tagungen zu Wort. Er befaßt sich mit größtem Erfolg auch mit der ganzen Lebenswelt des Chirurgen; ohne Berufsverband wären wir heute verloren (Stelzner 1997). In Karl Hempel fand er einen kongenialen Nachfolger, der die Leistung und Macht dieses Verbandes noch steigerte.

Viel zu wenig wird darauf hingewiesen, daß die Industrie mit allen, aber auch mit allen technischen Problemen der neuen Ära in der Wundheilkunst verbunden ist. Ohne die Industrieausstellung wäre eine Unterrichtung unvorstellbar.

Vor dem Zweiten Weltkrieg hatte ein Chirurg über alle Materialien, die er verwendete, Bescheid gewußt. Heute ist ihm sein Umfeld fremd geworden. Das Diathermiemesser, der Monitor (automatische Aufzeichnungen von Körperfunktionen wie Atmung, Kreislauf usw.), die modernen bildgebenden Verfahren oder das Labor, das z.B. die Betäuber flimmernd und piepsend in die Operationssäle mitbringen, und vieles andere mehr, sind ihm ein Buch mit sieben Siegeln.

Jeder Kongreß war schon immer zur Pflege des Selbstgefühls der Teilnehmer eingerichtet. Der Gedankenaustausch ist dabei angenehmer.

Itinerarium durch 150 Jahre Deutsche Chirurgenkongresse

Trotz vieler Unvollkommenheiten ist aber gerade auch heute unser Kongreß die einzige Möglichkeit, von dem übergroßen Wissen unseres Faches wenigstens zu hören. Die für die Entwicklung neuer Erkenntnisse nötige Spezialisierung muß für die Allgemeinheit nutzbar gemacht werden. Dabei wird entschieden, was bei den Spezialisten bleibt und was alle lernen können. Das ist ökonomisch sinnvoll.

Diese Überschau ist natürlich persönlich geprägt. Ich habe das alles erlebt. Aber ich weiß, das sind Kanzelschwalben ohne Wiederkehr aus dem hohen Himmel der Wissenschaft. Trotz der ja unleugbaren Fortschritte werden wir uns untereinander immer noch ganz unvernünftig verhalten.

In den Handbüchern der Physik – vor Descartes – stand, und die Leute waren davon überzeugt, daß eine mit einem Schafsfell überzogene Trommel verstumme, wenn eine Wolfstrommel ertöne (Flach 1996). Sie hatten noch nicht gelernt, daß Schallwelle gleich Schallwelle sei – nein, sie sahen in dem Emblem Wolfshaut das Zeichen eines gefürchteten Tieres, das, umspielt vom unermeßlichen Reichtum der Metaphern und Assoziationen, die Bibel und die Alltagserfahrung und die Physik und die Dichtung mit Schaf und Wolf verknüpft haben. Da mußte einfach die Schafstrommel der Wolfstrommel erliegen.

Dieses Verhalten wird sich auf dieser Welt niemals ändern und trotzdem lehnen wir den Satz ab: Ignoramus – Ignorabimus (Du Bois-Reymond 1886) und sagen: Wir müssen wissen und wir werden wissen (Eigen 1988). Deshalb brauchen wir auch heute noch einen solchen Kongreß.

Bardeleben, A.: Über die Kropfexstirpation. Verhandlg. Dtsch. Ges. Chir. 12, I, 4 (1883).

Bokey, E.L., Chapois, P.H., Dent, M.A.: Faktors affecting Survivel after Excision of the Rectum for Cancer (a Multivariante Analysis). Dis. Col. Re. 40, 3 (1997).

Du Bois-Reymond, E.: Über die Grenzen des Naturerkennens. Aus: Reden von Emil du Bois-Reymond, Bd. I, 105. Verlag: Veit u. Company, Leipzig (1986).

11. Kapitel

Eigen, M.: Perspektiven der Wissenschaft. (Dt. Hilbert D. S. 171) Deutsche Verlags Anst., Stuttgart (1988).

Einstein, A.: Cit.: von Meyenn, K.: Erwin Schrödinger und die statistische Naturbeschreibung von v. Meyen. Phys. Bl. 43, 330 (1987).

Flach, K.: Der Traum der Vernunft. FAZ 30.III., Nr. 77, Beilage „Bilder und Zeiten" (1996).

Gluck, Th.: Referat über die durch das moderne chirurgische Experiment gewonnenen positiven Resultate, betreffend die Naht und den Ersatz von Defekten höheren Gewebes sowie über die Verwerthung resorbierbarer und lebendiger Tampons in der Chirurgie. Verhandl. d. Dtsch. Ges. f. Chir., 19. Kongress, 316 Verlag: A. Hirschwald, Berlin (1890).

Gluck, Th.: In: Die Medizin der Gegenwart. Hrsg.: L. R. Grote, Bd. 6, 9. Verlag: Felix Meiner, Leipzig (1927).

Gluck, Th.: Die experimentelle und klinische Erforschung allgemeiner organischer Ersatzprobleme durch die Chirurgie des 19. Jahrhunderts. Langenb. Archiv 167 (Kongressband), 626 (1931).

Kapferer, J.N.: Gerüchte. Kiepenheuer Verlag (1987/1995).

Kirschner, M.: Eröffnungsrede. Langenb. Arch. f. Klin. Chir., 180, S. 10 und S. 142 (1934).

Klein, O.: Zur Bestimmung des zirkulatorischen Minutenvolumens nach dem Fick'schen Prinzip. MMW 77, 1311 (1930).

Kocher, Th.: Über die Kropfexstirpation und ihre Folgen. Verhandlg. Dtsch. Ges. f. Chir. 12, II, 1 (1883).

Konjetzny, G.E.: Die Geschwürsbildung im Magen, Duodenum und Jejunum. F. Enke Verlag, Stuttgart (K. cit. vonLöhr, W.: (1926) Bedeutung des Milieus für Wachstum und Pathogenität der Bakterien. Langenb. Arch. 143, 335) (1947).

Itinerarium durch 150 Jahre Deutsche Chirurgenkongresse

Konjetzny, G.E.: Heits, E.: Gustav Adolf Neuber und die Asepsis. Enke Verlag, Stuttgart (1950).

Koretz, R.L.: Universal Colonic polypectomy. Gastroenterology 104, 3 A 15 (1993).

Krudup, S.S.: Das Krebsproblem in den Verhandlungen der Deutschen Gesellschaft für Chirurgie. Doktordissertation, Göttingen (nicht publiziert) (1990).

Küntscher, G.: Die Marknagelung der Knochenbrüche. Verhandl. d. Dtsch. Ges. f. Chir. Langenb. Arch., 443 (1940).

Küttner, H.: Die Bluttransfusion. Langenb. Arch. (Kongressband) 133, 360 (1924).

Löffler, L.: Arteriographie der Lunge und Kontrastdarstellung des Herzens am lebenden Menschen. Langenb. Arch. 205, 631 (1943).

Müller-Meernach, O.: Bolzung der Brüche langer Röhrenknochen. Zentralblatt f. Chir. 60, 29, 17 (1933).

Neuber, G.A.: Zur aseptischen Wundbehandlung. Verhandlg. d. Dtsch. Ges. f. Chir., Abtlg. II., 76 (1892).

Niv, Y., Fraser, G.M.: Adenocarcinoma in rectal segment in familial polyposis coli is not prevented by sulindac therapy. Gastroenterology 107, 854 (1994).

Pauli, W.: Die Wissenschaft und das abendländische Denken. Aus: Physik und Transcendenz. Hrsg.: von H.P. Dürr, Scherz-Verlag, Basistexte (1989).

Roepke, W.: Eröffnungsrede. Langenb. Arch. f. Klin. Chir. 177, S. 1, 16 (1933).

Roitt, J.M., Brostoff, J., Male, D.K.: Kurzes Lehrbuch der Immunologie. S: 37. Thieme-Verlag, Stuttgart (1987).

11. Kapitel

Rost, F.: Pathologische Physiologie des Chirurgen (Experimentelle Chirurgie). Verlag: Vogel, Leipzig (1920).

Schreiber, H.W., Carstensen, G.: Chirurgie im Wandel der Zeit 1945–1983. Springer-Verlag, Heidelberg (1983).

Stelzner, F.: Eröffnungsansprache „Über die Wissenschaft". Langenb. Arch. (Kongressband) 366, 3 (1985).

Stelzner, F.: Zur Geschichte der Katheteranwendungen an den zentralen Kreislauforganen. Cardiologisch-Angiologisches Bulletin, 4, 87 (1989).

Stelzner, F.: Symbolische Chirurgie. Aktuelle Chir. 3, 157 (1991).

Stelzner, F.: Adenom – Karzinom – Sequenz oder Adenom – Karzinom – Konkomitanz?. Zentralbl. Chir. 117, 471 (1992).

Stelzner, F.: Die Forschung in der Chirurgie im Lichte des Erfolgs, der Gleichgültigkeit und des Irrtums. Langenb. Arch. Suppl. II., Kongressband, 611 (1995).

Stelzner, F.: Das echte und das falsche Lokalrezidiv nach der Kontinenzresektion des Rektumkarzinoms – die Wertung des Mesorektums. Chirurg 67, 611 (1996).

Stelzner, F.: Kongressergebnisse im Wandel. Thieme Verlag, Stuttgart (1997).

Stelzner, F.: Die Chirurgie der Abschlußsysteme (Karzinom-Sequenz oder Karzinom-Konkomitanz?) Thieme-Verlag (1998).

Stich, R.: Eröffnungsrede. Langenb. Arch. Chir. (Kongressband) 189, 8 (1937).

Thorson, A.G., Lynch, H.T., Smyrk, T.C.: Rectalcancer in FAP patient after Sulindac. Lancet 343, 180 (1994).

Itinerarium durch 150 Jahre Deutsche Chirurgenkongresse

Trendelenburg, F.: Die ersten 25 Jahre der Deutschen Gesellschaft für Chirurgie. S: 3. Verlag: Springer, Berlin (1923).

Tröhler, U.: Surgery (Modern) Companion Encyclopedia of the History of Medicine, Vol. 2. Ed.: W.F. Bynum, R. Porter. Routledge Verlag, London, New York (1993).

Volkmann, R.v.: Zur vergleichenden Mortalitätsstatistik analoger Kriegs- oder Friedensverletzungen. Verhandlungen d. Dtsch. Ges. f. Chir., 1. Kongress, 73 (1872).

Wesson, R.: Die unberechenbare Ordnung. Artemis und Winkler Verlag, München (1994).

Willenegger, H., Schenk, R., Straumann, F., Müller, M., Allgöwer, M., Krüger, H.: Methodik und vorläufige Ergebnisse experimenteller Untersuchungen über Heilungsvorgänge bei stabiler Osteosynthese an Schaftfrakturen. Langenb. Arch. (Kongressband) 301, 846 (1962).

12. Kapitel
Heute und Damals

Da meine Kinder weit verstreut ihren Berufen nachgehen, bin ich häufig unterwegs. Mein Sohn Philipp (geb. 24.10.61) wohnt noch in Deutschland, er ist Journalist in München. Meine Tochter Barbara (geb. 30.11.63) promovierte in Kunstgeschichte und ist ebenfalls Journalistin, sie ist in London mit einem Iren verheiratet und hat eine Tochter und einen Sohn, Erin und Oisin. In London besuche ich jetzt keine Kliniken mehr. Nach wie vor aber das Natural History Museum, das vor allem auch durch seine wechselnden Ausstellungen immer neue Anregungen bereithält.

Mein ältester Sohn Matthias (geb. 30.12.58) absolvierte seine Ausbildung zum Chirurgen an der Harvard-Universität in Boston und ging anschließend als Assistant Professor für Chirurgie an das Veterans Hospital, das an die Universität in Seattle angeschlossen ist. Er ist mit einer Amerikanerin, einer Augenärztin, verheiratet und hat einen Sohn und eine Tochter, Jakob und Hannah. So kam ich in den letzten Jahren regelmäßig in die USA und erlebte die Weltgeltung amerikanischer Chiurgie aus nächster Nähe. Wie schon früher erwähnt, ist die Wahrscheinlichkeit, in einer Bevölkerung von ca. 280 Millionen Menschen mehr Spitzenleistungen zu entwickeln als in kleinen Volksgemeinschaften, viel größer. Das von mir schon des öfteren angesprochene Problem der Spezialisierung haben die Amerikaner viel großzügiger als wir gelöst (M. Stelzner (1997)). Bei uns hat man die Allgemeinchirurgie abgeschafft und an ihre Stelle die Visceralchirurgie gesetzt. Vor allem hat bei uns die sich nicht glücklich entwickelnde Unfallchirurgie, deren Ansprüche nie zu einem Abschluß kommen, die bei uns orthopädische Operationen durchführt, während die Orthopäden bei uns sich mit den Unfällen beschäftigen (meist ohne Notfälle), zu einem sehr schwer zufriedenstellenden Sonderfach entwickelt. In den USA kommt der Unfall zum General Surgeon und dieser zieht für die Knochenbrüche an Arm und Bein den Orthopäden

Heute und Damals

hinzu. So hält es die ganze Welt, und ist mit dieser Organisation zufrieden.

Wie konnten sich bei uns diese Schwierigkeiten einstellen? Dafür tragen wir, die Allgemeinchirurgen in Deutschland und Österreich, die Schuld, die sich in der Chefetage nie genug wissenschaftlich um die Verletzten gekümmert hatten. Damit hatte sicher die konservative Frakturbehandlung zu tun. Sie war mühselig und sehr zeitaufwendig. Sie wurde Oberärzten und Assistenten überlassen. Ich erinnere mich noch, als ich nach dem Ende des Zweiten Weltkrieges in Erlangen Chirurg wurde, an die in langen Reihen monatelang im Bett liegenden Ober- und Unterschenkelfrakturen mit Drahtextension und den regelmäßigen Röntgenkontrollen und das Einrichten immer wieder abrutschender Oberschenkelschaftfrakturen. Das Anlegen der Gipsverbände, das Kontrollieren der Unterarmbrüche (Radiusfrakturen) nach der Abschwellung war ein anderes Beispiel dieser Mühsal. Die damals langsam sich durchsetzende Marknagelung wurde sehr zurückhaltend eingesetzt. Niemand wollte auch dafür eine Fraktur operativ freilegen und die geschlossene Prozedur einen Marknagel einzuführen war mühselig und mit Tücken behaftet. Ich erinnere mich noch des festgefahrenen Oberschenkelnagels, den niemand mehr weiter hinein- oder herausschlagen konnte. Da mußte aus der Werkstatt des Krankenhauses eine Eisensäge geholt und keimfrei gemacht werden, um den Nagel abzusägen.

(Der Rest lockerte sich nach einigen Wochen von selbst und war dann immer leicht herauszuziehen).

In dieser Zeit gab es zwei Persönlichkeiten, die sich im deutschen Sprachgebiet mit großem Erfolg ausschließlich oder vorwiegend der Frakturbehandlung widmeten. Beide habe ich persönlich gekannt. Das waren der Chirurg Lorenz Böhler in Wien und der Orthopäde Friedrich Pauwels in Aachen.

Böhler hatte im Ersten Weltkrieg als Militärarzt die Idee, für Schußfrakturen Sonderlazarette bei der k.u.k.-Armee einzurichten. Böhler gab klare Anweisungen und hatte hervorragende Heilerfolge, die er auch sehr wirkungsvoll darstellen und veröffentlichen konnte. Nach dem Ersten Weltkrieg verfaßte er ein Buch über die Knochenbruchbehandlung, für das er zuerst keinen Verleger fand. Selbstbewußt ließ er es im Selbstverlag drucken. Es wurde in vielen Auflagen später in die meisten Sprachen der Erde übersetzt. Ich sehe diesen eindrucksvollen Mann noch vor mir, als ich ihn einmal in seiner Unfallklinik in der Webergasse in Wien besuchte. Er saß an seinem Schreibtisch vor einer Statistik der Aufnahmezahl der Verletzten, die hinter ihm an der Wand befestigt war. Sie begann links unten und erklomm rechts oben imponierende Höhen. Obwohl auch in seinem mehrbändigen, bestechenden Lehrbuch nicht alles gelehrt werden konnte und auch nicht immer alles gelang, war der „Böhler" ein Buch für Generationen von Chirurgen.

Der Orthopäde Pauwels war viel zurückhaltender. Er machte, wenn man mit ihm zusammentraf oder ihn hörte, einen überwältigenden Eindruck, wenn er nur das Wort ergriff. Sein zusammenfassendes Buch „Gesammelte Abhandlungen zur funktionellen Anatomie des Bewegungsapparates" ist ein Markstein der operativen Eingriffe am Knochen, das ein Genie geschrieben hat. Dort ist die Lebenserfahrung dieses wahrhaft großen Mannes niedergelegt. Obwohl sowohl „der Böhler" als auch Pauwels durch die moderne operative Knochenbruchbehandlung überholt sind, sollte die Monographie Pauwels als Musterbeispiel schöpferischer Forschung auch heute nicht in Vergessenheit geraten. Die erfolgreiche Behandlung „unheilbarer" Knochenbrüche durch Pauwels sind meisterhafte Schilderungen und die Erfolge manchmal fast unglaublich.

In Deutschland hat sich nach dem Zweiten Weltkrieg die Unfallchirurgie – wie schon gesagt – abgesondert. In Österreich gab es schon seit dem Ende des Ersten Weltkrieges einige Unfallkrankenhäuser. Sie waren alle von Böhler ins Leben gerufen und mit seinen Mitarbeitern besetzt.

In dem Maße, wie die spezifisch orthopädischen Krankheiten verschwanden (Knochentuberkulose, Rachitis), interessierten sich bei uns auch die Orthopäden für die Extremitätenverletzungen. Die Unfallchirurgen aber „revanchierten" sich und behandelten dagegen orthopädische Erkrankungen (z.B. Gelenkersatz bei Hüftarthrosen usw.). Diese Entwicklung führt bis heute zu dauernder Unruhe, zumal es ja auch immer noch sehr viele Allgemeinchirurgen, vor allem in kleineren Krankenhäusern, bei uns gibt, die den Unfall, also auch die Extremitätenfraktur, sehr gut behandeln. Durch die moderne operative Frakturbehandlung werden erhebliche Anforderungen an einen solchen Operateur gestellt, aber sie sind auch von ihm erlernbar, er muß nicht spezialisiert sein.

Bei jeder Reise in die USA habe ich in New York Station gemacht. Vor allem das dortige Natural History Museum hat mich bei jedem Besuch immer wieder für meine eigene wissenschaftliche Arbeit angeregt. Ich nenne nur die didaktisch besonders gelungene Darstellung der Entwicklung der Vertebraten (Wirbeltiere). Hier kann man die Bedeutung der vergleichenden Anatomie als die Botschaft des Genoms auch für unsere Chirurgie ablesen. In meiner Monographie „Die Chirurgie an den visceralen Abschlußsystemen" (innere und äußere Abschlußapparate beim Menschen) (1998) bin ich darauf ausführlich eingegangen. Diese im ersten Moment für den Menschen und für den Chirurgen so fern liegenden Gedanken überzeugen ganz überraschend, daß hier Neuland auftaucht, dessen Kenntnis uns bei unserer praktischen Arbeit von großem Nutzen ist.

Auf einem meiner Flüge von New York nach Paris hatte ich ein mich bewegendes Erlebnis. In New York wartete in der Lounge des Flughafens auch der französische Staatspräsident Mitterrand mit zwei Leibwächtern auf den Abflug. Alle Welt wußte von seiner Krankheit. Er wirkte gebrechlich, aber seine dunklen Augen in dem hageren, blassen Gesicht blickten forschend und freundlich herum. Während des Fluges saß er allein in der ersten Reihe. Neben ihm und hinter ihm ein bodyguard. Er aß fast nichts. Er nahm aber das Gespräch mit den etwas entfernter sitzenden Passagieren wie ganz selbstverständlich auf. Als die Concorde pünktlich wie immer in Paris gelandet war, erhob sich Mitterrand, wandte sich den Passagieren zu, die sich alle von ihren Sitzen erhoben hatten, und alle verneigten sich. Lächelnd verneigte sich der vom Tod gezeichnete Mann auch und verließ müden Schrittes das Flugzeug. Das war eine große Geste, die mich tief beeindruckt hat.

12. Kapitel

1998 hatte ich mein Buch „Chirurgie an viszeralen Abschlußsystemen", es wurde in dieser Biographie schon des öfteren zitiert, über 400 Seiten und über 500 Bilder abgeschlossen. Dort sind alle meine Bemühungen um eine anatomia animata letztlich für die praktische Chirurgie zusammengefaßt. Das Buch ist ein florilegium aus lange zurückliegenden neueren und neuesten Arbeiten.

Bei der Abfassung dieses Buches habe ich nun Erfahrungen gemacht, die mich zu einer Gesamtschau des Veröffentlichungswesens angeregt haben. Seit der „automatischen" Publikation meiner Doktorarbeit 1943 (s.S. 67), bei der mir mein Doktorvater, der Anatom Elze, geholfen hat, habe ich in 50 Jahren bei dieser für uns doch vitalen Literaturgestaltung sehr viel persönlich erlebt.

Jeder schaffende Mensch hat das Bestreben, daß seine Werke anerkannt und verbreitet werden. Das befriedigt nicht nur seinen Ehrgeiz, sondern das soll auch dem Fortschritt dienen und der Wahrheitsfindung, wenn auch nur eine Gasse öffnen.

Dieser Wunsch wird viel leichter erfüllt, wenn es sich um die Verbreitung gängiger Erkenntnisse handelt; diese können sogar falsch sein.

In meiner Präsidentenrede (s.S. 300) habe ich auf den Zwiespalt ausführlich hingewiesen. Es ist das Schicksal der Wahrheit, erst paradox zu erscheinen, um dann als trivial abgewertet zu werden (Schopenhauer). Beide Ansichten sind für eine Veröffentlichung hinderlich, denn mit einer Veröffentlichung ist immer ein Wagnis verbunden, das sich der Autor mit dem Verleger teilt. In Zeitschriften ist dieses Wagnis auf viele Autoren verteilt und deshalb fast null. Nicht so in Büchern mit einem einzigen Autor. Der Verleger darf natürlich den Autor nicht vergrämen, sonst versucht dieser, bei einem anderen zu landen, um das Gleiche zu erleben, nur vielleicht unter scheinbar günstigeren Umständen. Der Verleger sucht den Autor durch strahlende Freundlichkeit, durch Aufmerksamkeit, z.B. durch Erinnerung an seine runden Geburtstage oder durch Einladung zu einem Essen, bei Laune zu halten. Heute sind diese Einladungen auf den Kongressen zu Stehempfängen geschrumpft. Wir haben winzige Häppchen in der einen Hand, in der anderen Hand halten wir das Glas mit dem Wein, unter der Achsel haben wir das Kongreßprogramm eingeklemmt, und somit sind wir nicht fähig, einen vernünftigen Gedanken zu fassen, weil wir abgelenkt werden. Auffällig ist bei diesen Stehempfängen der absichtliche Verzicht auf Sitzgelegenheiten, bis auf einige „Mitleidsstühle" an einer Wand, denn die Gestreichelten sollen ja nicht zu lange bleiben, sie sollen anderen Platz machen.

Was hat sich in diesen 50 Jahren nicht alles geändert? Nach 1945 waren z.B. die Herausgeber von Zeitschriften meist allbekannte Ordinarien, die die ihnen angebotenen Veröffentlichungen selbst beurteilten. Bei K.H. Bauer, dem Ordinarius in Heidelberg, wurde, wie ich das selbst erfahren habe, nichts liegengelassen. Er hatte sogar manchmal Zeit für einen anerkennenden Brief. War der Beitrag erschienen, bekam man die Sonderdrucke und ein bescheidenes Honorar.

Bald fiel dieses Honorar weg; heimlich, Verleger machen nie viele Worte.

Die Fülle der Angebote zur Veröffentlichung und die Schwierigkeit der Themen, von denen manch' Herausgeber nichts verstand, was er natürlich nie zugab, zwang ihn, die Beurteilung an Mitarbeiter zu delegieren, die weder Lust, Zeit und manchmal auch nicht das nötige Fachwissen hatten. Auch die menschliche Reife fehlte mitunter bei solchen Anonymi. Auffallend war dann, daß in den Biographien ehrlicher Verleger und Herausgeber, aber auch in denen der Betroffenen, später bahnbrechende originelle Arbeiten zitiert wurden, die vorher abgelehnt worden waren (s. z.B. Fanconi).

Kürzlich erfuhr ich von einem besonders erfolgreichen Medizinforscher aus den USA, daß er einen Schrank eingerichtet habe, wo alle seine abgelehnten Veröffentlichungen (bei der Einwerbung von Geld sogenannter grants) untergebracht waren. Mit ihnen waren auch alle Auszeichnungen fein säuberlich bei jeder ursprünglich verdammten Arbeit deponiert. Er nannte diesen Schrank seinen Trostschrank.

Mit anderen Worten, diese Mißgriffe waren immer unvermeidlich, nur sie vervielfältigen sich heute. Das gilt auch für Vorträge, die ja später in Zeitschriften oder Büchern landen. Wir beobachten dabei folgendes. Aus den Wissenschaftsfabriken von Großkliniken

12. Kapitel

werden nach dem Schrotschußprinzip z.B. 20 Vorträge eingereicht, von denen die Autoren oft gar nicht wissen, was sie endgültig eigentlich sagen wollen. Von diesem Überangebot werden immer einige Beiträge angenommen. Ein Einzelautor, der unglücklicherweise nicht einem Modetrend folgt, also z.b. nicht molekularbiologisch arbeitet, fällt hingegen oft durch. Ein Redaktionskomitee sollte sich nicht nur den Inhalt, sondern ab und zu auch den Ansucher ansehen. Man darf nicht Leute verprellen, die sich Mühe geben, auch wenn sie eher zum Fußvolk gehören sollten. Wer füllt denn die Kongresse, die ja auch eine soziale Aufgabe erfüllen? Erinnern wir uns, der Tempel des Ruhms ist von lauter Toten bewohnt, von denen viele während ihres Lebens nicht darin waren, und von einigen Lebenden, welche fast alle, als sie gestorben waren, hinausgeworfen wurden (frei nach Schopenhauer).

Auch das Erscheinungsbild der Veröffentlichungen hat sich gewandelt. Früher hieß es: Aus der Klinik ... Direktor ... Heute erscheint der Leiter nach einer ganzen Reihe von Mitautoren als letzter – Auchautor. Alle Welt weiß, daß sein Anteil an der Arbeit gleich null ist. Juristisch, so kürzlich ein Rechtsgelehrter, erfüllt das eigentlich den Begriff des Betruges. Die für unsere Zeit typischen Vielautorenbücher und Zeitschriftenbeiträge sind oft der Tummelplatz von Verfassern, die zur gleichen Schule gehören (s.S. 287). In solchen Büchern werden nicht nur wichtige Teilstücke vergessen, weil der Herausgeber längst die Übersicht verloren hat, sondern es kommen Branchensäuglinge zu Wort, bei denen das Thema nach der Delegation ins letzte Glied bei einem wehrlosen Wasserträger hängengeblieben ist. Die Erfahrenen erahnen schon dessen vergebliche Mühe beim Abschreiben. Immer noch erscheinen solche Beiträge ohne Schrifttumsangaben. Gut gelungene Bilder anderer werden – ganz leicht abgeändert – verwendet – richtiger entwendet; das alles begleitet vom lautlosen Gelächter der Wissenden. Hierher gehört auch ein Wort über den Unfug von Sammelwerken. Sie sind heute so modern. Da finden Sie hinter dem Namen des sogenannten Verfassers verschämt – deshalb immer abgekürzt – Hrsg., das ist Herausgeber. In unserem redseligen Zeitalter sind solche Bücher mit unterschiedlich wichtigen, nie aufeinander abgestimmten Beiträgen vollgestopft, denen ein einheitlicher Gedanke fehlt. Neues erfährt man kaum einmal, höchstens die Kreativität zweiter Ordnung, die nicht selten zweifelhafte Verbesserungen vorschlägt. Beliebt ist auch das immer neue Einteilen oder das Zahlenspiel, deren Grundlage Heerscharen, die total unwissenden Doktoranden als Wasserträger nicht zu vergessen, von Forschern im zartesten Alter gewonnen haben. Die Kreativität erster Ordnung dagegen entsteht in einem Kopf und nur in einem einzigen Kopf. Schon zwei Kollegen sind Silber, kein Kollege ist Gold. Man komme mir hier nicht mit dem Hinweis der Spezialisierung. Das ist doch oft nur eine verdeckte Form von Faulheit, denn der wissende Spezialist wird in solchen Sammelwerken manchmal erst gar nicht aufgefordert zu schreiben. Wir brauchen nicht unbedingt Werke aus einem Guß, aber beseelt von einem Grundgedanken. Besonders fragwürdig ist die Mißachtung der ja von uns allen erstrebten Aufmerksamkeit beim Zitat solcher Sammelwerke im Schrifttum. Da erscheint leider immer nur der Herausgeber, der manchmal gar keinen eigenen Bericht beigesteuert hat. So kann er im Zitatenindex eine imponierende Zahl erreichen, obwohl er die Arbeit eines Bürovorstehers und nicht einmal eines Teamchefs, „unterstützt durch Leibeigene", geleistet hat. Kürzlich habe ich in dem Arbeitsverzeichnis eines solchen Herausgebers gelesen, daß er 1046 Arbeiten veröffentlicht hatte (!).

Er war 1998, seit Beginn seiner Ausbildung, 28 Jahre im Dienst. Das sind 10 220 Tage. Danach hat er jeden neunten Tag eine Arbeit veröffentlicht. Würde man die Sonn- und Feiertage, die Ferien und die Abwesenheit aller Mitschaffenden berücksichtigen, so hätte er wohl jeden dritten Tag eine Arbeit publiziert. Die Abwesenheit von Mitarbeitern darf heute nicht gering veranschlagt werden. Sie erfolgt nach der Sechser-Regel:

1. Man ist noch nicht da.
2. Man ist nicht mehr da.
3. Man ist in einer Besprechung.
4. Man ist bei Tisch.
5. Man hat seinen freien Tag oder ist im Urlaub.
6. Man ist beim Arzt.

12. Kapitel

Im Zeitalter falsch verstandener Demokratie wird auch bei Zeitschriftenveröffentlichungen manchmal der Titel der Autoren weggelassen. Lieschen Müller – pardon Dr. Lieschen Müller ist dem Professor C4 Dr.med.Dr.h.c.mult. Müller, geschäftsführender Direktor der Chirurgischen Universitätsklinik oder der chirurgischen Abteilung des Schwerpunktkrankenhauses in Klein-Piepen-Eichen, Lehrkrankenhaus der St. Josefs-Universität in Großbimmelshausen total gleichgestellt. Vielleicht weiß Dr. Lieschen Müller gar nichts von ihrer Mitautorschaft, weil sie ihren 2jährigen Mutterschaftsurlaub ableistet und nur zu Festlichkeiten erscheint, wie z.B. der ersten Lebertransplantation im ersten Stock der Klinik. Im Parterre überlebte schon früher einmal ein Operierter einige Monate.

Das gab deshalb schon einmal eine Premiere.

Wagen Sie es, etwa als älterer Autor weiter mitspielen zu wollen, kann es passieren, daß man Ihnen beweist, daß so, wie Sie sich Ihr Buch vorgestellt haben, das den sicheren Ruin des Verlages bedeuten würde. Der Verhandlungspartner A deutet an: Wenn ihr Name in seinem Computer auftaucht „stürzt er ab." Unter Austausch ausgesuchter Höflichkeiten, der mich an den Stil des preußischen Justizamtes der Kaiserzeit erinnert, gehen sie aus dem gewaltigen Verlagsgebäude, das tatsächlich etwas von der einschüchternden Wirkung eines Reichsgerichtes hat und verlassen mit Ihren zwei dicken Leitzordnern die Stätte Ihrer Niederlage.

Der spätere Reichsgerichtspräsident Bumke hinterließ uns eine solche Reichsjustizamtshöflichkeit, er schreibt:
Er könne es sich nicht mehr anders vorstellen, als daß der Engel, der den Auftrag hatte, Adam und Eva des Paradieses zu verweisen, mit den Worten geschlossen hätte, wäre er beim Reichsjustizamt gewesen: „Im übrigen benutze ich auch diesen Anlaß, um Ihnen die Versicherung meiner ausgezeichneten Hochachtung zu erneuern."

Beim Verlag B, bei dem Sie ein ebenso imposantes Gebäude betreten, wo Sie jemand führen muß, damit Sie nicht in der Besenkammer verhungern, haben Sie scheinbar mehr Glück. Hier empfängt man Sie mit offenen Armen. Im Computer können Sie auf Knopfdruck Ihre Verdienste, Orden und Ehrenzeichen lesen. Das Ausfüllen endloser Fragebögen ist hier eine reine Freude. Sie fühlen sich rundum verstanden. Man versucht, Ihnen sogar die obligate Tasse Kaffee in der Rosenthal-Tasse anzubieten. Ihr Gesprächspartner kann ja nicht wissen, daß Sie diese ewige törichte Kaffeetrinkerei zutiefst ablehnen. Ich sehe darin nur eine besonders bei Theoretikern übliche himmelschreiende Zeitvergeudung, bei denen das Aussetzen der Gehirntätigkeit durch dieses geistlose Trinken übertüncht wird. Man muß sich aber das Lachen verbeißen, wenn der Gegenüber das kiloschwere Manuskript in den Händen wiegt und schon allein vom Gewicht, er hat es ja noch gar nicht gelesen, eine tiefe Anerkennung simuliert – das ist gekonnt!

Aber gemach, kein Verlag wird ein Risiko eingehen. Das erfahren Sie aber erst nach und nach, es gibt viele Stolpersteine wie Druckkostenzuschuß, Honorarverzicht oder Kalkulationsänderungen, die möglichst spät im Produktionsprozeß offeriert werden. Der Autor sitzt am kürzeren Hebel, er hat nur noch den Wunsch, sein Werk endlich erscheinen zu sehen und gibt gewiß nach.

Natürlich sind beide Seiten als Profis aufeinander angewiesen. Das stellt auch niemand in Abrede, aber die Zündschnur zum Zerwürfnis zwischen Autor und Verleger, ein beliebtes Thema der Literaturgeschichte, kann schon meßbar kürzer werden.

Trotz zügiger Abwicklung der Drucklegung, nur unterbrochen durch eine Appendicitis des Lektors zum Beispiel, der nicht ersetzt wird, das ist im Marketing nicht vorgesehen, da müsen Sie einfach warten, vergehen für den Autor auf einmal vergnügte drei Jahre.

Unser Verhalten heute ist immer noch mit dem Verhalten von Wissenschaftlern in ferner Vergangenheit gleich.

Die gelehrten Zeitgenossen des Galilei weigerten sich, das von ihm erfundene Fernrohr zu benutzen. Die dann dadurch erkennbaren Sonnenflecken widersprächen den Aussagen des Aristoteles. Die das Fernrohr ablehnenden Zeitgenossen des Galilei waren davon überzeugt, daß in den Schriften des Aristoteles das menschenmögliche Wissen endgültig und unwandelbar dokumentiert

12. Kapitel

worden ist. Aristoteles betont „die Reinheit der Sonne." Weil das Fernrohr diese Reinheit ganz eindeutig widerlegte, mußte es ein teuflisches, verwirrungsstiftendes Werkzeug sein. Die Autorität der Aristoteles-Fachleute war so groß, daß sie die sicher schon damals von der Leistung des Fernrohrs überzeugten anderen gescheiten Menschen wirkungsvoll zu der uns ja auch heute immer noch existierenden schweigenden Mehrheit degradierte (Jordan).

Demgegenüber steht der Lobpreis einer Persönlichkeit, deren Forschungsergebnisse oder praktische Empfehlungen von der Zeit überholt worden sind. In der Rückschau ist manchmal eine persönliche gesellschaftliche Behendigkeit des Gelobten leichter zu erkennen als zu seinen Lebzeiten. Es wird sich dann wohl in der Schar seiner „Schüler" oder „Enkel- und Urenkel-Schüler" ein ebenso Behender finden, der den Glorienschein des Gerühmten wieder aufzupolieren trachtet. So kommt es zu den Jubiläumsfeiern, wo die „Weltgeltung" der längst weitgehend und vielleicht bis zur Unerkenntlichkeit modifizierten Erfindung beschworen wird, an deren Glanz sich die zur Ehrung Versammelten selbstzufrieden erbauen.

In der berühmten Preisschrift Roussaus: „Über den Ursprung der Ungleichheit unter den Menschen" stellt dieser fest: „Ich würde sichtbar machen, wie sehr dieser allgewaltige Drang nach Ruf, Ehre und Auszeichnungen, der uns alle verzehrt, Talente und Kräfte einübt und sich messen läßt, wie sehr er die Leidenschaften aufreizt und vervielfältigt, wie sehr er alle Menschen zu konkurrenten Rivalen und viel mehr Feinden macht" (Haken).

Die Dynamik wissenschaftlicher Erkenntnisse ist bedingt durch den Kampf der Wissenschaftler. Auf der Welt erscheinen täglich 17 000 Veröffentlichungen. Für eine neue Idee, wir haben es schon früher gesagt, muß die Zeit reif sein. Das Reifsein äußert sich darin, daß auch andere die Idee aufgreifen. So entsteht der Kampf der Wissenschaftler um die Priorität und ... der „Matthäus-Effekt." Bei diesen Evangelisten heißt es: „Denen, die haben, wird noch gegeben, denen, die nichts haben, wird noch genommen." Das gilt vor allem für Auszeichnungen und Preiskomitees. Sie entwickeln dafür eine eigene Dynamik. Wichtig ist auch, daß andere Wissenschaftler den originellen Autor zitieren. Aber im Zitationsindex lauert ein Fehler. Es kann passieren, daß eine neue Idee falsch ist. Die zitieren dann Epigonen, die diesen Autor widerlegen und zwar auf breiter Front und sie zitieren ihn immer wieder, und immer wieder wird dieser irrende Schöpfer einer falschen Überlegung im Zitationsindex auftauchen.

In diesem halben Jahrhundert von mir erlebter Chirurgie war die Entwicklung der Heilkunst und insbesondere der Chirurgie exorbitant im Vergleich zu den Jahrtausenden der Menschheitsgeschichte vorher. Durch die bewußte Pflege der Verbindung mit Persönlichkeiten, die meine Lehrer und Freunde waren, umfaßt meine Erlebniswelt ein ganzes Jahrhundert.

Immer schon drängte sich bei diesen Erlebnisserien der Medizin die Frage auf, dürfen wir eigentlich alles was wir können? Diese Frage müssen wir ganz sicher mit nein beantworten. In unserem Kalkül erscheint jetzt plötzlich mit dem Betroffenen, dem Fragenden, die Allgemeinheit, aus der wir alle stammen und der wir verpflichtet sind.

So war es für mich auch eine Verpflichtung, mich 1997 in Innsbruck auf dem Österreichischen Chirurgenkongreß zum Thema: „Die Kunst des Verzichtens in der Chirurgie" zu äußern. Damals habe ich folgendes gesagt:

Das Thema hat unser Präsident gestellt. Das ist deshalb hervorzuheben, weil er als Transplantationschirurg den momentanen Höhepunkt chirurgischer Möglichkeiten repräsentiert. Ihm kann keiner vorhalten, er schilt die Trauben sauer, sie hingen zu hoch. Als Vortragenden hat er jemanden ausgewählt, der das Siegen schon hinter sich hat, der aus der Vogelperspektive schaut und der dem Gedränge im chirurgischen Forst schon entkommen ist.

Den Auftrag möchte ich in zwei Teilen abhandeln:

1. Der Verzicht, weil wir so viel wissen und
2. der Verzicht, weil wir noch lange nicht alles wissen

12. Kapitel

Zu 1.:

Bei dieser heute nahezu risikolosen Chirurgie meint jeder, er könne technisch eigentlich alles, aber das Wissen ist bei dieser breiten Entwicklung unseres Faches für den Einzelnen immer mehr eingegrenzt.

Wie immer wird die Ideenwelt völlig zugedeckt von der Ergebniswelt. Diese Ergebniswelt ist heute nicht allein auf der Erfahrung gegründet, sondern sie wird von unzähligen Statistiken Ungeduldiger untermauert, die manchmal mit Hochrechnen die Beherrschung der Probleme vortäuschen. Dieses Überangebot jetzt schüchtert schon mit ihrer Masse alle ein, die nachdenken.

Unbeeindruckt davon gibt es viele, die alles besser wissen. Ihr Verhaltenskodex ist: Das haben wir schon immer so gemacht oder das haben wir noch nie so gemacht und, da könnte jeder kommen; diese Maxime ist auch heute noch ein stiller Begleiter vieler Entschlüsse.

Unser Umfeld begrenzt in der Gegenwart unsere Möglichkeiten ebenfalls. Zu unserem Umfeld gehört heute die Ökonomie und auch der anspruchsvolle Patient, der dazu neigt, die Schuld des Arztes gegen das Schicksal aufzuwiegen. Gerade heute und in der Zukunft stehen wir im Spannungsfeld des ethisch Gebotenen und den Forderungen dieser Umwelt. Darüber redet man sehr bemüht, eine Lösung ist aber noch nicht in Sicht. Zu unserem Unbehagen tragen auch die Medien bei. Die zeigen entweder unseren phantastischen Erfolg oder den Mißerfolg in der Chirurgie mit den diesen begleitenden Richtern. Bodner (1997) hat in Detmold über „Chirurgie und Medien" einen Verhaltenskatalog aufgestellt, an den sich alle halten sollten.

Medien suchen ihre Zuschauer und Leser immer mit Extremen zu beeindrucken. Sie loben selten hoch und sie verteufeln oft tief. Wehrlos ist der Chirurg ihnen ausgeliefert, wenn sie ihn auf dem Bildschirm durch die Welt waten lassen oder wenn sie ihn durch den Zeitraffer lächerlich machen. Diese Übertreibung soll die Wirklichkeit verdeutlichen, aber sie entspricht nie der Wirklichkeit. Als Angegriffener sind Sie immer unterlegen. Unter der Tarnkappe der Meinungsfreiheit schafft selbst der Staat für den Aggressor Vorteile und wenn die Flamme über Nachrede züngelt, facht sie der Geschmähte nur an, wenn er sich verteidigt (Issensee 1969). Sie müssen lernen zu schweigen.

Heute und Damals

Niemand weist darauf hin, daß wir, der sehr bemühte Durchschnitt, uns ein Leben lang im großen Mittelfeld bewegen, ohne jede Sensation, aber immer begleitet von der lauernden Sorge. Die heute so moderne Gleichheit aller Menschen ist eine grobe Utopie. Wir sind sehr unterschiedlich gleichwertig.

Der Sorge entkommen wir am besten, wenn wir über das uns zwangsläufig zustehende begrenzte Feld unserer Tätigkeit sehr genau Bescheid wissen und wenn wir dann vorher eine Prognose stellen können.

Ich habe die Erfahrung gemacht, daß die richtige Prognose, ich bin fast versucht zu sagen die Weissagung, einem Kranken außerordentlich hilft, vor allem, wenn wir ihm nicht vollkommen helfen können und wie oft erleben wir das.

Am Fortschritt der Chirurgie ist kein Zweifel, aber weil heute Forschung eine Massenerscheinung ist, die immer und immer mehr von Wiederholern wiederholt wird, was alle schon wissen, werden originelle Gedanken zwangsläufig unterdrückt, denn in unserer Zeit gibt es keine breite Diskussion mehr (Stelzner 1995, 1997). Immer weniger und immer weniger wissen immer mehr und immer mehr und bleiben unter sich. Die Heerscharen von Forschern, das sind die Verbesserer oder oft die nur vermeintlichen Verbesserer, die manchmal Irriges repetieren, die ziehen dann wie Heuschreckenschwärme immer weiter und weiter und hinterlassen abgegraste Felder, auf denen die zarten Pflänzchen unerledigter Probleme wieder sprießen und oft lange Zeit auf ihren Entdecker warten. Ich weiß allerdings, daß Sozialintelligenz (Vulgo: bewundernswerte Schlauheit) und ein einflußreicher Lehrer eine mangelnde Begabung und Eignung durchaus aufwiegen können. Es bleiben nicht immer die Schlechtesten auf der Strecke. Glückliche werden dann zu Unrecht, allerdings immer nur für begrenzte Zeit, auf den Schild gehoben.

Heute müssen sie sich nach einer breiten Ausbildung, die ihnen die Chance gibt, ihrer Begabung und nicht nur ihrer Neigung nach endgültig zu wählen, auf einem umgrenzten Gebiet einrichten. Eins ist sicher, je höher sie im Prestige steigen, desto tiefer müssen sie loten und desto enger ist ihr Wirkungsfeld. Das ist in der Praxis genauso wie in der Wissenschaft. Es ist eine Frage der Veranlagung, ob sie zu den wenigen gehören die

12. Kapitel

fragen können, warum man etwas so macht oder zu den vielen, die schon zufrieden sein müssen, wenn sie die Frage beantworten können, wie man etwas am besten macht. Dieses Verhalten füllt vor allem unsere Kongresse und es ist auch nötig und hier eröffnet ihnen die Kunst des Verzichts das Glück des Erfolgs.

Heute setzt optimale Chirurgie optimale Diagnostik voraus und optimale Nachsorge ist hinterher nötig. Alles das ist sehr anspruchsvoll und damit für den Einzelnen begrenzt.

Gott sei Dank ist in der Chirurgie das Häufige recht gut von den meisten abzudecken. Auch diagnostisch und in der Nachsorge. Unsere Krankenhausorganisation gestattet das, einschließlich der niedergelassenen Chirurgen. Auch die ambulante Chirurgie zeigt eine positive Entwicklung in dieser Hinsicht.

Ich will Ihnen nun an Beispielen zeigen, was ich meine. Wer sich lange mit operativer Chirurgie beschäftigt, macht Erfahrungen, die in keinem Lehrbuch stehen. Sie sind auch die Grundlage der letztlich uns alle beherrschenden Moral.

Sie wissen ja selbst, in den Operationslehren ist alles so schön zu sehen. Da blutet es nicht, da gibt es keine Dicken und Sie werden sehr selten lesen, was Sie dann tun sollen, wenn Ihr Eingriff dem Standardbild nur ganz entfernt ähnelt und wenn Sie zu transpirieren anfangen und die Ratlosigkeit um sich greift.

Wissen Sie auf einem begrenzten Gebiet sehr viel, dann ist Ihnen auch bekannt, wo ihre Grenze ist und was Sie dann zu tun haben. Eventuell einmal gar nicht anfangen!

Um zu einem anderen Extrem zu gehen. Die Chirurgie der Vitalzonen ist heute als Operation von vielen zu bewältigen. Aber die anspruchsvolle Diagnostik und die ebenso anspruchsvolle Nachsorge auf einer Intensivstation ist nicht überall vorhanden, aber sie ist heute unverzichtbar.

Da diese Umstände selten sind, müssen nicht überall diese dazu umfangreichen Voraussetzungen geschaffen werden. Das Prestige ist einfach zu teuer für Imponiermaschinen für jedermann an jedem Ort.

Doch als Allgemeinchirurg, als Generalist, können Sie sich nicht gegen den Trend ihrer Zeit stellen.

Heute und Damals

Ein Beispiel: Bei meiner Eröffnungsrede als Präsident der Deutschen Gesellschaft für Chirurgie 1985 habe ich gefragt, wo sind denn die Heerscharen von Krüppeln geblieben, denen man früher nach Umknicken des Fußes die Bänder nicht operiert hat? (Stelzner 1985) Niemand hat sie gesehen. Würden Sie aber das in der Regel nur eingerissene, weil mit der Gelenkkapsel verschweißte Band nicht nähen und mit sicherem Erfolg wie seit 100 Jahren konservativ behandeln wollen, wird Sie der Patient verlassen und zu einem Kollegen gehen, der ihn mit den Worten empfängt: Da haben Sie aber Glück gehabt, daß Sie zu mir kommen, Sie müssen sofort operiert werden. Das ist kein Erscheinungsbild von heute. Das war immer schon so. Es ist ganz unmöglich, sich eines Gerüchtes zu erwehren (Kapferer 1987/95).

Früher war es z.B. die Appendix, die in diesen zweifelhaften Ruf geriet, symbolisch operiert zu werden (Stelzner 1985, 1991) (s. S. 325).

Die Überfülle unseres Wissens zwingt uns zum Verzicht, auch von der Moral her, denn es wäre doch sehr bedenklich, wenn wir alles täten was wir könnten.
Jetzt zum Verzicht, weil wir noch lange nicht alles wissen.
Bis tief in das 19. Jahrhundert gab es kaum eine konservative Therapie gefährlicher Krankheiten mit einem objektiv zu erwartenden Erfolg. Sie finden aber in den Pharmakopoeen eine Unzahl damals gebräuchlicher Heilmittel, die alle objektiv nutzlos waren, die aber selbstverständlich mit der Heilung in Verbindung gebracht wurden (Degler 1996). Da denkt man an Voltaire, der gesagt hat: Es ist die Aufgabe des Arztes, den Kranken bei Laune zu halten, bis die Natur ihn heilt. Dazu eigneten sich diese vielen vielen nutzlosen Medikamente. In dem Moment, wo mehr objektiv wirksame interne Heilmittel entwickelt wurden, stieg auch die Gefahr, durch sie zu Schaden zu kommen.
Die Chirurgie dagegen war schon immer objektiv erfolgreich. Medicus nisi chirurgus nullus est sagten hart die Alten. Allerdings war die Chirurgie früher sehr gefährlich, das ist sie heute nicht mehr. Ja gerade die modernen internistischen Heilmittel können viel gefährlicher sein, deshalb kommen die Kranken mit übersteigerten Ansprüchen zum Chirurgen, denn die heute viel risikoärmeren Erfolge der Wundheilkunst haben sich herumge-

12. Kapitel

sprochen *(Stelzner 1985)*. *Die Chirurgie ist in Gefahr, wir haben darauf schon hingewiesen, als Placebo eingesetzt zu werden (s. S. 326). Vergessen wir nicht, die Chirurgie kann auch tätige Unwissenheit sein und auch bei ihr kann Tätigkeit verkappte Faulheit bedeuten (Stelzner 1985, 1991).*
Damit sind wir, wie ich sage, bei der symbolischen Chirurgie, worüber ich schon ausführlich gesprochen habe (Stelzner 1991). Warum üben wir sie aus?
Zwischen Anspruch und Wirklichkeit steht unser Wissensmangel vom Wesen vieler Leiden neben der Unwägbarkeit des Krankheitsverlaufs. Wir erinnern uns, daß in jedem Leben eines Arztes neue Krankheiten auftauchen und andere spontan verschwinden. Diesen Wissenslücken und Peinlichkeiten versucht der Chirurg zu entrinnen, eben durch die Ausübung symbolischer Chirurgie (Stelzner 1985, 1991).

Die symbolische Chirurgie ist gekennzeichnet

1. *durch den sinnwidrigen Eingriff und*
2. *durch eine an sich sinnvolle Unternehmung, die unsinnig vervielfacht wird. Beiden Entwicklungen liegt die Erfahrung zugrunde, etwas zu tun könnte besser sein, als nichts zu tun und etwas häufiger zu tun, müßte noch besser sein (Stelzner 1991).*

Dazu habe ich auf S. 326 ausführlich mit Beispielen Stellung genommen. Diese Beispiele, die ich dort aufgeführt habe, kann ich bis in die neueste Zeit vermehren und auch die Zukunft wird nicht ohne sie denkbar sein.
In den 60er Jahren ist es gelungen, durch Reizung mit elektrischen Strömen einen willkürlichen ermüdbaren Muskel in einen unermüdlichen umzuerziehen. Man setzt so etwas wie einen Schrittmacher des Herzens ein und schließt ihn an einen Muskel des Beines an. Das scheint ein Wunder, denn der Muskel wechselt auch biochemisch seine Identität. Der naheliegende Versuch, und es ist getan worden, mit einem riesigen flachen Körpermuskel ein versagendes Herz einzuhüllen, hat sich aber nicht durchgesetzt, obwohl das Herz ein dem Willen entzogener, verhältnismäßig primitiver Automat ist (Stelzner 1994). Trotzdem hat man diese Idee mit dem Schlagwort „dynamische Grazilisplastik", Grazilis heißt dieser

Heute und Damals

Muskel am Bein, bei dem viel komplizierter angelegten, versagenden Afterschließmuskelorgan einzusetzen versucht. Aber dieser Versuch ist symbolische Chirurgie (Stelzner 1989), denn auch der Darm wird wie das Herz vom zentralen Nervensystem regiert und wenn diese Steuerungssysteme zugrunde gegangen sind, ist man trotz ingeniösester Überlegungen an der Peripherie, nämlich hier am Darm selbst, chirurgisch machtlos. Wenn aber eine unsinnige Methode nicht auffällig versagt, und das ist bei der Beurteilung der Abschlußleistung des Darms objektiv sehr schwierig und zwar aus psychologischen Gründen, dann ist es fast unmöglich, den Unsinn einer Tätigkeit nachzuweisen und sie zu unterdrücken. Nicht ganz unzufrieden ist dann auch schon ein Erfolg.

Gerade die Kunst des Verzichts, wie ich Sie hoffentlich überzeugt habe, garantiert manchmal den chirurgischen Erfolg. Nur wenn Sie Ihres Verzichtes sicher sind, können Sie den Sirenenklängen dieser uferlosen Pseudoverfeinerungen von chirurgischen Eingriffen widerstehen, die oft von falschen Voraussetzungen ausgehen und die dann doch letztlich vergessen werden (Stelzner 1989, 1994, 1995, 1997).

Wir leben ja nicht allein auf der Welt und sind dem allgemeinen Nachahmungstrieb schon im Alltag ungehemmt ausgesetzt. Einige Beispiele: Am Bahnhof haben es die meisten Menschen eilig. Wie von Geisterhand getrieben, werden wir, wenn wir auf den Bahnhof kommen, diese Eile übernehmen. Als kleiner Junge erinnere ich mich, daß der Gleichschritt und die Melodie einer vorbeiziehenden Militärmusik in den Jungen und Alten ein unwiderstehliches Gefühl des Mitmarschierens auslöste. Die es konnten, marschierten damals tatsächlich fröhlich am Bürgersteig mit und die Alten, die am Wege stehenbleiben mußten, „marschierten im Geiste mit." Diese Beispiele sind harmlos, aber der merkwürdige Nachahmungstrieb in der symbolischen Chirurgie eben nicht. An anderer Stelle (s.S. 271) bin ich schon auf das immer wieder von den Deutschen geübte Einladen ausländischer Chirurgen eingegangen. Kein vernünftiger Mensch wird etwas dagegen haben, einen ausländischen Kollegen, auch wenn er nur vermeintlich etwas Neues zu bieten hat, zu einem Vortrag aufzufordern. Wenn man sich aber auf jeder Kleinstversammlung mit einem Herrn konfrontiert sieht, dessen Ansichten längst widerlegt sind, und der immer wieder Übernommenes neu erzählt, dann kann man das nur mit einem Nachahmungstrieb des einen Veranstalters

12. Kapitel

erklären, der in einer Art Zwangsneurose dem Vorgänger folgen muß und dieser Prozeß läuft jetzt schon über Jahre. Ein etwas schaler Triumph übertönt Verlegenheit und Scham, von totaler Nutzlosigkeit nicht zu reden.

Die heutige Entwicklung unseres Faches mit seiner früher gar nicht vorstellbaren Erfolgshöhe verführt uns bisweilen, das Symbol höher zu stellen als die Vernunft. Ja, wie Zängl, unser Kollege aus Wien, schon 1975 gesagt hat, der chirurgische Fortschritt kann zur möglichen Krankheitsursache werden (Zängl 1975).

Der moderne Krieg, der, wie Sie ja wissen, mit unglaublicher Vernichtungskraft geführt wird, ist gekennzeichnet durch die Leere des Schlachtfeldes. Die modernen Kongresse, die doch die Auseinandersetzung mit der Zukunft unseres Faches sind, also auch Wettkämpfe, sind gekennzeichnet durch das Schweigen. Je origineller ein Vortrag ist, desto sicherer wird ohne Diskussion zur Tagesordnung übergegangen (Stelzner 1997). Die Probleme ziehen unbemerkt vorüber wie Schiffe in der Nacht. Der Onufkern, schon lange bekanntes Steuerungssystem des Afterschließmuskelkomplexes, mit dem ich mich wissenschaftlich fast ein Jahrzehnt befaßt habe, wird auch heute noch ignoriert, um dem Spieltrieb zu frönen (Stelzner 1998).

Die Prognose, die Voraussagung, ist die Grundlage des Gesprächs mit dem Hilfesuchenden über die zu erwartende Lebensqualität. Ein Arzt kann selten heilen, häufiger helfen, aber immer trösten. Und bei dem Gespräch über die Prognose kommt man so oft zum Verzicht auf einen Eingriff oder auf seine Vereinfachung, besonders gegen komplizierte Möglichkeiten. Es ist die Regel, daß eine neue Methode vor allem durch die Medien und durch unkritische Wiederholer ungeprüft wie eine Mode eine Favoritenstelle einnimmt. Da macht sich bei uns das Fehlen dieses kritischen Dialogs bemerkbar. An wieviel Unglück trägt das Schweigen Schuld. Nur die Unvoreingenommenheit der Überprüfung begründet Empfehlung oder Verzicht, selbst wenn alle Welt dem Trend immer noch erliegt. Wir müssen eingestehen, daß nicht nur die Wahrheit, sondern auch der Irrtum seine Hierarchie hat. Da gibt es ebenfalls Präsidenten, Kanzler, Minister und das Volk, da gibt es Bischöfe, Priester, Kapläne und Ministranten, selbst Heiligsprechungen sind nicht ausgeschlosssen. Da ist es wirklich eine Kunst etwas zu begreifen, um zu verzichten. Viele Beispiele könnte ich bringen und viele kennen die Menschen selbst zu diesem Thema. Was vordergründig bei oberflächlicher Betrachtung ganz richtig erscheint und was alle tun, ist hintergründig bei tieferem Nachdenken eben doch falsch. Das zu beherzigen bedarf es durchaus nicht immer einer elitären Geisteskraft.

Aristoteles hat behauptet, die Frau habe weniger Zähne als der Mann. Seine Autorität war so groß, daß alle Welt es fast 2000 Jahre lang glaubte, bis endlich einer doch nachzählte. Das ist heute noch genauso.

Der Nimbus regiert. Der Plenardialog fehlt. Wir hören nicht gerne zu. Die Glocken läuten vergeblich. Dieses vivos voco, die Lebenden rufe ich, dieses mortuos plango, die Toten beklage ich, dieses fulgura frango, Blitze zerbreche ich, bleibt in Erz gegossene, starre Erinnerung.

Bodner, E.: Der Chirurg und die Medien. Symposion Chirurgie zwischen Illusion und Realität. Hrsg.: L. Braun, Detmold. Verlag: Lippischer Blindenverein (1997).

Dengler, H.J.: Der Weg zur modernen Arzneimitteltherapie. (Robert Bosch Stiftung) Bleicher Verlag, Gerlingen (1996).

Issensee, J.: Ehrenschutz unter dem Regime der Meinungsfreiheit. Bonner Universitätsblätter, S. 67 (1969).

Kapferer, J.N.: Gerüchte. Kiepenheuser Verlag (1987/1995).

Stelzner, F.: Eröffnungsansprache „Über die Wissenschaft". Langenb. Arch. 366, 3 (Kongreßband) (1985).

Stelzner, F.: Symbolische Chirurgie. Aktuelle Chir. 3, 157 (1991).

Stelzner, F.: Das lädierte Kontinenzorgan und seine Therapie. Arzt und Krankenhaus 5, 142 (1994).

Stelzner, F.: Die Forschung in der Chirurgie im Lichte des Erfolgs, der Gleichgültigkeit und des Irrtums. Langenb. Arch., Suppl. II, Kongreßbd., 611 (1995).

12. Kapitel

Stelzner, F.: Itinerarium durch 125 Jahre Deutscher Chirurgenkongresse. Langenb. Arch., Kongressband (1997).

Stelzner, F.: Chirurgie an viszeralen Abschlußsystemen (Topographische, vergleichend anatomische und klinische Untersuchungen an Barrieren und Sphinkteren). Thieme Verlag, Stuttgart (1989).

Zängl, A.: Der chirurgische Fortschritt als mögliche Krankheitsursache. Wien. Med. Wschr. 123, 545, (1975).

Hat man ein höheres Alter erreicht, so wird man auch einmal aufgefordert und man macht sich Gedanken, zum Alter selbst Stellung zu nehmen. Auch dieses Thema stellt sich mir immer unter dem Aspekt Medizin und Forschung. 1996 habe ich mich auf einem Deutschen Chirurgenkongreß – dazu eingeladen – geäußert.

13. Kapitel
Der Wandel des Altersbegriffs und was damit zusammenhängt

Frei nach Cicero „De senectute": Jeder will alt werden, aber keiner will alt sein. Alle unterliegen diesem Urtrieb des Lebens. Aber wir Alten müssen uns gerade heute der Kritik stellen.

Als Naturkundiger bin ich dem Thema – Wandel des Altersbegriffs – nur sehr eingeschränkt gewachsen. Ich muß meinen so begrenzten Forschungsbereich verlassen und auch zu den anderen Wissenschaften gehen. Diese werden mich mit Hohn empfangen und meine Fachkollegen werden mich mit skeptischen Gefühlen ziehen lassen (Stelzner 1995).

Das Alter fassen wir in der Maßeinheit Zeit. Sie ist unabänderlich mit Tag und Nacht, Geburt und Tod verbunden. Extreme Verfeinerungen der Zeitmessung sind schwankendes Menschenwerk. Das spielt hier keine Rolle.

Was bleibt unverändert? Durch biologisch evolutionäre Tatsachen ist unser Ende beschlossen. Das Alter eines Lebewesens ist für seine Gattung mit individuellen Schwankungen festgelegt, für die Gattung, der wir Menschen angehören, mit etwa 70 Jahren. Überblicken wir die Biologie, sind Überraschungen groß. Bakterien vermehren sich im 20-Minuten-Takt. Vom Phyllostachus bambusoides weiß man, daß er nur alle 120 Jahre blüht, dann stirbt er. So verschwinden ganze Wälder (Wesson 1994). Der große Panda, der Bambusbär, verhungert, wenn er nicht ausweichen kann.

Austern stoßen Millionen Eier aus. Die Welwitschia mirabilis, eine nicht ideal angepaßte Wüstenpflanze in Südafrika, wird 1000 Jahre alt. Nur zwei von 1000 ihrer Samen sind keimfähig (Wesson 1994).

Die Pinus aristata in der Sierra Nevada Kaliforniens erreicht 4600 und die japanische Zeder (Kryptomeria japonika) 7200 Jahre; das hat man nach der Radiokarbonmethode errechnet (Huxley 1981). Dieses Verhalten ist unabänderlich. Die Suche nach einem Gesetz war bisher vergeblich.

13. Kapitel

Wir sind aber nicht allein auf der Erde, sondern im ewigen Wettrüsten mit anderem Leben, dessen kommensale lebenserhaltende Bedeutung für uns, bis zum parasitären lebensvernichtenden Angriff gegen uns, fließend ist. Dieses labile Gleichgewicht wird durch Anpassung und Weiterentwicklung aufrechterhalten, mit dem Luxus unglaublich vielfältiger Fehlleistungen in der Stammesgeschichte (Stelzner 1995).

Was hat sich gewandelt?

Nur der Mensch, der erst eine Sekunde, bezogen auf die Erdzeitalteräonen die Welt beherrscht, hat für seine Gattung eine erhebliche Verlängerung des Lebens zustande gebracht (Wesson 1994). An dieser Verlängerung der Lebenserwartung vor 100 Jahren bis heute um nahezu 100% ist auch die Chirurgie beteiligt (Stelzner 1985). Wir wissen heute mehr als früher über uns und können uns des altersbedingten Versagens unseres Körpers und Geistes mit einem wachsenden Aufwand erfolgreich erwehren. Dieser Gewinn für uns, einer Mehrheit, ist aber heute eine Last für die Jüngeren, eine Minderheit. In alten Kulturen wurde diese Ambivalenz des Alters durchaus gewürdigt. Aristoteles bezeichnet es als eine natürliche Krankheit. Plato schlägt vor, sich mit ihm auszusöhnen. Damals waren die Alten eine Minderheit. Nach einem erfolgreichen Leben war das Alter ehrenhaft, der Begriff Greis nicht mindernd. So stellt sich der Altersbegriff in der Antike dar (Curtius 1957).

Im Mittelalter und in der frühen Neuzeit zeigen uns Bilder und Dichtungen oft Spott und Verachtung für das Alter, z.B. in Totentänzen, in der Lebensleiter, im Jungbrunnen, im Glücksrad der Fortuna (Borscheid 1987).

Einen Tiefpunkt menschlicher Rücksichtnahme bringen jeweils Notzeiten mit Pest und Kriegen. Erst die Aufklärung wertet antike Moralbegriffe auf und säkularisiert christliche (Borscheid 1987).

Die Wertschätzung der Alten blieb und bleibt in der Folgezeit immer abhängig vom Zeitgeist (Borscheid 1987).

Jetzt, wo viel mehr Menschen alt werden und deshalb mehr alte Menschen tätig bleiben, ist eine ehrenvolle Sonderstellung nicht mehr so unbedingt gegeben. Das macht sich schon in der Sprache bemerkbar, die Störendes auf- und zudeckt. Es gibt keinen Greis und keinen Krüppel mehr, aber für die Jungen gibt es Oldies und Grufties. Vom Gros der Erwachsenen wird das wieder mit Wörtern wie Senioren und Geriatrie beschönigend

Der Wandel des Altersbegriffs und was damit zusammenhängt

relativiert, Berufsethiker schützen die Alten. Wir denken heute mit Schaudern an die Urvölker, die die Alten auf die Bäume klettern ließen und schüttelten. Wer hinunterfiel, dem war das Schicksal eben nicht hold. So wurde unser heutiges Problem damals gelöst. Nun, soweit sind wir nicht mehr – ich versage mir hier Rückblicke auf meine eigene erlebte Zeit.

Von der Ehrerbietung früher ist heute noch eine höfliche Duldung und vielleicht Rücksichtnahme geblieben, ein höheres Ansehen muß verdient werden. Die Jungen machen sich mit Recht Sorgen bei der steigenden Anzahl der invaliden Alten.

Von dieser Sorge um die Einschränkungen körperlicher und geistiger Leistungsfähigkeit wird der Blick auf die positiven Entwicklungen und Entwicklungsmöglichkeiten des Alters gelenkt. Die betonen natürlich wieder die Alten.

Der Staat, das sind die Jungen, mißbilligt die Berufsaktivitäten der Alten aber sehr vorsichtig, denn das sind ja Wähler. Der Staat sagt, der Nachwuchs soll eine Chance haben. Die Qualität seiner Arbeit schützt den Alten heute nicht mehr. Er muß sich also, seiner beruflichen Funktionen beraubt, an einen Lebensabschnitt anpassen, der möglicherweise ein Viertel seiner Lebenszeit ausmachen wird, und er soll die Jungen nicht belasten, er soll ihnen eher helfen.

War er früher als Vermittler seiner großen Sacherfahrung hochgeachtet, wirkt sein Wissensstand in unserer fortschrittsschnellen Zeit bald veraltet, denken Sie nur an die Elektronik.

Sind die Alten nun überflüssig, obwohl in der Mehrzahl tätig?

Die kreative Urteilskraft ist nicht nur den Jüngeren zuzuschreiben, der alte Mensch wird nur zurückhaltender urteilen, weil er Sachverstand und menschliches Verhalten komplexer sieht. Er steht nicht mehr unter Konkurrenzdruck und kann es sich leisten, langsamer und bedachter seine Meinung zu finden, und er hat – mintunter schmerzhaft – gelernt, die Möglichkeiten und Grenzen, die Relationen sicherer einzuschätzen.

Können die Alten unserer so jugendhörigen Gesellschaft eine Lebenserfüllung zeigen, die wenigstens nicht schlechter ist als die ihrer Nachfolger? Ich glaube schon. So hat ein jüngerer Kollege meine Frau einmal gefragt: Kann Ihr Mann eigentlich nicht aufhören oder will er nicht aufhören? Ich weiß nicht genau, was sie ihm geantwortet hat, sicher war es höflich, denn

385

13. Kapitel

der Frager und ich blieben uns wie eh und je gewogen. Jetzt nach dem Auftrag zu diesem Vortrag gebe ich die Antwort:

Ich sollte wohl noch nicht aufhören. Denn es gibt Botschaften, die aus der Lebenszeit entspringen. Wissenschaftliche Botschaften sind oft eine stille Post. Sie kennen keine Grenze, weder Meere, weder Länder, noch Alter. Sie sind immer unterwegs. Die Wissenschaft ist, in Anlehnung an die „Ideale" von Schiller, eine Beschäftigung, die nie ermattet, die langsam schafft, doch nie zerstört, die zu dem Bau der Ewigkeiten zwar Sandkorn nur für Sandkorn reicht, doch von der großen Schuld der Zeiten Minuten, Tage, Jahre streicht.

Es gibt verschiedene Weisen, sich dem Alter anzupassen und es für sich und vielleicht für die Gesellschaft fruchtbar zu machen, ohne sie ungebührlich zu belasten.

Dichter, Komponisten, Maler, Wissenschaftler können mit ihren Alterswerken Bewunderung wecken, zum Fortschritt beitragen und altgewordene Politiker werden lange akzeptiert. Das sind Minderheiten, diese Gruppe ist aber unbedingt zu fördern.

Befremden dagegen erregen mitunter offiziell in den Ruhestand Versetzte, die sich noch kompetent genug fühlen, eine Aufgabe aus dem früheren Beruf ungehemmt zu verfolgen. Besser verhalten sich für die Gemeinschaft schon Ältere, die im verfrühten Ruhestand Interessen und ehedem schlummernde Fähigkeiten aktivieren und so ihr Leben neu gestalten, ohne daß wir das abwertend als zeitkonsumierendes Hobby belächeln wollen. Die kognitive Verlangsamung wird durch das Erfahrungswissen ihrer Lebensbewältigung ausgeglichen (Baltes 1993).

Wahrscheinlich bereichern jene Aktivitäten, die den Alten von außen nahegebracht werden, in Seniorenclubs, auf Reisen und bei allerlei Sport und Spiel die Menschheit nicht. Aber für wen gelten schon so hohe Ansprüche, da doch der Leerlauf ein unverzichtbarer Teil der Evolution mit seltenen Ausnahmen ist (s.S. 343). Vermutlich stehen häufige Sinnlosigkeit und die selten angepaßte Notwendigkeit in einem tiefen, geheimnisvollen Zusammenhang.

Unangepaßte Passivität dagegen ist der Feind jeder kreativen Regung. Wir sehen also in dem gleichen Leerlauf, auf den wir bei unserer Erörterung über die Wissenschaft mit vielen Beispielen aus der Evolution auf dem Kongreß in Berlin 1985 schon hingewiesen haben, doch eine

Der Wandel des Altersbegriffs und was damit zusammenhängt

Frucht (Stelzner 1995). Vergessen wir auch nicht, daß in diesem Leerlauf, den wir rundherum beobachten, das Gedächtnis der Menschen besteht. Ohne das Reproduktionsvermögen unseres so einzigartigen Gehirns, dem wir unsere Lebensverlängerung mit verdanken, wären Schrift und Sprache nur leere Zeichen für spätere Generationen. Die immer wieder auftauchende große Idee, neben dem unermeßlichen Leerlauf muß nicht nur gehört, sie muß reproduziert werden, um zu wirken, um zum Fortschritt beizutragen. Dazu bedarf es der Zeit und damit des Alters, um sie nützlich zu erleben (Stelzner 1995). Ausnahmsweise werden wenige Alte ebenso wie wenige Junge durch ihr Ingenium die Welt verändern, selbst wenn sie darüber sterben sollten (Stelzner 1995).

Ziellose, bunte Aktivität oder hyperaktive Mobilität der Älteren können heute die Jungen belasten, das war früher nicht so offensichtlich. Dieser manchmal disharmonische Gleichklang mit den Jungen hat sicher eine Änderung der Merkmale der mit dem Alter verknüpften Erinnerung zur Folge. Unsere Vorfahren, die das Alter öffentlich ehrten, hatten es ja immer nur mit seltenen Ausnahmen zu tun, um die hat man sich demonstrativ gekümmert. Das waren ja keine störenden Konkurrenten und keine Last für die Gesellschaft mehr. Stein und Erz wurden gewählt, um manchmal nur eine vermeintliche Unsterblichkeit zu sichern. Denken Sie nur an die Pyramiden. Nie werde ich mein Eintreffen am 1. Januar 1957 im nebligen London vergessen, wo mir, im roten Omnibus sitzend, der sich mit einem Scheinwerfer am Rinnstein entlang tastete, drohend aus dem Grau der wabernden Nebelschwaden Denkmal nach Denkmal die Erinnerung wachrief.

In Deutschland ist uns diese Denkmalmanie, um das Alter zu ehren, lange abhanden gekommen, bis zu möglichst unauffälligen Täfelchen, und die erinnern manchmal nur an einen Zaungast der Wissenschaft. Bei uns in der Medizin gab es das Verhalten von Schulen zur Ehre und Pflege der Erinnerung. Diese Schüler waren durch vorauseilenden Gehorsam gekennzeichnet und sie waren sehr aktiv, das Andenken zu erhalten. Dazu gehörten z.B. auch die Festschriften. Vor 50 Jahren waren das ganze Bände, nur für den Jubilar, den Alten oder, wenn er jünger starb, quasi Alten. Ich sehe noch am Beginn dieser vielen hundert Seiten dicken Bücher das Porträt im Tiefdruck, als Generalarzt à la suite mit vielen, vielen Orden bedeckt, mit einem knisternden Seidenpapier geschützt, Symbol des wispernden Ruhmes.

13. Kapitel

Dieses Denkmal für die früher Wenigen ist heute unzeitgemäß. Es ist heute für die Vielen oft vom Ton- und Bildband abgelöst, wo auch überwältigender Unsinn für die Ewigkeit gespeichert werden kann, aber weit weniger aufdringlich. Dazwischen gibt es sicher auch einmal einen Ewigkeitswert, wie in der Evolution. Meint ein Journalist, einen solchen Alten als Zeitzeugen heute ehren zu müssen, dann im dritten Programm um 0 Uhr, wenn alle vernünftigen Leute schlafen.

Diese Darstellung in der Konserve drängt sich auf Dauer niemandem auf wie die Götzenbilder der Vergangenheit. Diese verborgene und verbergende Kurzlebigkeit unserer Medien ist mit der Langlebigkeit der Menschen unserer Generation irgendwie in einem Zusammenhang stehend. Das Verständnis für dieses Verhalten ist aber noch keine Lösung, die Jungen zu entlasten. Die muß auch von den Alten selbst kommen. Sie heißt einsichtige Zurückhaltung. Das Alter ist heute nicht mehr abgehoben wie früher, eher bewegt es sich in einer anderen Daseinskategorie, aber im Gleichklang und ein Abschied wird kaum bemerkt. Erleben wir es nicht staunend, wie manche Hyperaktiven, Ehrgeizgetriebenen bisweilen etwas vorzeitig, vollständig im Nichts verlöschen? Ich erinnere mich noch, wie früher beim Tod eines Alten eine ganze Stadt Anteil nahm. Starb ein König gar, trug ein ganzes Volk sichtbar schwarze Trauer.

Ich komme gerade von dem Requiem eines guten, mir 50 Jahre lang verbundenen Freundes, des Internisten Hans Dengler (1925–1997). In den Abschiedsreden des Pfarrers, des Dekans, der Dengler nur im Vorbeigehen kannte, eines Beiratsmitgliedes des Kirchenvorstandes und eines Schülers, berührte mich diese Sachlichkeit merkwürdig. Dieser wie heute in der Regel tränenlose Abschied erfaßte das Wesen dieses zurückhaltenden, aber doch auch emotionsgeprägten Verstorbenen keineswegs. Nur als ich der Witwe meine Bewegung in der Kondolation mit den Worten Storms zum Ausdruck brachte: Sie haben einen guten Mann begraben – mir war er mehr, habe ich Tränen gesehen.

Heute steht in der Zeitung „wie wir erst jetzt erfahren haben." Das ist der Wandel des Altersbegriffs und was damit zusammenhängt, wie ich es sehe. Wir haben diesen neuen Begriff schon verstanden, aber wir haben uns noch nicht danach eingerichtet. Nicht Maßnahmen werden das ändern, sondern nur ein Sinneswandel, dem erst die Entschlüsse folgen.

Der Wandel des Altersbegriffs und was damit zusammenhängt

Wir Alten sind heute die große Wolke, die den Jungen die Sonne verdunkelt, aber es möge ihnen ein Trost sein: Wolken kommen und Wolken gehen.

Baltes, P.B.: Die zwei Gesichter des Alterns der Intelligenz. Leopoldina Reihe 3, Halle/Saale 39, 169 (1993).

Borscheid, P.: Geschichte des Alterns, 16.–18. Jahrhundert. Verlag F. Coppenrath, Münster (1987).

Curtius, L.: Mit sechzig Jahren. Aus: Torso, verstreute und nachgelassene Schriften, S. 280, Deutsche Verlagsanstalt Stuttgart (1957).

Huxley, A.: Das phantastische Leben der Pflanzen. Deutscher Taschenbuchverlag Nr. 1280 (1981).

Stelzner, F.: Eröffnungsansprache des Präsidenten (über die Wissenschaft). Langenbecks Arch. Klin. Chir. 366 (1985).

Stelzner, F.: Die Forschung in der Chirurgie im Lichte des Erfolgs, der Gleichgültigkeit und des Irrtums. Langenbecks Arch. Klin. Chir. 366, 800 (Kongreßbericht (1995).

Stelzner, F.: Bleibendes und Ephemeres aus Medizin und Naturwissenschaft. Veröffentlichungen der Sudetendeutschen Akademie, Band 16 der Sitzungsberichte, Verlagshaus Sudetenland (1995).

Wesson, R.: Die unberechenbare Ordnung. Verlag Artemis und Winkler, München (1994).

Literatur

Allgemeines Schrifttumsverzeichnis

Adam, K.: Wer hat uns verraten? Sozialdemokraten! FAZ 31.10.1995, (1995).
Baldwin, St.: Service of our lives. Hodder and Stoughton Lim., London, (1937).
Bauer, F., Wagner, K.: „Du kunnst der Döpfner sei". 3. Aufl., Verlag J. Pfeiffer München, (1979).
Berg, H.H.: Georg Ernst Konjetzny gest. (1880-1957). Dtsch. Zschr. f. Verd. u. Stoffwechselkrankheiten 17, 1 (1957).
Bernstein, J.: Hans Bethe Prophet der Engergie. Hirzel-Verlag, Stuttgart, (1988).
Bier, A.: Die Seele. J.F. Lehmanns-Verlag, München, (1939).
Bottin, A.: Enge Zeit (Spuren Vertriebener ... der Hamburger Universität). Ausstellungskatalog Repro Lüdke GmbH Hamburg, (1991).
Brix, P.: Die folgenreiche Entdeckung und wie es dazu kam. Festvortrag am 02.12., Kongreßhalle Berlin, Manuskript (Max-Planck-Institut Heidelberg), (1988).
Brock, R.C.: The life and work of Astley Cooper. E. u. S. Livingstone Ldt. Edinburgh, London, (1952).
Brod, M.: Beinahe ein Vorzugsschüler. Manesse-Verlag, Zürich, (1952).
Bruns Btrg. klin. Chir. 219, 694 (1972).
Bumke, O.: Erinnerungen und Betrachtungen. Richard Pflaum Verlag, München, (1953).
Churchill, W.: Große Zeitgenossen. Verlag Albert Langen, Amsterdam, (1938).
Diamond, J.: Die Evolution der menschlichen Erfindungsgabe. Was ist Leben? Die Zukunft der Biologie. Hrsg. M.P. Murphy and A.J. O'Noill. Spektrum Akad. Verlag Heidelberg, (1997).
Diamond, J.: Guns, Germs and Stell (A short story of everybody for the last 13.000 years. Jonathan Cape, London, (1997).

Drimmel, H.: Die Häuser meines Lebens. Amalthea-Verlag, Wien, (1975).
Durham, D., Wolsey, T.A.: Functional organisation in cortical barrels of normal and vitrinae damaged mice. J. Comp. Neurol. 235, 97 (1985).
Eigen, M.: Was bleibt von der Biologie des 20. Jahrhunderts? In was ist Leben? Hrsg. M.P. Murphy and A.J. O'Neil. Spektrum Akad. Verlag, Heidelberg, (1997).
Elze, C.: Hans Petersen. Zschr. f. Anat. u. Entwicklungsgsch. 122, 445 (1961).
Fanconi, G. : Der Wandel der Medizin wie ich ihn erlebte. Verlg. Hans Huber, Bern, (1970).
Fellner, L.: Franzensbad u. seine Heilmittel. Braumüllers Badebibliothek, Verlag W. Braumüller, Wien, Leipzig, (1913).
Franzensbader Heimatbrief. Hrsg. L. Prosch, 23. Jhg., 4. Folge, S. 89 (Vincenz Brehm) Selbstverlag, (1970).
Frazer, H.: Memorials by artists. Snape Priory Saxmundham Suffolk, (1993).
Fuchsig, P.: Entwicklung, Gegenwart und Zukunft der klinischen Chirurgie in den deutschsprachigen Ländern. Chirurg 43, 194, (1972).
Garber, M.: Verhüllte Interessen. S. Fischer GmbH Verlag Frankfurt/M., (1993).
Gerstengarbe, S.: Die Leopoldina und ihre jüdischen Mitglieder im Dritten Reich. Jahrbuch 1993 der Deutschen Akademie der Naturforscher Leopoldina 39, 363, Akademie-Verlag Halle, (1994).
Goligher, J.C.: Surgery of the Anus Rectum and Colon. 4. Aufl., Bailliére, Tindall, London, (1980).
Granshaw, L.: St. Mark's – The first 150 years. Brit. J. Surg. 72, Suppl., 1 (1985).
Gütgemann, A., Schriefers, G.: Erfahrungsbericht über eine orthotope Lebertransplantation. DMW 94, 1712, (1969).
Haken, H.: Erfolgsgeheimnisse der Natur. Dtsch. Verlagsanst. Stuttgart, (1981).

Hilbert, D. (1931): Naturerkennen und Logik. Verhandlungen der Ges. Deutscher Naturforscher und Ärzte. 91. Versammlung zu Königsberg in Pr. v. 07.–11.09.1930, Verlag Jul. Springer, Berlin, (1931).
Hochhuth, R.: Schwarze Segel. Rowohlt-Verlag, Taschenbuch, (1986).
Homann, W.: Prof. H. Westhues zum Gedächtnis. MMW, 12, 645, (1963).
Hubel, D.H., Wiesel, T.N., Le Vay, S.: Plasticity of oculardominance Colums in monkey striate cortex. Philos. Trans. Roy. Soc. London, 3, 278, 377 (1977).
Hughes, E., Cuthbertson, M., Killinback, M.: Colorectal Surgery, Second Ed., Churchill Livingstone, Edingburgh, London, Melbourne, (1983).
Hüttich, G., Hüttich, M.: Zur Geschichte der Insignien der Prager Universität. Schriften der Sudd. Akademie, Band 7, Verlagshaus Sudetenland, 169 (1986).
Janzen, R. : Miterlebte Wandlungen der deutschen Universitäten seit 1928. (1989).
Joh Ambr Barth Verlag, Leipzig (1974).
Jordan, P.: Schöpfung und Geheimnis. Stalling-Verlag, Oldenburg, (1970).
Keidel, W.D.: O.F. Ranke gest. Erg. d. Physiol. 54, 21 (1960).
Kempner, R.M.W.: Ankläger einer Epoche. Ullstein-Verlag, Berlin, (1983).
Kolbe, D.: (Reichsgerichtspräsident Dr. Erwin Bumke) Studien u. Quellen zur Geschichte des Deutschen Verfassungsrechts, Bd. 4. C.F. Müller, Juristischer Verlag, Karlsruhe, (1975).
Konjetzny, G.E.: Beziehungen zwischen Gastritis und Magenkrebsentwicklung. Langenb. Arch. f. klin. Chir. 204, (1942).
Konjetzny, G.E.: Geschwürsbildung im Magen und Duodenum. Enke-Verlag, Stuttgart, (1947).
Konjetzny, G.E.: mündl. Mitteilung (1955).
Konjetzny, G.E., Heits, E.: Gustav Adolf Neuber und die Asepsis. Enke Verlag, Stuttgart, (1950).

Lemmerich, J.: Die Geschichte der Entwicklung der Kernspaltung. Hersg. TU Berlin, der Präsident (Ausstellungskatalog in Berlin am 02.12.1988–04.02.1989), (1989).

Lizalek, z. B.: Jahresbericht des deutschen Staatsgymnasiums in Eger (Böhmen). Verlag dtsch. Staatsgymnasium in Eger, (1935, 1937, 1938).

Löbel, J.: Haben Sie keine Angst. Grethlein u. Co Verlag, Leipzig, Zürich, (1928).

Loewenich, v. W.: Erlebte Theologie, Claudius Verlag, München (1979)

Maser, W.: Zwischen Kaiserreich und NS-Regime, Bouvier-Verlag, Bonn, 309 (1992).

Müller, F.v.: Lebenserinnerungen. Verlag J.F. Lehmann, München, (1951).

Murphy, M.P., O'Neill, L.A.J.: Was ist Leben? Die Zukunft der Biologie. Spektrum Akadem. Verlag, Heidelberg, Berlin, Oxford, (1997).

Museumskatalog 1993 im Rautenstrauch – Joest Museum f. Völkerkunde, Köln, 15.01.–25.07.1993, „Leben im russischen Schtetl."

Nonne, M.: Anfang und Ziel meines Lebens. H. Christians Verlag, Hamburg, (1971).

Parthier, B.: Die Leopoldina. Bestand und Wandel der ältesten deutschen Akademie. Verlag Zuck GmbH, Halle/Saale, Akademie-Verlag, (1994).

Pauwels, F.: Gesammelte Abhandlungen zur funktionellen Anatomie des Bewegungsapparates. Springer-Verlag Berlin, Heidelberg, (1965).

Sachse, A.: Friedrich Althoff - sein Werk. E.S. Verlag Mittler und Sohn, Berlin, (1928).

Schelsky, H.: Abschied von der Hochschulpolitik. Universitätsverlag Bertelsmann, (1969).

Schreiner, L.: Heimatkreis Eger (Dokumentation u. Erinnerungen). Verlag Egerländer Landtag, (1981).

Schrödinger, E.: Was ist Leben? Nachdruck der engl. Ausgabe what is life von 1944. Verlag Piper, München, (1987).

Stelzner, F.: Hamburg und die Geschicht der Chirurgie. Die Medizinische, 37, 1722 (1959).

Stelzner, F.: Kongreßergebnisse im Wandel. Thieme-Verlag, Stuttgart, (1997).
Stelzner, F.: Zur Geschichte der Katheteranwendung an den zentralen Kreislauforganen. Cardio. Angiol. Bulletin, 26, 87 (1989).
Stelzner, F.: Chirurgie an visceralen Abschlußsystemen. (Topographische, vergleichend anatomische und klinische Untersuchungen an Barrieren und Sphinkteren). Thieme Verlag, Stuttgart (1998).
Stelzner, M.: Spezialisierung in der Chirurgie. Ein Beitrag aus amerikanischer Sicht. Chirurg 68, (1997), 888.
Thielicke, H.: Zu Gast auf einem schönen Stern. Verlag Hoffmann u. Campe, Hamburg, (1984).
Tietz-Strödel, M.: Die Kurstadt Franzensbad – ein Gesamtkunstwerk des 19. Jahrhunderts, in: Kunst in Eger. Hersg. L. Schreiner, Langen Müller Verlag, München, (1992).
Tietz-Strödel, M.: Eger – die bauliche Entwicklung im 19. u. 20. Jahrhundert, in: Kunst in Eger. Hersg. L. Schreiner, Langen Müller Verlag, München, 183, 204 (1992).
Tutzke, D.: Zur Wirksamkeit Ferdinand Sauerbruchs (1875–1951). Z. ges. Hygiene 31, 5, 318 (1985).
Vogeler, K.: August Bier, Leben und Werk. J.F. Lehmann Verlag, München, (1941).
Weisser, U. (Hrsg.): 100 Jahre Universitätskrankenhaus Eppendorf, Attempo-Verlag, Tübingen, (1989).
Wesson, R.: Die unberechenbare Ordnung: Verlag Artemis u. Winkler, München, (1994).
Westhues, H.: Die pathologisch-anatomischen Grundlagen der Chirurgie des Rektumkarzinoms. Thieme-Verlag, Leipzig, (1934).
Westhues, H.: Einfachheit und Sicherheit bei Magen- und Darmoperationen. Thieme-Verlag, Stuttgart, (1961).
Westhues, H.: Die Entstehung des Magenkrebses aus der Gastritis und den entzündlichen Polypen. Lgbck. Arch. 203, 391 (1942).
Willstätter, R.: Aus meinem Leben. Verlag Chemie, Weinheim, (1949).
Wolf, J.H.: Ferdinand Sauerbruch ... und die willkürlich bewegliche Hand. Operative Orthopädie und Traumatologie 3, 221 (1991).

Personenregister

A
Abel 217
Ackermann 66
Adam, H. 275
Adam, K. 233
Adler, E. 26, 27
Adler, H. 27
Agagianian 248
Albers 232, 233
Albertini 135
Albrecht 179
Aldridge 181
Alfred 27
Allgöwer 276, 277, 279, 285
Althoff, F. 56, 71, 174, 197, 198, 222, 227, 321
Anders 21
Anna, Königin 207
Anschütz 164
Appel 249
Arderne 191
Aristoteles 371, 372
Aschoff 145, 151
Axhausen 126

B
Babcock 118
Babcock-Bacon 217
Bacon, H. 130, 133, 217
Baer, von 264
Bahls, G. 97, 100
Baier 17
Balasse 277
Baldwin 186, 187
Balfour 186
Balser, E. 77
Barnard 280
Bartelheimer 172, 233
Bartl, A. 19
Bartsch 39
Baruch 169
Bauer, F. 248
Bauer, K.H. 367
Bay 170
Bea, Kardinal 245, 246, 247

Beck 28
Becker 259
Beermann, A. 26
Beermann, E. 26
Behagel 85, 86, 87, 219
Behlmer 232
von Békésy 144
Benda, K. 12
Beneš, E. 20, 39
Benešova, H. 20
Bennett 182
Berg, H.H. 167, 172, 179
Bergmann, E. von 221
Bergmann, G. von 227, 73
Bergmann, H. E. 37
Berlage 140
Bernhard 87
Berning 179
Bessau 73
Bessel 143
Bethe 317
Bethge 313
Bichat 90
Bier, A. 75, 113, 127, 173, 174, 175, 282, 283, 284
Bier-Braun-Kümmel 76
Billroths 256
Bischof, B. 45
Bismarck 198
Blake 218
Blechschmidt 61, 62, 64
Bluntschli 250
Bodenschatz 151
Böhler 180, 363, 364
Bombach 31
Bömminghaus 160
Borell 280
Born 316
Borst, M. 89, 90
Bosch 212
Bramann, F. von 221, 222
Brandner, J. 18
Brandner, M. 18
Brauer, L. 74, 175, 176, 177, 178

Braus 62, 68
Brehm, V. 41, 42, 43, 57
Breitner 175
Brendel 64
Brendel, Stabsarzt 63, 64
Bretschneider 252
Brix 204
Brock, R. 194, 195, 205, 206, 207, 277
Brod, M. 46, 47, 49
Brömser 143
Brömser-Ranke 144
Bruch, P. 154
Brüggemann 84
von Brunn 277
Brunn, A. 323
Brunn, von 277, 278
Brunner 133, 134, 136, 257
Brunner junior 134
Brunn-Fahim, von 277
Brütt 176
Buchborn, R. 196
Buchhandlung Baier 18
Buchner 106
Büchner 165
Budelmann 173
Buff 134
Bülau 176, 177
Bülow 198
Bumke, E. 88, 89
Bumke, O. 88, 370
Bussey 188, 196
Butenandt 75

C
Calne 262
Carter 288
Cavendish 186
Cebotari, M. 59
Celsus 276
Cezanne 258
Chot 20
Chot, F. 15
Churchill 186, 207
Clara 87
Cooper 207, 277

Personenregister

Corning 283
Cournand 84
Crick 321
Crohn 179
Curnand 137
Cuthbertson 208

D

D'Arcy Power 191
Dandy 112
Darwin 288
Davies, L. 189
Dehmelt 320
Denecke, K. 111, 126, 137
Dengler 259
Denis 279
Derra 181
Deucher 133
Diamond, J. 7
Dick 223
Dieffenbach 175
Dienst, Stadtinspektor 15
Dietl, E. 21, 29
Dietl, H. 31
Dietrich, J. 35
Dixon 118, 119, 157
Dodt 267
Domagk, G. 72, 75
Döpfner 241, 242, 243, 244, 245, 246, 247, 248
Doppler, J. 39, 46
Doria, A. 39
Dressler 60, 111, 228
Drimmel 258
Dubisch 69, 70, 71, 72, 94
Dudziak 239
Duisberg 299
Dukes 188, 190, 196
Durcham 264
Dworszchak, H. 91

E

Eckstein, J. 26, 28
Eduard VII 182
Ehlert 156
Ehrenfried, Bischof 64, 242

Ehrlich, P. 71, 151
Eicken, von 73
Einstein 315, 316, 317
Eisenbach 249
Elgin 184
Elze, C. 61, 63, 65, 66, 68, 97, 366
Emminger 169
- Enderlen 98, 99, 168, 206, 251
Eratosthenes 285
Ergert, S. 37
Ernst, M. 135
Erzherzog Karl 40
Esmarch 173, 175, 287
Eugen, Prinz 258

F

Fanconi 9, 116, 135, 367
Faraday 277
Faßbender 59
Faulhaber 132, 244
Faust I 41
Felber, R. 108
Felix 213
Felkel 39
Fellinger 200, 201
Ferdinand 21
Ferdinand I 13
Ferdinand III 22
Ferdinand, Kaiser 276
Fermi 205
Ferner 255
Fettman 27
Feuerborn 57
Fickel 148
Fiebiger 89
Finsterer 131
Firnberg, H. 255, 258
Fischer 60, 161, 265
Fischer, A.W. 128
Flaubert 277
Fleischhauer 229, 259, 264, 323
Flemings 205
Floray 205
Forgasch, Graf 12
Forßmann 137
Forster, R. 95
Franck 144
Franz 59

Franz-Josef I. 12, 13, 21, 32, 40
Frazer 183
Frerich 70
Freud, V. 46, 47, 49
Frey, E.K. 131, 132
Frick 251
Frieboes 73
Friedl 134
Friedrich 44
Friedrich der Große 44, 55, 59
Friedrich III. 221
Frisch, K. von 68, 69
Friseur Hilpert 65
Fritsch 323
Fritsch, von, Generaloberst 55
Frost, Generalmajor 81
Fuchsig 255
Fülleborn 151

G

Gabriel 118, 189, 190, 194, 195, 241
Gadermann 198
Galen 248
Galilei 371
Gall, F.P. 161, 338
Gallenmüller, Hauptfeldwebel 51, 60
Garber 30
Gärtner Henning 65
Geiger, Oberfeldwebel 51
Geißendörfer 133, 236, 239, 253
Gelderen, van 137, 138
Georg V. 182
Georg VI. 44, 182
Gerhardt 70, 71
Gerstengarbe 315
Giebel, M. 199
Ginsburg 179
Glockner, H. 87
Gluck 279
Gmach 35
Goebbels 90
Goepel, H. 108, 111, 125, 159, 160
Goerke 59

Personenregister

Goetz, K. 118, 130
Goetze, O. 99, 104, 105, 107, 109, 110, 111, 112, 113, 114, 115, 117, 118, 119, 120, 121, 122, 127, 128, 129, 130, 131, 132, 133, 136, 137, 142, 143, 145, 146, 152, 153, 154, 155, 157, 158, 159, 160, 161, 174, 175, 199, 206, 227, 228, 240
Gohrbandt, P. 95, 96
Goligher 191, 218
Gordon-Temple 188
Göring 77, 155
Gosslar, von 197
Götz von Berlichingen 41
Graeber, F. 72, 73
Grafe, E. 83
Gräff 94, 151
Granshaw, C. 191
Graser 107, 110, 128, 159
Grillmaier, A. 21, 30
Grimm, A. 45
Groer 17
Groß 249
Grünfeld 23
Guleke, N. 165
Gundlach 246
Guntermann 81
Günther, Feldwebel 51
Gürtner 89
Gütgemann 259, 260

H

Haag 87
Haas, G. 28
Haas, O. 42
Haberer, H. von 131
Habsburg 40
Haeckel 61
Hahn, N. 204, 261
Haken 372
Hamann, Generalarzt 58
Hamilton 185
Handl, I. 109
Handloser, S. 59
Hansen, H.H. 249
Harms 60

Harnack, G.A. von 179, 197, 198
Hartmann, N. 57
Haselsteiner, T. 155
Hauptmann 41
Hayek, H. von 63, 91
Hegel 57, 213
Heineke 107, 128
Heinl 34
Heinrich 39
Helferich 221
Heller, J.-R. 26
Hellner 159
Henning, Gärtner 65
Hentzen 232
Heppe, H. von 224
Herfarth 340
Herzog, G. 84, 86, 325
Hess, W. 68, 135, 202
Hevera, J. 43
Hevesy, von 204
Heydrich, R. 55, 77
Hickman 278
Hilbert 318, 319
Hildebrand 284
Hilpert, Friseur 65
Hilpert, W. 130, 147, 160
Himmelsleiter 208
Hippokrates 166
Hirner 263, 324
Hirsch, E. 26
Hirth-Hirsch, F. 26
Hitler 23, 28, 48, 55, 75, 77, 86, 87, 89, 127
Hochhuth 289
Hoede 97
Hoffheinz 223, 224
Hohenberger 161, 338
Hohenheim 276
Hollenbach 157
Holmes-Sellors 195
Hölzer 233, 234
Holzmann 105
Hoppe 56
Hornbostel 179
Horst 170
Hövels 238
Hubel 264, 267
Hughes 208, 211, 218
Hülsmann 232

Hummel 108
Hundhammer, A. 108
Hünnerkopf, C. 128, 129, 130, 151
Hunt 187
Hüttisch 22

I

Innitzer, T. 16

J

Jackman 211
Jäger, K. 249
Jamin 145, 156, 228
Janzen 234
Jellicoe 186, 187
Johannes 248
Johannes der XXIII. 245
Jordan 285, 372
Josef II. 255
Jung 252
Junghanns 254, 255

K

Kafka 39, 46
Kammel 87
Kappis 99
Karl IV. 22
Kastl 19
Käthe-Kollwitz 77
Katz 274
Keidel 143
Kekulé 114
Keller, W. 84, 87
Kempner 78
Kempter 117
Kendall 280
Kepler 285
Kiesler, C.-H. 27
Killingback 208
Kindermann, F. 34
Kirschner 125, 127, 168
Klapp 174
Klebes, A. 105
Klee, P. 20
Klein 286
Kliems 261
Klinkenbergh 138, 139, 140, 141, 193
Klopfer, F. 111
Knorr 150, 151

397

Personenregister

Köberle 211
Koch, R. 71, 96, 160
Kolb, O. 156, 245
Kolbe 89
Kollick, J. 37, 44, 45
König 17, 98, 99
König Wilhelm von
 Württemberg 78
Königsmarck 184, 202
Konjetzny 147, 163,
 164, 165, 166, 167,
 172, 181, 226, 287
Kopfermann 320
Kracht 179
Krämer, M. 27, 29
Kratzert 73
Kraus, A. 27
Kraus, E 27
Kraus, K. 39, 289
Krauspe 216
Krauß, A. 40, 41, 46
Krebs 168
Krehl, L. 83
Kreuz 91
Krogh 283
Küdlich 84
Kügler 214
Kühlwein 54
Kuhn 76, 251, 298
Kümmell 176
Kunath 249
Küntscher, G. 127, 128,
 230, 231, 251
Kunz 278
Kwasniewsky 28

L

Laenec 90
Landsteiner 265, 278
Lawrence 203
Leammens 140
Leibbrand 153
Leiber 245, 246
Lemberger, V. 27
Lenggenhager 235
Lenhartz 177
Lenin 184
Lennert 249, 267
Leopold I. 314
Lercaro 248
Leushacke 196
Lexer 121, 132

Lezius 158, 170
Li 294
Libuša 40
Liebig, J. von 224
Liechtenstein 274, 275
Lierse 230, 249, 322
Limmert 107
Lindenschmidt 172
Linder 295
Lippert, H. 30
Lippert, J. 37
Lister 90, 277
Lizalek, Direktor 38, 39,
 42
Löbel, J. 27
Lochner, E. 104
Lochner, H. 104
Lockhart-Mummery 189
Loewenich, W. von 156
Loewi 90
Löffler, L. 109, 135
Löhlein 73
Lorenz, K. 69
Lubarsch 85
Lücke 221
Lüdeke 131
Lüst, R. 292, 293
Lustig, A. 27

M

Magnus 132
Mahar 39
Mahler 161
Major 134
Manrow 164, 226
Maria 73
Marie Louise 40
Marlbourogh 207
Marriott 197
Martini, G.A. 179, 187
Marx 192
Masaryk, T. 20
Maser 86
Matthäus 372
Matthes 137, 160, 228
Mattheuer, B. 108
Maurer 146
Maximilian, König 224
Medawar 279
Meier 241
Meixner 111
Mendel 288

Mikulicz 74, 177
Miles 191, 217, 218
Millesi 255
Minguzzi 248
Mitterrand 365
Moniz, E. 68
Morandi 232
Morgangni 90
Mörl 220
Morson 190, 208
Mowlem 187
Müller, E. 152, 153,
 251, 370
Müller, F. von 70, 71
Müller, H.J. 238
Müller, K.A. von 87
Müller, L. R. 228
Müller-Wieland 216
Mülly 134
Mumme 173
Murphy, M.P. 321
Murray 280

N

Naegeli 159
Nägeli 288
Napoleon 40
Nasemann 254
Naunton-Morgan 190
Nauwerk 164
Nernst, W. 203
Neruda, P. 39
Neuber 165, 287
Neuhaus 131
Neumann, B. 101
Newman 242
Niehans 169
Nietzsche 280
Nissen, F. 159, 181,
 220, 221, 317, 318
Noddack, W. 203, 204,
 205
Noddack-Tacke, I. 203,
 204
Nonne 173, 175, 178

O

O'Neill, L.A.J. 321
Obermeier 248
Ochs 129
Odysseus 41

Personenregister

Oettle, E. 114
Ong 295
Oppenheimer 205
Ornstein, J. 27
Ossietzky, C. von 75
Ostertag 267
Oswald 239
Ott 324, 325
Ottaviani 248
Owen, J. 298

P

Pannicke 239
Panofsky 317
Paquet 261
Paracelsus 276
Parcelli 245
Parks, A. Sir 191, 218, 267, 268, 269, 270
Paul 204, 248, 319, 320, 321, 322
Paul VI. 248
Pauli 285
Pauwels, F. 126, 199, 231, 363, 364
Payr 254
Pean 287
Pearse 267
Petermann 94
Petersen, H. 62, 63, 170
v. Petz 149
Pfann 106
Pfeiffer 61
Pfohl 275, 281
Pfortner, G. 45
Pfortner, H. 45
Pichlmayr, R. 263
Pius der XII. 245, 246, 248
Planck, M. 76, 322
Pohl 39
Pohoretzý, A. 27
Preising 248
Preysing 244
Prinz, H. 167
Przemisliden 40

Q

Quincke 284

R

Raab, I. 109
Raab, M. 129
Rack 61, 62, 67
Radeke 146
Radezky 55, 258
Rahner 246, 247
Ramsey 320
Randerath 94
Ranke 143, 144, 153, 161
Rau 259
Redwitz 165, 168
Reichstein 280, 298
Rembrandt 77
Remé 231
Renz, E. 42
Reverdin 279
Riemenschneider 63
Riepl 155
Rilke 39
Rix 69
Roach 158
Rodewald, G. 198
Roesner 256
Rohdewald, M. 297, 298, 299
Romberg 137
Roser 113
Rösner 257
Rössle, R. 69
Roussaus 372
Rüd, H. 111, 126, 127
Rüdiger, V. 254

S

Sachse 71
Salome 77
Sandner 18
Santel 325
Satter 239
Sauerbruch 58, 70, 73, 74, 75, 76, 95, 96, 127, 131, 132, 168, 178, 206, 231
Schabatasch 118
Schacht 192
Schäfer 232
Schaltenbrand 67
Scharnhorst 55, 56
Scheicher 109

Schelsky 235
Schelz, J. 39
Schenk von Stauffenberg, Graf 64
Scheppokat 198
Scherff 30
Schiffmacher 61
Schill, G. 103
Schindler, C. 109, 110
Schinkel 77
Schinz, H.R. 134
Schlaepfer 134
Schleich 175
Schleswig-Holstein Glücksburg-Sonderburg, H. von 287
Schloffer 119
Schlüter 77
Schmidt 241, 249
Schmieden 113, 128, 145, 161, 173, 254
Schmiedens 112, 227
Schmorl 94, 254
Schneider 251, 261
Schobert 111
Schönerer 28
Schönlein, L. 70
Schopenhauer 166, 218, 366, 368
Schreiber, H. 250, 261
Schreiner 274
Schriefers 260
Schröder 325
Schrödinger 316, 321, 322
Schübel 161
Schubert 118
Schwabe 154
Schwädt, K. 102
Schwaighofer 42
Schwarzenberg, Fürst 12
Schweiberer 339
Sedlak 15
Seeckt, H. von 55, 56
Seelig, E. 30
Seemann, E. 37
Seifert, E. 72, 97, 98, 99
Seifert, O. 72, 98
Seifert-Müller 72
Seitz 132
Semmelweis 277
Seneca 286

399

Personenregister

Senning, Å. 264, 265, 266, 267
Siede 239
Silberling 164, 287
Simons 89
Speck, B. 267
Speier 71, 151
Spiegel, E. 27
Spitzer, H. 27
Spitzer, Rabbiner 27
Springer, V. 44
Staehelin 280
Starck 239, 250, 251
Starhemberg 256
Starzel 262, 280
Staubesand 180, 217, 230
Steinsberg, L. 27, 30
Stelzner, A. 12, 17
Stelzner, G. 11
Stelzner, H. 18
Stelzner, M. 11
Stephanie 21
Stephens 218
Stern, N. 27, 316, 317
Stieda, A. 221
Stieve, F. 57
Stoeckel 73, 95
Stoll, A. 298, 299
Strathmann 205
Strauß, R. 77, 90, 168
Strödel 46
Stromeyer 287
Stroß, E. 37
Stürzbecher 179
Sud, I. 46
Sudeck 165, 176, 178, 179
Suenens 248
Swenson 211

T

Tadea 73
Terner, E. 37
Tessenow 77
Thannhauser 168, 317
Thielicke, H. 156, 157
Thiermann 111, 160
Thiersch 279

Thies 180, 204, 219
Thomas, P. 192
Thompson 189
Tietz-Strödel 46
Timbergen 69
Tischendorf 184
Todd 189, 201, 208
Töpfer 234
Trendelenburg 221
Trude 325
Tschiang-Kaischeck 294
Tschong-Su-Li 262
Tutain 277
Tutzke 76

U

Ullstein 17
Ungeheuer 133
Unterstab 35

V

Veau, V. 126
Veit 250
Vikmath 47, 48
Viktoria 182
Virchow 69, 90
Vogeler 175, 282
Volhard 236
Volkmann, von 221
Vosschulte 131, 181
Vossteen 254

W

Wachsmuth 99
Wagner 73
Wagner-Jauregg 278
Waldmann 59
Warburg 96
Warner 230
Wartenberg 259
Wassermann, M. 27
Wassermann, S. 27
Watson 321
Wazka 15
Weber, M. 119, 239
Weichmann 235
Weichselbaum 278
Weizsäcker, E., Freiherr von 77, 78

Weizsäcker, K. F. von 224
Wendel 244, 245
Wengenmeier 211
Wenig 21
Werber, L. 31
Werfel 39
Westhues 133, 142, 144, 146, 148, 149, 152, 156, 161, 166, 189, 196, 199, 219
Wieland 298
Wiesel 264
Wiesent, M. 35
Wilhelm der II. 198, 221, 299
Wilhelm, F. 221
Wilhelm von Württemberg, König 78
Wilkens 321
Willstätter, R. 297, 298, 299, 317
Winterfeld 238
WITIKO 39
Wöhlisch 66
Wolsey 264
Wulfila, Bischof 40

Z

Zamenhof, L. 33
Zeiger 242
Zelený 21
Zenker 140, 159, 181
Zimmer 58
Zirlik 35
Zschau, H. 111, 126, 127
Zukschwerdt 158, 163, 164, 167, 168, 169, 170, 171, 172, 179, 181, 198, 199, 200, 201, 203, 204, 205, 206, 219, 223, 224, 240, 251
Zürn 131
Zwergbaum 28
Zwilling, L. 28
Zwilling, M. 28, 30